SCHRIFTEN zur öffentlichen Verwaltung und öffentlichen Wirtschaft

Begründet von
Prof. Dr. Dr. h.c. mult. Peter Eichhorn und Prof. Dr. Dr. h.c. Peter Friedrich

Herausgegeben von
Prof. Dr. Thomas Lenk und Prof. Dr. Dieter Tscheulin

Band 211

Horst Zimmermann

Kommunalfinanzen

Eine Einführung
in die finanzwissenschaftliche Analyse
der kommunalen Finanzwirtschaft

2. überarbeitete Auflage

BWV • BERLINER WISSENSCHAFTS-VERLAG

Bibliografische Information der Deutschen Nationalbibliothek

Die Deutsche Nationalbibliothek verzeichnet diese Publikation in der Deutschen Nationalbibliografie; detaillierte bibliografische Daten sind im Internet über http://dnb.d-nb.de abrufbar.

ISBN 978-3-8305-1637-8

Markgrafenstraße 12–14, 10969 Berlin
E-Mail: bwv@bwv-verlag.de, Internet: http://www.bwv-verlag.de
Printed in Germany.

Vorwort zur zweiten Auflage

Zu dieser zweiten Auflage ermunterte mich Herr Dr. Volker Schwarz vom Berliner Wissenschafts-Verlag. Den Hintergrund bildeten außer dem Absatz der ersten Auflage die inzwischen erfolgten Übersetzungen ins Russische und Chinesische, die zeigten, dass Aufbau und Inhalt wohl eine tragfähige Basis bildeten, um darauf aufbauend eine zweite deutsche Auflage in Angriff zu nehmen. Da diese von den Arbeiten mit den Übersetzern stark profitiert hat, sei ihnen in besonderem Maße gedankt. Es handelt sich um Kira Baranova für die russische[1] und – in Koautorschaft – Qu Weidong für die in Arbeit befindliche chinesische Ausgabe.

Aus dieser Zusammenarbeit entstand zugleich der Gedanke, gegenüber der ersten Auflage ein Kapitel „Kommunalfinanzen in Transformationsländern" einzufügen. Der Verfasser hat nach dem Fall des Eisernen Vorhangs an einigen Projekten zur Reform der kommunalen Finanzen in Transformationsländern mitgewirkt. Dies betraf zunächst Russland 1992[2] und 2000–2003[3]. Ab 2004 arbeitet der Verfasser an den gleichen Themen in der Ukraine[4]. Überdies war er gelegentlich mit den Fragen der kommunalen Finanzen in Rumänien und China befasst. Hinzu kommt, dass die erwähnte russische und chinesische Übersetzung dazu führten, dass die Zusammenarbeit mit den Übersetzern zahlreiche Diskussionen über die Besonderheit der kommunalen Finanzen in Transformationsländern mit sich brachte. Da die erforderlichen Strukturreformen in diesen Ländern noch andauern, schien es zweckmäßig – nicht zuletzt für die daran interessierten deutschen Leser – ein entsprechendes Kapitel anzuschließen.

Erhebliche Erweiterungen erfolgten zudem an mehreren Stellen. Dies betrifft die Frage des Wettbewerbsföderalismus (2. Kapitel) und der Daseinsvorsorge (3. Kapitel), es wurde eine erweiterte Perspektive zur kommunalen Verschuldung entwickelt (4. Kapitel), und dem kameralistischen System wurden die Doppik und andere Elemente des Neuen Steuerungssystems an die Seite gestellt. Selbstverständlich wurden Tabellen und Gesetzesangaben erneuert. Auch wurden etliche zusätzliche Beiträge aus der Journal-Literatur angeführt, wobei aber, wie schon in der ersten Auflage, diese nur erste Hinweise darstellen, denn genauere Ausführungen sind in einer Einführung nicht sinnvoll.

---

1 Zimmermann, H., 2003 Munitsipalnye Finansi, Verlag Delo i Servis, Moskva.

2 Wallich 1992; der Verfasser ist dort als für die Transfers zuständig aufgeführt.

3 Zimmermann 2005b.

4 Die Beiträge des Verfassers finden sich in: „Materialien zur Politikberatung", Nr. 1–12, des Projekts „Regierungsberatung zu Fragen der Reform der Regionalpolitik in der Ukraine" der GTZ. – Ab 2007 erscheinen „Projektdokumente" zum Projekt „Reform der öffentlichen Verwaltung in der Ukraine" der GTZ. – Alle Veröffentlichungen sind elektronisch erhältlich über Taras Zhuravel, Kiew, unter Taras.Zhuravel@gtz.de

Zusätzlich zur Danksagung im Vorwort der ersten Auflage möchte der Verfasser auch Gunnar Schwarting danken, der die Ausführungen zum Neuen Steuerungssystem kritisch durchsah, sowie Stephan Kuhnert, der zahlreiche Kommentare lieferte. Und bei der Schlussformatierung leistete Elizaveta Kozlova wertvolle Hilfe.

Marburg, Februar 2009 Horst Zimmermann

Vorwort zur ersten Auflage

Seit 1984 halte ich an der Philipps-Universität Marburg alle zwei Jahre eine Vorlesung „Kommunalfinanzen“ mit nachfolgendem Seminar ab. Vor einigen Jahren entstand dann der Gedanke, hieraus ein einführendes finanzwissenschaftliches Lehrbuch, das in seinen Anwendungsteilen auf deutsche Verhältnisse zugeschnitten sein sollte, zu entwickeln.

Dafür sprach zum einen, daß ein solches Lehrbuch fehlt. Die früheren Bücher von Pagenkopf (1978) und Elsner (1979) waren in erster Linie juristisch geprägt und sind inzwischen veraltet, und die Arbeiten von Brinkmeier (1990) und Schmidt-Jortzig/Makswit (1991) sind erklärtermaßen rechtlich angelegt. Die Studien von Junkernheinrich (1991) und Napp (1994) sind ausgewählten ökonomischen Fragenbereichen der Kommunalfinanzen gewidmet. Ausländischen ökonomischen Studien wie Foster (1980), King (1984), Wildasin (1986) und Fisher (1996), um nur einige bekannte angelsächsische Arbeiten zu erwähnen, fehlt naturgemäß der Bezug zur spezifischen deutschen Gemeindesituation.

Zum anderen ermunterte die Nachfrage zu einem solchen Schritt. Der eher geringfügige Anreiz für die Studenten, über den erfolgreichen Besuch von Vorlesung und Seminar eine gesonderte Bescheinigung zu erhalten, war auf spürbare Resonanz gestoßen, und nicht wenige der Absolventen sind heute in Bereichen mit kommunalem Bezug tätig. Daher nutzte ich das Forschungssemester im Winter 1997/98, eine erste vollständige Fassung fertigzustellen.

Eine solche Studie, auch wenn sie nur einführender Art ist, schuldet Vielen Vieles. Auf den frühen Stufen profitierten Aufbau und Inhalt der Vorlesung stark von Rolf-Dieter Postleps intensiver Mitwirkung. Ihm sei daher in erster Linie gedankt. Mehrere Male war ich, gefördert von der Deutschen Forschungsgemeinschaft, während früherer Forschungssemester jeweils für einige Monate Gast des Urban Institute in Washington, D.C. Ihm und insbesondere seinem Präsidenten William Gorham sowie George Peterson und G. Thomas Kingsley sei für die freundliche Aufnahme und stetige Förderung gedankt. Auch die Tätigkeit im Kuratorium des Deutschen Instituts für Urbanistik hat mir viele Anregungen gegeben. Zu zahlreichen Einzelfragen schließlich erhielt ich – stets bereitwillig – Auskunft durch die drei kommunalen Spitzenverbände, das Statistische Bundesamt und das hessische Innenministerium.

Die vorherige Fassung des Manuskripts haben dankenswerterweise Herr Kollege Heinrich Mäding und Herr Dipl.-Volksw. Matthias Wohltmann gelesen und ausführlich kommentiert. Aus der Abteilung für Finanzwissenschaft unterstützten Dr. Thomas Döring, Dipl.-Volksw. Nils Otter, Dipl.-Volksw. Thilo Pahl und Dipl.-

Volksw. Dieter Stahl mich in der Schlußphase bei den verschiedenen Teilen intensiv. Frau Liane Bingel und Frau Anneliese Weinert übertrugen zahllose schwer lesbare Fassungen in die Textverarbeitung. Ihnen allen sei sehr herzlich für ihre Mithilfe gedankt.

Marburg, März 1999 Horst Zimmermann

Der Inhalt im Überblick

Detailliertes Inhaltsverzeichnis

Abbildungsverzeichnis

Tabellenverzeichnis

Verzeichnis der „Kästen“

Erstes Kapitel

Einführung

A. Zur Relevanz der kommunalen Finanzen

Die Haushalte von Gemeinden und Kreisen stehen im Zentrum dieses Lehrbuches. Diese kommunalen Gebietskörperschaften gaben in Deutschland im Jahr 2006 € 156 Mrd. aus. Das macht etwa 25 % des „öffentlichen Gesamthaushalts“ aus, also der zusammengefassten Ausgaben von Bund, Ländern und Kommunen.[5]

Auf dieser gewichtigen Ebene der Gemeinden und Kreise (zu den Begriffen s. Kasten 1.1) erlebt der Bürger Demokratie vor Ort. Hier werden die ortsnahen öffentlichen Leistungen bereitgestellt. In der Bundesrepublik Deutschland spielten die Gemeinden in der Phase des Wiederaufbaus nach dem Zweiten Weltkrieg eine große Rolle. Beginnend mit den 1960er Jahren traten dann eher zentralstaatliche Aufgaben wie Verteidigung und Sozialpolitik in den Vordergrund. Das **föderative Gefüge** entwickelte sich **zunehmend zentralistischer**.

Erst in jüngster Zeit erfolgt – in Deutschland und weltweit – eine **Rückbesinnung auf die Bedeutung der kommunalen Ebene** als der dem Bürger nächsten Ebene. Dazu mag beigetragen haben, dass manche zentralstaatlichen Aufgabenbereiche entweder an Gewicht verloren (wie beispielsweise die keynesianisch orientierte Konjunkturpolitik, jedenfalls bis 2008/2009) oder an Grenzen stießen (wie der Ausbau des Wohlfahrtsstaates). Unabhängig davon ist ein generelles Bemühen um mehr Dezentralisierung und Wettbewerb, sowohl im Verhältnis vom öffentlichen zum privaten Sektor als auch innerhalb des öffentlichen Bereichs („Wettbewerbsföderalismus“ und „Wettbewerb der Regionen“) zu beobachten. In diesem Zusammenhang ist auch die zunehmende Betonung des **Subsidiaritätsprinzip**s zu sehen, nach dem eine Aufgabe im Zweifelsfall von der jeweils dezentraleren Einheit erfüllt werden soll. Daneben mag auch die Hoffnung, dass der Staats- und Parteienverdrossenheit am ehesten durch vielfältige lokale Entscheidungsmöglichkeiten begegnet werden kann, dazu beigetragen haben, dass die kommunale Ebene wieder stärker unter Autonomiegesichtspunkten und weniger als ausführendes Organ gesehen wird.

---

5 Quelle: Finanzbericht 2008, S. 130 (Gesamtzahl) und S. 391. – Bereinigte Ausgaben ohne besondere Finanzierungsvorgänge. Alle Zahlen ohne Sozialversicherungen.

Kasten 1.1: Zum Sprachgebrauch „Kommune, Gemeinde, Kreis"

Die Sprachregelung zu den auf die kommunale Ebene bezogenen Begriffen wird im Schrifttum keineswegs einheitlich gehandhabt und muss oft dem Kontext entnommen werden. Im Folgenden wird – in Gegenüberstellung zu Bund und Land – oft von Gemeinden und Gemeindeebene bzw. von Kommunen und der kommunalen Ebene gesprochen.

- Wenn allgemein von der **kommunalen Ebene** oder von den **Kommunen** gesprochen wird, sind sowohl die kreisfreien Städte als auch die Landkreise sowie ihre kreisangehörigen Gemeinden eingeschlossen (zu diesen einzelnen Typen von kommunalen Gebietskörperschaften s. 2. Kapitel, Teil C).
- Wenn nur von **kreisfreien Städten**, **Landkreisen** oder **kreisangehörigen Gemeinden** gesprochen wird, so sind nur die jeweiligen Körperschaften gemeint.
- Schließlich werden im Weiteren unter dem Begriff **„Gemeinden"** oft die kreisfreien Städte und kreisangehörigen Gemeinden zusammengefasst. In der amtlichen Statistik wird mit „Gemeinde" bzw. „gemeindlich" oft die gesamte kommunale Ebene zusammengefasst. Auch im folgenden Text wird, wenn übergreifend argumentiert wird, **„Gemeindeebene"** im Sinne von **„kommunaler Ebene"** verwendet.

Im Text wird überwiegend die Sicht einer kreisfreien Stadt eingenommen, die alle gemeindlichen Aufgaben erfüllt. An zahlreichen Stellen wird aber explizit auf die Rolle der Landkreise und der kreisangehörigen Gemeinden eingegangen.

Wenn aber die Kommunen wieder stärker ins Blickfeld geraten und eine Stärkung der Rolle der Kommunen auch politisch gewünscht ist, dann kann und sollte man sich auch wissenschaftlich intensiver als bisher mit dem beschäftigen, was die Kommunen tun. Ihre Aktivität lässt sich differenzieren nach **regulierender (rechtsetzender) Tätigkeit** und **finanzwirksamer Tätigkeit**. Letztere hat bei den Kommunen ein besonderes Gewicht, d.h. kommunale Autonomie drückt sich in erster Linie in Finanzautonomie aus, während Bund und Länder in Deutschland wie anderswo Gesetze und Verordnungen erlassen und insoweit ohne Einsatz der öffentlichen Finanzen „regieren" können, was den Kommunen in der Regel weitgehend verwehrt ist. Die regulierende Tätigkeit der Kommunen wird in der juristischen Literatur erörtert. Die finanzwirksame Tätigkeit ist Gegenstand dieses Buches.

B. Die Herangehensweise: Finanzwissenschaftliche Analyse

Die spezifischen Probleme der Kommunalfinanzen sind Gegenstand verschiedener Wissenschaften. In Deutschland dominiert die rechtswissenschaftliche Behandlung. Dagegen fehlt eine übergreifende ökonomische Einführung in dieses Gebiet. Sie ist erforderlich, weil auch aus dieser Perspektive die kommunalen Finanzen ihre Eigenarten haben. Auch wenn viele allgemeine Aussagen der **Finanzwissenschaft**, der **wirtschaftswissenschaftlichen Lehre von der öffentlichen Finanzwirtschaft**, auch für die Kommunalfinanzen gelten, so bedarf dieser große Ausschnitt aus den öffentlichen Finanzen doch in vieler Hinsicht einer gesonderten Behandlung. So sehen die Aufgabenbereiche und damit die Ausgaben der Gemeindeebene anders aus als die von Bund oder Land, und die Anforderungen an eine gute Gemeindesteuer sind andere als beispielsweise die für eine gute Bundessteuer.

Dass die **Kommunalfinanzen** eine **spezielle finanzwissenschaftliche Sichtweise** erfordern, zeigt sich mit Blick auf viele finanzpolitische Tagesfragen. Wenn beispielsweise eine Steuerreform eingefordert wird, die Einsetzbarkeit der öffentlichen Finanzwirtschaft zur Beeinflussung von Konjunktur und Wachstum diskutiert oder öffentliche Ausgaben auf ihre Verteilungswirkungen hin untersucht werden, geht man in der wirtschaftswissenschaftlichen Analyse bei der Beschäftigung mit den öffentlichen Finanzen meist von einem geschlossenen staatlichen Entscheidungssystem mit nur einem staatlichen Entscheidungsträger aus. Dann spricht man von „der" öffentlichen Hand oder „dem" Staat. Dabei denkt man in aller Regel, oft ohne sich dessen bewusst zu werden bzw. dies deutlich zu machen, an die Bundesebene. Nur im Zusammenhang mit der Erörterung des **Finanzausgleichs** wird regelmäßig auf die Vielfalt der Träger der öffentlichen Finanzwirtschaft verwiesen. Selbst hier treten dann aber die Gemeinden als besondere, in der Finanzverfassung in bestimmter Weise konstituierte Ebene oft zugunsten einer allgemeineren Betrachtung möglicher dezentraler Ebenen in einem föderativen System zurück. Dies hat u. a. zur Konsequenz, dass **konkrete institutionelle Rahmenbedingungen** des kommunalpolitischen Handelns nicht oder nur am Rande einbezogen werden.

Insgesamt wird der finanzwirtschaftlichen und finanzpolitischen Bedeutung der Kommunalfinanzen in der Lehrbuchliteratur nicht hinreichend Rechnung getragen.[6] Zu einem Abbau dieses Defizits soll dieses Buch beitragen. Dabei ist hilfreich, dass sich im deutschen ökonomischen Aufsatz-Schrifttum, wie zuvor schon

6 Dass die Kommunalfinanzen in der deutschen Finanzwissenschaft eine unterschiedlich starke Rolle gespielt haben, zeigt sich u. a., wenn man die großen Sammelwerke als Indikator heranzieht. In der umfangreichsten Selbstdarstellung, dem Handbuch der Finanzwissenschaft, war in der ersten Auflage die „Kommunale Finanzwirtschaftslehre" noch mit einem ausführlichen Artikel vertreten (Bleicher 1927), während nach dem Zweiten Weltkrieg die Kommunalfinanzen in der zweiten (1952–1965) und dritten (1977–1983) Auflage nur noch unter dem Blickwinkel einzelner Elemente wie der Gewerbesteuer oder dem Finanzausgleich erscheinen. Dagegen wies das fachübergreifende Handwörterbuch der Wirtschaftswissenschaft ebenso wie seine beiden Vorgänger Artikel zu den Gemeindefinanzen auf (von Eheberg 1927; Timm 1965; Seiler 1981), und interessanterweise nicht nur wirtschaftswissenschaftliche (s. etwa Stern 1981). – Zum Einstieg in die neueren Sichtweisen s. Büttner 2005 und zu neuen Perspektiven zum Finanzföderalismus allgemein Ahmad/Brosio 2006.

im angelsächsischen Bereich, in jüngerer Zeit die kommunalspezifischen Beiträge mehren, auf die entsprechend zurückgegriffen werden konnte.

Was die Methoden betrifft, werden sowohl **neoklassische Ansätze** als auch solche aus dem Gebiet der **Public-Choice-Theorie** bzw. **Neuen Politischen Ökonomie** berücksichtigt. Die entsprechenden Ausschnitte der ökonomischen Theorie werden nicht im Detail ausgeführt, sondern nur als Ansätze dargestellt (und auch sie nicht vollständig) und mit Hinweisen auf weiterführende Literatur versehen.

Diese Beschränkung war – ebenso wie die der institutionellen Details der deutschen Kommunalfinanzen[7] – unvermeidlich, wenn das Buch den Charakter einer Einführung behalten sollte.

C. Adressatenkreis, Aufgabe und Aufbau des Buches

Die Beschäftigung mit den Kommunalfinanzen und dementsprechend die Erarbeitung eines einführenden Lehrbuchs auf diesem Gebiet erfolgen unter zwei Zielen, der wissenschaftlichen Spezialisierung einerseits und der entsprechenden speziellen Berufsvorbereitung und Weiterbildung andererseits.

Unter dem Ziel der *wissenschaftlichen Spezialisierung* wird ein Teilbereich des Faches „Finanzwissenschaft" behandelt, der, wie erwähnt, in den finanzwissenschaftlichen Lehrbüchern oft keinen oder keinen ausreichenden Platz findet, obwohl seine Bedeutung erheblich ist. Die Bedeutung ergibt sich aus den genannten Besonderheiten der kommunalen Ebene.

Unter dem zweiten Ziel, der *Berufsvorbereitung und Weiterbildung*, sind die Besonderheiten mit Blick auf zahlreiche Berufsfelder zu reflektieren, die auch für Ökonomen laufend an Bedeutung gewinnen.

Die Kommunen selbst stellen gerade für Wirtschaftswissenschaftler zunehmend ein Berufsfeld dar. Das ergibt sich nicht zuletzt aus den neuerlichen Bemühungen vieler Kommunen, dezentrale Budgetierung einzuführen, verstärkt auf eine betriebswirtschaftliche Kostenrechnung zurückzugreifen („Neues Steuerungsmodell"), usf. Auch aus diesem Grund ist eine vertiefte ökonomische Analyse der Kommunalfinanzen erforderlich geworden.

---

7 Bei der Darstellung der Spezifika der deutschen Kommunalfinanzen, insbesondere in den Statistiken, wird im Folgenden kein Unterschied zwischen den Kommunen in den alten und den neuen Bundesländern gemacht. Im Text wird an einigen Stellen auf die übergangsweise bestehenden Besonderheiten in den neuen Bundesländern eingegangen.

Außer für die Arbeit in Kommunen selbst ist die Kenntnis der Kommunalfinanzen auch für Tätigkeiten in kommunalen Spitzenverbänden, gemeindlichen Zweckverbänden, Kommunalreferaten von Landes- und Bundesministerien, in Handelskammern und vielen Bereichen der freien Wirtschaft von Bedeutung, in denen finanzielle Probleme der Kommunen oder Fragen der kommunalen Wirtschaftsförderung oder der Steuerbelastung durch kommunale Hebesätze gerade auch in ihrer gesamtwirtschaftlichen Dimension mitbehandelt werden.

Bei der Gestaltung dieses Buches wurde Wert darauf gelegt, jeweils zunächst grundsätzliche ökonomische Betrachtungen und Theorieelemente vorzustellen, die für das ökonomische Verständnis der kommunalen Finanzwirtschaft hilfreich sind. Dann erst werden auf Deutschland bezogene Informationen geliefert, die für den an institutionellen Details Interessierten ggf. durch entsprechende Spezialliteratur zu ergänzen ist. Dabei wird ein Leser, der ökonomische Vorkenntnisse mitbringt, manche einführenden Passagen überspringen können (und stattdessen die angeführte weiterführende Literatur zu Rate ziehen), während diese Passagen dem ökonomisch noch nicht versierten Leser die erforderliche Basis für die weiteren Ausführungen liefern.

Die Absicht, die **ökonomische Sichtweise in** den **Vordergrund** zu stellen, spiegelt sich auch im **Aufbau** wieder. Das nachfolgende Kapitel dient der Besinnung darauf, welche **Ziele für die Gestaltung der kommunalen Finanzen** unterstellt werden sollen (2. Kap.). Erst muss die Richtung bestimmt werden, in die sich ein System wie das der Kommunalfinanzen entwickeln soll. Vor allem muss es dem volkswirtschaftlichen Ziel der richtigen Verteilung der volkswirtschaftlichen Produktivkräfte (Allokationsziel) entsprechen und dafür die richtigen Anreize setzen. Eher ergänzend ist zu fragen, wieweit es den Zielen der Verteilungsgerechtigkeit (Distributionsziel) oder den Stabilisierungs- und Wachstumszielen entspricht. Erst nach einer solchen grundsätzlichen Diskussion der Zielbezüge kann man Detailfragen zu den Ausschnitten der kommunalen Finanzwirtschaft stellen, die in den weiteren Kapiteln behandelt werden: Welche **Aufgaben** soll die kommunale Ebene, in Abgrenzung von denen des Bundes oder Landes, erfüllen, und wie steht es unter diesem Aspekt mit den deutschen Kommunen? (3. Kap.). Wie sehen zweckmäßige **Gemeindeeinnahmen, insbesondere Steuern**, aus, und entsprechen die deutschen Einnahmequellen für diese Ebene diesen Kriterien? (4. Kap.). Welche Rolle sollen **Zuweisungen als ergänzende Einnahmeart** und damit der Einfluss des Landes über den kommunalen Finanzausgleich für den Gemeindehaushalt spielen? (5. Kap.). Vor allem ist auch der **kommunale Haushalt in seiner Gesamtheit** nochmals unter den genannten Zielen zu prüfen (6. Kap.), und den Abschluss dieses Kapitels bildet eine kurze Betrachtung der **Möglichkeiten und Grenzen kommunaler Finanzpolitik**. Das Schlusskapitel (7. Kap.) schließlich ist den speziellen Problemen der Kommunalfinanzen in den Transformationsländern gewidmet, die – zumeist als Nachbarn der Europäischen Union – zunehmende Bedeutung gewinnen.

Zweites Kapitel

Das kommunale Finanzsystem in ökonomischer Perspektive: Ziele, Gestaltungsprinzipien und rechtliche Ordnung

A. Wozu eine eigenständige kommunale Ebene? – Das Allokationsziel als normative Grundlage

Ein ausgebautes System kommunaler Finanzen, wie es in der Wirklichkeit vorzufinden ist, und die Forderung nach seiner Verbesserung und Stärkung sind nur zu rechtfertigen, wenn der Existenz einer autonomen dezentralen Ebene ein hoher Wert beigemessen wird. Diese Frage wurde lange überwiegend nur staatsrechtlich erörtert. Seit den 1970er Jahren hat sich hierzu eine intensive ökonomische Diskussion entwickelt.[8] Aus ihr werden im Folgenden einige Argumente erörtert. Dabei wird zunächst die Frage behandelt, warum es überhaupt eine eigenständige dezentrale – und in diesem Falle kommunale – Ebene geben soll (I). Anschließend wird dann unterstellt, dass diese Entscheidung für einen mehrstufigen Staatsaufbau bereits gefallen ist, und es wird gefragt, wie man ihn gestaltet (II). Die Hauptüberschrift zu Teil A könnte daher auch lauten: „Wünscht man eine kommunale Ebene, und wenn ja, wie sollte man sie gestalten?“.

I. Was spricht für einen dezentralen Staatsaufbau?

1. Föderalismus unter dem Allokationsziel: Warum nicht alles in einer öffentlichen Hand?

a) „Kosten des Föderalismus“

“Föderalismus ist teuer“ lautet ein gängiges Schlagwort, und wer mit Kostenbewusstsein an einen föderativen Staatsaufbau wie den der Bundesrepublik Deutschland herangeht, dem erscheint er auf den ersten Blick erst einmal als kostspielig. Neben den 16 Bundesländern gibt es in Deutschland etwa 13 000 Gemeinden. Jede hat eine eigene Verwaltung, in jeder finden Wahlen zum Gemeindeparlament statt, und in jeder Gemeinde werden eigenständige Entscheidungen darüber ge-

---

8 Ihren Beginn im Sinne einer systematischen Erörterung kann man wohl mit Oates (1972) ansetzen. Er argumentierte zwar überwiegend mit einer Mittelebene, in seinem Fall den amerikanischen ‚states‘, aber die grundsätzlichen Argumente treffen auch – und manchmal sogar besser – auf die Gemeindeebene zu.

fällt, welche Aufgaben im nächsten Jahr erfüllt werden sollen und wieviele Einnahmen hierfür bereitgestellt werden müssen.

In der Summe betragen die **Ausgaben aller Gemeinden zusammen nur etwas mehr als die Hälfte des Bundeshaushaltes**, der aber nur eine einzige Verwaltung kennt und von nur einem Parlament beschlossen wird. Dem unbefangenen Betrachter stellt sich hier die Frage, wozu man sich den scheinbaren Luxus dieser 12000 kleinen autonom handelnden Einheiten leistet, wenn an anderer Stelle ein größerer „Umsatz" an „Dienstleistungen" mit weitaus weniger Aufwand in Verwaltung und Parlament erbracht wird.

Hinzu kommt das Argument, dass jede öffentliche Aufgabe im Prinzip auch von einer Zentralebene, in Deutschland also vom Bund, erfüllt werden könnte. Ein Beispiel für einen zentral bestimmten, aber durchaus bürgernahen Bereich bildete beispielsweise die Post in der Zeit vor der Privatisierung, die als Deutsche Bundespost zentral die Versorgung der Bürger mit Post- und Telekommunikationsleistungen bestimmte. Alle Postdienststellen „vor Ort" waren lediglich nachgeordnete Verwaltungsstellen ohne größeren Ermessensspielraum. Sie stellten ein Beispiel für eine **dekonzentrierte Art der zentralen Aufgabenerfüllung** dar (s. Kasten 2.1 zu den Begriffen).

Zumindest gedanklich kann man sich ähnliche Organisationsformen für jede derzeitige Gemeindeaufgabe auch vorstellen. So wie die Deutsche Bundespost von Bonn aus für die Zweigstelle in einer Gemeinde zuständig war, könnte ein Bundeskindergartenministerium für die Kindergärten in einer Gemeinde zuständig sein, könnte die Planung der innerstädtischen Straßen vom – ohnehin bestehenden – Bundesverkehrsministerium übernommen werden usf.

Wozu also ein **dezentral**er Staatsaufbau mit **Entscheidungsautonomie der unteren Ebenen**, wenn zusätzliche dezentrale Organe Kosten verursachen und theoretisch alle öffentlichen Aufgaben Bundesaufgaben sein könnten? Für die Gemeinden ist die Frage naturgemäß bedeutsamer als etwa für Bundesländer, weil ihre Zahl sehr groß und damit kostenrelevant ist und weil ihre Art der Aufgabenerfüllung von der scheinbar preiswerten Einheitslösung besonders weit entfernt ist. Insofern stehen **Gemeinden** aus dieser Sicht **unter einem besonderen Rechtfertigungszwang**. Während aus der Perspektive von Rechts- und Politikwissenschaftlern beispielsweise jedoch der Hinweis auf den Artikel 28 (2) GG die Frage nach dem Grund der Existenz von Kommunen ausreichend beantwortet, hängt die Beantwortung dieser Frage aus der Perspektive eines Ökonomen, die in diesem Buch im Vordergrund steht, von den **Kosten der verschiedenen Ausgestaltungsmöglichkeiten** ab, die ein Staatswesen, wie im Kasten 2.1 ausgeführt, annehmen kann. Um die Existenz autonomer kommunaler Körperschaften zu rechtfertigen, muss

Kasten 2.1: Dezentral, föderativ, unitarisch

Die Diskussion um den aus ökonomischer Sicht zweckmäßigen Staatsaufbau bezieht sich überwiegend auf autonome dezentrale Gebietskörperschaften generell. Dazu kann man sich eine Skala mit einem Kontinuum vom straffen Zentralstaat bis zur kleinen kreisangehörigen Gemeinde vorstellen. Ein **Staat** kann auf dieser Skala auch als **mehr oder weniger „föderativ"** bezeichnet werden, je nachdem wieviele dezentrale Elemente, also beispielsweise autonom handelnde Bundesländer oder Kommunen, er enthält.

Gebräuchlicher ist aber die Sprachregelung, dass ein **föderativ aufgebauter Staat** eine **autonome Mittelebene**, z.B. Bundesländer, Kantone oder States, aufweist. Fehlt diese Ebene, spricht man von **unitarischen Staaten**. Föderativ aufgebaut in diesem Sinne sind außer der Bundesrepublik Deutschland beispielsweise auch die Schweiz, Österreich, die USA, Kanada und Australien. Als unitarisch würde man demgegenüber beispielsweise Frankreich oder Dänemark bezeichnen.

In diesem Buch, beispielsweise in Teilen dieses Kapitels, wird oft mit dem **Begriff „dezentral"** argumentiert, beispielsweise mit dem Vorteil einer – wie immer gearteten – dezentralen im Vergleich mit einer zentralistischen Lösung. Dagegen spricht man von **„dekonzentriert"**, wenn es sich um Aufgabenerfüllung der Zentralebene durch nachgeordnete Verwaltungsstellen handelt.

Wenn speziell die kommunale Ebene oder die Gemeindeebene gemeint ist, wird dies in der Regel zusätzlich zum Ausdruck gebracht (s. unten Abb. 2.5).

sich also zeigen lassen, dass die autonome Bereitstellung von Gütern und Diensten in Gemeinden vorteilhafter als eine zentral gesteuerte Bereitstellung ist.

Zentral ist dabei das **Konzept der Opportunitätskosten** (opportunity cost, Kosten der zweitbesten Verwendung): Wenn jemand die ihm zur Verfügung stehenden Ressourcen (Kapital, Arbeit, verfügbare Fläche usw.) für Projekt A verwendet, kann er Projekt B nicht realisieren. Welche Möglichkeiten vergibt er also mit dieser nicht ergriffenen Gelegenheit (opportunity)?[9] Mit Blick auf das scheinbar so teure föderative System lautet die Frage dann: Welche Kosten sind damit verbunden, wenn das föderative System nicht eingeführt wird, sondern nur eine Zentralebene vorgesehen ist? Letztlich geht es also darum abzuschät-

9 Man nennt sie auch Alternativkosten, weil Alternativen mit Blick auf ihre Kosten verglichen werden, um im Vergleich zwischen ihnen die bestmögliche Verwendung der – immer knappen – Ressourcen herauszufinden.

zen, ob ein föderativer oder zentralistischer Staatsaufbau kostengünstiger – in einem sehr weiten Sinne – ist.

b) Das Allokationsziel als zentrale ökonomische Kategorie

Hierzu ist es in einer ökonomischen Argumentation notwendig, auf das Allokationsziel zurückzugreifen. In jedem Gemeinwesen, wie die Bundesrepublik Deutschland eines darstellt, existiert zu jedem Zeitpunkt **eine unbegrenzte Anzahl von Bedürfnissen**, denen nur **begrenzte Möglichkeiten der Bedürfnisbefriedigung (Ressourcen)** gegenüberstehen. Aus diesem Spannungsverhältnis ergibt sich die organisatorische Aufgabe festzulegen, welche Bedürfnisse befriedigt und damit welche Güter bereitgestellt werden sollen und wie die Umwandlung von Ressourcen (also Arbeit, Kapital, Boden usf.) in Güter (also Waren und Dienstleistungen), mithin der Produktionsprozess, gestaltet werden soll. Damit ist – unter Einbeziehung der zeitlichen und räumlichen Festlegung, also des Wann und Wo – die **Allokationsaufgabe (Organisation der Allokation knapper Ressourcen)** in einer Volkswirtschaft umschrieben.

Diese Aufgabe ist, wenn eine „bestmögliche" Knappheitsminderung angestrebt wird, nicht anhand objektiver Kriterien lösbar. Vielmehr ist hierzu ein **Werturteil** erforderlich. In diesem Zusammenhang wird in der Wohlfahrtstheorie üblicherweise auf das **Pareto-Kriterium** zurückgegriffen. Nach diesem Kriterium ist eine Ressourcenallokation dann pareto-optimal oder effizient, wenn es durch Umstrukturierung der Ressourcen nicht mehr möglich ist, ein Individuum besserzustellen, ohne dass sich gleichzeitig die Situation eines anderen Individuums verschlechtert. Damit ist gleichzeitig in allgemeiner Form das Allokationsziel umschrieben, nämlich einen solchen pareto-optimalen oder effizienten Zustand zu realisieren.[10]

Genauer definiert ist das **Allokationsziel** dann erreicht, wenn für das Endergebnis, also die Summe dessen, was an Waren und Dienstleistungen produziert worden ist, **zwei Bedingungen** erfüllt sind:

---

10 Die genauere Formulierung und Ableitung dieser Bedingungen geschieht in der Wohlfahrtstheorie. Dort wurde auch geklärt, dass das Allokationsziel auch dann erreicht werden kann, wenn es Verlierer bei einer Maßnahme gibt. Voraussetzung ist lediglich, dass sie von den Gewinnern „kompensiert" werden. – Zu einem weniger streng gefassten Effizienzbegriff siehe Furubotn 1998 und zur Kritik des Gesamtansatzes Streit 2005, S. 7–23.

(1) Das Ergebnis entspricht dem, was die Bürger haben möchten. Das Angebot soll also *„präferenzgerecht"* sein. Im marktlichen System spricht man hier von der bestmöglichen Berücksichtigung der Konsumentensouveränität.

(2) Die Waren und Dienstleistungen sollen zu den *niedrigstmöglichen Kosten* hergestellt werden.

Die erste Bedingung, also die Orientierung an den Präferenzen der Staatsbürger, spielt bei der Begründung einer dezentralen Ebene eine große Rolle. Es läßt sich nämlich zeigen, dass in einem Staat mit einer zentralen Ebene unnötig viele Bürger überstimmt werden, also mit ihren Präferenzen nicht zum Zuge kommen. Sie fühlen sich „frustriert", und das Ergebnis sind **„Frustrationskosten"**, auf die noch einzugehen sein wird. Die zweite Bedingung (kostengünstige Bereitstellung) wird, zusammen mit einigen nicht-ökonomischen Argumenten für einen dezentralen Staatsaufbau, weiter unten behandelt.

Die Überlegungen zur optimalen Allokation der Ressourcen wurden vor allem mit Blick auf das Funktionieren der Marktwirtschaft entwickelt, denn die beiden Bedingungen sind unter idealtypischen Annahmen in einem marktwirtschaftlichen System erfüllt. Die Grundsatzentscheidung eines Gemeinwesens für ein marktwirtschaftliches System dient also aus ökonomischer Sicht dazu, das Allokationsziel zu erreichen und damit der Konsumentensouveränität zu entsprechen. Zu den idealtypischen Bedingungen gehören u. a. vollständige Konkurrenz auf den Märkten und vollkommen spezifizierte Eigentumsrechte.

Nun treffen diese idealtypischen Bedingungen im Wesentlichen auf **reine Privatgüter** zu, d.h. auf Güter, die auf den Märkten auch bereitgestellt werden. Befinden sich hingegen öffentliche Güter im Begehrskreis der Wirtschaftssubjekte, so ist der Markt zu einer entsprechenden Aufgabenerfüllung nicht oder doch nicht allein in der Lage. **Öffentliche Güter** sind durch folgende **Charakteristika** gekennzeichnet[11]:

(1) *Güter, bei denen der Einzelne nicht vom Konsum ausgeschlossen werden kann* (**Versagen des Ausschlussprinzips**), werden privat nicht angeboten, weil kein Preis erzielbar ist. Ein aufschlussreicher Grenzfall ist das Open-Air-Konzert. Nur wenn es gelingt, nicht zur Zahlung bereite Hörer vom Zuhören „auszuschließen", können sich genügend Zahlungswillige finden, um

---

11 Die Definition ist in der Literatur nicht eindeutig. Zumeist wird in Anlehnung an Samuelson und Musgrave das zweite Kriterium zugrundegelegt (vgl. etwa Zimmermann/Henke 2005, S. 505 f.), gelegentlich aber auch das erste (vgl. etwa Neumann 1996, S. 33 ff.).

die Kosten zu decken. Dann findet sich u. U. ein privater Anbieter bereit, es zu veranstalten. Ist das nicht möglich, etwa auf einem eng umbauten Platz, oder wenn der Ausschluss nicht zahlungswilliger Personen unverhältnismäßig teuer käme, so lassen sich die Eigentumsrechte an dem Gut „Musik hören“ nicht ausreichend einem privaten Anbieter zuordnen. Dementsprechend findet sich keiner. Wünschen die Bürger dennoch dort Musik zu hören, werden sie vielleicht durch ihre gewählten Gemeindevertreter darauf dringen, ein öffentlich finanziertes Konzert veranstalten zu lassen. Aus dieser Sicht erklären sich die zahlreichen öffentlich oder ehrenamtlich veranstalteten „Platzkonzerte“ etc.

(2) *Güter, bei denen durch zusätzliche Nutzung keine zusätzlichen Kosten verursacht werden* (**nicht-rivalisierender Konsum**), können zwar möglicherweise privat angeboten werden. Aus volkswirtschaftlicher Sicht ist dieses Angebot aber nicht notwendig effizient. Der private Anbieter müsste, um mindestens die Produktionskosten zu decken, einen Preis erheben, obwohl ihm für den zusätzlichen Nutzer keine zusätzlichen Kosten entstehen. Erhebt er einen Preis, so wird jemand, dessen Nutzen ohne Zusatzkosten erhöht werden könnte, durch den Preis eventuell von der Nutzung abgehalten. Damit würden das Paretokriterium und mithin das Allokationsziel verletzt.[12]

Sind also zur Bedürfnisbefriedigung der Individuen in einem Gemeinwesen auch **öffentliche Güter** notwendig, und das ist der Regelfall, so lässt sich hierfür der **Markt nicht als alleiniger Allokationsmechanismus** einsetzen. Es bedarf stattdessen auch der kollektiven Güterbereitstellung. Beschränkte man sich in diesen Fällen auf den marktlichen Allokationsmechanismus, so wäre eine optimale Faktorallokation nicht zu erreichen. Entsprechend lässt sich aus dem Allokationsziel die Notwendigkeit kollektiver – und das heißt hier zugleich staatlicher – Aufgabenerfüllung für die entsprechenden – eng zu definierenden – Aufgabenbereiche ableiten.

Die vorangehende Erörterung wird auch unter dem Begriff des **Marktversagens** geführt. Ihm ist jedoch ein **Staatsversagen** gegenüberzustellen. Dieses wird sich vor allem bei einem genaueren Blick auf die Entscheidungsstrukturen und Anreizsysteme in öffentlichen Institutionen, vom Parlament bis zur einzelnen Verwaltungsstelle, zeigen[13]. Diese Gegenüberstellung ist für die Gemeindeebene

---

12 Aus diesem Grund wird ökonomisch zumeist gefordert, dass sich die Preisbildung nach den zusätzlichen Kosten (Grenzkosten) richtet (Grenzkostenpreisregel).

13 Zur Kritik an einer zu weitgehenden Interpretation des Marktversagens vgl. Blankart 2006, 4. Kapitel.

besonders wichtig. Wie ein Blick auf die typischen Gemeindeaufgaben erweisen wird, haben sie eine große Nähe zu privat erfüllbaren Aufgaben. Daher ist hier besonders genau auf das Überwiegen des einen oder anderen „Versagens“ zu achten.

Die nach dieser Abwägung verbleibenden öffentlichen Güter sind nun der zu betrachtende Gegenstand, wenn nach Begründungen für ein föderatives System gefragt wird. Nur sie müssen innerhalb des staatlichen Systems unterschiedlichen Ebenen zugeordnet werden. Während bis zu diesem Punkt der Betrachtung wiederum ein Zentralstaat alle diese öffentlichen Güter anbieten könnte, lässt sich aus deren Verschiedenartigkeit, auf die noch einzugehen sein wird, ein **„Dezentralisierungstheorem“** (Oates 1972, S. 35) ableiten. Es stellt neben den anderen Produktionskosten der öffentlichen Güter vor allem auf die Kosten ab, die aus einer unvollständigen Berücksichtigung der Bürgerwünsche resultieren.

2. Die Kosten einer unvollständigen Berücksichtigung der Bürgerwünsche

Die Begründung einer dezentralen Ebene im Staatsaufbau basiert in erster Linie auf dem Postulat, die Bürgerwünsche oder Präferenzen im politischen und wirtschaftlichen System bestmöglich zu erfüllen. Im politischen Bereich dient die **Demokratie** der **Durchsetzung der Bürgerwünsche** (statt des Willens eines Fürsten oder Diktators). Den zentralen Bezugspunkt der ökonomischen Theorie des Marktes bildet, wie unter dem Allokationsziel ausgeführt, die Konsumentensouveränität: Das Wirtschaftssystem ist so zu organisieren, dass die Präferenzen der Bürger möglichst genau berücksichtigt werden. Aus beiden Blickwinkeln gesehen steht also der einzelne Bürger bzw. der einzelne private Haushalt als Entscheidungseinheit im Vordergrund.

Wenn unterschiedliche Möglichkeiten bestehen, die Präferenzen der Bürger zu erfüllen, ist aus ökonomischer Sicht diejenige zu wählen, die die Wünsche bestmöglich erfüllt. Kann die Wahl einer anderen Möglichkeit nicht durch höhere Kosten o. ä. begründet werden (mehr dazu s. unten), dann werden den Bürgern mit der schlechteren Bedürfnisbefriedigungsmöglichkeit unnötige Kosten auferlegt, denn ihnen wird ein niedrigeres Bedürfnisbefriedigungsniveau zugemutet als notwendig. Auf die Minimierung dieser Kosten ist auch abzustellen, wenn nunmehr gefragt wird, wie der **Staat** seinen eigenen Bereich **so organisieren** kann, **dass** auch bei der Bereitstellung der öffentlich angebotenen Güter die **Bürgerwünsche möglichst genau berücksichtigt** werden. Abgesehen davon, dass dies ganz allgemein über Wahlen und Parlamentsarbeit geschieht, spielt hier der **Staatsaufbau** eine wichtige Rolle, indem er autonome regionale Entscheidungsmöglichkeiten in Form von Bundesländern und Gemeinden schafft.

Sie sind deshalb so wichtig, weil die Bedürfnisse und **Präferenzen der Bürger** für öffentliche Dienste **regionale Unterschiede** aufweisen. Die Präferenzen unterscheiden sich in Deutschland zweifellos zwischen alten und neuen Bundesländern (jedenfalls derzeit noch, wie die dortigen Erfolge der Linkspartei zeigen), die Wünsche bayerischer Eltern an die Schulpolitik unterscheiden sich wahrscheinlich von denen in Nordrhein-Westfalen, und den Einwohnern und Behörden in Baden-Württemberg sagt man eine größere Wirtschaftsfreundlichkeit auch auf kommunaler Ebene nach als in anderen Regionen. Auf solche Unterschiede in den regionalen Präferenzen sollte die öffentliche Hand bei der Gestaltung ihres Angebots eingehen können, und das geschieht vor allem durch große dezentrale Entscheidungsspielräume für Gemeinden, aber auch für Bundesländer.

Die Kosten, die sich für die Bürger ergeben, wenn diese regionalen Unterschiede in den Präferenzen im Staatsaufbau nicht oder nicht ausreichend berücksichtigt werden, lassen sich in einem Zahlenbeispiel veranschaulichen (Tab. 2.1). Eine Bevölkerung von 100 habe zu zwei öffentlichen Gütern, etwa dem Nutzen einer Straße (A) und dem Neubau einer Schule (B), unterschiedliche Vorstellungen.

Tab. 2.1: Frustrationskosten bei Entscheidung über zwei öffentliche Güter

	Zentralistischer Staatsaufbau = Entscheidung ohne Gruppenbildung	Dezentraler Staatsaufbau =Bildung von (in diesem Fall) zwei gleich großen Gruppen (I und II)			
		Günstigster Fall		Ungünstigster Fall	
		in I	in II	in I	in II
A wird B vorgezogen	60	50	10	30	30
B wird A vorgezogen	40	0	40	20	20
Gruppengröße (z.B. in Tausend)	100	50	50	50	50
Überstimmte (frustrierte) Minderheit	40	10		40	

Quelle: Modifiziert nach Pennock 1959.

Die **Frustrationskosten** können erheblich gesenkt werden, wenn Regionen so zugeschnitten sind, dass sie jeweils ähnliche Präferenzen umfassen. 60 Bürger präferieren A vor B, und 40 schätzen B mehr als A. Wenn im Gesamtraum, etwa einem Bundesland, über die Schwerpunkte der Politik entschieden wird, dominiert A; im Beispiel wird also die Straße gebaut. Das gefällt 60 Bürgern und „frustriert" 40 (letzte Zeile der ersten Spalte). Teilt man jedoch das Land in zwei gleiche Teilregionen I und II von je 50 und lässt nun dort über die Schwerpunkte entscheiden, so können sich völlig andere Konstellationen ergeben. Sie liegen zwischen zwei Extremfällen:

1) Die gleiche *maximale „Frustration"* von 40 (unterste Zeile) entsteht dann, wenn in jeder Region das gleiche Verhältnis von 3 zu 2 wie im Gesamtraum besteht, also bei 30:20 in Region I ebenso wie in Region II (rechte zwei Spalten). Die Regionen sind dann ungünstig geschnitten, weil sie nicht den Unterschieden in den Präferenzen entsprechen.

2) Die *geringste „Frustration"* tritt dann auf, wenn alle die 40 Bürger, die Gut B dem Gut A vorziehen, in einer Region versammelt sind, etwa in Region II. Dann ergibt sich die in der zweiten und dritten Spalte wiedergegebene Lage, und die Frustrationskosten liegen nur bei 10, also einem Viertel ihrer Höhe im Fall der zentralistischen Lösung für den Gesamtraum (linke Zahlenspalte).

Diese durchaus realitätsnahen Überlegungen verdeutlichen, welche Bedeutung der Orientierung an den Präferenzen zukommt. Zwar könnte ein zentralistischer Staat ohne autonome dezentrale Ebene theoretisch ähnlich differenziert auf die unterschiedlichen Präferenzen reagieren. Dies würde jedoch mit ungleich höheren Kosten der Informationsbeschaffung und der Kontrolle (King 1996, S. 36 ff.) einhergehen, und die großen Vorteile eines dezentralen Prozesses der Entscheidungsfindung, auf die einzugehen sein wird, lassen sich auf diese Weise überhaupt nicht realisieren. Ein **dezentraler Staatsaufbau und insbesondere** sein Kernelement, **die Gemeindeebene, entspricht** daher **dem Postulat der Berücksichtigung der Bürgerwünsche** (und, ökonomisch gesprochen, der **Konsumentensouveränität) am besten**.

3. Nicht-ökonomische Gründe für einen dezentralen Staatsaufbau

Die Orientierung an den Präferenzen der Individuen, auf die Wirtschaft, Gesellschaft und auch der Staatsaufbau ausgerichtet werden sollen, ist für einen Ökonomen die wichtigste Begründung für einen dezentralen Staatsaufbau. Daneben aber werden zumindest zwei weitere Argumente genannt, warum ein Staat, auch wenn er bereits eine Trennung der staatlichen Gewalt in Gesetzgebung, Verwaltung und Rechtsprechung aufweist, nicht aus nur einer Ebene bestehen, sondern seine Gewalt auch föderativ aufteilen sollte.

Das erste Argument, das aus der **Staatsrechtslehre** stammt, zielt auf eine stärkere *Machtaufspaltung im föderativen System.* In der Bundesrepublik Deutschland können auf diese Weise vor allem die Länder als Gebietskörperschaftsebene gerechtfertigt werden. Die Gemeinden konnten nach dem Zweiten Weltkrieg kaum als Gegengewicht zur Macht des Bundes angesehen werden, weil sie immer schon zu zahlreich waren und eine gemeinsame Organisation nur außerhalb des Staatsapparats des Grundgesetzes schaffen können. Eine wünschenswerte Aufspaltung der Macht durch Stärkung der Bundesländerebene als Gegengewicht zum Bund wurde daher in Deutschland sowohl von alliierter als auch von deutscher Seite zur Zeit der Diskussion des Grundgesetzes erörtert. Durch starke nachgelagerte Gebietskörperschaftsebenen wird die Zentralgewalt besser kontrolliert, was nach den Erfahrungen mit dem Hitlerregime als wünschenswert angesehen wurde. Zugleich sind die **Freiheitsspielräume des Bürgers größer**, wenn es selbstständige Gebietskörperschaftsebenen gibt, die sich zum einen politisch gegenseitig kontrollieren und zum anderen dem Bürger durch die Möglichkeit des Wohnsitzwechsels Alternativen verschaffen.

Dieses Argument der **Machtaufspaltung** zwecks interner politischer Kontrolle ist für das Verhältnis **zwischen Bund und Ländern** wahrscheinlich wichtiger als für das Verhältnis zwischen Land und Gemeinden. Dass die Bundesländer in ihrer Gesamtheit heute tatsächlich ein großes Machtpotential bilden, zeigt sich beispielsweise im Ablauf der Gesetzgebung, in der dem Bundesrat als Länderkammer beim Beschluss über sog. zustimmungspflichtige Bundesgesetze eine starke Stellung zukommt. Sie ist besonders stark, wenn im Bundestag eine andere Mehrheit als im Bundesrat regiert, beruht dann aber weniger auf regionalen als auf parteibezogenen Interessenunterschieden.

Machtaufspaltung wird man auf Dauer sicherlich nicht nur außerökonomisch interpretieren. Es ist beispielsweise als Teilelement der auch ökonomisch wünschenswerten Begrenzung von Macht zu sehen, so wie Eucken Wirtschaftsmacht begrenzt sehen wollte (Döring 1998).

Das zweite Argument, das eher einer demokratietheoretischen Perspektive entstammt, lautet, dass zusätzliche Ebenen *zusätzliche Möglichkeiten der Bürgerbeteiligung* bieten. Besonders gute Chancen bietet hier naturgemäß die Gemeinde. Sie stellt die unterste und damit bürgernaheste Gebietskörperschaftsebene dar, auf der – bei vergleichsweise wenigen Wählern – die eigene Stimme ein größeres Gewicht hat und wo Maßnahmen für ihn eher fühlbar sind. Im überschaubaren Umkreis der Gemeinde kann der Bürger das Wirksamwerden seiner individuellen Wahlentscheidung eher als bei Land und Bund überprüfen, kennt den Gewählten vielleicht persönlich, kann sich über die zu entscheidenden Alternativen eine Anschauung bilden und wird, was hier sehr wichtig ist, zugleich Interesse daran haben, seine finanziellen Beiträge (Steuern, Gebühren usf.) effizient verwendet zu sehen.

Allerdings ist dafür erforderlich, dass nach der grundsätzlichen Entscheidung für eine kommunale Ebene – und diese Entscheidung war Gegenstand des Abschnitts I – diese Ebene dann auch so organisiert wird, dass es zu diesem finanziellen Interesse kommen kann. Das wird im folgenden Abschnitt genauer erläutert.

II. Gestaltungsprinzipien für einen dezentralen Staatsaufbau

Im vorangehenden Teil war die Frage, warum es einen dezentralisierten Staatsaufbau geben solle, mit Hinweis auf niedrigere Kosten für die Berücksichtigung der Bürgerwünsche (Präferenzen) beantwortet worden. Im folgenden wird unterstellt, dass die Entscheidung für einen mehrstufigen Staatsaufbau bereits gefallen ist. Daran anschließend ist nunmehr zu fragen, wie man diesen nun gestaltet. Die folgenden Überlegungen zur Frage nach dem „Wie“ eines dezentralen Staatsaufbaus folgen den Elementen in Abb. 2.1. Dort sind einige Elemente aufgelistet, die bei der Gestaltung eines dezentralen Staatsaufbaus unter ökonomischen Aspekten wichtig sind. Sie bauen argumentativ von oben nach unten aufeinander auf.

1. Existenz kleiner Nutzerkreise als Voraussetzung

Den Anfang der Überlegungen zur Ausgestaltung einer kommunalen Ebene bildet die Beobachtung, dass es für verschiedene öffentliche Güter unterschiedlich große regional definierte Nutzerkreise gibt. In ähnlicher Weise gibt es für privat anbietbare Güter unterschiedlich große funktionale Nutzerkreise. Deshalb hat die darauf abzielende Theorie der Clubgüter eine strukturelle Ähnlichkeit mit den Überlegungen zu einer dezentralen Gebietskörperschaftsebene (s. Kasten 2.2).

Abb. 2.1: Prinzipien zur Gestaltung eines föderativen Systems unter ökonomischen Aspekten

---

Voraussetzung: Es bestehen **unterschiedliche Nutzenkreise**:
– klein für Kindergärten
– groß für Verteidigung
Sie können in Gebietskörperschaften zusammengefasst werden (Bund, Land und Gemeinden), die in etwa den Nutzerkreisen entsprechen.

Für die Gestaltung der Gebietskörperschaften sind zwei Prinzipien relevant:

Prinzip der „fiskalischen Äquivalenz“ (M. Olson):
Wenn einer Gebietskörperschaftsebene eine öffentliche Aufgabe zugeordnet ist, so soll die einzelne Gebietskörperschaft autonom entscheiden über
– die Ausgaben (die immer erwünscht sind)
– zusammen mit den selbst aufzubringenden Einnahmen (die immer unerwünscht sind).
Auf diese Weise muss sie in der Entscheidung zwischen beiden abwägen, und die Entscheidung tendiert dazu, "effizient" zu sein.

Prinzip der Subsidiarität:
Wenn eine öffentliche Aufgabe auf einer niedrigeren Ebene erfüllt werden kann, so soll sie dort auch erfüllt (und finanziert) werden („im Zweifelsfalle unten“)

Unter den öffentlichen Gütern sind die Nutzerkreise groß für öffentliche Aufgaben wie Landesverteidigung und Außenpolitik, die denn auch typischerweise von der Zentralregierung wahrgenommen werden. Sie sind sehr klein für Kindergärten oder Grundschulen und daher vielleicht schon in einem Stadtteil zu realisieren. Nun war eingangs dieses Kapitels ausgeführt worden, dass man sich eine rein zentrale Erfüllung öffentlicher Aufgaben im Prinzip immer vorstellen kann. Damit es überhaupt Sinn macht, autonome dezentrale Einheiten zu bilden, ist eine wichtige Voraussetzung, dass solche kleinen Nutzerkreise, und zwar in großer Zahl, existieren. Dies stellte auch schon die wichtigste Determinante für die vorherige Entscheidung dar, ob eine dezentrale Ebene überhaupt eingerichtet werden soll. Für die Schaffung von Gemeinden oder auch Kreisen ist dieser Gesichtspunkt naturgemäß besonders bedeutsam.

Kasten 2.2: Clubgüter und lokale Güter

Nutzerkreise können außer regional auch **funktional definiert** sein. Wenn Individuen sich in Vereinen zusammen tun, produzieren sie ein Gut, dass typischerweise nicht oder nicht in dieser speziellen Form vom Markt bereitgestellt wird. Ein Briefmarken-Tauschverein produziert das gewünschte Gut durch den – nur gemeinsam möglichen – Vorgang des Tausches. Man spricht daher von **Clubgütern** (**Theorie der Klubs**).[1] Innerhalb des Clubs konsumieren also alle gemeinsam das Gut und praktizieren das Ausschlussprinzip nicht. Gegenüber Nicht-Mitgliedern wird hingegen Ausschluss ausgeübt.

Diese Theorie der funktionalen Gruppen oder Clubs kann man als Basis für die Sinnhaftigkeit auch von regional definierten „Gruppen“ wie den Gemeinden und anderen Gebietskörperschaften heranziehen (Zimmermann 1983, S. 14 ff.). Eine **Gemeinde** ist aus dieser Sicht eine **regional definierte Gruppe** zur Erfüllung einer Mehrzahl von Aufgaben; hinzu kommt das **Element der Zwangsgewalt**, das eine öffentliche von der privaten Handlungsmöglichkeit unterscheidet.

[1] Siehe dazu schon Buchanan 1965; zum Überblick s. Apolte 1995.

Zugleich ist mit sehr kleinen Gebietskörperschaften auf der Basis kleiner Nutzerkreise aber auch eine besondere Tendenz verbunden, dass mit Blick auf die eine oder andere einzelne Aufgabe der Nutzerkreis nicht voll in die geplante Gebietskörperschaft passt. Wenn eine Gemeinde ein Angebot im sozialen oder kulturellen Bereich macht, wie beispielsweise eine Jugendbegegnungsstätte, ein Gesundheitsamt oder ein Theater, werden zahlreiche Nutzer von außerhalb der Gemeinde die Leistungen in Anspruch nehmen wollen. Dieser Frage der **Überschwappeffekte (spillovers)** ist daher bei der konkreten Ausgestaltung besondere Aufmerksamkeit zu widmen (s. 3. Kap., Teil A).

2. Herstellung der „fiskalischen Äquivalenz“ als zentrale Forderung

Bezogen auf Individuen bzw. private Haushalte und auf Unternehmen hat ein Ökonom präzise Vorstellungen, wann sie sich zweckmäßig verhalten, um aus den knappen Ressourcen, die ihnen zur Verfügung stehen, „das meiste zu machen“. Man geht davon aus, dass sie für etwas Erstrebenswertes so lange zusätzliche Mittel einsetzen, wie der zusätzliche Vorteil die Nachteile der zusätzlich eingesetzten Mittel übersteigt. Lohnt das größere Auto die notwendigen zusätzlichen Überstunden, oder rechtfertigt der zusätzliche Auftrag die hierfür erforderlichen zusätzlichen betrieblichen Ausgaben und deren Finanzierung?

Dieses ökonomische Abwägungserfordernis wurde in der ökonomischen Theorie des Föderalismus auf Gebietskörperschaften bezogen und als **Prinzip der „fiskalischen Äquivalenz“** bezeichnet (das nicht mit dem Äquivalenzprinzip verwechselt werden darf; s. dazu Kasten 2.3). Es geht auf **Mancur Olson** zurück (Olson 1969/1974) und basiert auf der Annahme, dass zusätzliche Ausgaben in einer Gemeinde von allen Beteiligten erwünscht sind und, so lange man die Einnahmen außer Acht lässt, nicht hoch genug ausfallen können. Umgekehrt sind zusätzliche selbst aufzubringende Einnahmen (Steuern und Entgeltabgaben), wenn man den Ausgabenvorteil nunmehr außer Acht lässt, immer unerwünscht. Folglich möchten Gemeinden wie Individuen oder auch Unternehmen am liebsten möglichst viele Ausgabenvorteile realisieren, ohne die entsprechenden Einnahmen aufbringen zu müssen. Im öffentlichen Sektor gilt aber nicht weniger als im privaten Sektor das **Tanstaafl-Prinzip**: „There ain't

Kasten 2.3: Prinzip der fiskalischen Äquivalenz und Äquivalenzprinzip

Der Begriff der Äquivalenz ist im Zusammenhang mit Prinzipien in der deutschen ökonomischen Literatur leider doppeldeutig:

(1) Das *Prinzip der fiskalischen Äquivalenz* bezieht sich auf ein föderatives System. Es postuliert, dass eine Gebietskörperschaft verpflichtet sein soll, zugleich über ihre Ausgaben und über die von ihr zu erbringenden Einnahmen zu entscheiden (s. Ausführungen im Text).

(2) Das sehr viel ältere *Äquivalenz- oder Entgeltprinzip* gehört in einen anderen Zusammenhang, nämlich den der Einnahmeerzielung. Es zählt zu den **Abgabeprinzipien** und bezeichnet den Tatbestand, dass Abgaben als Gegenleistung für empfangene Leistungen erhoben werden (s. unten 4. Kap., Teil B). Diese Einnahmen werden dementsprechend auch als **Entgeltabgaben** oder **Entgelteinnahmen**, **„benefit taxes“** usf. bezeichnet. Zu diesen Einnahmen gehören die auf der Gemeindeebene besonders wichtigen **Gebühren** oder **Beiträge** (s. unten 4. Kap., Teil B).

Die Doppeldeutigkeit kommt dadurch zustande, dass das Äquivalenzprinzip im englischen **„benefit principle“** heißt und die fiskalische Äquivalenz **„fiscal equivalence“**. Erst die Übersetzung beider Begriffe als „Äquivalenz“ im Deutschen führt zu der Doppeldeutigkeit, deren man sich bei der Verwendung dieser Worte bewusst sein muss (zur Beziehung zwischen beiden Konzepten vgl. etwa Hansjürgens 1999).

no such thing as a free lunch“[14], m. a. W. in volkswirtschaftlicher Perspektive trägt immer jemand die Kosten. Um solche „Ausgaben auf Kosten Dritter“ zu vermeiden, gilt es, die fiskalische Äquivalenz durchzusetzen:

Wenn einer Gebietskörperschaftsebene eine öffentliche Aufgabe zugeordnet ist, so soll die einzelne Gebietskörperschaft, z.B. die einzelne Gemeinde, gemäß der Maxime „Wer bestellt, der zahlt“ verpflichtet sein, über

- die – immer erwünschten – Ausgaben
- zusammen mit den – immer unerwünschten – Einnahmen

gleichzeitig zu entscheiden. Der Nutzerkreis und der Kostenträgerkreis sollten sich also soweit möglich mit dem Entscheiderkreis decken.[15]

Wenn eine Gemeinde also die Nutznießer einer öffentlichen Aufgabe umfasst und ihre Bürger über Steuern für die Kosten aufkommen müssen, so muss die Gemeinde zwischen Beidem in ihrer Entscheidung abwägen, und die **Entscheidung** tendiert dazu, **im ökonomischen Sinne „effizient“** zu sein. Genau genommen entscheidet sie nämlich über die “zusätzliche“ Ausgabe im Lichte der dafür „zusätzlich“ erforderlichen Einnahme. Genau dieses Erfordernis der Abwägung von „Grenz“-Ausgaben und „Grenz“-Einnahmen, das sog. **Marginalkalkül**, gehört in der Ökonomie zur erwähnten **Allokationseffizienz**.

Wenn dieses Prinzip realisiert ist, bedeutet es, dass die Gemeinde ähnlich wie der private Haushalt oder das private Unternehmen eine Ausgabe soweit ausdehnen wird, bis der zusätzliche Vorteil aus der Ausgabe den Nachteil aus der zunehmenden Einnahmenerzielung nicht mehr aufwiegt. Das gilt für die einzelne Aufgabe, vor allem aber für die Gesamtheit der Aufgabenerfüllung in einer Gemeinde und damit die Höhe des gemeindlichen Budgets.[16]

Eine mögliche Erweiterung des Prinzips der fiskalischen Äquivalenz bietet der Gedanke der **„functional overlapping competing jurisdictions“** (FOCJ; Frey/ Eichenberger 1995). Zuvor wurde das Prinzip auf – multifunktionale – Gebietskörperschaften bezogen. Es gab aber daneben immer schon regional definierte öffentliche Institutionen, die nur für eine Aufgabe zuständig und z. T. mit eigenen Einnahmen und mit Entscheidungen nach dem Prinzip der fiskalischen Äquivalenz versehen sind; ein Beispiel sind die amerikanischen „school districts“. Solche

14 Der Satz wird oft dem Nobelpreisträger Milton Friedman zugesprochen, der aber in einem Brief an den Verfasser vom 9.4.2001 zwar seine Vorliebe hierfür zugab, zur Geschichte der – letztlich ungeklärten – Herkunft aber auf Hessen (1987) verwies.

15 Abweichungen in Form von beispielsweise sog. Überschwappeffekten werden im 3. Kapitel erörtert.

16 Der Gedanke wird im 6. Kapitel, Teil A, mit Blick auf die Stimmenmaximierung mittels des öffentlichen Haushalts wieder aufgegriffen.

„single function governments" sind aber in aller Regel räumlich definierte Monopole, d.h. sie sind der alleinige Anbieter in der Region und konkurrieren nicht miteinander. Nach dem Konzept der FOCJ würden sie miteinander konkurrieren und sich folglich regional überlappen. Damit würden sie auf jeden Fall die Wahlmöglichkeiten des Bürgers erhöhen, möglicherweise auch die Kosten senken, und mithin wären sie allokativ effizienter als die bisherigen Lösungen.

Das **Prinzip der fiskalischen Äquivalenz** wurde hier so ausführlich erörtert, weil es für die Ausgestaltung der Kommunalfinanzen **von zentraler Bedeutung** ist. Daher wird in den folgenden Kapiteln häufig hierauf zurückgegriffen.

3. Beachtung der Subsidiarität

In Abbildung 2.1 (s. oben) ist im unteren Teil ein weiteres Prinzip aufgeführt, das Subsidiaritätsprinzip. Es besagt, frei interpretiert, dass eine öffentliche Aufgabe **„im Zweifelsfalle unten"** erfüllt werden soll.

Das Subsidiaritätsprinzip entstammt ursprünglich der katholischen Soziallehre und betraf **zunächst** das **Verhältnis von öffentlicher Hand zu Privatsphäre.** Es besagt in diesem Zusammenhang, dass private individuelle Aufgabenerfüllung den Vorrang haben soll, ehe die öffentliche Hand eingreift, und hat insofern eine den individuellen Handlungsspielraum schützende Funktion. **Später** wurde das Prinzip **auf den föderativen Staatsaufbau angewendet**. Schon Bickel bezog es explizit auf die „lokalen Körperschaften", die alle Aufgaben erhalten sollten, die noch von ihnen erfüllt werden könnten.[17] Neue Schubkraft bekam dieses Prinzip, als es 1992 im Maastrichter Vertrag auf der Ebene der EU erstmals verankert wurde (neuer Art. 3 b des EG-Vertrages).

Bis zu diesem Punkt wurde sozusagen die **statische** Betrachtung des Subsidiaritätsprinzips erläutert. Es ist aber zugleich **dynamisch** zu interpretieren, denn es ist in gewissem Sinne ein „gerichtetes" Prinzip in dem Sinne, dass es auch Tendenzen oder Verlagerungen beurteilen hilft. In dieser Funktion dient es dazu, vergangene Entwicklungen zu bewerten und daraufhin zukünftige Entwicklungen in der richtigen Richtung zu beeinflussen. Die Erfahrung aus einem halben Jahrhundert Föderalismus in der Bundesrepublik Deutschland und sehr viel längere Erfahrungen etwa in den USA und anderen föderativ aufgebauten Staaten haben über die Zeit eine deutliche **Tendenz zur Zentralisierung** aufgezeigt (Bélanger 1987). Man kann versuchen, dies zu erklären (Zimmermann 1996, S. 142 ff.), wichtig ist aber vor allem, dass eine solche Tendenz in ihrem Endergebnis zu Un-

17 Bickel 1956, S. 739; vgl. auch Peffekoven 1980, S. 610 f.

zufriedenheit mit dem gesunkenen Anteil an dezentraler Autonomie führt. Diesem dann aktiv wieder entgegenzuwirken, ist Ausdruck der dynamischen Variante des Subsidiaritätsprinzips.

In dieser dynamischen Sicht wird auch die **Ergänzungsfunktion zum Prinzip der fiskalischen Äquivalenz** deutlich. Dieses zielt darauf, nach der Entscheidung für eine dezentrale Ebene in jeder dortigen Gebietskörperschaft einen effizienten Entscheidungsmechanismus zu installieren. Unvermeidbare Ungenauigkeiten bei der Zuordnung von „eigenen" Ausgaben und Einnahmen (s. 3. und 4. Kap.) machen Entscheidungen erforderlich, ob eher die dezentrale oder die darüberliegende Ebene zuständig sein soll. Diese Entscheidungen in dem großen Unschärfebereich führen im Zeitablauf empirisch betrachtet, zusammen mit eher politökonomischen Tendenzen, fast immer zu mehr Zentralisierung (s. auch Hansjürgens 1999). Folglich ist, wenn man der dezentralen Ebene eine besondere Bedeutung beimisst, ein **ständiges aktives Gegenhalten** und eine **laufende Korrektur der Aufgabenverteilung** erforderlich.

III. Kosten lokaler öffentlicher Güter und „optimale Ortsgröße"

1. Das Argument der Größendegression

Mit den beiden Prinzipien der fiskalischen Äquivalenz und der Subsidiarität sind zwei wichtige Bausteine für die Gestaltung eines dezentralen Systems gegeben (vgl. Abb. 2.2). Zusätzlich ist aber die Rolle der **Kosten** öffentlicher Güter zu berücksichtigen. **Öffentliche Güter zu den geringstmöglichen Kosten** zu produzieren, ist **Teil des Allokationsziels**. Das ist bei der endgültigen Festlegung von Gemeindeaufgaben zu berücksichtigen.

Eine wichtige Determinante dieser Kosten liegt in der **Größendegression (Skalenerträge, economies of scale)**. Bei einigen lokalen öffentlichen Gütern sinken beim Übergang von kleinen zu größeren Produktionseinheiten die Kosten je Outputeinheit (Stückkosten). Das würde für sich genommen gelegentlich dafür sprechen, die Aufgabe weiter oben zu erfüllen und in Abbildung 2.2 das Kreuz bei der eher zentralen Zielerfüllung zu setzen.

Mit solchen Fällen eindeutiger Größendegression kann man hier zugleich einen wichtigen Aspekt aus der Theorie der öffentlichen Güter anführen: den **Unterschied zwischen öffentlichem Angebot und öffentlicher Produktion** eines Gutes (**„public provision" versus „public production"**). Im Vordergrund der Dis-

Abb. 2.2: Ökonomische Ziele eines föderativen Systems und Zentralitätsgrad der Aufgabenerfüllung

Ökonomische Ziele \ Entscheidung über Zentralität der Zielerfüllung	Zielerfüllung eher zentral	Zielerfüllung eher dezentral
Allokationsziel		
= Abstimmung des öffentlichen Angebots auf die individuellen Präferenzen		X
+ Produktion zu geringstmöglichen Kosten (Berücksichtigung von Skalenerträgen und der Teilbarkeit öffentlicher Güter)	X	X
dazu Berücksichtigung von		
(1) Prinzip der fiskalischen Äquivalenz		X
(2) Subsidiaritätsprinzip		X
Sonderproblem: Berücksichtigung von „spillovers"	X	
Verteilungsziel	X	X
Konjunkturziel	X	
Wachstumsziel	X	(X)
u. a. Förderung innovativer Prozesse im öffentlichen Sektor		X

Quelle: Modifiziert nach: Zimmermann/Henke 2005, S. 195.

kussion um die richtige Aufgabenverteilung steht die Verantwortung für das öffentliche Angebot, d.h. die öffentliche Hand soll **dafür Sorge tragen, dass ein Angebot zustandekommt** (Zimmermann/Henke 2005, S. 51 f.). Wenn dieses „Angebot" und damit der Kern einer öffentlichen Aufgabe der Gemeinde zugesprochen wird, dann kann es durchaus sein, dass ein Teil der **„Produktion"**, also der **technisch-organisatorischen Bereitstellung des Gutes**, größere Einheiten als die typische Gemeinde erfordert. Das sollte im Übrigen auch unter dem Subsidiaritätsprinzip auf keinen Fall ein Grund sein, die gesamte Aufgabe, also auch die Verantwortung für das Angebot (und für seine Finanzierung), auf die höhere Ebene zu verlagern.

Als Beispiel können bestimmte Ausschnitte der Abfallwirtschaft gelten. Sie kann ohne weiteres von der kommunalen Ebene wahrgenommen werden (und in Deutschland sind die Landkreise die „entsorgungspflichtigen Körperschaften"). Wenn die Kommunen für das „Angebot" verantwortlich sind, haben sie dafür zu sorgen, dass die Aufgabe überhaupt erfüllt wird. Sie müssen aber die „Produktion" des öffentlichen Gutes nicht oder nicht vollständig selbst übernehmen. Unter dem Aspekt der Größendegression bei den Produktionskosten würden Teile der „Abfallentsorgung" zu unverhältnismäßig hohen Kosten führen, wenn sie tatsächlich gemeindeweise „produziert" würden. So hat man früher tatsächlich in fast jeder Gemeinde eine kleine „Deponie" zur „Entsorgung" geschaffen. Eine moderne Deponie nach dem Stand der Technik ist jedoch aufwendig und bedarf so großer Anlagen, dass sie viele Gemeinden oder auch Landkreise gleichzeitig versorgen kann. Für bestimmte Sonderabfälle ist der räumliche Bereich sogar noch weiter zu ziehen; es mag hochproblematische Sonderabfälle geben, deren Entsorgung etwa im Wege der Abfallverbrennung nur in einer einzigen Sonderabfall-Verbrennungsanlage für ganz Europa sinnvoll sein könnte.

Der gleiche Beispielsbereich der Abfallwirtschaft kann aber auch dazu dienen zu zeigen, dass das Argument der Größendegression, wenn es zu eng und statisch interpretiert wird, zu Fehlschlüssen führen kann. Das Argument wird gern von technisch orientierten Spezialisten vorgetragen, die bestehende Großanlagen kennen und auf deren niedrige Stückkosten verweisen. Wenn aber eine Aufgabe stärker dezentral als bisher zugeordnet wird, beginnt die innovative Suche nach kostengünstigen kleineren „Produktions"-Einheiten, werden entsprechende Entwicklungsaufträge erteilt, Versuchsanlagen gebaut etc. Im Bereich der Abfallwirtschaft waren dies effizientere Kompostierungsanlagen, neuartige Verschwelungs- oder Verbrennungsanlagen usf.

Dem **statischen Vergleich** bestehender Systeme muss daher, wenn man von den Kosten der Produktion lokaler öffentlicher Güter spricht, die **dynamische Sicht** gegenübergestellt werden. Aus ihr ist plausibel, dass dezentrale Lösungen zusätzliche Suchprozesse auslösen, die gerade wegen der Orientierung an kleineren Regionen in die Richtung kostengünstiger kleinerer Produktionseinheiten führen (daher findet sich in Abb. 2.2 auch ein Kreuz bei „eher dezentral").

2. Kosten und Ortsgröße

Wenn über die Verlagerung von Teilen der „Produktion" lokaler öffentlicher Güter hin zu übergeordneten Einheiten der kommunalen Ebene nachgedacht wird, so ist dabei immer zu berücksichtigen, dass viele solche Verlagerungen von kreisangehörigen Gemeinden hin zur Kreisstadt oder gar zur Großstadt die durchschnittliche Ortsgröße steigen lassen. Sehr große Orte bringen aber auch Nachteile mit sich. Diese liegen zum einen in den zuvor erörterten erhöhten Frustrationskosten und Informationskosten im Vergleich zu mehreren kleinen Orten. Zum anderen treten **spezielle Ballungskosten** wie etwa erhöhte Luftbelastung und Kriminalität hinzu.

Eine besondere Problematik tritt in Ballungsgebieten hinzu, wo ein großer dichtbesiedelter Raum in mehrere Gemeinden aufgeteilt ist. Dann stellt sich heraus, dass die Bewohner reiner Wohngemeinden (mit größerer Pendelentfernung) andere Bedürfnisse haben als die Bewohner von Arbeitsplatzgemeinden (mit geringer Pendelentfernung). Die Kommunalfinanzen in Ballungsgebieten bilden eine besonders schwierige Problematik (s. unten 5. Kap., Teil C). Im Folgenden wird daher zunächst auf eher isoliert gelegene Gemeinden bzw. Städte abgestellt, die sich aber durch unterschiedliche Einwohnerzahl unterscheiden.

Wie entwickeln sich nun die Kosten, wenn man gedanklich zu höheren Ortsgrößen fortschreitet? Offenbar gibt es **sinkende Kosten** (beispielsweise durch die erwähnte **Größendegression**) und **steigende Kosten** (beispielsweise die genannten **„Ballungskosten“** in Form höherer Luftbelastung und Kriminalität). In Kasten 2.4 und Abb. 2.3 wird unter der Voraussetzung, dass man alle genannten und weiteren Kosten kennt, eine **optimale Ortsgröße** für ein öffentlich angebotenes Gut abgeleitet. Wenn die Voraussetzung der vollen Information auch nie erfüllt sein wird, lässt sich aus einer solchen modellhaften Betrachtung doch einiges ableiten. So kann man für eine bestimmte Aufgabe abzuschätzen suchen, ob ihre Stückkosten mit zunehmender Ausbringung permanent fallen oder ob in sehr großen Städten wieder mit einem Steigen zu rechnen ist. Dementsprechend variieren die Folgerungen (s. Kurven I und II).

Des Weiteren ist plausibel, dass die Kurvenverläufe je nach Aufgabe anders aussehen. Daraus darf man nicht folgern, dass man je Aufgabe eine eigene öffentliche Körperschaft benötige (Konzept der „single-function governments“, s. oben II.2). Vielmehr wäre, wenn man alle Informationen in einer Graphik zusammenfassen würde, nach „Häufungen von Optimalpunkten“ zu suchen.

Gerade an dieser Stelle zeigt sich die Notwendigkeit systematischer Forschung zur optimalen Ortsgröße. Zwar haben diese Forschungen keine eindeutigen Ergebnisse gebracht, wo „die“ optimale Einwohnerzahl liegt.[18] Das ist schon deshalb empirisch nur begrenzt möglich, weil sich zwar die Verläufe der Produktionskosten für

18 Zur Literatur über optimale Ortsgröße s. Fisher 2007, S. 124 ff. – Siehe auch OECD 2006, z. B. S. 217.

einzelne Leistungen abschätzen lassen, aber die unabdingbare Ergänzung durch die Ballungs- und Frustrationskosten sehr schwierig herzustellen ist. Ohne diese aber hätte die Berechnung einen „bias“ in Richtung größerer Orte, weil viele Produktionskosten wie in Kurve I verlaufen.

So hat sich die **deutsche Gebietsreform** der 1970er Jahre, die die Zahl der Gemeinden von etwa 22 000 auf damals etwa 8 500 reduzierte, stark auf die **Minimalauslastungs-Angaben** für öffentliche Einrichtungen gestützt, wie sie **Frido Wagener** 1969 ermittelt hatte und die auf dem zuvor erörterten **Argument der Größendegression** basierten. Seine Studien hatten zu einer Liste von 124 öffent-

Kasten 2.4: Zum Konzept einer optimalen Ortsgröße für ein öffentlich angebotenes Gut

Unter der Voraussetzung, dass man alle im Text genannten Kosten kennt, könnte man eine optimale Ortsgröße ermitteln (vgl. Abb. 2.3). Die **Produktionskosten** je Produkteinheit (Stückkosten) **sinken** typischerweise mit der Größe der Produktionseinheit, hier der Ortsgröße (Kurve I).

Es gibt aber, gerade im Gemeindebereich, auch „Produktionen“ mit Übernutzung und damit wieder steigenden Kosten. Als Beispiel für solche **„Allmendegüter“** (Blankart 2006, S. 65 ff.) kann beispielsweise die Fußgängerzone einer Innenstadt gelten. Sie wird bei wachsender Bevölkerung oft überfüllt sein, bei sehr geringer Ortsgröße aber vielleicht untergenutzt und folglich teuer sein, und dazwischen liegen Ortsgrößen mit geringeren Kosten (Kurve II).

Die **Ballungs- und Frustrationskosten steigen** in aller Regel kontinuierlich (Kurven III und IV). Die optimale Ortsgröße liegt dann dort, wo die gesamten Kosten, ausgedrückt in der gestrichelten Summenkurve, ihr Minimum haben. Wenn die Ballungs- und Frustrationskosten den Verlauf IV nehmen, ist der Fall einfach: Die optimale Ortsgröße liegt bei der Einwohnerzahl EW1. Verlaufen diese Kosten aber wie in III wiedergegeben, so sind zwei Fälle möglich. Wenn die Produktionskosten kontinuierlich fallen (Kurve I), liegt die optimale Ortsgröße bei EW3. Steigen sie hingegen wieder an (II), so findet sich die niedrigste Stelle der Summenkurve bei EW2. Der Grund liegt in den Produktionskosten, die dann tendenziell denselben Verlauf wie die Ballungskosten annehmen, also mit zunehmender Ortsgröße wieder zu steigenden Stückkosten führen. Beispielsweise könnte die polizeiliche Sicherung in kleinen verstreuten Dörfern pro Kopf ähnlich teuer kommen wie in kriminalitätsreichen Großstädten (zu den Kosten dünn besiedelter Regionen s. Seitz 2002).

Die Ortsgröße ist auf der Abszisse und in den Beispielen immer in Einwohnern ausgedrückt worden. Ein anderes Maß wäre die Fläche der Gemeinde. Obwohl sie für manche Kostenverläufe, beispielsweise von leitungsgebundenen Leistungen (wie Straßennutzung, Wasserversorgung und Abwasserentsorgung), wichtig ist, wird doch für die meisten Leistungen von der Einwohnerzahl als der wichtigeren die Kosten bestimmenden Größe ausgegangen (King 1996, S. 55 f.).

Abb. 2.3: Optimale Ortsgröße für ein öffentlich angebotenes Gut

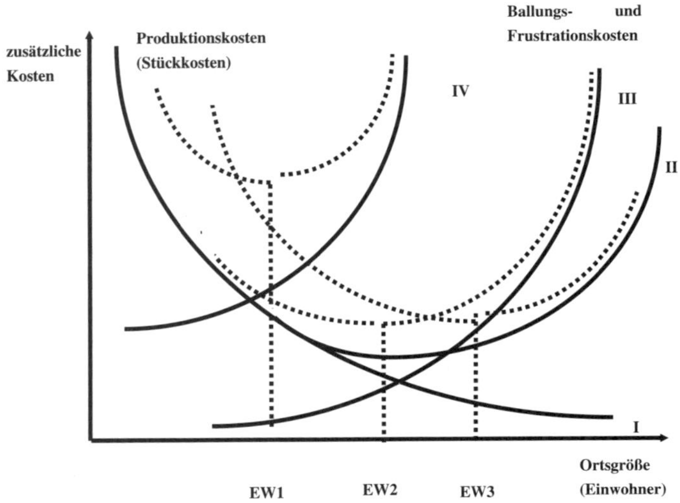

lichen Aufgaben bzw. Institutionen geführt, deren „optimale Größenordnung" er quantitativ angab und dann Gebietseinheiten von „ländlicher Gemeinde" bis zum Bundes-„Land" zuordnete.[19] Die Dominanz dieser präzis angebbaren Werte, die auch als „geradezu ein System der ‚Verwaltungsmathematik'" bezeichnet worden sind (Halstenberg/von der Heide 1995, S. 351 f.), erwies sich im Zuge der Gebietsreform als leitend und bestätigte die angelsächsische Weisheit: **„What's quantified, gets done"**. Hätte man parallel dazu Ballungs- und Frustrationskosten ernsthaft zu ermitteln und gegenzurechnen versucht, so hätte die Gebietsreform wahrscheinlich nicht zu so großen Gemeinden wie etwa in Nordrhein-Westfalen geführt.

IV. Vom kooperativen Föderalismus zum Wettbewerbsföderalismus

1. Die statische Sicht des Fiscal Federalism als Ausgangspunkt

Den bisherigen Ausführungen zum Föderalismus lag eine Version des Allokationsziels zugrunde, die man als statisch bezeichnen kann. Die Aufgabe bestand

---

19 Wagener 1969, Faltblätter hinter S. 482.

nur darin, mit Blick auf die derzeitige räumliche Verteilung der Präferenzen und die derzeitigen Möglichkeiten der kostenminimalen „Produktion“ eines öffentlichen Gutes ein föderatives System bestmöglich zu organisieren. Das Gegenstück ist dann der Wettbewerbsföderalismus[20].

In Abb. 2.4 ist im linken Teil die traditionelle Sicht des Fiscal Federalism, oft mit Finanzföderalismus übersetzt, wiedergegeben worden[21]. Sie wird hier als statisch bezeichnet, insbesondere deshalb, weil keine Wanderungen als Argument zugelassen sind. Diese statische Sicht wurde zuvor mit Hilfe von zwei großen Schritten gekennzeichnet.

Im ersten Schritt muss ein Raster von Gebietskörperschaften festgelegt werden, und zwar sowohl vertikal im Sinne von Ebenen der Gebietskörperschaften als auch horizontal mit Blick auf die Gebietskörperschaften nur einer Ebene (Zuschnitt der Bundesländer oder Gemeinden). Für die Gestaltung dieses Rasters sind die regionalen Präferenzen heranzuziehen und die Nutzenkreise (benefit areas) der öffentlich angebotenen Güter heranzuziehen. Der zweite große Schritt besteht darin, die einzelne Gebietskörperschaft einer Ebene richtig auszugestalten. Im Vordergrund steht natürlich das „Prinzip der fiskalischen Äquivalenz“, und als zweites Prinzip sollte das Subsidiaritätsprinzip hinzukommen.

2. Dezentrale Einheiten als „Mechanismus der Präferenzenthüllung“

Die bisherigen Überlegungen waren von gegebenen Präferenzen ausgegangen. Eine Mehrzahl von Gebietskörperschaften auf einer Ebene – Bundesländer oder Gemeinden – senkt dann die Frustrationskosten. Wichtiger als für Deutschland und andere Länder mit eher einheitlicher Kultur, Weltanschauung und vor allem Sprache ist diese Möglichkeit für Länder mit starken Unterschieden dieser Art, wie die Schweiz und Belgien.

---

20 Diese Gegenüberstellung ist von anderer Art als die von Oates vorgenommene Trennung in „First- and second-generation theory of fiscal federalism“ (Oates 2005).

21 Das Buch von Oates (1972) wird hierfür in der Regel als Basis angesehen. Im Lehrbuch Zimmermann/Henke wurde diese Sicht von 1975 bis 2005, also über 30 Jahre, eingenommen, und erst in der 9. Auflage von 2005 wurden die Argumente des Wettbewerbsföderalismus aufgenommen.

Abb. 2.4: Wettbewerbsföderalismus unter den ökonomischen Argumenten zum Föderalismus

Sicht des **Fiscal Federalism** (eher statisch; keine Wanderungen)	Sicht des **Wettbewerbsföderalismus** (eher dynamisch; Wanderungen, Innovation)
Gestaltung des Rasters der Gebietskörperschaften (Bundesländer, Gemeinden) nach – regionalen Präferenzen – Benefit Areas der öffentlich angebotenen Güter	Kritik an statischer Sicht: – zuwenig Präferenz-Enthüllung – zuwenig Innovation – Überbetonung räumlicher externer Effekte – zuwenig Begrenzung der Staatstätigkeit
	Aus der Kritik abgeleitet: – Betonung der Abwanderungs-Option – Betonung der innovationsfördernden Konkurrenz – Hinnahme vieler räumlicher externer Effekte – Beschränkung auf unbedingt erforderliche Staatstätigkeit
Gestaltung der einzelnen Gebietskörperschaft nach – Prinzip der fiskalischen Äquivalenz – Subsidiaritätsprinzip	Zu erreichen über: – weitgehende Autonomie in der Aufgabenerfüllung – stärkeres Trennsystem bei Steuern; Steuersatzautonomie – Zurückführen des Nivellierungsgrades im horizontalen Finanzausgleich

Langfristig bedeutsamer als solche im Augenblick gegebenen Unterschiede ist aber der Sachverhalt, dass sich **Präferenzen im Zeitablauf verändern** können. Derartige Veränderungen sollten auch über den Staatsaufbau abgefangen werden können. So haben sich in den USA in den 70er und 80er Jahren stärkere

Unterschiede als zuvor in den Einstellungen der Bevölkerung und der Unternehmer zwischen „rust belt“ (altindustrielle Region im Mittelwesten und Nordosten) und „sun belt“ (Westen und Süden) herausgebildet. Die Einstellungen betrafen das Ausmaß staatlicher Vorsorge, die Rolle der Gewerkschaften usf. Das Ergebnis war, dass erhebliche **Wanderungen vom „rust belt“ zum „sun belt“** einsetzten, weil dort andere staatliche Vorschriften, andere Vorstellungen der Tarifpartner am Arbeitsmarkt usw. galten, durch die Unternehmen und dementsprechend Arbeitnehmer angelockt wurden und neues gesamtwirtschaftliches Wachstum möglich wurde. Für die deutsche Situation wurden oft ähnliche, wenngleich nicht so starke Unterschiede zwischen den nördlichen und südlichen alten Bundesländern behauptet, und sie könnten die beobachteten Wachstumsunterschiede erklären helfen. Dass sich lokale Präferenzen herausbilden können, zeigen die spezifischen Angebote der auf Rentner und Pensionäre ausgerichteten Gemeinden, die es zuerst in Florida gab, die sich aber auch in manchen deutschen Regionen herauszubilden scheinen.

In den Beispielen erfüllen dezentrale Einheiten, also Gemeinden oder Bundesländer, die Funktion, die Wünsche der Individuen (Bürger, Unternehmer, Arbeitnehmer) über deren **Wanderungsentscheidungen** sichtbar zu machen. Für die Gemeinden hat dies **C.M. Tiebout** schon 1956 in einem berühmten Aufsatz beschrieben (s. Kasten 2.5), und durch seine Arbeit angestoßen spricht man heute davon, dass **Gemeinden,** aber auch Bundesländer **als „Mechanismus zur Präferenzenthüllung“** dienen. Er funktioniert in der Weise, dass die Individuen durch Umzug von einer Gebietskörperschaft in eine andere ihre Präferenzen „offenbaren“ (**Abstimmen mit den Füßen**, **voting by feet**).

Dies stellt einen ganz anderen Mechanismus der Präferenzenthüllung dar als derjenige, den man für die Demokratie zunächst und zu Recht hervorhebt: die Ausübung des Wahlrechts. In seiner bekannten Buchüberschrift „Exit, Voice and Loyalty“ stellt **A.O. Hirschman** solche Mechanismen gegenüber, wobei **„Exit“** für die beschriebene Abwanderung steht und **„Loyalty“** (oder als Gegenstück **„Widerspruch“**, wie im Titel der deutschen Ausgabe) für die Möglichkeit, zu bleiben und politischen Widerstand durch Abwahl der Regierenden, Bildung von Protestbewegungen usf. zu leisten (Hirschman 1970/1974). Man kann nun, was Hirschman noch nicht tat, die Existenz einer Mehrzahl von autonom handelnden **Gebietskörperschaften als regionale Form eines „Exit“** interpretieren (Zimmermann 1990, S. 250 f.; siehe auch Mueller 1989, Chapter 9, sowie Frey 1997). Dadurch kann beispielsweise das gesamtwirtschaftliche Wachstum stärker werden, weil Wachstumsfaktoren in solche Regionen abwandern können, die ihnen gute Voraussetzungen, wie ein günstiges „Wirtschaftsklima", bieten (zum Wachstumsziel s. unten B III).

Kasten 2.5: Das Tiebout-Modell

Tiebout geht in seinem **Modell von 1956** (Tiebout 1956) von einigen restriktiven Annahmen aus[1]:

- Individuen haben keine Erwerbsinteressen, leben also beispielsweise von Renteneinkommen.
- Beim Ortswechsel entstehen ihnen keine Mobilitätskosten.
- Die Wohnortentscheidung treffen sie allein mit Blick auf das Angebot der öffentlichen Leistungen einer Gemeinde, im Vergleich mit dem dafür aufzubringenden Finanzierungsanteil, also den von ihnen zu zahlenden Steuern. Über diese Angebote haben sie volle Information.
- Die Nutzung der Leistungen ist auf die Einwohner beschränkt (keine interregionalen „spillovers", s. 3. Kap.).
- Die Gemeinden bieten ein spezifisches Bündel öffentlicher Leistungen mit entsprechender Besteuerung an und werben damit um die Individuen.

Die Bürger ziehen dann in die Gemeinde, in der ihren Präferenzen am besten entsprochen wird. Eine Gemeinde, die dann das vergleichbare Güterbündel teurer als andere anbietet, verliert ihre Einwohner. Umgekehrt zieht eine Gemeinde Einwohner an, wenn sie die Kosten der Leistungen senken kann. Was dies für Größe und Zahl der Gemeinden bedeutet, wird weiter unten erläutert (s. II d).

In seiner ursprünglichen Form war das Modell bewusst vereinfacht gehalten worden und sollte vor allem die Analogie zum Markt darstellen: Konsumenten mit voller Information über Preise und Qualitätsunterschiede sehen sich verschiedenen Anbietern des Produkts gegenüber und treffen Konsumentscheidungen, um ihren größtmöglichen Nutzen zu erzielen

Mit dieser Sicht hat der Aufsatz von 1956 einen Forschungszweig geprägt. Zu Weiterungen vgl. etwa Fisher 2007, S. 99 ff.

[1] Vgl. zur Diskussion des Modells während der ersten 25 Jahre Zodrow 1983; ferner Rubinfeld 1987, S. 571 ff. Zu empirischen Studien s. Dowding/John/Biggs 1994.

Das Fehlen solcher regionalen „Exit-Optionen" führt zu volkswirtschaftlichen Kosten. Wenn ein Staat auf starke selbstständig entscheidende Gebietskörperschaften verzichtet, so bietet er seinen Bürgern keine Chance, in Regionen zu ziehen, wo ihren Präferenzen besser entsprochen wird. Hierin liegt die **dynamische**

Ergänzung zum eher statischen Konzept der Frustrationskosten. Diese sind bezogen auf gegebene Wohnorte der Bürger definiert (vgl. oben Tab. 2.1), während hier auf Wanderungen abgestellt wird, in deren Folge Regionen mit homogeneren Präferenzen als zuvor entstehen können.

3. Grundelemente des Konzepts des Wettbewerbsföderalismus

Die beiden zu Beginn dieses Kapitels hervorgehobenen Aspekte, die derzeitige räumliche Verteilung der Präferenzen und die derzeitigen Möglichkeiten der kostenminimalen „Produktion" eines öffentlichen Gutes, stellten eine *statische Sicht* des Föderalismus dar. Man kann ein föderatives System aber auch *dynamisch* sehen, d.h. zum gegebenen Zeitpunkt sind noch nicht bekannte Entwicklungen und Möglichkeiten einzubeziehen.

Zum einen müssen dann *Möglichkeiten für sich verändernde Präferenzen der Bürger* bleiben. Dafür ist ein dezentrales System mit Wanderungsmöglichkeiten geeignet. Dafür hatte Tiebout zwar schon 1956 die theoretische Basis gelegt. Er schrieb dies also vor einem halben Jahrhundert, wurde aber mindestens 30 Jahre lang wenig beachtet, auch wenn es 1983 eine Veröffentlichung gab, die „The Tiebout model after twenty-five years" reflektierte (Zodrow 1983). In der Zwischenzeit ging die Föderalismusdiskussion in Deutschland aber zunächst in die ganz andere Richtung des kooperativen Föderalismus (s. unten).

Zum anderen muss ständig *nach neuen und kostengünstigeren Wegen* gesucht werden, den Präferenzen zu entsprechen. Hier kann in Analogie zum Markt ein System konkurrierender Gebietskörperschaften als weitere Variante des **„Wettbewerbs als Entdeckungsverfahren"** (Hayek 1968/1994) angesehen werden, also als ein Verfahren, das andere Arten der öffentlichen Leistungen, verbesserte „Produktionsverfahren", allgemein gesagt also **Innovationen** hervorbringt.

In der obigen Abb. 2.4 findet sich im rechten Teil die Argumentation zur neueren Sicht des Wettbewerbsföderalismus wiedergegeben[22]. Wichtig ist zunächst, dass nunmehr **Wanderungen zugelassen** werden, und zwar von Bürgern als auch (bei Tiebout noch nicht mitgedacht) von Unternehmen. Auch wenn sie oft nicht tatsächlich erfolgen, so ist doch die Möglichkeit schon Grund genug, dass sich eine Gebietskörperschaft in Konkurrenz mit anderen richtig positioniert. Sie muss im Vergleich zu den anderen ein günstiges Verhältnis von gebotenen Leistungen zu

22 Zum Für und Wider des Wettbewerbs zwischen Gebietskörperschaften vgl. etwa Soltwedel 1987, Oates/Schwab 1988 und Brodefeld 1998. – Siehe neuerlich Salmon 2006 und Revelli 2006.

verlangtem Steuerpreis schaffen, damit dieses Paket im Vergleich mit den Paketen der anderen Gebietskörperschaften im Wettbewerb bestehen kann. Im internationalen Kontext ist man dies von eh und je gewöhnt, aber national gilt es im Prinzip genauso. Außerdem wird mit diesem Mechanismus das Argument der **Innovation im öffentlichen Sektor** betont, das im – statisch interpretierten – Fiscal Federalism nicht vorkommt. Es hat besonders unter dem Einfluss der neueren Wachstumstheorie und durch die Bemühungen der westlichen Staaten, im globalen Wettbewerb mitzuhalten, an Bedeutung stark gewonnen.

Wenn man nunmehr die Kritik an der statischen Version anhand der einzelnen Argumente in Abb. 2.4 durchgeht, so steht im Zentrum der Kritikpunkt, dass dort zu wenig Präferenzenthüllung stattfindet. Bürger können abwandern oder zuwandern, und abgesehen von Fragen wie der Suche nach dem richtigen Arbeitsplatz, der Bevorzugung klimatisch angenehmer Regionen usf. liegt ein nicht unbedeutendes Argument in dem genannten Vergleich der „Pakete“. Die Betonung dieser Argumentation betrifft jede einzelne Gebietskörperschaft. Die statische Version des Fiscal Federalism kannte keine „Bürgermeisterkonkurrenz“. Wenn Bundesländer oder Gemeinden die Möglichkeit haben, deutlich unterschiedliche Profile bei der Aufgabenerfüllung zu wählen, so wird die bessere Lösung sich bald herumsprechen, und andere Regionen werden folgen, weil die Bürger ihre dortige Regierung fragen, warum nicht auch sie in den Genuss dieser besseren Lösung kommen.

So gab es auf der Gemeindeebene schon vor langer Zeit eine Diskussion um die besseren Steuerungsmöglichkeiten zu Gunsten der Bürger, und zwar sowohl mit Blick auf die Effektivität, also das Anstreben und Erreichen der fachspezifischen Ziele, als auch mit Blick auf die Effizienz, also das kostengünstige Erreichen dieser Ziele. Dabei spielte die holländische Stadt Tilburg eine besondere Rolle, und es erfolgte dann über die Jahre eine intensive Diskussion und dann auch Implementation des sog. Neuen Steuerungsmodells.

Zwei weitere Gesichtspunkte kann man in der dynamischen Sicht des Wettbewerbsföderalismus hervorheben, die früher eben weniger oder gar nicht erörtert wurden. So war es früher üblich, räumliche externe Effekte stark zu betonen und mit Blick auf eine – ebenfalls statisch interpretierte – ökonomische Gleichgewichtstheorie zu postulieren, dass zur Erreichung eines – statischen – Optimums jeglicher externer Effekt zu internalisieren sei. Dies bedeutete zugleich, dass die Staatseingriffe erheblich zunehmen mussten, so dass man aus politökonomischer Sicht sagen muss, dass die statische Sicht des Fiscal Federalism die Staatstätigkeit zu wenig begrenzt hat und mit dem Internalisierungsargument sogar ein Argument zur Verstärkung der Staatstätigkeit geliefert hat. Hingegen kann ein Wettbewerbsföderalismus mit Bürgermeisterkonkurrenz (und der analogen Konkurrenz zwischen Bundesländern) zweifellos dazu führen, dass die Bürger Lösungen mit einem geringeren Budget präferieren. Es kann dabei sowohl um die effizientere Erfüllung der öffentlichen Aufgabe im öffentlichen Sektor gehen als auch darum, private Lösungen mit geringeren Kosten für den Bürger zu installieren.

Aus der Kritik ergeben sich dann einige handfeste Folgerungen für die Gestaltung eines föderativen Systems. Zunächst einmal ist die Abwanderungsoption zu betonen. Abwanderung oder Zuwanderung darf nicht als schädlich angesehen werden, und auch wohlfahrtstheoretisch sind nur Wanderungen schädlich, die unnötigerweise erzwungen worden sind. Freiwillige Wanderungen zur Verbesserung der individuellen Situation von Bürgern oder auch Unternehmen hingegen sind wohlfahrtssteigernd. Damit hängt zusammen, dass unter dem Aspekt des Wettbewerbsföderalismus die innovationsfördernde Konkurrenz unter Bundesländern und unter Gemeinden notwendigerweise hinzutritt. Schließlich ist mit Blick auf die beiden zuletzt genannten Argumente zu fordern, dass viele räumliche externe Effekte hingenommen werden sollten, ohne dass man explizite Ausgleichsmechanismen installiert. Dies gilt beispielsweise für die Spillovers von in der Großstadt angebotenen Gütern. Auch sollte eine Beschränkung auf die unbedingt erforderliche Staatstätigkeit erfolgen, vor allem durch eine größere Steuerautonomie der nachgeordneten Gebietskörperschaften (siehe unten).

4. Die Gemeinde als Versuchsfeld für Wettbewerbsföderalismus

Gemeinden haben in föderativen wie in unitarischen Staaten naturgemäß die Besonderheit, sehr zahlreich zu sein. Sie alle mit ihren bürgernahen Aufgaben zentralistisch lenken zu wollen, ist nicht einmal in Zentralverwaltungswirtschaften vollständig gelungen. Es war immer erforderlich, gewisse Handlungsspielräume einzuräumen. Sie betrafen die Aufgabenerfüllung, die man örtlichen Gegebenheiten anpassen muss, und sie erstreckten sich oft auch auf gewisse Möglichkeiten, eigene Einnahmen zu erzielen, denn ohne solche Spielräume wären sie vielleicht gar nicht erzielt worden, und das konnte der Zentralgewalt auch nicht recht sein.

In Deutschland haben die Gemeinden, wie in den nachfolgenden Kapiteln noch im Einzelnen zu zeigen sein wird, erheblich Spielräume bei Aufgaben wie bei Einnahmen, im Gegensatz zu den Bundesländern, die insbesondere bei den Steuern praktisch keine Handlungsspielräume aufweisen. Folglich hat es unter den Gemeinden immer erheblichen Wettbewerb gegeben. Was eine Gemeinde besonders gut machte, sprach sich über die Presse, über die kommunalen Spitzenverbände auf Landes- und Bundesebene usw. bald herum und fand Nachahmer.

Ein typisches Beispiel sind die sog. Neuen Steuerungsmodelle (s. 6. Kapitel). Solche modernen Managementmethoden im öffentlichen Sektor fanden sich in Deutschland zuerst auf der Gemeindeebene. Die Länder folgten erst später und oft recht zögerlich. Und der Bund als Monopolist innerhalb Deutschlands hat sich bisher erst in Teilbereichen diesen Verfahren zur Effizienzerhöhung und besseren Präferenzgerechtigkeit geöffnet.

Von daher ist, wenn vom Initiieren von Innovation im öffentlichen Sektor die Rede ist, die Gemeindeebene immer vorangegangen. Das aber ist ein deutlicher empirischer Beweis für die Vorteile eines Wettbewerbsföderalismus. Das zeigt sich insbesondere dann, wenn dieser im Folgenden dem ganz anderen Ansatz des kooperativen Föderalismus gegenübergestellt wird.

5. Eine deutsche Besonderheit: Aufstieg und Niedergang des kooperativen Föderalismus

Während der späten 1960er und der 1970er Jahre war die Bundesrepublik Deutschland von einem Geist des „kooperativen Föderalismus" durchdrungen. Zahlreiche öffentlich zu erfüllende **Aufgaben** sollten **nicht mehr in alleiniger Verantwortung je einer Gebietskörperschaftsebene** stehen, und auch die großen Steuern sollten im Wege des Verbundsystems mehreren Ebenen zufließen. Dadurch sollten die Spielräume der einzelnen Gebietskörperschaft bei der Erfüllung einer Aufgabe und bei der Erzielung von Steuereinnahmen eingeengt werden, um vermeintliche negative Folgen eines Wettbewerbs zwischen Gebietskörperschaften auszuschließen.

Ein Fundament dafür bildete das sog. **Troeger-Gutachten** (Troeger-Kommission 1966), in dem auch zahlreiche detaillierte Vorschläge zur Änderung der Finanzverfassung enthalten waren. Es gab zwar zum Teil lediglich der bereits herrschenden – verfassungsrechtlich völlig ungeregelten – Zusammenarbeit von Bund und Ländern einen rechtlichen Rahmen, ging aber in anderen Bereichen deutlich darüber hinaus. Die Diskussion führte u.a. zur Einführung der **Gemeinschaftsaufgaben** als neuem Kapitel (nicht nur einem Artikel) des Grundgesetzes (Art. 91a, und b, 104a IV), bei denen Bundes- und Landesorgane für bestimmte Aufgaben zusammenwirken müssen. Im Prinzip kann man auch schon die **zustimmungsbedürftigen Bundesgesetze** nach Art. 70 ff. GG als – frühes – Element des kooperativen Föderalismus ansehen.

Die **Gemeindeebene** war auf der Ausgabenseite lediglich als Empfänger von Bundesmitteln in diese neue Arbeitsteilung eingeschlossen, und auch diese nahmen ausschließlich den Weg über die Landeshaushalte. Auf der Einnahmeseite jedoch erhielten die Gemeinden den **Einkommensteueranteil**, also eine ihnen nicht allein zustehende Steuerart, die überdies nicht mit dem Recht ausgestattet war, den Steuersatz durch die einzelne Gemeinde festzusetzen.

Diese und andere Elemente eines kooperativen Föderalismus, der vor allem das Verhältnis der Länder zum Bund betraf, sind in den letzten Jahren unter **Kritik** geraten, und Änderungen sind erfolgt oder zeichnen sich ab. Insbesondere entstanden in den späten 1990er Jahren zahlreiche Vorschläge zur **stärkeren Trennung von Aufgaben bzw. Steuern**[23], weil in der geteilten Verantwortung starke **Fehlanreize** gesehen werden.

Die Vorschläge galten leider noch keineswegs für die sehr viel weitergehende Vermischung der Aufgabenerfüllung von Gemeinde einerseits und Land oder Bund andererseits. Es werden sich im Verlauf des nachfolgenden Kapitels genügend Beispiele finden, wo die Gemeinde nicht so eigenständig entscheiden kann, wie Bund oder Land dies für viele ihrer Aufgaben nach wie vor können. Die Ursache liegt nicht nur im Vorherrschen der kooperativen Form des Föderalismus, sondern auch in der schwachen Verankerung der Gemeindeebene im Grundgesetz und – dadurch – ebenso in der laufenden Politik. Die Entwicklung wurde aber durch den „kooperativen Föderalismus“ zweifellos gefördert.

Die negativen Folgen des kooperativen Föderalismus sind in Deutschland unter dem Begriff der Politikverflechtung schon früh ausgiebig kritisiert worden (vgl. Scharpf schon 1976). Wenn mehrere Ebenen gleichberechtigt sind, kommt es zu Entscheidungsblockaden und ineffizienten Politikergebnissen etwa der Art, dass aus Kompromissgründen mehr private Haushalte oder Unternehmen begünstigt werden, als aus übergeordneter Sicht als sinnvoll erscheint. Aber diese fortdauernde Kritik führte lange Zeit nur zu geringfügigen Korrekturen. Daher wurde 2003 die erste Föderalismus-Kommission eingesetzt. Sie blendete die Finanzbeziehungen weitestgehend aus und konzentrierte sich auf die Verflechtung zwischen Bund und Ländern, insbesondere über den Bundesrat. Für die Gemeindeebene war als Ergebnis wichtig, dass mit Art. 106 (8) eine Konnexitätsklausel auch zugunsten der Gemeinden ins Grundgesetz aufgenommen wurde (s. unten 3. Kapitel). Die 2007 eingesetzte **Föderalismus-Kommission** II scheint sich auf die – zweifellos wichtige – Frage der Schuldenbegrenzung zu konzentrieren, was mittelbar auch auf die Gemeinden wirken könnte.

Bedauerlich ist, dass die Bestrebungen zu einer gewissen Reduzierung des kooperativen Föderalismus bisher die Steuerverteilung mit der Dominanz des Verbund-

---

23 Vgl. etwa Sachverständigenrat 1997, Tz. 339 ff.; Bertelsmann Stiftung 1998; Sarrazin 1998; Lambsdorff 1998; Friedrich-Naumann-Stiftung 1998; BMF 1998; Lenk/Fuge/Schneider 1998.

systems (s. 5. Kapitel) ausgespart hat. Hier sind noch große Reformfelder offen, die zur Stärkung des Wettbewerbsföderalismus führen könnten.

* * *

Diese Überlegungen zum Wettbewerbs- und kooperativen Föderalismus bezogen sich ebenso wie alle zuvor in diesem Kapitel behandelten Fragestellungen ausnahmslos auf das Allokationsziel. Es steht bei der ökonomischen Betrachtung einer Gemeindeebene im Vordergrund, und zwar sowohl für die Frage, ob eine dezentrale Ebene wie die der Gemeinden überhaupt erwünscht ist, als auch für die spezielle Aufgabe, eine solche Ebene dann so zu gestalten, dass dem Allokationsziel möglichst weitgehend entsprochen wird.

In der öffentlichen Diskussion im Gesamtstaat stehen unter der ökonomischen Perspektive den allokativen Zielen aber so gewichtige andere Fragen wie die nach einer gerechten Verteilung oder nach einem Abbau der Arbeitslosigkeit gegenüber. Daher sind im Folgenden – wenngleich eher ergänzend – die weiteren Ziele der gesamtstaatlichen Wirtschafts- und Sozialpolitik darauf zu prüfen, wieweit sie auch für die Gemeindeebene und ihre Ausgestaltung relevant sind. Wegen ihrer dominierenden politischen Bedeutung werden das Verteilungs-, das Konjunktur- und das Wachstumsziel jeweils kurz betrachtet.

B. Verteilungs-, Konjunktur- und Wachstumsziele als Rahmenbedingungen für die Gestaltung des kommunalen Finanzsystems

Wenn eine kommunale Ebene in einem Staat besteht, ist sie Teil des gesamten Staatssystems und ist damit auch unter dem Zielsystem zu sehen, das für das Staatswesen als ganzes gilt. Das bedeutet zum einen, dass die für Alle verbindlichen Normen auch für Aktivitäten der Gemeinde gelten, beispielsweise die Beachtung der im Grundgesetz niedergelegten Grundrechte. Zum anderen stellt sich aber auch die Frage, **welchen Beitrag die Gemeinde** selbst **zur Erfüllung gesamtstaatlich akzeptierter Ziele** leisten kann. Aus diesen der Gemeinde vorgegebenen Zielen werden im folgenden die ökonomischen Ziele der Verteilungsgerechtigkeit, der Konjunkturstabilisierung und des gesamtwirtschaftlichen Wachstums darauf untersucht, wieweit man ihre – volle oder teilweise – Erfüllung durch autonome Gemeindeentscheidung erwarten kann. Im negativen Falle müssten sie dementsprechend – vollständig oder partiell – übergeordneten Ebenen zugeordnet werden.

I. Umverteilung als kommunalpolitisches Ziel?

Ein sehr großer Teil dessen, was die öffentliche Hand heute in Deutschland tut, betrifft das **Verteilungsziel (Umverteilungsziel, Redistributionsziel)**. Daher sind schon ohne Beachtung des föderativen Aufbaus dieses Landes die Wirkungen jeglicher öffentlichen Maßnahme auf die *personale Einkommensverteilung* ein wichtiger Diskussionspunkt, beispielsweise bei jeder Reformdiskussion. Unter Einkommen wird dabei meist das monetäre Nominal- oder Realeinkommen einer Person oder eines privaten Haushalts verstanden. Das Ziel, die Spanne zwischen hohen und niedrigen Einkommen zu reduzieren oder jedenfalls nicht größer werden zu lassen, hat ein hohes Gewicht in Hocheinkommensstaaten wie der Bundesrepublik Deutschland. Dies ist die Ursache für umfangreiche Sozialausgaben und andere auf die Verteilungsrelationen zielende Maßnahmen wie beispielsweise den Einkommensteuertarif. Zugleich besteht in diesen Staaten aber ein zunehmender Konflikt mit dem Wachstumsziel (Zimmermann 1996; s. auch B III).

Mit Blick auf die wünschenswerte Verteilung der Aufgaben zwischen Bund, Land und Gemeinde ist nun zu fragen, ob bzw. wieweit man dieses politisch wichtige Ziel der kommunalen Ebene zuordnen kann. Die Antwort ist, dass dies nur zu einem geringeren Teil möglich ist. Dazu kann man sich in einem **Gedankenexperiment** vorstellen, dass alle in Deutschland betriebene **Verteilungspolitik** nunmehr **den Gemeinden und Landkreisen überantwortet** würde. In einer solchen Situation würden wohlhabende Bürger versuchen, sich in bestimmten Gemeinden zusammenzuschließen und die ärmeren Bürger von diesen Gemeinden fernzuhalten.[24] Dort würden wenige öffentliche Einrichtungen finanziert werden, weil viele Leistungen von den Einwohnern privat bezogen würden. Vor allem aber würden in diesen Gemeinden niedrige Steuersätze erhoben. Der Grund liegt zum einen in dem relativ geringen Leistungsangebot, zum anderen und vor allem aber darin, dass eine Steuer auch bei einem niedrigen Satz ein hohes Aufkommen erbringt, weil die Bemessungsgrundlage, also das Einkommen, das Vermögen usf., pro Person oder Haushalt sehr viel größer ist als in einer Gemeinde mit weniger wohlhabenden Bürgern.

Diese **regionale Segregation** nach ärmeren und reicheren Bürgern wird desto stärker ausfallen, je größer die Umzugsbereitschaft der Bevölkerung ist. In den USA war und ist die Umzugsaktivität zwischen den Gemeinden traditionell etwa doppelt so hoch wie in Deutschland. Theoretische und empirische Untersuchungen zu diesen Fragen stammen denn auch vor allem aus den USA, die sich hierfür zudem besonders gut eignen, weil die Bundesebene vergleichsweise wenig Ver-

---

24 Um die ärmeren Bürger fernzuhalten, werden in den USA beispielsweise kommunale Baulandvorschriften erlassen, nach denen ein Einfamilienhaus nur gebaut werden darf, wenn ein sehr großes Grundstück vorhanden ist („Zoning“).

teilungspolitik betreibt und diese folglich von den Bundesländern und Gemeinden übernommen wird. Je kleiner die Gebietskörperschaft, desto mehr ist sie **Wanderungen** ausgesetzt, so dass Umverteilung nur begrenzt erfolgreich sein kann (Wildasin 1998, S. 164 f.).

Aus diesen – unbestrittenen – Segregationstendenzen ist gefolgert worden, dass eine Umverteilungspolitik oder generell die Politik zur Herstellung der wünschenswerten personalen Einkommensverteilung voll dem Zentralstaat überlassen werden müsse.[25] Solche Aussagen haben aber früh dazu geführt, auch die Gegenfrage zu stellen, ob es denn keine **lokalen Elemente** in der Aufgabe der Herstellung **einer gerechten Einkommensverteilung** gebe, und schon bald wurde in der finanzwissenschaftlichen Theorie auch die Gegenposition vertreten (Pauly 1973; Buchanan 1977, S. 51 mit Bezug zu Pauly). Sie basierte darauf, dass wegen der räumlichen Nähe die reichen Bürger in einer Gemeinde Grund hätten, für ihre dortigen armen Mitbürger etwas zu tun, sei es aus Mitgefühl für die sichtbare Armut, sei es, um sozialen Unruhen in der Gemeinde vorzubeugen. Dieses Abstrahlen der Besserstellung Anderer ist auch als „**warm glow**" bezeichnet worden und wird u. a. zur Erklärung von Mildtätigkeit herangezogen (Andreoni 1990, s. auch Glazer/Konrad 1996). Dies hilft auch zu erklären, warum die Anfänge einer Sozialpolitik in Form der **Almosentätigkeit**, der **Armenpflege** usf. in aller Regel kommunaler Art waren und erst später die Aufgabe (teilweise) von der höheren Ebene übernommen wurde, denn in der sozialen Nähe in einer Stadt kann der „warm glow" eher wirken..

Heute würde man auch aus einem anderen Grund die Sorge für die ärmeren Bevölkerungsschichten zumindest z. T. den Kommunen überlassen: Auf diese Weise wären Kommunen daran interessiert, ihre **Arbeitsplätze „zu pflegen"** (Postlep 1993, S. 185). Auf diese Weise werden zwei Ziele zugleich erreicht, die Verringerung der Sozialausgaben und die Zunahme der Steuereinnahmen. Die volle Übernahme der verteilungspolitischen Aufgabe durch die kommunale Ebene wird man aber sicherlich nicht befürworten können. Offen ist hingegen die – hier nicht zu erörternde – Frage, ob es wirklich die Zentralebene sein muss, die stattdessen (überwiegend) tätig werden muss oder ob dafür mittelgroße Regionen ausreichen, wobei man etwa an die größeren deutschen Bundesländer denken könnte.

Die Diskussion um das Pro und Kontra einer kommunalen Politik der Einkommensumverteilung hat in der Praxis dazu geführt, dass in den meisten Hocheinkommensstaaten überwiegend die **Zentralebene für die Einkommensumverteilung zuständig** ist, dass aber zugleich mehr oder weniger große **Ele-**

25 So referiert bei Boadway 1992, S. 34, wo u. a. auf Musgrave 1959/1966 verwiesen wird.

mente auch auf der kommunalen Ebene verblieben sind. Dies gilt auch in Deutschland. Der **Einkommensteuertarif**, der das wichtigste Instrument der Einnahmenseite ist, wird von der Bundesebene unter Beteiligung der Länder (im Bundesrat) festgelegt. Auf der Ausgabenseite hatte lange Zeit die **Sozialhilfe** besonderes Gewicht, weil sie die ärmsten Bürger betrifft. Hier war das Gesetz zwar ein Bundesgesetz, aber es gab erhebliche kommunale Spielräume bei der Durchführung des Gesetzes. Weil die Kommunen die Sozialhilfe zahlten, waren sie an einer Verringerung der Zahl der Fälle interessiert. Mit den Reformen zu Hartz IV hat sich die Gewichtung dieser Ausgaben hin zum Bund verschoben (zu diesen Regelungen s. 3. Kap., Teil D). Auch in zahlreichen anderen Aufgabengebieten der Gemeinde spielt das Verteilungsziel eine Rolle, etwa wenn Benutzungsgebühren für Museen, Bibliotheken oder Sporteinrichtungen mit dem Hinweis niedrig gehalten werden, dass andernfalls Bezieher niedriger Einkommen diese Leistungen nicht in Anspruch nehmen könnten.

Alle diese Fragen hatten sich allein auf die personale Einkommensverteilung bezogen. Neben dieser Dimension der personalen Einkommensverteilung ist für die ökonomische Betrachtung der kommunalen Ebene und der Kommunalfinanzen auch die *regionale Einkommensverteilung* von Interesse. Hier interessiert beispielsweise die Erklärung von Unterschieden im Pro-Kopf-Einkommen zwischen verschiedenen Regionen (z.B. Mecklenburg-Vorpommern im Vergleich zu Hamburg). Diese regionale Einkommensverteilung wird etwa dann gleichmäßiger, wenn bisher **arme Regionen wirtschaftlich** – aus welchen Gründen auch immer – **aufholen**. Die regionale Verteilung kann aber auch durch Maßnahmen des **horizontalen Finanzausgleichs** gleichmäßiger gestaltet werden (s. 5. Kap.), also beispielsweise durch **Zuweisungen** an fiskalisch arme Gemeinden. Zwar richten sich solche Zahlungen nicht an „arme Personen", sondern an „arme Gebietskörperschaften" (**„people versus places"**). Immerhin ist aber davon auszugehen, dass Gemeinden nicht zuletzt deshalb fiskalisch arm sind, weil ihre Einwohner unterdurchschnittlich hohe Einkommen beziehen, häufiger Sozialhilfe in Anspruch nehmen usf.

Eindeutiger als bei der interpersonalen Einkommensverteilung ist bei dieser interregionalen Verteilung die Frage zu beantworten, wieweit die Kommunen diese Aufgabe autonom erfüllen können. Eine kommunale Aufgabenerfüllung wäre hier wohl kaum zu erwarten, denn dies würde bedeuten, dass die eine – reiche – Kommune freiwillig an die andere – arme – zahlt. Daher wird die **interregionale Verteilungspolitik** zwischen Kommunen **in der Regel „von oben"**, in Deutschland durch das jeweilige Bundesland ausgeübt. Das hauptsächliche Instrument ist der erwähnte kommunale Finanzausgleich (siehe 5. Kap.). Zugleich ist hier auf die Rolle der **Landkreise** zu verweisen, die durch die Übernahme bestimmter Aufgaben für alle ihre Gemeinden oft eine **regionale Ausgleichsfunktion** zwischen ihnen übernehmen, wenngleich sie nur auf diese Gemeinden bezogen und daher kleinräumiger Natur ist. Insoweit spricht man bei Landkreisen auch von „ausgleichenden“ Aufgaben in Gegenüberstellung zu „ergänzenden“ Aufgaben (vgl. etwa Lusche 1998, S. 86 ff.).

II. Kommunale Konjunkturpolitik?

Während Verteilungspolitik nach Gegenstand und Ziel eine gewisse Geschlossenheit über die Zeit aufweist, gilt dies für den Bereich, der durch die **Ziele „Konjunkturstabilisierung“, „Bekämpfung hoher Arbeitslosigkeit“** usf. gekennzeichnet ist, keineswegs. Hier stand lange Zeit das Ziel im Vordergrund, Konjunkturschwankungen zu reduzieren. Dabei spielen die Gemeinden eine besondere Rolle, und es ist nicht auszuschließen, dass diese Art von gesamtwirtschaftlichem Problem immer wieder einmal in deutlicherer Form auftritt.

Bei den typischen Konjunkturschwankungen, wie sie in der Bundesrepublik Deutschland bis Mitte der 1970er Jahre zu erkennen waren, lassen sich zwei hauptsächliche Phasen unterscheiden. In der Rezession herrscht erhebliche Arbeitslosigkeit, aber der Geldwert ist stabil. In der entgegengesetzten Phase, dem Boom, gibt es keine Arbeitslosigkeit, aber Inflation. Beide Situationen waren unbefriedigend, weil jeweils eines der beiden Ziele der Vollbeschäftigung und der Geldwertstabilität verletzt war. Daher war es wünschenswert, dass durch staatliche Maßnahmen der Konjunkturverlauf verstetigt wurde.

Auch hier stellt sich wieder die Frage, ob diese Aufgabe **„Glättung der Konjunkturschwankungen“** eher zentral oder eher dezentral zu erfüllen ist.[26]

Wie bei der Erfüllung des Verteilungsziels kann man auch hier wiederum **nur ein begrenztes Interesse der Gemeinden** unterstellen. Dieses rührt daher, dass ein *konjunktureller Rückschlag (Rezession)* Einnahmenausfälle bei den gemeindlichen Steuern und zusätzlichen Bedarf für Sozialausgaben mit sich bringt. Daher könnte eine Gemeinde zunächst lokale Arbeitsbeschaffungsmaßnahmen und vielleicht auch Unterstützungszahlungen für angezeigt halten.

Die Verwendung dieser Mittel käme ihr selbst aber nur zum Teil zugute, zum vielleicht größeren Teil hingegen den umliegenden Regionen, und wenn durch diese Maßnahmen ein positiver Beitrag zu den gesamtwirtschaftlichen Stabilisierungszielen erreicht wird, so profitiert davon sogar die gesamte Volkswirtschaft. Die **Kosten der Stabilisierung**, beispielsweise der erforderlichen Schuld-

---

26 Das folgende nach Zimmermann/Henke 2005, S. 201 f.

aufnahme, jedoch fallen **allein in der Gemeinde** an. Für sie hat eine solche Operation folglich, wenn sie sich die Folgerungen realistisch vor Augen führt, keinen Wert. – Ein Beispiel für einen gescheiterten Versuch kommunaler Konjunkturpolitik bieten die Bemühungen des späteren Bundeskanzlers **Konrad Adenauer**, als er noch Oberbürgermeister der Stadt Köln war, während der Depression bis 1933 größere kommunale Beschäftigungsprogramme durch Schuldaufnahme zu finanzieren. Dazu gehörte die Schaffung des Kölner Grüngürtels. Die hohe Schuldaufnahme führte dazu, dass die Stadt fast zahlungsunfähig war, als die Nationalsozialisten 1933 die Macht im Reich und in der Stadt übernahmen.[27]

Der Anreiz zu solcher kommunalen Politik der Rezessionsbekämpfung ist also begrenzt. In der *Boomphase* haben die Kommunen **keine Anreize, antizyklisch zu handeln**, also Rücklagen zu bilden, weil sie dann nur positive Effekte der Konjunktur verspüren, die Preisniveausteigerung als nationales Phänomen auffassen und keinen Anlass haben, Gegenmaßnahmen zu ergreifen. Sie verwenden die in der Hochkonjunktur steigenden Steuereinnahmen für zusätzliche Ausgaben und bewirken dadurch eine weitere – unerwünschte – Belebung der Konjunktur.[28] Im umgekehrten Falle, der Rezession, kommt es, wenn die Gemeinde nicht den dargestellten fruchtlosen Weg der aktiven Rezessionsbekämpfung einschlägt, durch die Steuerausfälle zu Haushaltsfehlbeträgen (Defiziten), auf die sie dann nur durch Ausgabenkürzungen und/oder Steuererhöhungen reagieren kann. Eine erhöhte Steuerbelastung führt jedoch tendenziell zu einer Verringerung der privaten Konsum- und Investitionstätigkeit und die eingeschränkte Ausgabenaktivität der Gemeinden zu einer Reduzierung der öffentlichen Nachfrage, so dass in beiden Fällen **der konjunkturelle Abschwung verstärkt** wird.

Im Ergebnis tendieren Gemeinden mithin dazu, sich im Hinblick auf den Konjunkturverlauf weitgehend wie private Wirtschaftssubjekte zu verhalten, die oft in schlechten Zeiten weniger und in guten Zeiten mehr ausgeben. Die volkswirtschaftlich richtige Verhaltensweise kommt in dem Sprichwort „Spare in der Zeit, dann hast Du in der Not" zum Ausdruck, das sich aber wegen der genannten Anreize nicht auf die Kommunalfinanzen übertragen lässt. Da die kommunale Finanzwirtschaft in beiden Konjunkturphasen mithin dem Auf und Ab im privaten Sektor folgt, verstärkt sie dessen zyklische Schwankungen noch, wie der Begriff der **Parallelpolitik** anschaulich macht. Dieser Effekt wird sogar noch dadurch verstärkt, dass auf der Ausgabenseite der Gemeinden die Investitionen eine große

---

27 Persönliche Mitteilung an den Autor von Prof. Dr. Fritz Karl Mann, dem damaligen Direktor des Finanzwissenschaftlichen Forschungsinstituts der Universität Köln, der sich weigerte, ein Gutachten zur Finanzlage der Stadt zu schreiben, weil es zu dem Ergebnis geführt hätte, dass „seine" Stadt praktisch zahlungsunfähig war.

28 Der gleiche Effekt würde bewirkt, wenn sie bei steigenden Steuereinnahmen die Steuersätze senken.

Rolle spielen. Dieser Ausgabeart unterstellt man von allen staatlichen Ausgabearten den höchsten Nachfrageeffekt.[29]

Aus den genannten Gründen kann man nicht erwarten, dass das **Gut „Konjunkturstabilisierung"** in einem ausreichenden Maße aus den Entscheidungen dezentraler Einheiten heraus entsteht. Dies ist vielmehr **eine Aufgabe der Zentralinstanz**, und insbesondere in der Boomphase ist mit Blick auf die Instrumente besonders die Europäische Zentralbank und damit die Europäische Union angesprochen, weil seit 1999 nur sie über die geldpolitischen Instrumente verfügt, die in dieser Konjunkturphase besondere Bedeutung haben. Eine zentralstaatliche Konjunkturpolitik kann dann ihrerseits über entsprechende Programme, z.B. globale Zweckzuweisungen zur Erweiterung der gemeindlichen Investitionstätigkeit, auch die unteren Gebietskörperschaftsebenen zu konjunkturpolitisch angemessenem Verhalten anhalten.

III. Kommunale Aspekte des gesamtwirtschaftlichen Wachstums

Die Überlegungen zur Rolle der Gemeinden in der Konjunkturpolitik gingen davon aus, dass man wie in früheren Zeiten klar zwischen Boom und Rezession unterscheiden kann. Dieser Fall mag in Zukunft wieder eintreten (man wird dann beispielsweise von deflationären Tendenzen sprechen), trifft aber seit den 1970er Jahren in Deutschland eher selten zu. Preisniveausteigerungen und Arbeitslosigkeit treten oft gleichzeitig auf (**Stagflation**). Vor allem aber wird das konjunkturelle Geschehen mehr als zuvor von **strukturellen Änderungen in der Volkswirtschaft** überlagert. Manche Branchen verzeichnen Entlassungen, andere stellen zahlreiche Leute ein. Trotz mehreren Millionen Arbeitslosen herrscht weitgehende Einigkeit, dass eine deutliche Erweiterung der staatlichen Ausgaben zu Inflation führen würde und dass die Gründe für die fehlenden Arbeitsplätze vor allem darin liegen, dass deutsche Unternehmen zu wenig Produkte am – sich ausdehnenden – Weltmarkt absetzen können, ein Tatbestand, dem mit nationalen, auf eine Nachfragesteigerung zielenden Ausgabenprogrammen nicht beizukommen ist. Wenn man aber argumentiert, dass das Hauptproblem die zu teuren oder nicht genügend innovativen Güter und Dienstleistungen sind, so handelt es sich nicht um ein konjunkturelles Phänomen, das mit fehlender Gesamtnachfrage zu erklären wäre, sondern um **ungünstige Angebotsbedingungen**. Sie zu verbessern ist nicht **Sache** der Konjunkturpolitik, sondern **der Wachstumspolitik**.

---

29 Die exakte Analyse erfolgt über die Multiplikatorwirkungen der öffentlichen Einnahmen und Ausgaben. Vgl. dazu etwa Zimmermann/Henke 2005, S. 343 ff.

Wirtschaftliches Wachstum ist wünschenswert, weil positive reale Wachstumsraten des Sozialprodukts den durchschnittlichen Lebensstandard erhöhen. Dementsprechend kann man das Wachstumsziel als die Zuwachsrate der tatsächlich erbrachten Produktion (realisiertes Sozialprodukt) ausdrücken. Dieses realisierte Sozialprodukt ist möglicherweise geringer, als es bei voller Ausnutzung der volkswirtschaftlichen Produktionsmöglichkeiten wäre. Daher kann auch das Produktionspotential als Messgröße des Wachstums dienen. Es steht für das potentielle Sozialprodukt, das mit Hilfe der vorhandenen Produktionsfaktoren und deren normaler Auslastung erbracht werden kann (vgl. Zimmermann/Henke 2005, S. 411 f.).

An diese Definition von Wachstum kann man auch bei der Beantwortung der Frage anknüpfen, wovon das Wachstum einer Wirtschaft in einem Hocheinkommensland wie Deutschland beeinflusst wird. Die beiden **klassischen Produktionsfaktoren, Arbeit und Kapital**, sind in der Regel und so auch in Deutschland in ausreichendem Maße und in guter Qualität vorhanden. In der neueren Wachstumstheorie wird denn auch als **wichtigster Bestimmungsgrund die Innovation** gesehen, also die Fähigkeit, neue Produkte, Produktionsverfahren, betriebliche Organisationsmuster usf. zu entwickeln und anzuwenden.[30]

Welche Rolle kann in einem solchen Zusammenhang die kommunale Ebene spielen? Dazu ist zunächst hilfreich, sich darauf zu besinnen, dass das „gesamtwirtschaftliche Wachstum" nur eine gedankliche Zusammenfassung von unendlich vielen regionalen Wachstumsvorgängen ist. Folglich muss **jede Region wachstumsfreundlich** sein, muss die in ihr schlummernden Potentiale wecken und den Unternehmen, also Arbeitnehmern wie Arbeitgebern, das richtige Umfeld bieten, damit sie sich entwickeln können. Es ist also wichtig, dass die einzelne Gemeinde auf die Änderungs- und Erweiterungsbedürfnisse ihrer Unternehmen, auf die Fortbildungswünsche der Beschäftigten in innovativen Feldern, auf fehlende Verkehrsanbindungen des Unternehmens usf. mit entsprechenden Maßnahmen reagiert.

In diesem Zusammenhang hat die **Konkurrenz zwischen Kommunen**, die zuvor erörtert wurde, noch einen zusätzlichen Vorteil, wenn man Innovationen als Triebkräfte des Wachstums betrachtet. **Gemeinden** betreiben selbst **Innovation in ihrem öffentlichen Bereich**[31], und sie können, beispielsweise speziell durch Innovationsberatung, Innovationszentren usf. dazu beitragen, dass auch **die Innovati-**

---

30 Vgl. zum Einstieg Feld/Zimmermann/Döring 2007, Teil 6.2, und als wichtigen Einzelbeitrag Grossman/Helpman 1994.

31 Hier können die kommunalen Spitzenverbände zum interkommunalen Erfahrungsaustausch und Dialog beitragen. So fördert das Deutsche Institut für Urbanistik in Berlin über zahlreiche Wege den Austausch von Informationen zwischen Gemeinden über innovative Vorgehensweisen.

on in ihrem privaten Sektor die jeweils neuesten Verfahren, beispielsweise auch in Klein- und Mittelbetrieben, zum Zuge kommen.

Diese Argumente bezogen sich vor allem auf bereits ansässige und auf neu gegründete Unternehmen und ihre Sitzregion. Wichtig für Wachstum ist aber auch die **Möglichkeit** für Unternehmer und Arbeitnehmer, **zwischen Regionen zu wählen**. Hier hat ein föderatives System mit starken autonom handelnden Untereinheiten – Kommunen ebenso wie Bundesländer – einen großen Vorteil[32]. Wenn sich in einer Region ein soziales Klima ausbreitet, bei dem Innovation mit den entsprechenden Änderungsnotwendigkeiten nicht mehr akzeptiert wird, in der die öffentlichen Ausgaben stärker als bisher auf den Konsum und weniger auf die Investition ausgerichtet sind, so können die Produktionsfaktoren, also Unternehmer und Arbeitnehmer, eine andere Region aufsuchen und dabei das für sie bereitstehende Kapital und das in ihnen investierte Knowhow mitnehmen (s. oben Teil A I c zur regionalen „Exit"-Option).

Mit Blick auf das gesamtwirtschaftliche Wachstum sind die Einflussmöglichkeiten in einem dezentralisierten Staatsaufbau also differenziert zu sehen: Es gibt gesamtwirtschaftlich zu entscheidende Wachstumsfaktoren wie die bundeseinheitlich festgelegten Steuern, die Wettbewerbsordnung oder das Patentrecht (mit seiner Innovationsstärkung). Und es gibt kommunale Entscheidungen mit Bedeutung für das jeweilige regionale Wachstum und damit für dessen Beitrag zum gesamtwirtschaftlichen Wachstum.

In einer übergreifenden Perspektive hat die kommunale Finanzpolitik aber auch dann große Bedeutung für das gesamtwirtschaftliche Wachstum, wenn die einzelne Gemeinde keine bewusste regionale Wachstumspolitik betreibt. Gemeinden tätigen, wie erwähnt, zwei Drittel der öffentlichen Investitionen. Vieles hiervon fließt unmittelbar in unternehmensrelevante Infrastruktur, oder es ist für die Wohnortqualität von anspruchsvollen Mitarbeitern und Managern relevant. Insofern ist **kommunale Infrastruktur** für die Volkswirtschaft insgesamt ein wichtiger Faktor, um die Summe der Wachstumsprozesse möglich zu machen, die – nicht zuletzt in der internationalen Konkurrenz – einen erfolgreichen „Standort Deutschlands" auszeichnen. Es besteht also viel Raum für wachstumsrelevante Politik von Gemeinden und Landkreisen, sofern ihnen nur genügend Finanzmittel und Entscheidungsmöglichkeiten gegeben werden, um die ortsnahe Infrastruktur wachstumsgerecht ausgestalten zu können.

---

32 Zum generellen Zusammenhang von föderativem Staatsaufbau, Dezentralisierung und wirtschaftlichem Wachstum siehe Feld/Zimmermann/Döring 2007.

IV. Zielkonflikte und Kompromisse

Die Ausführungen in diesem Kapitel haben gezeigt, dass dem Allokationsziel eine besondere Bedeutung zukommt, wenn es um Begründung und Ausgestaltung eines dezentralen Staatsaufbaus aus ökonomischer Sicht geht (vgl. dazu die Kreuze in Abb. 2.2). Für ein weiteres Ziel der Wirtschafts- und Sozialpolitik, das Wachstumsziel, bietet ein dezentraler Staatsaufbau eine starke Unterstützung, so dass insoweit harmonische Zielbeziehungen vorliegen. Hingegen stehen die zuvor behandelten Ziele der Verteilungspolitik und der Konjunkturpolitik, wie ausgeführt, tendenziell eher in Konflikt mit einem deutlich dezentralisierten Staatsaufbau.

Hierbei steht der **Konflikt mit dem Verteilungsziel in seiner regionalen Ausprägung** im Vordergrund: Wieviele regionale Unterschiede werden – in Abwägung mit den allokativen Vorzügen eines dezentralen Staatsaufbaus – akzeptiert? Die tatsächlichen Verhältnisse in einem Staat mit autonomer dezentraler Komponente spiegeln in aller Regel Kompromisse wider. Wenn ein Staat beispielsweise keine Mittelebene hat (Bundesländer o. ä.) und von daher als unitarisch einzustufen ist, so kann seine Beibehaltung unter anderem darin begründet sein, dass in diesem Staat nennenswerte regionale Unterschiede von vornherein nicht gewünscht werden und auf größtmögliche Einheitlichkeit im Staat als ganzem gesehen wird. Umgekehrt kann man in einem betont föderalistischen Staat wie der Schweiz vermuten, dass, weil hier den einzelnen Staatsregionen erklärtermaßen starke Autonomie gewährt wird, die resultierenden regionalen Unterschiede in spürbarem Ausmaß hingenommen werden.

Die Bundesrepublik Deutschland ist in diesem Spektrum in einem Mittelfeld einzuordnen. Auf der einen Seite ist sie ein föderativer Staat und von daher von vornherein der Pluralität verpflichtet und damit auf Unterschiede zwischen den Teilregionen eingestellt. Auf der anderen Seite ist **Deutschland** durch einen großen **Hang zu einheitlichen Lösungen** gekennzeichnet, was man auf jahrzehntelanges Vereinheitlichungsstreben im 19. Jahrhundert zurückgeführt und mit dem Begriff der **„verspäteten Nation“** (Plessner 1982) umschrieben hat und was bis heute fortwirkt (Bertelsmann Stiftung 2008). Auch wird von der Bundesrepublik Deutschland als einem **„unitarischen Bundesstaat“** (Hesse 1962) gesprochen. Während sich diese Diskussion vornehmlich auf die Zwischenebene der Bundesländer und ihre Stärke bezieht, ist die Gemeindeebene davon nicht unbedingt in gleicher Weise betroffen, weil einige unitarische Staaten wie beispielsweise Dänemark eine durchaus starke Gemeindeebene aufweisen (Bélanger 1987). Dennoch spiegelt auch die tatsächliche Situation der Gemeinden und Kreise in Deutschland diesen Kompromisscharakter wieder. Das wird sich bei der folgenden Darstellung der rechtlichen Stellung dieser Ebene zeigen.

C. Die kommunale Ebene und ihre Finanzen in der Bundesrepublik Deutschland: Verwaltungsaufbau und rechtliche Stellung in ökonomischer Perspektive

Der folgende Teil dieses Kapitels hat den Zweck, die **empirischen Gegebenheiten** auf der kommunalen Ebene **in Deutschland** und die **rechtliche Stellung der Gemeinden** in Umrissen wiederzugeben und zugleich unter ökonomischen Aspekten zu bewerten. Dazu wird in Abschnitt I eine Anschauung von kommunalen Abläufen und der Einbettung der Kommunen in das Gesamtsystem gegeben. In Abschnitt II wird dann gefragt, ob angesichts der unter dem Allokationsziel wünschenswerten Stärke der kommunalen Ebene die rechtliche Verankerung, insbesondere im Grundgesetz, ausreicht. Der Abschnitt schließt mit der ökonomischen Bewertung, dass ein Trend zuungunsten der kommunalen Ebene zu erkennen ist und dass ihm entgegengesteuert werden sollte.

I. Die Gemeinde im Spektrum der öffentlichen Aktivitäten in Deutschland

1. Die Vielfalt der öffentlichen Aktivitäten im Gebiet einer Gemeinde

In allen größeren Ländern sind die staatlichen Kompetenzen nicht bei einer Körperschaft konzentriert. Nur Zwergstaaten wie Andorra oder San Marino kommen mit nur einer Verwaltung aus. Typisch sind mehr oder weniger dezentralisierte Staatsorganisationen. Dabei stellen die Gemeinden unter den Gebietskörperschaften die unterste Ebene dar, gleich ob es sich um föderativ aufgebaute oder unitarische Staaten handelt (s. oben Kasten 2.1).

In allen Staaten laufen die im Gebiet einer Gemeinde vorfindbaren öffentlichen Aktivitäten in der **Trägerschaft verschiedener staatlicher Ebenen** ab. Diese Überlegung steht im Gegensatz zu der Erfahrung der meisten Bürger, dass im unmittelbaren Kontakt mit vor Ort angebotenen öffentlichen Leistungen die Gemeinde als Träger dominiert. Wenn im unmittelbaren Lebensbereich ein Defizit an einzelnen öffentlichen Leistungen beobachtet wird, so wendet sich der Bürger in erster Linie an die Gemeinde als diejenige Stelle, die für Abhilfe zu sorgen hat. Um demgegenüber die unterschiedliche Trägerschaft aufzuzeigen, seien – am Beispiel Deutschlands – vier Beispiele angeführt:

(1) Wenn ein Bürger in seiner Funktion als Mitglied eines Vereinsvorstands um einen Zuschuss für seinen Verein nachsuchen will, muß er sich an die entspre-

chende Verwaltungsstelle seiner Gemeinde wenden. Die **Gemeinde bestimmt** eigenständig über die **Förderung der Vereine** in ihrem Gemeindegebiet.

(2) Wenn der Bürger seinen Pass erneuern lassen will, hat er es zwar mit einer Gemeindebehörde zu tun. Diese handelt aber im Auftrag des Bundes, weil das **Paßwesen** laut Grundgesetz zu den **Bundesaufgaben** gehört.

(3) Wenn Eltern mit dem, was ihre Kinder in der Schule lernen sollen, unzufrieden sind, ist nicht das gemeindliche Schulamt zuständig, sondern ein Landesministerium, weil der **Lehrplan Sache der Länder** ist.

(4) Wenn der Bürger seine Arbeitsstelle verliert, ist für die Berechnung und Auszahlung des **Arbeitslosengeldes** das jeweilige Arbeitsamt zuständig. Es befindet sich zwar im Gebiet einer Gemeinde, bildet aber keinen Teil der Gemeindeverwaltung, sondern ist eine Verwaltungseinheit der Bundesagentur für Arbeit in Nürnberg, einer Sonderinstitution **des Bundes**. Dementsprechend ist der Anspruch auf die Zahlung auch hier durch Bundesgesetz geregelt.

2. Die Gemeinde im Verwaltungsaufbau des öffentlichen Sektors

Die zuvor angesprochenen Verwaltungsstellen sind Elemente des in Abb. 2.5 wiedergegebenen **Verwaltungsaufbaus**. Er ist im föderativen System der Bundesrepublik **Deutschland dreistufig**, wie die drei ineinander geschachtelten Gebietskörperschaftsebenen (Bund, Land, kommunale Ebene) zeigen. Die Schachtelung deutet zugleich an, dass die unteren Ebenen jeweils der Rechtsordnung der oberen Ebenen unterliegen, nicht aber umgekehrt. So heißt es im Verhältnis von Bund zu Land in Art. 31 GG: „Bundesrecht bricht Landesrecht“, und die Gemeinden hängen rechtlich von beiden Ebenen ab (s. unten C II).

In Abb. 2.5 finden sich jeweils links die **hoheitlichen Träger** mit ihren Organen der **Legislative**, **Exekutive** und (außer im Gemeindebereich) **Rechtsprechung**. In der Mitte sind jeweils öffentliche Unternehmen der drei Ebenen aufgeführt. **Öffentliche Unternehmen** „gehören“ zwar zu jeweils einer Ebene, erfüllen aber keine hoheitlichen Aufgaben und können deshalb auch keine Steuern erheben oder Strafen aussprechen. Hingegen erfüllen sie, wie noch genauer ausgeführt wird, ebenso wie die Organe der drei Ebenen, öffentliche Aufgaben. Auf der Gemeindeebene sind öffentliche Unternehmen und Betriebe häufiger als bei Bund und Land.

Öffentliche Aufgaben erfüllen aber nicht nur die drei Ebenen und ihre Unternehmen. Daher sind rechts in Abbildung 2.5 **weitere Träger öffentlicher Aufgaben** aufgeführt, die jedoch nicht (immer) einer Ebene zugeordnet werden können oder überhaupt außerhalb des öffentlichen Sektors liegen. Zunächst einmal zählen hierzu die **Parafisci**, d.h. organisatorisch selbständige Institutionen mit öffentlichen Aufgaben und eigenen Zwangseinnahmen; ein Beispiel für einen solchen Para-

Abb. 2.5: Die kommunale Ebene im deutschen Verwaltungsaufbau

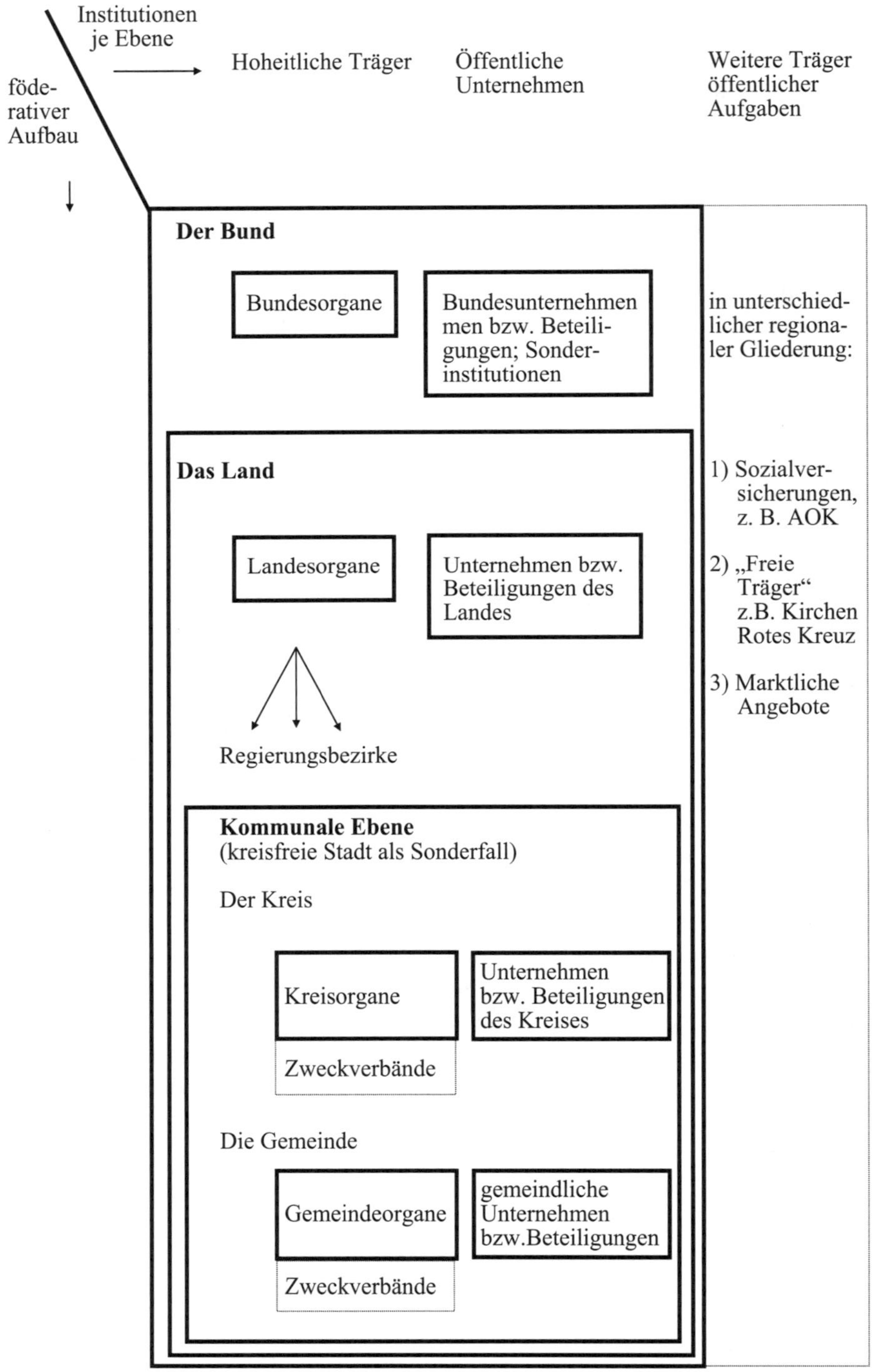

fiskus bilden die Allgemeinen Ortskrankenkassen als Teil der Sozialversicherung. Außerdem werden einige üblicherweise öffentlich zu erfüllende Aufgaben teilweise von **„freien Trägern" oder privaten Gruppen** übernommen, etwa wenn eine Kirche ein Krankenhaus betreibt oder eine Umweltschutzgruppe ein Biotop pflegt.

Tab. 2.2: Verwaltungsgliederung der Bundesrepublik Deutschland, 1.1.2003

Bundesländer	16
Regierungsbezirke	32
Kreisfreie Städte	117
Landkreise	323
Kreisangehörige Gemeinden	13 027
Einheitsgemeinden/amtsfreie Gemeinden	2 977
Verwaltungsgemeinschaften	1 685
Mitgliedgemeinden	10 046
Bewohnte gemeindefreie Gebiete	4

Quelle: Statistisches Jahrbuch Deutscher Gemeinden, 2003, S. 141.

Die hoheitlichen Träger, auf die sich die folgenden Ausführungen konzentrieren, sind in der Bundesrepublik Deutschland, wie erwähnt, in **drei Gebietskörperschaftsebenen** gegliedert (siehe dazu Tabelle 2.2 mit dem zahlenmäßigen Bild):

- Die unterste Gebietskörperschaftsebene wird oft die *kommunale Ebene* genannt (s. oben 1. Kap., Kasten 1.1) und setzt sich aus den **kreisangehörigen Gemeinden** und ihren **Landkreisen** (zur genaueren Abgrenzung s. unten) und den **kreisfreien Städten** zusammen. Die Landkreise stellen den Hauptteil der **Gemeindeverbände** dar (zu Einzelheiten s. unten II c). In der kreisfreien Stadt werden die Funktionen von Kreis und Gemeinde zugleich erfüllt. Kreise oder Gemeinden können sich zur Erfüllung einzelner Aufgaben – horizontal – in **Zweckverbänden** zusammenschließen, etwa um eine Müllverbrennungsanlage zu betreiben.

- Das *Land* als mittlere Gebietskörperschaftsebene organisiert seine Verwaltung zum einen nach Aufgabenbereichen (Ministerium für ...). Diese obersten Landesbehörden haben ihren Sitz in der Regel in der Landeshauptstadt. Zum anderen haben einige Flächenländer ihre Verwaltung zusätzlich regional nach **Regierungsbezirken** (unter Leitung eines Regierungspräsidenten) organisiert. Diese Mittelbehörden bearbeiten aus dem Vollzug der Aufgaben des Landes die im jeweiligen Bezirk anfallenden Fälle, sind also ausführende Instanzen des Landes, unter anderem obliegt ihnen die **Kommunalaufsicht** (vgl. etwa 4. Kap. zur Schuldaufnahme).

– Der *Bund* kennt keine fachlich so umfassende regionale Organisation, wie das Land sie mit seinen Regierungsbezirken als Bündelungsbehörden besitzt. Vielmehr wird, soweit erforderlich, vom einzelnen Bundesministerium oder seiner nachgeordneten Behörde eine **regionale Untergliederung** aufgebaut, wie das **Beispiel der Arbeitsämter** zeigte; hierzu gehören auch die **Kreiswehrersatzämter** des Bundesverteidigungsministeriums oder die **Oberfinanzdirektionen**, die das Bundesfinanzministerium zusammen mit dem jeweiligen Landesfinanzministerium organisiert.

Nochmals anders stellt sich das Bild dar, wenn man fragt, in welchen der angesprochenen Gebietskörperschaften in Deutschland Gemeindeaufgaben erfüllt werden. Aus Abbildung 2.6 ist zu entnehmen, dass hier mehrere Varianten zu unterscheiden sind. Der eindeutigste Fall ist die **kreisangehörige Gemeinde**. Sie erfüllt nur Gemeindeaufgaben i. e. S. Der **Landkreis** erfüllt die das Gemeindegebiet übergreifenden kommunalen Aufgaben. Eine **kreisfreie Stadt** übernimmt hingegen die Aufgaben sowohl der kreisangehörigen Gemeinde als auch des Landkreises. Manche Bundesländer kennen noch Zwischenformen, wofür das hessische Beispiel der Städte mit „Sonderstatus“ aufgeführt ist, der beispielsweise die Aufgabe „Schulen“ (s. unten 3. Kap.) bei diesen Städten belässt, wogegen diese für die übrigen kreisangehörigen Gemeinden des entsprechenden Landkreises vom Landkreis ausgefüllt wird.

Etwas komplizierter ist der Fall der drei **Stadtstaaten** Berlin, Bremen und Hamburg. Hier treten zu den Aufgaben der kreisfreien Stadt noch die Landesaufgaben hinzu. Der Haushalt eines Stadtstaates umfasst damit die Ausgaben und Einnahmen der kreisangehörigen Gemeinde, des Landkreises und des Bundeslandes (Abb. 2.6). In manchen ausländischen Staaten hat die **Hauptstadt** zwar Bundeslandcharakter, aber mit einem anderen Status. So weist Washington, D.C. mit seinem District Council keine voll selbstverantwortliche Landesregierung (state government) auf. Diese „home rule“ ist bisher verweigert worden, und stattdessen haben Komitees des Kongresses das letzte Wort. Auch Mexikos Hauptstadt führt den Zusatz D.F. (distrito federal), was auf eine Sondersituation hinweist. In Deutschland war **Bonn als Hauptstadt eine kreisfreie Stadt** im Land Nordrhein-Westfalen und in den kommunalen Finanzausgleich eingebunden. Hin-

Abb. 2.6: Die Erfüllung von Gemeindeaufgaben in Deutschland

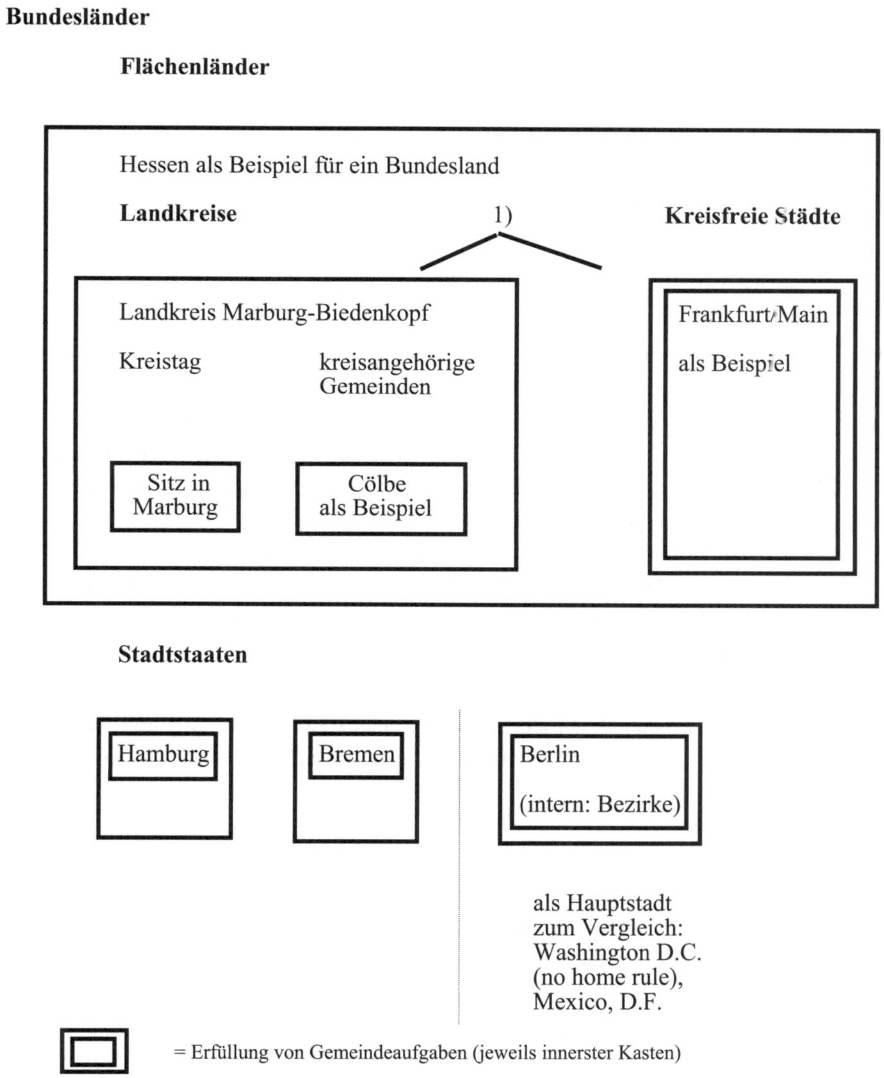

1) In Hessen haben einige Städte über 50 000 Einwohner, beispielsweise Marburg, einen sog. Sonderstatus, beispielsweise bezüglich der Schulen; sonst aber gehören sie (auch) zum Landkreis.

gegen ist **Berlin ein Stadtstaat** wie Bremen und Hamburg, der also Landes- und Gemeindeaufgaben zugleich erfüllt und die entsprechenden Einnahmen erhält. Für die zusätzlichen Aufgaben als Bundeshauptstadt erhält Berlin gesonderte Einnahmen aus dem **Hauptstadtfinanzierungsvertrag** (vgl. Zimmermann 2009b).

II. Die rechtliche Stellung der kommunalen Ebene und ihrer Finanzen in der Bundesrepublik Deutschland

1. Die gestellte Aufgabe

Auf der Basis der in den Teilen A und B diskutierten Ziele ist zu entscheiden, welche der öffentlich zu erfüllenden Aufgaben eher einer höherrangigen Gebietskörperschaftsebene oder eher der Gemeindeebene zuzuordnen sind. Diese Frage steht im nachfolgenden dritten Kapitel im Vordergrund. Wenn man für den Augenblick davon ausgeht, dass diese Zuordnung der einzelnen Aufgaben angemessen erfolgt ist, so ist es erforderlich, der so mit Aufgaben ausgestatteten Ebene **rechtlich den Freiraum** zu **schaffen**, diese **Aufgabe eigenverantwortlich erfüllen zu können**. Die Ausführungen im vorangegangenen Abschnitt hatten gezeigt, dass oft mehrere Ebenen zusammenwirken, d.h. dass die Gemeinden Elemente des Gesamtstaates sind. In dieser Gesamtorganisation besteht die Gefahr, dass die Gemeinden als unterste Ebene gegenüber den oberen Ebenen, die durch als hochrangig angesehene Staatsaufgaben, insbesondere auch im internationalen Bereich, und ihre ständige Medienpräsenz in allen Staaten enormes Gewicht haben, nicht nur als Erfüllungsgehilfen fungieren.

Hier ist darauf zu verweisen, dass aus den Überlegungen im Teil A deutlich geworden war, dass man aus dem Allokationsziel heraus die Einrichtung eigenständiger autonom handelnder Gemeinden fordern muss. Dies bedingt allgemein die **Konstituierung der Gemeindeebene als rechtlicher Einheit**. Das Grundgesetz von 1949 und spätere Entwicklungen in der Bundesrepublik Deutschland hatten zu einem Verwaltungsaufbau geführt, der in seiner Grundstruktur heute als zielgerecht erscheint. Innerhalb dieser Struktur müssen dann die Akteure auf der kommunalen Ebene aber auch die entsprechenden Handlungsmöglichkeiten haben, und hier liegen Defizite vor, die in den folgenden Kapiteln sichtbar gemacht werden.

Diese rechtliche Verankerung der kommunalen Ebene wird in den verschiedenen Staaten – gleich ob föderativ oder unitarisch – stark unterschiedlich gehandhabt, schon wenn man nur den Kreis der EU-Mitgliedstaaten betrachtet (Committee of the Regions 1996). Im Folgenden wird für diesen Aspekt die Situation in der Bundesrepublik Deutschland herangezogen.

2. Die Gemeinden im Grundgesetz

Die **institutionelle Garantie der kommunalen Selbstverwaltung** in Deutschland bildet Art. 28 Abs. 2 GG: „Den Gemeinden muss das Recht gewährleistet sein, alle Angelegenheiten der örtlichen Gemeinschaft im Rahmen der Gesetze in eigener Verantwortung zu regeln. Auch die Gemeindeverbände haben im Rahmen ihres gesetzlichen Aufgabenbereichs nach Maßgabe der Gesetze das Recht der Selbstverwaltung. Die Gewährleistung der Selbstverwaltung umfasst auch die Grundlagen der finanziellen Eigenverantwortung".

Der erste Satz dieser Festlegung des Grundgesetzes beinhaltet insoweit eine **Garantie**, als die **Ebene institutionell bestehen** und auch Aufgaben erhalten muss (Brühl 1985; Maunz/Dürig/Herzog 1993, Art. 28). Andererseits sind diese Aufgaben nicht wie beim Bund explizit aufgeführt oder bei den Ländern wegen der Allzuständigkeit selbstverständlich gegeben. Stattdessen sind sie in erheblichem Maße der rechtlichen Interpretation der **„örtlichen Gemeinschaft"** sowie dem Landesrecht überlassen, das den „Rahmen der Gesetze" für die Gemeinden vorwiegend setzt. Auch enthält diese Vorschrift des Grundgesetzes keine genaue Umschreibung, in welcher Weise die „eigene Verantwortung" gestaltet ist, sondern auch das bleibt dem Landesrecht überlassen. Dies hat beispielsweise zu unterschiedlichen Konstruktionen in den einzelnen Bundesländern für die **„innere Gemeindeverfassung"** geführt (s. Kasten 2.6).

Art. 28 Abs. 2 enthält in dem dritten zitierten Satz, der 1994 eingefügt wurde, einen gesonderten Bezug zur finanziellen Eigenverantwortung. Schon vorher gab es im Bereich der Einnahmenverteilung im Grundgesetz zusätzliche präzisierende Festlegungen (s. dazu 4. Kap.).

Die Garantien des Art. 28 GG haben nach herrschender Auffassung des Bundesverfassungsgerichts **rechtlich keine dritte Ebene** zusätzlich zu Bund und Ländern geschaffen.[33] Dementsprechend wurde auch auf der Bundesebene keine **Gemeindekammer** o. ä. geschaffen, wie dies mit der Einrichtung des Bundesrates für die Länderebene geschah.[34] Auch auf Länderebene geschah dies nicht, obwohl deren Verfassungsautonomie dies erlaubte. Zwar haben die **kommunalen Spitzenverbände** in vielen Fällen ein Anhörungsrecht und sind beispielsweise im **Finanzpla-**

33 Vgl. Maunz/Dürig/Herzog, 1993, Art. 28, S. 34.

34 Zu neueren Vorschlägen s. etwa Heinrichs 1997.

Kasten 2.6: „Innere“ Gemeindeverfassungen

Im Gegensatz zur **„äußeren“ Gemeindeverfassung**, zu der etwa die Stellung der Gemeinden im Grundgesetz gehört, regelt die **„innere“ Gemeindeverfassung** das Zustandekommen und die Kompetenzen der Gemeindeorgane. Diese Festlegungen obliegen dem Landesrecht und finden sich in den Verfassungen und Gemeindeordnungen der Bundesländer. Dabei lassen sich mehrere **Grundtypen** dieser „inneren“ Gemeindeordnungen unterscheiden (vgl. Stern 1981, S. 490 f.). Es geht dabei jeweils um das Verhältnis mehrerer Organe:

- Die von den wahlberechtigten Bürgern gewählte *Gemeindevertretung* als Repräsentativorgan der Gemeinde (**Rat**). – Sie ist vor allem für den Erlass von **Satzungen** (als **örtliches Recht**) und andere grundsätzliche Entscheidungen zuständig.
- Die weisungsabhängige *Gemeindeverwaltung* mit – nunmehr überall – einer Verwaltungsspitze. – Sie führt aus, was andere Gemeindeorgane beschlossen haben.
- Der *Gemeindevorstand.* – Er kann auf unterschiedliche Weise zustande kommen.

Mit Blick auf das Verhältnis der Gemeindevertretung zur Verwaltung unterschieden sich die Gemeindeordnungen der Bundesländer lange Zeit. Dabei konnte man zwei Schwerpunkte unterscheiden:

1) Der Gemeindevorstand konnte von der Gemeindevertretung (allein) dominiert sein. Bei dieser *„monistischen“ Verfassung* war die Gemeindevertretung Dienstvorgesetzter der Verwaltungsspitze. Der (Ober-)Bürgermeister hatte überwiegend nur repräsentative Funktionen.

2) Die Gemeindevertretung wählte in einigen Bundesländern für einen längeren Zeitraum einen (Ober-)Bürgermeister als hauptamtlichen Beamten, und dieser war zugleich Leiter der Gemeindeverwaltung (*dualistische Verfassung*).

Diese und dazwischenliegende Typen der „inneren Gemeindeverfassung“ waren bereits in den letzten Jahren zunehmend schwieriger abzugrenzen. Ab 1999 werden praktisch in allen Bundesländern **(Ober-)Bürgermeister** direkt gewählt. Deren Befugnisse gegenüber der – ebenfalls gewählten – Gemeindevertretung müssen dann neu geordnet werden.

nungsrat vertreten, aber in das übliche Gesetzgebungsverfahren können sie, im Gegensatz zum Bundesrat, nicht eingreifen. Auch in den Kommentaren zum Grundgesetz finden sich eher negative Abgrenzungen, d. h. es wird herausgestellt, was der Bund mit Blick auf die Gemeinden nicht tun darf.[35]

35 Siehe etwa Maunz/Dürig/Herzog 1993, Art. 28, S. 33 f.

Folglich sind die Gemeinden aus verfassungsrechtlicher Sicht als Unterbau der Länder zu betrachten, und man kann sie nahezu als **„Geschöpfe der Länder"** bezeichnen, allerdings mit der Garantie, dass die Länder diese Ebene respektieren und zumindest mit einem Minimum von Aufgaben und Ausgaben versehen müssen; die Einnahmen sind den Gemeinden zum Teil sogar grundgesetzlich zugesichert (s. 4. Kap.). Im Übrigen wird in der juristischen Terminologie üblicherweise von einer staatlichen Ebene im Gegensatz zu einer kommunalen gesprochen, wobei die staatliche Ebene als Bund und Länder definiert ist (zur Bewertung s. unten d).

3. Die Landkreise und weitere Gemeindeverbände

In Art. 28, Abs. 2, Satz 2 GG wird neben den Gemeinden auch den Gemeindeverbänden eine Existenzsicherung gegeben: „Auch die Gemeindeverbände haben im Rahmen ihres gesetzlichen Aufgabenbereiches nach Maßgabe der Gesetze das Recht der Selbstverwaltung". Nach herrschender Rechtsauffassung bezieht sich diese Existenzsicherung nur auf die Landkreise, die daher zuerst erörtert werden.

Für die **Landkreise** findet sich mithin eine zusätzliche Eingrenzung des – im Prinzip aber ebenfalls zugesicherten – Aufgabenbereiches, weil dieser auf Gesetzen beruhen muss. Den Gemeinden hingegen sind die Aufgaben der örtlichen Gemeinschaft per se zugesprochen, die dann allerdings „im Rahmen" der Gesetze auszufüllen sind; dieser allgemeinen gesetzlichen Einschränkung unterliegen die Landkreise ebenfalls.

Der Landkreis als die mit Abstand wichtigste Form des Gemeindeverbandes übernimmt bestimmte Aufgaben, die ihm durch Landesgesetze zugewiesen sind (s. 3. Kap.). Außerdem tätigt er Aufgaben des Landes bzw. führt sie für das Land in Auftragsverwaltung aus. Dabei ist weitgehend offen, welche Aufgaben, Ausgaben und Einnahmen ihm im Einzelnen durch Gesetz zugewiesen werden. Dieses alles ist grundsätzlich Aufgabe der Länder, die in der Gestaltung weitgehend frei sind, aber doch zu ähnlichen Lösungen kommen (s. 3. Kap., Teil D).

Landkreisvertretungen werden ebenso wie Gemeindevertretungen in Deutschland **unmittelbar gewählt**. Die innere Struktur der Landkreise ist ebensowenig in allgemeiner Form, beispielsweise im Grundgesetz, festgelegt wie für die Gemeinden. Die Landkreise weisen einen erheblichen Anteil eigenständiger Aufgaben in ihrem Aufgabenbestand auf und sind demokratisch legitimiert. Auf der Einnahmenseite hängen sie aber weitestgehend von ihren Gemeinden ab, so dass im Folgenden von ihnen als einem Teil der kommunalen Ebene gesprochen wird, die sie zusammen mit den Gemeinden bilden.

Unter der **Gesamtheit der Gemeindeverbände** lassen sich, von den kleineren zu den größeren Einheiten fortschreitend, **drei Gruppen** unterscheiden:

(1) *Gemeindeverbände unterhalb der Kreisebene.* – In einigen Bundesländern gibt es Formen des teilweisen Zusammenschlusses bzw. der Kooperation von Gemeinden unterhalb der Ebene der Landkreise (vgl. oben Tab. 2.2). Sie können der Verwaltungsrationalisierung und dem verbesserten Angebot mancher kommunaler Leistungen dienen, ohne dass es deshalb schon zu Eingemeindungen kommen muss.

(2) *Landkreise.* – Sie wurden zuvor besprochen.

(3) *Gemeindeverbände oberhalb der Kreisebene.* – In einigen Bundesländern bestehen Gemeindeverbände, die über mehrere Kreise bzw. kreisfreie Städte und Gemeinden hinweg definiert sind. Als Beispiel können die beiden **Landschaftsverbände** Nordrhein-Westfalen dienen. Diese übergeordneten Gemeindeverbände übernehmen wiederum einige Aufgaben von ihren darunter liegenden Gemeinden bzw. Kreisen. Im Unterschied zu den Landkreisen bedürfen sie aber nicht der Volksvertretung. Auch ist ihr Aufgabenkreis im Gegensatz zu dem der Gemeinden und Landkreise auch nicht universaler Art, sondern besteht aus fest zugewiesenen, abgegrenzten Aufgabenbündeln.

Gemeinden und Gemeindeverbände können sich außerdem für die Erfüllung bestimmter Aufgaben zu **Zweckverbänden** zusammenschließen, und sie können zu einem solchen Zusammenschluss auch durch Landesvorschriften verpflichtet werden. Beispiele sind Zweckverbände für die Wasserwirtschaft, die Abfallentsorgung usf.

4. Fazit aus ökonomischer Perspektive: Ein spürbares Defizit

Die Hauptaufgabe für die zuvor dargestellte rechtliche Ordnung der kommunalen Ebene besteht darin, die kommunale Selbstverwaltung in Deutschland zu garantieren. Dazu ist in allgemeiner Form die kommunale Ebene abzusichern, und außerdem sind ihr die speziellen Kompetenzen zuzuweisen, um die Teilbereiche der Ausgaben- und Aufgabenhoheit sowie der Einnahmenhoheit als materiellen Ausdruck der Selbstverwaltung rechtlich festzulegen. Aus ökonomischer Sicht folgt diese gesamte Aufgabe unmittelbar aus der allokativen Vorteilhaftigkeit einer dezentralen autonomen Ebene, wie sie in Teil A dieses Kapitels dargelegt worden war.

Die **Festlegungen im Grundgesetz** sind zunächst einmal als **eine grundsätzlich gute Basis** zu bezeichnen. Nicht in allen Staaten sind die Belange der Gemeinden so hochrangig festgeschrieben worden (Committee of the Regions 1996). Das gilt allerdings nur für die Absicherung der Ebene als solcher. Auch für die Einnahmenhoheit kann man noch eine recht gute Festlegung im Grundgesetz konstatieren, wie Kapitel 4 zeigen wird. **Was fehlt, ist** insbesondere **eine Absicherung des Aufgabenbestandes**. Es gibt hier keine aufgezählten Aufgaben, wie teilweise für Bund und Bundesländer.

Mit dieser Lücke hängt wohl auch zusammen, dass die kommunale Ebene nicht als dritte staatliche Ebene gilt, wie das Grundgesetz und die juristische Literatur zeigen.[36] Für den Ökonomen und die Literatur zur ökonomischen Theorie des Föderalismus sieht dies ganz anders aus. Hier wird selbstverständlich – und so auch in diesem Buch – von drei Ebenen gesprochen.[37]

Mit der schwachen rechtlichen Verankerung des Aufgabenbestandes und mit dem Hinweis, dass in vielem „die Gesetze" den Rahmen bilden, die ihrerseits nur von Bund oder Land erlassen werden können, hängt es wohl zusammen, dass auch die hochrangige Festschreibung der kommunalen Ebene im Grundgesetz nicht verhindern konnte, dass in 50 Jahren Bundesrepublik Deutschland eine **deutliche Zentralisierung** stattgefunden hat. Sie betrifft zum Teil zwar auch das Verhältnis von Bund zu Land, doch die Länderebene kann sich über den Bundesrat gegen starke Autonomieverluste vergleichsweise gut wehren und hat den tatsächlichen Verlagerungen von Landeskompetenzen zum Bund denn auch immer zugestimmt. Die Gemeindeebene ist nie in der Lage gewesen, sich hier in ähnlicher Form zu wehren. Stattdessen hängt sie sowohl von der Bundesgesetzgebung als auch von der Gesetzgebung des jeweiligen Bundeslandes ab. Noch in der jüngsten Zeit haben deutliche Beeinträchtigungen der kommunalen Finanzautonomie stattgefunden, wie sich am Beispiel des sog. Kindergartengesetzes des Bundes und des den Gemeinden zugestandenen Anteils am Umsatzsteueraufkommen zu zeigen sein wird.

Diese einzelnen Zentralisierungstendenzen werden in den folgenden Kapiteln präziser abgeleitet. Zugleich werden dort auch Lösungsmöglichkeiten für das jeweilige Detailproblem erörtert. Gegen Ende des Buches wird dann die Frage zu stellen sein, wo im politischen System der Bundesrepublik Deutschland möglicherweise Abhilfe zu erhoffen ist, wenn die kommunalen Handlungsmöglichkeiten sich als zu stark eingeschränkt erweisen.

36 Allerdings ist auch im Staatsrecht die Frage wohl nicht abschließend geklärt, ob dies der richtige Weg war (vgl. Heinrichs 1997).

37 Die Landkreise werden im Folgenden, wie erwähnt, als eine Zwischenebene innerhalb der kommunalen Ebene angesehen.

Zuvor jedoch werden in den nächsten drei Kapiteln die zentralen Bereiche der Kommunalfinanzen behandelt. Den Anfang bilden die öffentlichen Aufgaben der kommunalen Ebene und die aus ihnen abzuleitenden Ausgaben, denn eigenverantwortlich zu erfüllende Aufgaben bilden das Kernstück jeder kommunalen Finanzautonomie.

Drittes Kapitel

Kommunale Aufgaben und Ausgaben

Dieses Kapitel ist mit den Aufgaben der Gemeinde und den daraus abzuleitenden Ausgaben dem zentralen Bereich der Finanzen einer Gebietskörperschaftsebene, in diesem Falle der kommunalen Ebene, gewidmet. **Am Anfang** muss die **Aufgabenverteilung** stehen, denn sie ist der Zweck jeder öffentlichen Aktivität. Aus ihr ergibt sich die Ausgabenverteilung, und ihr folgt die Einnahmenverteilung. Daher beginnt das Kapitel mit einem grundsätzlichen Teil zur Zuordnung der Aufgaben und Ausgaben (A). Daran schließen sich zwei weitere grundsätzliche Betrachtungen an, zu denen es jeweils eine spezielle Literatur gibt: (1) Wie erklären sich manche Schwerpunkte in der beobachteten Ausgabenstruktur, und sind sie national begründbar? (B), sowie (2) In welchen Organisationsformen erfüllt die kommunale Ebene typischerweise ihre Aufgaben? (C). – Bis zu diesem Punkt wird auf die deutschen Verhältnisse allenfalls mittels eines Einzelbeispiels zurückgegriffen. Die kommunalen Aufgaben und Ausgaben in der Bundesrepublik Deutschland sind dann Gegenstand des abschließenden Teils D.

A. Welche Aufgaben und Ausgaben sollte die Gemeinde erhalten?

I. Kriterien für die Zuordnung von Aufgaben

1. Der Bezug zur Diskussion der Ziele

Eigenständig erfüllte Aufgaben sind der Kernbereich eines dezentralen Finanzsystems. Daher bildet die **Aufgabenverteilung** auch den **Kern der Argumentation zur Dezentralisierung** des Staatsaufbaus. Aus diesem Grunde war die Aufgabenverteilung in abstrahierender Form bereits im vorangegangenen Kapitel erörtert worden. Die dortigen Ergebnisse muss man sich stichwortartig nochmals vor Augen führen, weil an diesem Punkt nunmehr eine Vertiefung erforderlich ist, denn hier geht es um die Frage, welche einzelnen Aufgaben der Gemeindeebene zugeordnet werden sollen.

Im vorangehenden Kapitel waren zur Beantwortung der Frage „Wie organisiert man einen dezentralen Staatsaufbau?“ vier Aspekte herausgestellt worden:

Es muss in einer Volkswirtschaft für bestimmte öffentliche Güter **kleine Nutzerkreise** geben. Sie sind die Voraussetzung für die Schaffung einer Gemeindeebene.

(1) Die zentrale allokativ begründete Forderung lautet dann, auf dieser Ebene die **„fiskalische Äquivalenz"** herzustellen.
(2) Dabei ist das **Subsidiaritätsprinzip** zu berücksichtigen, nicht zuletzt um einer schleichenden Zentralisierung vorzubeugen.
(3) Schließlich sind die **Kosten** bei **der Erstellung der öffentlichen Güter** zu berücksichtigen, doch waren die dort diskutierten ‚economies of scale' nur eine Hilfsgröße, und sie sollten nicht, wie in Deutschland in den 1970er Jahren weitgehend geschehen, zur zentralen Entscheidungsgröße werden, wenn im Zuge einer Gebietsreform Ortsgrößen neu festgesetzt werden.

Mit Blick auf die einzelne der Gemeindeebene zuzuordnende Aufgabe, also das hier anstehende Thema, ist die Frage der kleinen Nutzerkreise genauer zu betrachten (s. unten 3). Zuvor aber sollen zwei weitere Aspekte angesprochen werden, die bei der Zuordnung jeder einzelnen Aufgabe zu berücksichtigen sein werden: die **Anreizkompatibilität** und – in einem gesonderten kleinen Abschnitt – das Prinzip der ungeteilten Verantwortung.

In den Ausschnitten der ökonomischen Theorie, die sich mit dem richtigen Zuschnitt der öffentlichen Aufgaben oder auch mit der zweckmäßigen Ausgestaltung der Instrumente der Wirtschafts- und Sozialpolitik befassen, spielen die konkreten Anreize, die für die Wirtschaftssubjekte durch eine Regelung gesetzt werden, eine zunehmende Rolle. Dabei geht es nicht nur darum, die für die jeweilige Zielerreichung **richtigen Anreize** zu **setzen**, denn dies war immer schon unabdingbarer Bestandteil einer ökonomischen Theorie, die politische Empfehlungen erarbeiten wollte. Es geht vielmehr zusätzlich darum, **Allokationsmechanismen** zu entwickeln, **die keinen Anreiz** für die Wirtschaftssubjekte **bieten, eigene Strategien zu entwickeln, die der Zielerreichung zuwiderlaufen**. Das von einem staatlichen Anreizmechanismus unterstellte Verhalten der Wirtschaftssubjekte muss also mit dem Verhalten übereinstimmen, das die Wirtschaftssubjekte aus eigenem Antrieb wählen, sei es, weil dies ihren Interessen entspricht, sei es, weil ihnen kein anderer Weg bleibt.[38] Einen ersten Anwendungsfall für diese Überlegungen bietet der folgende Abschnitt.

38 Zu Anreizmechanismen am Beispiel der Besteuerung vgl. Feneberg 1994.

2. Das Prinzip der ungeteilten Verantwortung

Welche Aufgabe auch immer der Gemeindeebene zugesprochen wird, sie sollte dann dort auch möglichst vollständig entschieden werden (Wallich 1992, S. 63). Man könnte dies das **Prinzip der ungeteilten Verantwortung** nennen, und es wird hier nicht zuletzt als Ergebnis negativer deutscher Erfahrungen mit dem „kooperativen Föderalismus“ (s. 2. Kap.) formuliert. Eine **geteilte Verantwortlichkeit** bedeutet per saldo geringere Verantwortlichkeit für Alle und setzt daher **falsche Anreize**, weil bei Fehlern die eine Ebene auf den Anteil der anderen Ebene an der Entscheidung verweisen kann.

Wenn beide Ebenen gleichberechtigt sind, kommt es außerdem zu Entscheidungsblockaden und ineffizienten Politikergebnissen etwa der Art, dass aus Kompromissgründen mehr private Haushalte oder Unternehmen begünstigt werden, als aus übergeordneter Sicht als sinnvoll erscheint. Wenn bei geteilter Verantwortung hingegen eine Ebene dominiert, wie dies typischerweise für das Verhältnis von Bund oder Land zur Gemeinde gilt, so schwächt dies einseitig die untere Ebene, während die obere ihre eigenen Vorstellungen zur Ausgestaltung der Aufgabe durchsetzen kann. – Vergleichbare Probleme finden sich zwar auch auf der Einnahmenseite, vor allem bei den Steuern (s. 4. Kap.), doch gilt die Argumentation vor allem für die Aufgabenseite.

Aus den obigen Überlegungen lässt sich daher der Schluss ziehen, dass **öffentliche Aufgaben soweit eben möglich ungeteilt zugeordnet** werden sollten. Nur dann kann erwartet werden, dass zugleich auch die positiven Wirkungen des übergeordneten Prinzips der fiskalischen Äquivalenz, das sich auf Aufgaben (mit ihren Ausgaben) und Einnahmen gleichermaßen bezieht, voll zur Wirkung kommen, denn es beruht darauf, dass eigenverantwortlich zu entscheidende Aufgaben (und gleichgeartete Einnahmen) zugeordnet worden sind.[39]

3. Der Nutzerkreis als zentraler Ausgangspunkt

Beim Überblick über diejenigen Ergebnisse des vorangegangenen Kapitels, die für die Aufgabenverteilung besonders wichtig sind, war hervorgehoben worden, dass im Vordergrund der Nutzerkreis einer öffentlichen Aufgabe stehen müsse. Dieses Argument ist jetzt etwas genauer zu betrachten. Wenn die Existenz kleiner Nutzerkreise zwingende Voraussetzung für die Schaffung einer Gemeindeebene ist, so fragt sich, welche öffentliche Aufgabe einen wie großen Nutzerkreis hat.

---

39 Einen weiteren Anwendungsfall für dieses Prinzip ergibt sich unter dem Konnexitätsprinzip; s. unten A IV.

Die **Größe eines Nutzerkreises** ist nicht langfristig zwingend vorgegeben. Sie bestimmt sich zum einen aus den **heutigen Erwartungen** der Bürger. Zum anderen ergibt sie sich aus den **technischen Möglichkeiten**, die von der öffentlichen Hand als der Angebotsseite entwickelt worden sind, um diesen Erwartungen der Bürger zu entsprechen, und die, wie im 2. Kapitel ausgeführt wurde, u. a. eine Größendegression aufweisen können. Daher ist zunächst zu fragen, was der Bürger heute in welcher Entfernung in seiner Gemeinde erwartet. Um das Beispiel der Schule zu nehmen, wurden beispielsweise die Grundschulen in den 1990er Jahren zum Teil wieder auch in kleineren Orten gebaut (oder erhalten) als 10 oder 20 Jahre zuvor, weil man Grundschüler gern in kurzer Fußwegentfernung zur Schule gehen lässt und sie auch in eher kleinen Schulen unterrichtet werden sollen. In großräumigen Staaten mit zum Teil niedriger Bevölkerungsdichte, beispielsweise Australien oder Kanada, wird dies möglicherweise anders gesehen als in Deutschland als dicht besiedeltem Land. Bei Gymnasien liegt die Mindestgröße hingegen so hoch, dass man auf eine Schule am kleineren Wohnort verzichtet und stattdessen Schulbusse einsetzt.

Verglichen mit dem **Nutzerkreis** ist der **Nutzenkreis** eher eine Hilfsgröße. Es gibt zweifellos so etwas wie das „Interesse aller Bürger eines Staates" an bestimmten **Mindestanforderungen** für kommunale Aufgaben. Ist das Gefühl dieses überregionalen Nutzens einer bestimmten Aufgabe stark, so kann es sich beispielsweise in Landes- oder Bundesvorschriften ausdrücken, wofür die Schulpflicht als Beispiel dienen kann. Daher ist, wenn es um die konkrete Festlegung der einzelnen Gemeindeaufgabe geht, letztlich doch der regionale Nutzerkreis die Größe, auf die zu sehen ist (s. unten III).[40] Doch auch er enthält eine zusätzliche Problematik, über die bisher in der Argumentation hinweggegangen worden ist. Bis zu diesem Punkt wurde angenommen, dass alle Nutzer einer gemeindlichen Einrichtung innerhalb der Gemeindegrenze wohnen. Diese Annahme ist jetzt aufzulösen.

II. Räumliche externe Effekte als spezielles Problem der Aufgabenzuordnung

1. Die Fragestellung

In der Realität findet ein **kommunales Angebot fast immer auch auswärtige Nutzer**, manchmal mehr und manchmal weniger. Wenn man einmal von einer

---

40 Eine gedankenreiche Abwägung zwischen Nutzern und überregionalem Nutzen befindet sich bereits bei Rotteck 1837, S. 555 ff. – Zu den Grenzen einer Berücksichtigung überregionaler Nutzen s. aber unten (II 4) das Argument der meritorischen Güter im föderativen Staat.

Mittelstadt ausgeht, so gehören zu den Aufgaben mit vergleichsweise geringer gemeindeexterner Nutzung beispielsweise Kindergärten oder die Straßen in Wohngebieten. Einen größeren Einzugsbereich haben der öffentliche Personennahverkehr, wenn er über die Gemeindegrenzen hinausgeht, Kultureinrichtungen wie Theater oder gar eine städtische Oper, und viele andere Freizeiteinrichtungen, wie beispielsweise ein öffentlicher Zoo. Auch die Leistungen der Gemeinde für die private Wirtschaft führen zu gemeindeexterner Inanspruchnahme, etwa soweit Straßen und Parkplätze von Auswärtigen genutzt werden, um in der Stadt arbeiten oder einkaufen zu können.

Das **Ausmaß der überörtlichen Nutzung variiert** bei einer Aufgabe sicherlich **mit der Ortsgröße**. In einer kleinen Gemeinde zieht ein einfaches Schwimmbad vielleicht schon viele auswärtige Nutzer an, und in einer Großstadt können drei Schwimmbäder den innergemeindlichen Bedarf vielleicht kaum decken.

Eine besondere Problematik tritt in **Ballungsgebieten** zwischen **Kernstädten** und den **Umlandgemeinden** auf. Die räumliche Arbeitsteilung zwischen Wohn- und Arbeitsort und die gute Erreichbarkeit der öffentlichen Einrichtungen von Kernstädten führen zu intensiven Verflechtungen. Sie gaben Anlass zur **Hypothese einer Ausbeutung der Kernstadt** durch ihr Umland.[41] Sie bezieht sich auf die Leistungen einer Kernstadt, die von Auswärtigen in Anspruch genommen werden. Zu berücksichtigen ist aber auch der umgekehrte Sachverhalt, dass die Bewohner der Kernstadt im ländlichen Gebiet Freizeitmöglichkeiten in Anspruch nehmen oder dort wohnen, um in der Stadt zu arbeiten. Von daher kann man eher von einem **unauflöslichen Leistungszusammenhang** innerhalb eines Ballungsgebietes sprechen.

Das bedeutet aber nicht, dass sich automatisch das wünschenswerte Niveau aus öffentlichen Leistungen in allen Gemeinden ergibt. Es steht vielmehr zu befürchten, dass ein erhebliches Maß an auswärtiger Nutzung hier zu Problemen führt. Das lässt sich zeigen, wenn man die Gesamtheit dieser Vorgänge unter dem ökonomischen Begriff der externen Effekte erörtert.

2. Die ökonomische Bedeutung externer Effekte

Die **Lehre von den externen Effekten** (**Externalitäten**, externalities) wurde nicht mit Blick auf das Verhältnis von Gebietskörperschaften zueinander konzipiert. Eine klassische Definition stammt von **A. C. Pigou**: „Der Kern der Sache ist, dass eine Person A, indem sie gegen Bezahlung Leistungen an eine andere

41 Greene/Neenan/Scott 1974 und Zimmermann 2007.

Person B erbringt, sie nebenher auch Vor- und Nachteile für andere Personen stiftet, ohne dass eine Bezahlung von den begünstigten Parteien verlangt und eine Entschädigung der benachteiligten Parteien durchgesetzt werden kann."[42] Der heute am häufigsten diskutierte Fall der externen Effekte betrifft die negativen externen Effekte des privaten Wirtschaftens auf die Umwelt.

Im Folgenden handelt es sich um **positive externe Effekte**: Eine Gemeinde bietet kostenlos eine Leistung für ihre Bürger an. Außer diesen nehmen aber auch Bürger anderer Gemeinden die Leistung in Anspruch. Ersetzt man nun „Personen" durch „Gemeinde" und „Bürger", so kann man die Aussage von Pigou bezogen auf das hier anstehende Problem wie folgt formulieren: „Der Kern der Sache ist, dass eine Gemeinde, indem sie gegen Bezahlung durch Steuern oder Entgelte Leistungen für Bürger ihrer Gemeinde erbringt, sie nebenher auch Vorteile für Bürger anderer Gemeinden stiftet, ohne dass von ihnen eine (ausreichende) Bezahlung verlangt werden kann".

Damit sind die in der ökonomischen Theorie zunächst nicht-räumlich definierten **externen Effekte** nunmehr **räumlich interpretiert** worden.[43] Mit Hilfe der Umschreibung kann zugleich deutlich gemacht werden, worin unter ökonomischem Aspekt das Problem liegt: Wenn für eine angebotene Leistung keine entsprechende Bezahlung verlangt werden kann, wird diese **Leistung in einem zu geringen Ausmaß angeboten**. Die **Anreize** sind dann insoweit **falsch gesetzt**, denn im Gesamtraum über alle Gemeinden werden weniger lokale Güter mit solchen positiven externen Effekten angeboten, als nach den Präferenzen und der Zahlungsbereitschaft der Bürger (ausgedrückt in möglichen Steuerzahlungen) gewünscht werden (Weisbrod 1965; Napp 1994, S. 122). Da es sich hier, wie die erwähnten Beispiele zeigen, um zahlreiche bedeutsame öffentliche Leistungen handelt, sind Lösungen zu finden, um das Angebot auf die von den Bürgern erwünschte Höhe zu bringen (siehe Abschnitt 3).

Zuvor ist allerdings die Frage zu stellen, **in welchem Ausmaß** dies **erforderlich** ist. Generell steht dahinter die Frage, wieweit externe Effekte, die mit fast jeder menschlichen Aktivität – privat oder öffentlich – verbunden sind, „internalisiert" werden sollen. Zwar kann man zeigen, dass bei strikt angelegten wohlfahrtsökonomischen Kriterien die Wohlfahrt im Gesamtsystem steigt, wenn externe Effekte

---

42 Pigou 1912/1960 nach Cansier 1996, S. 35, von dem auch die Übersetzung stammt. Zu allgemeinen neueren Formulierungen vgl. Weimann 1994, S. 267. Zum Überblick s. Heijman 2007.

43 Man spricht auch von räumlichen externen Effekten, Überschwappeffekten, „spillover effects" oder „spillovers". – Im Angelsächsischen findet sich in Untersuchungen zum Fiskalföderalismus eine zweite Bedeutung von Spillovers, die man am ehesten als Ansteckungseffekte übersetzen kann: Eine Gebietskörperschaft richtet sich beispielsweise stark nach dem Ausgabeverhalten der benachbarten Gebietskörperschaft (zu amerikanischen „states" unter diesem Blickwinkel s. Rosen/Case/Hines 1997). – Als Überblick zu räumlichen externen Effekten s. Napp 1994, S. 113 ff.

vollständig internalisiert worden sind.[44] Diese Aussage darf aber nicht in die politische Forderung nach weitestgehender Internalisierung überführt werden. Sonst käme dies einem Freibrief für sehr weitgehende staatliche Interventionen in fast allen Ausschnitten des Wirtschaftslebens gleich. Stattdessen ist – um wieder zu den kommunalen Aufgaben zurückzukehren – **in jedem Einzelfall** zu **prüfen**, ob die positiven Effekte eines erweiterten kommunalen Angebots wirklich so groß sind, dass man hierfür besondere Vorkehrungen treffen muss. Nur wenn eine **gravierende Lücke** entsteht, sollte überhaupt eingegriffen werden, und auch dann sollte eine Lösung mit möglichst geringem Interventionsgrad gewählt werden. Einige Lösungswege zeigt der folgende Abschnitt auf.

3. Institutionelle Arrangements zur Berücksichtigung räumlicher externer Effekte

Wenn der Gemeindeebene eine Aufgabe mit räumlichen externen Effekten von erheblichem Ausmaß zugeordnet wird, ist darauf hinzuweisen, dass das Angebot aus gesamtwirtschaftlicher Sicht höher ausfallen muss als bei alleiniger Entscheidung der anbietenden Gemeinde. Dazu sind im Laufe der Zeit verschiedene Lösungen erörtert und großenteils auch angewendet worden. Sie lassen sich **nach abnehmendem „dezentralen Gehalt"** ordnen, d. h. am Anfang sollten Lösungen mit möglichst geringer Einflussnahme der oberen föderativen Ebene stehen:

(1) *Preislösung.* – Sie ist die am stärksten dezentrale, weil marktliche Form zur Ermittlung der richtigen Angebotshöhe in Abwägung mit den Kosten. Sie ist immer zuerst zu versuchen, d.h. die Gemeinde sollte prüfen, ob sie eine Dienstleistung nicht voll in die private Entscheidung legen, also privatisieren oder im privaten Sektor belassen kann. Insbesondere im Bereich der Kultur- und Freizeitangebote finden sich oft private Lösungen.

(2) *Kommunale Entgeltlösungen mit weitgehender Kostendeckung.* – Wenn die Kommune selbst die Leistung anbietet, hat sie u. U. die Möglichkeit, eine weitgehende Kostendeckung anzustreben oder aber größere Teile über das allgemeine Budget und damit über Steuern zu finanzieren. Je weiter sie in die Nähe der vollen Kostendeckung kommt, desto weniger hat sie Grund, das Angebot nur deshalb zu kürzen, weil auch Bürger außerhalb der Gemeinde diese Leistungen in Anspruch nehmen. Die Aufgabenerfüllung „rechnet sich" dann weitgehend (und sollte dann im Übrigen ein Kandidat für Privatisierung sein). – Die beiden bisher genannten Lösungen scheinen auf den ersten Blick mit der getroffenen Annahme, dass die Gemeinde die Kosten einer Leistung

44 Vgl. in Kurzform Weimann 1994, S. 268.

nicht anlasten könne, unvereinbar zu sein. Jedoch sind die Hindernisse für eine Preis- bzw. Kostenlösung oft im Zeitablauf überwindbar. Manche technische Lösung erlaubt später eine Preislösung, wofür das elektronische **Road Pricing** in Form der **Maut** als Beispiel dienen mag. Ebenso können sich Einstellungen zu dem, was kostenlos abgegeben werden müsse, im Zeitablauf ändern (s. auch 4. Kap.).

(3) *Freiwillige zwischengemeindliche Kooperation.* – Wenn die anbietende Gemeinde und die auswärtigen Gemeinden, deren Bürger das Angebot in Anspruch nehmen, sich einigen, kann es zur „richtigen" Angebotshöhe kommen (Pollak/Voß 1985, S. 149 ff.). So können durchaus **horizontale Vereinbarungen** über den öffentlichen Personennahverkehr, über die Mitnutzung von Schulen usw. getroffen werden, durch die die zu zahlenden Subventionen bzw. Zuschüsse zwischen den Gemeinden geteilt werden. Allerdings tritt hier ein Trittbrettfahrer-Problem auf. Wenn eine Gemeinde hoffen kann, dass die anbietende Gemeinde auch ohne Kooperation zu einem ausreichenden Angebot bereit ist, hat sie keine Veranlassung, an der Kooperation teilzunehmen.

(4) *Zufinanzierung durch die höhere Ebene.* – Ein Verfahren, um zumindest indirekt mit starken externen Effekten behaftete Aufgaben ausreichend erfüllen zu lassen, besteht darin, im Wege von **Zuweisungen** zusätzliche Mittel zur Verfügung zu stellen. Dazu kann man im kommunalen Finanzausgleich zentralörtliche Funktionen definieren, oder nach der Ortsgröße vorgehen (s. unten 5. Kap.), um die zusätzlichen Aufwendungen für zentralörtliche Funktionen bei der Mittelausstattung zu berücksichtigen. Eine Lösung mit geringerem Freiheitsgrad für die empfangende Gemeinde besteht darin, für bestimmte dieser Aufgaben **zweckgebundene Zuweisungen** zu gewähren. Sie sichern, dass die entsprechenden Mittel wirklich in diese Aufgabe fließen, während bei einer erhöhten **Schlüsselzuweisung**, in deren Verwendung die Gemeinde frei ist, diese zusätzliche Aufgabenerfüllung nicht gesichert ist.

(5) *Kooperation unter Druck.* – Um die Gefahr des Trittbrettfahrer-Verhaltens bei freiwilliger Kooperation zu verringern, kann die öffentliche Hand eine solche Kooperation, beispielsweise im Wege eines **Zweckverbande**s, vorschreiben, etwa wenn innerhalb einer eingeräumten Frist keine irgendwie geartete Zusammenarbeit erfolgt. Und schließlich kann die Aufgabe zu einer **Pflichtaufgabe** der anbietenden Gemeinde erklärt werden (s. unten D IV b). – Im Vergleich mit der Zufinanzierung durch die höhere Ebene ist in diesen Fällen der Freiheitsgrad der entscheidenden Gemeinde deutlich geringer. Während aber bei allen bisher besprochenen Lösungen die Aufgabe immerhin noch von der jeweiligen Gemeinde – allein oder im Wege des Zweckverbands – wahrge-

nommen wird, gibt es Vorgehensweisen, die auf diesen Weg überhaupt verzichten:

(6) *Gebiets- bzw. Funktionalreform.* – Wenn sehr viele Aufgaben über den Raum einer Gemeinde hinausreichen, also räumliche externe Effekte aufweisen, kann dies ein Indiz dafür sein, dass die jeweilige Gemeinde zu klein geschnitten ist. Dies betrifft insbesondere Gemeinden mit besonders geringer Bevölkerungszahl. Daher werden in größeren Zeitabständen **Gebietsreformen** durchgeführt, bei denen Gemeinden mit Hinweis auf diese externen Effekte oder eine zu geringe Verwaltungskraft zusammengelegt werden. Diesen Weg darf man aber nicht zu weit gehen, weil sonst die Überschaubarkeit der Entscheidungssituation in der Gemeinde verloren geht. Daher ist auch hier wieder über die Hinnahme solcher externen Effekte in Abwägung mit den Vorteilen der dezentralen Entscheidungsfindung zu befinden. Deshalb verdienen Modelle mit **zweistufigem Gemeindesystem** (unterhalb der Kreisebene) besondere Aufmerksamkeit. So erfüllt in Rheinland-Pfalz die Ortsgemeinde zwar die Basisaufgaben und erhält die Gemeindesteuern, aber die Verbandsgemeinde, die mehrere Ortsgemeinden umfasst, übernimmt zum einen die gesamte Verwaltung und zum anderen die Erfüllung einiger Aufgaben mit etwas größerem Nutzenkreis, um deren externe Effekte zu reduzieren[45]. – Auch wenn man die Gemeindegrenzen nicht ändert, kann eine Aufgabe beispielsweise von der kreisangehörigen Gemeinde zum Landkreis gegeben werden. Allerdings ist auch dies mit einem Verlust an dezentraler Willensbildung verbunden, wenngleich immer noch innerhalb der kommunalen Ebene. – In jedem Fall muss einer Gebietsreform eine **Funktionalreform** folgen, bei der die Aufgabenverteilung dem geänderten Gebietszuschnitt angepasst wird.

(7) *Übernahme der Aufgabe durch die höhere Ebene.* – Dieser Weg, um räumliche externe Effekte zu „internalisieren", ist selbstverständlich immer möglich, aber er führt zugleich zur Lösung mit dem geringsten dezentralen Gehalt. Die Geschichte der Bundesrepublik Deutschland ist von zahlreichen solchen Vorgängen des **„Hochziehens" einer Aufgabe (Hochzonung, assumtion)** gekennzeichnet (s. unten D II). – Dieser „Wanderungsprozess von unten nach oben" (Brühl 1985, S. 707) ist eine der wesentlichen Triebkräfte hinter den in einigen Staaten zu beobachtenden Zentralisierungstendenzen gewesen.[46]

---

45 Zu diesem Modell, aber auch zu den Gebietsreformen in verschiedenen europäischen Ländern s. Schimanke 2008.

46 Eine Untersuchung der Begründung und finanziellen Auswirkung solcher „assumtions" am Beispiel von Städten in den USA findet sich in Bahl/Vogt 1975. Zu Deutschland siehe Heide 1987.

Die vorstehenden Lösungswege zur Internalisierung räumlicher externer Effekte sind zahlreich und könnten weiter untergliedert werden. Sie bieten also genügend Möglichkeiten, um ein unerwünschtes Ausmaß räumlicher externer Effekte zu reduzieren, ohne starke Abstriche bei der dezentralen Aufgabenerfüllung machen zu müssen. Die Wirklichkeit sieht oft so aus, dass ein deutlich höherer als der unbedingt notwendige Zentralisierungsgrad gewählt wird. Für die Zukunft ist daher wünschenswert, Lösungen mit stark dezentralem Gehalt zu finden. Das gilt insbesondere deshalb, weil nicht nur die externen Effekte Anlass zu einer Zentralisierung sein können, sondern auch eine „Meritorisierung" der kommunalen Aufgaben im föderativen System.

4. Das Argument der meritorischen Güter im föderativen System

Alle bisherigen Argumente zu den externen Effekten gingen von der physischen Inanspruchnahme der kommunalen Leistungen aus (**Nutzerkreis**). Über diese Nutzung durch unmittelbare Inanspruchnahme (oder wenigstens die Möglichkeit der Inanspruchnahme) hinaus stiften öffentliche Angebote weiteren Nutzen und sind auch Bürger außerhalb der Gemeinde an einer Aufgabenerfüllung interessiert, die die Angebote nicht unmittelbar in Anspruch nehmen. Dieser **Nutzenkreis (benefit area)** eines Gutes, der ebenfalls unter das Konzept der externen Effekte fällt, kann also wesentlich größer sein als der Nutzerkreis. Als Beispiel kann der Schulbesuch dienen. Es besteht vermutlich ein nationales Interesse daran, dass jedes Kind in der Bundesrepublik Deutschland eine gewisse Mindestzahl von Jahren zur Schule geht, sei es wegen seiner wünschenswerten Persönlichkeitsentwicklung, sei es, weil es andernfalls vielleicht später der Allgemeinheit zur Last fällt. Weil man ihm selbst und auch den Eltern die Entscheidung nicht zutraut, gibt es dazu eine übergeordnete gesetzliche Regelung.

Während die in den vorangegangenen Abschnitten erörterten Benutzerkreise noch Ausdruck der tatsächlichen und sogar an Handlungen ablesbaren und damit „offenbarten" Präferenzen der Staatsbürger sind, tritt nunmehr die Vorstellung hinzu, dass in einer Gemeinde Präferenzen zum Zuge kommen können, die aus übergeordneter Sicht als korrekturbedürftig angesehen werden. Dieser mit dem **Begriff der Meritorisierung** versehene Vorgang, dass die **Präferenzen** der dezentralen Einheit **korrigiert** werden, stammt eigentlich aus der Diskussion über die Arbeitsteilung zwischen öffentlichem und privatem Sektor und bezieht sich dort auf die Meritorisierung der Präferenzen der Privaten durch die öffentliche Hand.[47]

---

47 Vgl. einführend Musgrave/Musgrave/Kullmer, 1. Bd., 1990, S. 73 ff.

Der Staat korrigiert das „freiwillige“ Konsumverhalten, indem er Güter, die dem Ausschlussprinzip an sich zugänglich sind und daher privat angeboten werden können, entweder **subventioniert oder** ihren **„Zwangskonsum“** vorschreibt (Tietzel/Müller 1998, S. 93).

Dieses Konzept der **Meritorisierung** lässt sich auch auf das **Verhältnis von übergeordneten zu untergeordneten Gebietskörperschaftsebenen** übertragen. Aus der Sicht des Landespolitikers beispielsweise erscheinen bestimmte Eingriffe in die kommunale Entscheidungsfindung erforderlich, ebenso wie aus Bundessicht manche Länder- oder Gemeindeentscheidungen begrenzt werden. Um nochmals das Beispiel der Schulpflicht heranzuziehen: Sie wurde historisch betrachtet nicht zuletzt deshalb eingeführt, weil man die Willensbildung in einer ländlichen Gemeinde, im Sommer die Schule mit Hinweis auf die notwendige landwirtschaftliche Tätigkeit der Kinder zu beschließen, nicht länger hinnehmen wollte. Auch werden manche Aufgaben zu Pflichtaufgaben erklärt, was das genaue Pendant zu erwähnten Subventionierung des privaten Konsums bzw. zum Zwangskonsum darstellt. Meritorisierung bedient sich aber nicht nur des gesetzlichen Zwangs. Wenn einem Bundesland die gemeindliche Sportförderung als zu niedrig erscheint, subventioniert es Trimm-Dich-Pfade oder Schwimmbäder.

In diesem Zusammenhang tritt nun das Problem auf, dass es kaum ein kommunal anzubietendes Gut gibt, an dem nicht irgendein landesweites oder nationales Interesse besteht. Das könnte im Extrem dazu führen, alle Aufgaben beim jeweiligen Bundesland oder gar beim Bund zu konzentrieren. Doch selbst, wenn die Aufgabe nicht voll an diese Ebene ginge, sondern die gemeindliche Aufgabenerfüllung lediglich in erheblichem Maße durch Vorschriften, lenkende Zuweisungen usf. beeinflusst würden, so ergäbe sich doch ein **Konflikt** mit den beiden oben genannten Entscheidungsregeln, dem **Subsidiaritätsprinzip** und dem **Prinzip der fiskalischen Äquivalenz**. Während der Konflikt beim Subsidiaritätsprinzip offensichtlich ist, weil die dezentrale Aufgabenerfüllung eingegrenzt würde, gilt dies auch für die zweite Regel: Je stärker auf die Art und den Umfang der dezentralen Aufgabenerfüllung eingewirkt wird, desto weniger ist das Abwägen von Ausgaben und Einnahmen möglich, auf dem die Wirksamkeit des Prinzips der fiskalischen Äquivalenz beruht. Dies zeigt sich bei der Gewährung von zweckgebundenen Zuweisungen, die das von der Gemeinde anzubietende Gut „verbilligen“, am deutlichsten (s. 5. Kap.). Es besteht also ein Zielkonflikt zwischen den beiden genannten Entscheidungsregeln einerseits und der immer vorhandenen Tendenz zur Meritorisierung der gemeindlichen Aufgabenerfülllung durch Bund und Land andererseits. Letztlich steht hinter dem Meritorisierungsargument die Auffassung, dass die Entscheidungsträger auf Bundes- und Landesebene im Besitz einer „höheren Weisheit“ sind und daher den Kommunen als den in gewissem Maße „unverantwortlichen“ Entscheidungsträgern gegenüber als **„wohlwollende Dikta-**

toren" auftreten sollten. Wiederum wird man ein solches Verhalten gegenüber Individuen in gewissem Maße akzeptieren, etwa bei Alkoholikern und Drogenabhängigen. Mit Blick auf Gemeinden sind die Anforderungen an einen solchen Eingriff aber sehr viel höher anzusetzen.

III. Welche Aufgaben sind für die Gemeinde geeignet?

Um zu klären, welche Aufgaben sich für die kommunale Aufgabenerfüllung eignen, ist neben dem Nutzerkreis (und in gewissem Maße dem Nutzenkreis) ein drittes Merkmal wichtig, die zuvor erörterte Größe der Einheit, in der ein öffentliches Gut produziert wird oder abgegeben werden kann, um möglichst kostengünstig zu sein (economies of scale). Wenn man diese drei Merkmale für eine Reihe üblicherweise öffentlich angebotener Güter betrachtet, so lässt sich eine **Skala der Aufgaben** nach ihrer Affinität zur **eher zentralen bzw. eher dezentralen**, also durch Gemeinden erfolgenden **Aufgabenerfüllung** aufstellen (Abb. 3.1 von unten nach oben). Die aufgeführten Aufgabenbereiche sind recht breit definiert und müssten bei genauerer Betrachtung in zahlreiche einzelne Elemente aufgeteilt werden. So ist beispielsweise im erwähnten Beispiel der Abfallwirtschaft zwischen dem örtlichen System der Müllabfuhr, das gemeindlich (wenn nicht überhaupt privat) betrieben werden kann, einerseits und der komplexen großen Anlage zur Deponierung oder Abfallverbrennung andererseits zu unterscheiden.

Eine Aufgabe ist desto eher der Gemeindeebene zuzuordnen, je deutlicher die Ausprägung der drei Merkmale in Richtung „gering" oder „keine" führt. Wenn die Gegenrichtung dominiert, handelt es sich im Zweifelsfall sogar um eine Bundesaufgabe. Im mittleren Bereich finden sich dann **„lokale öffentliche Mischgüter"**, bei denen „die in einer Region angebotenen (öffentlichen) Leistungen ... nicht nur die Wohlfahrt der eigenen Bürger, sondern auch die der Einwohner anderer Regionen" beeinflussen (Peffekoven 1980, S. 612).[48] Bei ihnen kann man sich beispielsweise ein Element bei einer dezentralen Körperschaft vorstellen, während die übergeordnete Körperschaft Rahmenbedingungen vorschreibt. So kann die Polizei durchaus in kommunaler Hand sein, soweit es den Umfang und die Finanzierung der Polizei betrifft, während man die Möglichkeit des überörtlichen Einsatzes, die Frage des Waffengebrauchs usf. sicherlich oberhalb der Gemeindeebene regeln wird.

---

48 Vgl. zu den gemischten Gütern ohne föderativen Bezug Musgrave/Musgrave/Kullmer, 1. Bd., 1990, S. 63 ff., wo der Begriff allerdings recht eng gefasst ist. – Zur Aufgabenzuordnung allgemein s. Dafflon 2006.

Im unteren Teil der Abbildung 3.1 finden sich einige öffentliche Aufgaben, die man in aller Regel der **Zentralebene eines Staates** zuordnet, von der Außenpolitik bis zum Geldwesen. Besonderer Erwähnung bedürfen die beiden Ziele der Einkommensumverteilung und der Konjunktursteuerung, die im vorangehenden Kapitel als wichtige wirtschaftspolitische Ziele genauer erörtert wurden. Historisch war zuvor die Einkommensumverteilung von jeher in erheblichem Maße eine Aufgabe der kommunalen Ebene, von der früheren Armenpflege bis zur heutigen Sozialhilfe, die den Kreisen obliegt. Dennoch würde heute, wie auch bei einer Konjunkturpolitik zur Anregung oder Dämpfung der gesamtwirtschaftlichen Nachfrage, die Aufgabe in ihrem Kern vermutlich am besten durch die Zentralebene erfüllt. Allerdings ist immer wieder zu prüfen, welche Ausschnitte dieser Politik auch dezentral erfüllt werden können.[49]

Im Vordergrund der **für Kommunen geeigneten Aufgaben** stehen, wenn man den oberen Teil von Abbildung 3.1 betrachtet, mithin **allokative Aufgaben** (s. oben 2. Kap.), also die Bereitstellung solcher Leistungen, bei denen ein privates Angebot nicht oder nicht ausreichend zustande käme. Tatsächlich werden der unteren Gebietskörperschaftsebene in der Praxis überwiegend diese Aufgaben zugesprochen. Dies zeigt zum einen der internationale Vergleich der kommunalen Aufgabenstruktur (Committee of the Regions 1996) und zum anderen die mögliche Veränderung der Aufgabenstruktur im Zeitablauf in einem Land.[50] Allerdings kann bei anderen Vorstellungen vom Gewicht zentralstaatlicher Aufgaben und ihrer Durchsetzung auch mittels der Gemeinde das gemeindliche Aufgabenbündel auch anders aussehen. Die Dominanz des Wohlfahrtsstaates in den skandinavischen Ländern erhöht den Anteil der Sozialausgaben am kommunalen Budget (Rattsoe 1998, S. XI; Söderstrom 1998; Lotz 1998). Dementsprechend gering ist der Autonomiegrad in der kommunalen Aufgabenerfüllung, so dass ein Konflikt mit dem Allokationsziel besteht.

49 In den nordischen Ländern wird diese Notwendigkeit kaum gesehen. Das ist vor dem dortigen Hintergrund eines deutlich zentralistischen Staatsaufbaus und stärkerer Einschränkung der Gemeindeautonomie zu sehen (oft höherer Anteil an Zuweisungen, Nutzung der Gemeinden als „Erfüllungsgehilfen“ zentralstaatlicher Sozialpolitik im ausgebauten Wohlfahrtsstaat). Daher spricht man auch vom „‚Scandinavian‘ model of local public finance“ (Rattsoe 1998, p. XI).

50 Vgl. dazu Foster/Jackman/Perlman 1980, S. 49 ff.; zur Entwicklung in Deutschland s. unten D I.

Abb. 3.1: Nähe der öffentlichen Aufgabenbereiche zur Möglichkeit der kommunalen Aufgabenerfüllung[1)]

	Merkmale / **Aufgabenbereich**	**Nutzerkreis: Gemeinde-externe Nutzer**	**Nutzenkreis: Meritorische Komponente aus Landes- bzw. Bundessicht**	**Angebotsgröße: Vorteile der größeren (überkommunalen) Einheit (economies of scale)**
eher Gemeinde ↑	**Kanalisation, Beleuchtung**	gering	gering	keine
	Straßen in der Gemeinde	Durchgangsverkehr	gering	keine
	Abfallabfuhr und -beseitigung	keine	gering	z.T. bei der Abfallbeseitigung
	Gas, Wasser, Elektrizität	keine	gering	z.T. bei Produktion
	Kultur, Erholung	oft erheblich	gering	z.B. Theater, Konzerthalle
	Feuerwehr	bei Großbränden	gering	bei Großeinsätzen
	Schulen	je nach Schulform	erheblich	bei Gesamtschulen
	Polizei	gering	gering	bei Großeinsätzen

↓	**Öffentlicher Personennahverkehr**	erheblich	gering	z.T. vorhanden
	Gesundheitswesen	je nach Bereich	erheblich	Spezialkrankenhäuser
	Hochschulen	überwiegend	erheblich	z.T. vorhanden
	Fernstraßen	überwiegend	erheblich	vorhanden
	Einkommensumverteilung	überwiegend	hoch	z.T. vorhanden
	Bekämpfung der Arbeitslosigkeit	überwiegend	hoch	vorhanden
	Inflationsbekämpfung	alle Bürger	hoch	vorhanden
eher Bund und Land	**Rechtsordnung, Geld, Währung, Passwesen**	alle Bürger	hoch	vorhanden
	Außenpolitik, Verteidigung, Entwicklungshilfe	alle Bürger	hoch	vorhanden

1) Die Zuordnung kann sich im Zeitablauf ändern, u. a. wenn die Technik der „Produktion" der Leistung sich ändert. Außerdem gilt sie in dieser Form vor allem für Hocheinkommensländer.
Quelle: Eigene Darstellung.

IV. Gemeindliche Wirtschaftstätigkeit, „Daseinsvorsorge" und Privatisierung

Die Ausführungen zu den für Gemeinden geeigneten Aufgaben könnten den Eindruck erwecken, als sei ein entsprechender Katalog weitgehend unstrittig und es ginge allenfalls um das zuvor erwähnte Berücksichtigen eventueller externer Effekte. Das träfe auch zu, wenn man davon ausginge, dass die in Abb. 3.1 aufgeführten Aufgaben alle ausschließlich im öffentlichen Sektor zu erfüllen seien und lediglich die Zuordnung zu den Ebenen im Staatsaufbau zu leisten sei. In der Realität ist aber in den letzten Jahren eine heftige Kontroverse darüber entbrannt, ob denn die entsprechenden für Gemeinden geeigneten Aufgaben auch wirklich – ganz oder zum Teil – von der Gemeinde selbst zu erfüllen seien.

Als Ausgangspunkt kann eine finanzwissenschaftliche Diskussion gelten, in der herausgearbeitet wurde, dass die **Gemeindeaufgaben** als die ohnehin am stärksten dezentral erfüllten Aufgaben **zum Teil wie Privatgüter** anzusehen seien (zur Definition der öffentlichen Güter s. 2. Kap.). So wurde festgestellt, dass mit Blick auf die Kostenverläufe oben in Abb. 2.3 (2. Kapitel) die kommunal angebotenen öffentlichen Güter keine Skalenerträge in der Produktion aufweisen und sie daher den privaten Gütern nahestehen, also der am stärksten dezentralen Variante des Angebots in einer Volkswirtschaft (Reiter/Weichenrieder 1997, S. 401). Daher ist es nicht verwunderlich, dass sich die Ansätze zu einer Privatisierung im öffentlichen Bereich vor allem auf die kommunal erfüllten Aufgaben richten.

Dazu ist es hilfreich, sich noch einmal die Grundregel vor Augen zu führen, dass in einem marktwirtschaftlichen System die verfügbaren Ressourcen, also Rohstoffe und andere Vorprodukte, das Arbeitskräftepotential und das vorhandene Kapital, im Wege der Preisbildung auf Märkten in die beste Verwendung fließen sollen. Bei dieser Lösung des Allokationsproblems können die Konsumenten, für die letztlich der Markt arbeitet, über ihre Kaufentscheidungen den Umfang und die Struktur des Angebotes bestimmen. Auch wenn hier manche Mängel bestehen, wie beispielsweise die Tendenz zur Monopolbildung (die dann wiederum durch die Kartellbehörde unterbunden werden muss), so herrscht doch nach dem Zusammenbruch der sozialistischen Systeme weltweit die Überzeugung vor, dass dann, wenn ein Problem marktlich gelöst werden kann, es auch über den Markt gelöst werden soll.

Hieraus lässt sich eine erste Folgerung für diejenigen Bereiche der kommunalen Finanzwirtschaft ziehen, in denen eine **weitestgehende Marktlösun**g möglich ist: Hier sollte die Marktlösung gesucht werden und infolgedessen **Privatisierung** vor öffentlicher Bewirtschaftung des Gutes rangieren. Nun ist hier nicht der Ort, um über Möglichkeiten und Durchführungsfragen einer Privatisierung öffentlicher Leistungen umfangreiche Ausführungen zu machen. Dies gehört in einen den Kommunalfinanzen vorgelagerten Bereich, denn wenn die Privatisierung erfolgt ist, sind die entsprechenden Einnahmen und Ausgaben nicht mehr Gegenstand des öffentlichen Budgets. Erst nach diesem ernsthaften Bemühen um Privatisierung ist entschieden, was überhaupt noch im öffentlichen Sektor verbleiben muss, und das sollte in einer Marktwirtschaft möglichst gering gehalten werden.

Nun könnte man vermuten, dass angesichts der immer wieder geführten Privatisierungsdiskussion die Art von Wirtschaftstätigkeit der Kommunen eher abnimmt. Dies würde bedeuten, dass die übliche und ordnungspolitisch angemessene Vorschrift befolgt wird, wonach eine wirtschaftliche Tätigkeit nur kommunal ausgeübt werden darf, wenn

(1) die Aufgabenerfüllung nicht gleich oder ähnlich gut privat erfolgen kann und
(2) das Angebot allein auf das Gemeindegebiet ausgerichtet ist.

Aber Ende der 1990er Jahre entwickelte sich in Deutschland eine intensive Diskussion über die Grenzen zwischen privater und kommunaler Wirtschaftstätigkeit. Sie ging in zwei Richtungen. Die eine Ausprägung des Widerstands gegen eine weitgehende Privatisierung vieler kommunaler Aktivitäten lässt sich am besten mit dem Stichwort der **„Daseinsvorsorge“** kennzeichnen, für die die Gemeinde verantwortlich sei. Die Gemeinde, so lautet die Argumentation, dürfe für zentrale Aufgaben, die für das Leben ihrer Bürger wichtig seien, die Verantwortung nicht an private Unternehmen abtreten.

Zu den in diesem Zusammenhang strittigen Leistungen zählt insbesondere die **Versorgung** mit Gas, Wasser, Elektrizität und Nahverkehrsleistungen. Diese Leistungen werden mittels einer netzförmigen Infrastruktur geleistet, die Elemente eines **natürlichen Monopols** hat: Langfristig lohnt sich nur ein Netz, und sein Besitzer könnte dann Monopolpreise erheben. Um dieses Problem auszuräumen, bedarf es aber keines öffentlichen Eigentums, sondern es genügt eine gewisse **Regulierung**, insbesondere im Wege der Preisfestsetzung.[51]

Die Europäische Union hatte auf diesem Feld lange als Befürworter einer weitgehenden Privatisierung in diesen Bereichen gewirkt, indem sie unter Wettbewerbsaspekten verlangte, dass die entsprechenden Leistungen ausgeschrieben wurden und dann auch private Anbieter zum Zuge kommen konnten. Später aber wurde Art. 16 in den EG-Vertrag eingeführt, der den Begriff der **„Dienste von allgemeinem wirtschaftlichem Interesse“** verwendete und den Mitgliedstaaten zugestand, für deren Erbringung „Sorge zu tragen“.

51 Zur Preisbildung in öffentlichen Unternehmen gibt es eine detaillierte Literatur. Zum Einstieg s. etwa Blankart 2008, 21. Kapitel.

Auch die städtische Wohnungswirtschaft gehört in diesen Zusammenhang. In Deutschland hat es spektakuläre Verkäufe kommunaler Wohnungsunternehmen gegeben. So hat die Stadt Dresden hierdurch auf einen Schlag ihre gesamten Schulden zurückzahlen können. Andere Städte befürchten eine eingeschränkte „Handlungsfähigkeit", wobei angesichts ausreichenden Wohnraums nicht klar ist, worin er bestehen soll.

Die zweite Richtung der Kritik führte zur Frage der möglichen **Ausdehnung der kommunalen Wirtschaftstätigkeit**.[52] Kommunen haben nämlich zahlreiche Anreize, wirtschaftlich tätig zu werden. Der nächstliegende ist der **fiskalische Anreiz**. Das Eindringen in neue, vielleicht bisher von privaten Unternehmen wahrgenommene „Geschäftsfelder" mag, jedenfalls auf Zeit, Gewinne für die Gemeindeebene versprechen. Auch die Ausweitung des Angebots über die Gemeindegrenze hinaus kann, insbesondere bei hohen Fixkosten, zu einer besseren Kapazitätsauslastung und so ebenfalls zu höheren Einnahmeüberschüssen führen. Solchen Versuchen ist immer wieder entgegenzutreten. Insbesondere ist zu prüfen, ob das angeführte öffentliche Interesse wirklich gegeben ist, denn es dient wiederum unter dem Schlagwort der verlorenen Handlungsfähigkeit oft nur der Verschleierung fiskalischer Interessen oder auch der Möglichkeit der politisch bestimmten Besetzung lukrativer Posten.

Wenn dem Ansinnen dennoch nachgegeben wird und Kommunen in einer Weise wirtschaftlich tätig werden, die auch privaten Unternehmen zugänglich ist, so verschwimmen die Konturen dessen, wofür eine Kommune intendiert ist: Sie soll für ihre Bürger und Unternehmen Leistungen bereitstellen, die privat nicht bereitgestellt werden können, und für diese Leistungen sollen allein diese Bürger und Unternehmen im Sinne der fiskalischen Äquivalenz zahlen.

Zu den unter diesem Aspekt vor allem diskutierten Bereichen gehören so marktnahe Bereiche wie städtische Gärtnereien, aber auch die Müllabfuhr und weitere Bereiche, in denen seit langem auch private Unternehmen tätig sind[53]. Zwar verbieten die Landesgesetze in der Regel solche Aktivitäten weitgehend, aber die Vorschriften sind zumeist auslegungsfähig. Immerhin bleibt zu hoffen, dass der Druck in Richtung transparenter Kosten- und Leistungsrechnung (s. 6. Kapitel) dafür sorgen wird, dass manche weiteren Aufgaben, die öffentlich Zuschüsse erfordern und sich privat rechnen, privatisiert werden.

---

52 Zur Darstellung und ordnungspolitischen Einschätzung vgl. Döring/Wohltmann 1999 und zu den öffentlich-rechtlichen Aspekten Enkler 1998 und kritisch Hösch 2000. Eine interessante Darstellung der „Gemeindebetriebe" in Deutschland um die Jahrhundertwende bietet Fuchs 1908.

53 Zu Vielfalt und Einfallsreichtum auf diesem Gebiet s. Döring/Wohltmann 1999.

Diese Hinweise sind insbesondere auch für viele Entwicklungs- und Transformationsländer wichtig, weil dort oft die umgekehrte Tendenz besteht, sich als Gemeinde (aber auch als Bundesland oder Zentralregierung) wegen der erzielbaren marktlichen Einnahmen an der **Marktproduktion** vermehrt zu beteiligen.[54] Doch auch in Deutschland ist die Tendenz nach wie vor vorhanden. So lautete die redaktionelle zusammenfassende Anmerkung zu einem entsprechenden Artikel (Schäfer 2008): „Die Kommunen wollen sich nicht weiter auf defizitäre Bereiche konzentrieren." Eine wichtige ordnungspolitische Entscheidung liegt dann darin, diesen Versuchen auf dem Wege der allgemeinen Gesetzgebung einen Riegel vorzuschieben.

Wenn nun die öffentliche Hand trotz dieser zweifellos vorliegenden Privatisierungsmöglichkeiten selbst produziert, etwa im Wege gemeindeeigener „Stadtwerke", sollte sie dies wenigstens effizient tun, und dafür sind unternehmensnahe Organisationsformen geeignet (s. unten C).

V. Zusammenführen von Aufgaben und Ausgaben: das Konnexitätsprinzip

In der Interpretation der Abbildung 3.1 wurde implizit davon ausgegangen, dass eine Ausgabensumme gleichzusetzen ist mit einer gleich hohen Aufgabenerfüllung und dass der Anteil einer Ausgabe am Gesamtvolumen dem Gewicht des betreffenden Aufgabenbereichs für die Gemeindeebene entspricht. Es war also davon ausgegangen worden, dass mit der Zuordnung einer Aufgabe zur kommunalen Ebene dort sowohl die volle Entscheidung über Art und Umfang der Ausgabenerfüllung getroffen als auch die entsprechenden Mittel aufgebracht und verausgabt werden. Auch nach der Entscheidungsregel der fiskalischen Äquivalenz erscheint es zunächst als selbstverständlich, dass der Entscheidungsträger, dem die Aufgabe überantwortet wurde, auch die entsprechenden Ausgaben tätigt (und aus eigenen Einnahmen finanziert).

Diese **Gleichsetzung von Aufgaben und Ausgaben** gilt aber für die Gemeindeebene in Deutschland wie auch in anderen Staaten keineswegs durchgehend. Als unterste Gebietskörperschaftsebene ist die Gemeinde den Einwirkungen der beiden übergeordneten Ebenen ausgesetzt. Der umgekehrte Fall gilt hingegen praktisch überhaupt nicht.

Die Einwirkungen „von oben" werden in der Regel damit begründet, dass gemeindliche Aufgaben externe Effekte bewirken, also in ihrer Wirkung über Gemeindegrenzen hinaus reichen, wie das nationale Interesse an einer ausreichenden Schul-

---

54 Siehe etwa die Beispiele in: Wallich 1992, S. 55 f. Zu deutschen Beispielen s. Döring/Wohltmann 1999.

bildung zeigte. Daraus werden dann die erwähnten meritorischen Eingriffe in die Gemeindefinanzen abgeleitet und mittels der dort aufgeführten institutionellen Arrangements durchgesetzt. Unter diesen Varianten interessiert hier insbesondere der Fall, dass der Gemeinde eine Aufgabe vorgeschrieben wird und sie dennoch die Finanzierung selbst übernehmen muss. Hier handelt es sich um einen Fall dessen, was Günter Schmölders den **„unsichtbaren" Finanzausgleich** nannte (Schmölders 1970a, S. 172). Ein bekanntes deutsches Beispiel waren lange die Sozialhilfeausgaben, die nach Umfang und Struktur weitgehend durch ein Bundesgesetz festgelegt wurden, aber von der Kommune zu tätigen und zu finanzieren waren (s. unten D II).

Die Forderung, der Aufgabenwahrnehmung und damit den Ausgaben die Finanzierungsverantwortung folgen zu lassen, die dem Prinzip der fiskalischen Äquivalenz nahesteht, wird in Deutschland häufig als zentraler Grundsatz aus rechtlicher Sicht und als **Konnexitätsprinzip (connection principle)** bezeichnet.[55] Bezogen auf die deutsche Situation wird in der Regel davon ausgegangen, dass finanzieren müsse, wer die Aufgabe durchführt (**Vollzugskausalität**). Hiernach wurde beispielsweise bei der Sozialhilfe verfahren. Dies **entspricht** nun zweifelsfrei **nicht** dem Prinzip **der fiskalischen Äquivalenz**. Dieses kann nur wirksam werden, wenn die Kommune über Art und Ausmaß der Aufgabenerfüllung weitgehend frei entscheiden kann, weil nur dann eine Abwägung mit den erforderlichen Einnahmen Sinn macht. Bei einer weitgehend vorgeschriebenen Aufgabe geht es nur noch um die Art, nicht die Höhe der Einnahmenbeschaffung. Diesem Erfordernis der fiskalischen Äquivalenz entspricht hingegen die Ausprägung des Konnexitätsprinzips, die man mit **„Gesetzeskausalität"** umschreibt,[56] d.h. wer über die Aufgabe bestimmt, soll sie auch finanzieren müssen.

Nun lässt sich die Konnexität auf Basis der Gesetzeskausalität und damit weitgehend im Sinne der fiskalischen Äquivalenz nicht überall in reiner Form durchführen, wie schon das Beispiel der Schulpflicht zeigt. In vielen Fällen sind jedenfalls bestimmte Teilkomponenten auf die verschiedenen Gebietskörperschaftsebenen aufgeteilt worden. Man kann dabei zumindest **drei Teilkompetenzen** unterscheiden (s. auch Wätzel 1997):

(1) *Entscheidungskompetenz*. – Es muss festgelegt werden, welche Aufgabe erfüllt werden soll, wer berechtigt sein soll, eine Zahlung oder Leistung zu empfangen, wie diese Zahlung oder Leistung aussehen soll usf. Hiermit wird das **öffentliche Angebot** im Sinne der Theorie der öffentlichen Güter (s. oben) festgelegt.

---

55 So zusammenfassend Kirchhof 1997, S. 12 f. – Zur ökonomischen Sicht des Prinzips s. Döring 2004.

56 Zur Gegenüberstellung und Diskussion der beiden „Kausalitäten" vgl. Kirchhof 1997. Zur detaillierten juristischen Argumentation s. Schoch/Wieland 1995.

(2) *Durchführungskompetenz.* – Die gewünschte öffentliche Aufgabe besteht typischerweise im Anbieten einer Leistung, die „produziert" und dem Bürger zugänglich gemacht werden muss. Diese Durchführung der – möglicherweise an anderer Stelle festgelegten – Aufgabe ist also eine gesonderte Tätigkeit. Man bezeichnet sie auch als **„Produktion" eines öffentlichen Gutes** im Gegensatz zum zuvor erwähnten „Angebot".

(3) *Finanzierungskompetenz.* – Die Beschaffung der finanziellen Ressourcen für die Produktion eines öffentlichen Gutes ist ein zusätzliches Erfordernis, wenn die öffentliche Aufgabe erfüllt werden soll.

Je nachdem welche Teilkompetenzen für bestimmte Aufgaben der Gemeindeebene zugeordnet wurden, ergeben sich in einem Land unterschiedliche Autonomiegrade im Aufgabenspektrum der Gemeinden. Während man bei den Einnahmen für die einzelnen Einnahmearten solche Autonomiegrade in genereller Form ableiten kann (s. 4. Kap., Teil A), hängen diese bei den Ausgaben stark von der faktischen rechtlichen Ausgabenzuordnung ab. Daher werden diese weiter unten bei der Behandlung der konkreten Aufgabenverteilung in der Bundesrepublik Deutschland aufgeführt (Teil D II).

Was unter dem Aspekt der Konnexität zwischen Aufgabenverantwortung und Verausgabung sowie Finanzierung jedenfalls festzuhalten bleibt, ist die Forderung, diese drei Elemente soweit möglich jeweils nur einer Gebietskörperschaftsebene zuzuordnen. Auch dies ist eine Forderung unter dem **Prinzip der ungeteilten Verantwortung**. Wo immer sie unerfüllt bleibt, bestehen Anreize, Aufgaben auf Kosten einer anderen Ebene und dann im Zweifelsfall in zu großem Umfang erfüllen zu lassen, weil die Erfüllung nicht oder nicht nur das eigene Geld kostet (zur Ausgestaltung der Konnexität in Deutschland s. unten D IV).

B. Zu den Bestimmungsgrößen der Ausgabenstruktur und Ausgabenentwicklung

Bis zu diesem Punkt wurde die Argumentation zu den kommunalen Aufgaben und Ausgaben stark **normativ** geführt: Welche Aufgaben und Ausgaben sollte die Gemeinde erhalten? Zugleich gibt es ein breites Feld empirischer Studien, oft policy studies genannt, die das Zustandekommen der empirisch beobachtbaren Ausgabenmuster zum Gegenstand haben. So haben die große Zahl der Kommunen in einem Staat und ihre erheblichen Unterschiede nach Ortsgröße, ländlicher oder städtischer Siedlungsstruktur, zentraler oder peripherer Lage usf. seit langer Zeit immer wieder zu Untersuchungen geführt, wodurch sich beobachtete Ausgabenunterschiede (in der Regel pro Kopf gerechnet) erklären lassen. Die Analysen waren zunächst meist **explikativer Art**, d.h. man wollte die Unterschiede erklären. Dahinter steht aber oft auch das Bemühen um Entscheidungshilfen. So haben Untersuchungen zur Erklärung unterschiedlich hoher Pro-Kopf-Ausgaben nach Ortsgrößenklassen eine inhaltliche Verbindung zur Suche nach der „optimalen Ortsgröße" (s. 2. Kap. A III 2). Aus dem breiten Feld dieser Analysen werden im Folgenden zwei Fragestellungen beleuchtet, die Erklärung der unterschiedlichen Pro-Kopf-Ausgaben und die Frage, ob Investitionsausgaben eine Sonderrolle spielen.

I. Zur Erklärung unterschiedlicher Pro-Kopf-Ausgaben

Ein in der Finanzstatistik vieler Staaten ablesbarer Tatbestand hat früh zu Erklärungen herausgefordert: Die Ausgaben pro Kopf der Bevölkerung gerechnet steigen mit der Ortsgröße deutlich an (siehe Tab. 3.1).[57] Vor über 70 Jahren formulierte Arnold Brecht das nach ihm benannte „Gesetz der progressiven Parallelität zwischen Ausgaben und Bevölkerungsmassierung".[58] Seither werden – in Deutschland unter dem Hinweis auf das **„Brechtsche Gesetz"** – Analysen angestellt, wie diese Zahlen zu erklären seien. Im gleichen Jahr wie die Studie von Brecht (1932) erschien das bekannte Finanzausgleichsgutachten von Johannes Popitz, das in ähnlicher Weise argumentierte (Popitz 1932).

Die **Ursachen** für dieses empirische Bild sind **vielseitig**.[59] Zu berücksichtigen sind beispielsweise über lange Jahre angewendete *Rechtsnormen der übergeordneten Ebenen*, die den größeren Orten mehr Einnahmen über Zuweisungen, mehr zusätzliche eigene Einnahmequellen usf. zukommen lassen. Wenn der kommunale Finanzausgleich beispielsweise den großen Städten mehr Pro-Kopf-Zuweisungen zuordnet als kleinen Gemeinden (einschließlich ihren Kreisen), so ist davon auszugehen, dass dort auch die Ausgaben pro Kopf höher sind. Allerdings ist zu berücksichtigen, dass die Großstädte auch mehr übergeordnete Steuern pro Kopf abführen als kleine Orte und insoweit einen Teil „ihrer" Einnahmen nur wieder zurückerhalten.

Einen besonderen Erklärungswert haben die *Zentralitätsfunktionen* größerer Orte, insbesondere wenn diese isoliert liegen und nicht in einem Ballungsgebiet eng an-

57 Für Deutschland gilt diese Aussage für 1881 sogar stärker als für das Vergleichsjahr 1981 (Mäding 1997, S. 12).

58 Brechts Interesse ging allerdings über die Erklärung dieses Tatbestandes weit hinaus. Er wollte nachweisen, dass Staaten mit einem größeren Anteil in Agglomerationen lebender Bevölkerung („Bevölkerungsmassierung") höhere Pro-Kopf-Ausgaben im Gesamtstaat erfordern. Das sollte als Begründung dafür dienen, dass Deutschland bei den auf Reparationen beruhenden Zahlungen nach dem Dawes- und Young-Plan weniger Belastung als vorgesehen tragen könne (Mündliche Mitteilung von Prof. Dr. Fritz Karl Mann an den Verfasser).

59 Zum Überblick über frühere deutsche Untersuchungen vgl. Wagenführer 1992. Zahlreiche frühere sog. Determinantenstudien werden in Bahl 1969 und Fredland 1974 beschrieben.

einander grenzen. Unterschiedliche Zentralitätsfunktionen finden sich auch in Staaten mit nur geringer Einwirkung oberer Ebenen und sind ein Sachverhalt, der sich auch in einer sich selbst organisierenden regionalen Wirtschaft aus Effizienzgründen herausbilden würde. In einer größeren Stadt mit vielen Zentralitätsfunktionen spiegelt sich gewissermaßen ein breiterer regionaler Kreislauf. – Im übrigen gibt es wohl heute wie zu Popitz' Zeiten spezifische Aufgaben in großen Städten, die zwar in kleineren Gemeinden oft ähnlich auftreten, aber doch „mit etwas abweichendem Akzent und anderer Schwerpunktbildung" (Püttner 1983, S. 7).

Einen wichtigen Sondereinfluss bilden die offenbar *unterschiedlichen Bedürfnisse der Bürger* in Orten verschiedener Größe. In Ballungsgebieten liegt häufig das Einkommen pro Kopf höher als in ländlichen Regionen, die deshalb oft auch als „rückständig" eingestuft werden. Mit höherem Pro-Kopf-Einkommen steigen aber offenbar die Wünsche nach vermehrten öffentlichen Leistungen (zum Überblick siehe Fisher 1996, S. 88 ff.). Schon Popitz führte als Begründung die bessere Ausstattung in Städten, beispielsweise mit Kanalisation, an und sprach davon, dass der „**kanalisierte Einwohner** mehr kostet als der nicht-kanalisierte Einwohner" (Hansmeyer/Kops 1985, S. 27). Auch haben große Städte anscheinend einen größeren Spielraum bei der Festlegung der Steuersätze und können von daher höhere Ausgaben finanzieren (Reiter/Weichenrieder 1997, S. 402).

Es hat also den Anschein, dass unterschiedliche Ausgaben pro Kopf, wie sie in vielen Ländern zu beobachten sind, nicht nur auf staatliche Interventionen zurückzuführen sind, sondern auch ohne Staatseinfluss vermutlich auftreten würden. Wieweit man sie akzeptiert und vielleicht sogar unterstützt, führt auf die Frage der „optimalen Ortsgröße", wie sie im 2. Kapitel erörtert worden war. Diese Fragestellung ist vor allem für die Gestaltung des kommunalen Finanzausgleichs wichtig: Wenn unterschiedliche Pro-Kopf-Ausgaben nach der Ortsgröße gerechtfertigt sind, muss sich dies im Zuweisungssystem widerspiegeln (s. unten 5. Kap.).

Schließlich sei zu diesem Gedankengang angemerkt, dass es hier nur um die Unterschiede der Pro-Kopf-Ausgaben zwischen Ortsgrößen geht. Die allgemeine Frage, ob in der **durchschnittlichen Gemeinde die Ausgaben zu hoch oder zu niedrig** sind, führt auf andere Aspekte. So wird in der Neuen Politischen Ökonomie argumentiert, dass im öffentlichen Sektor die Ausgaben relativ zu den Präferenzen der Bürger tendenziell zu hoch sind. Als Ursache werden Handlungsspielräume für Politiker und Bürokraten angegeben. Offen ist die Frage, ob diese Handlungsspielräume auf Gemeindeebene niedriger sind als auf Landesebene, etwa weil durch die Bürgernähe und eventuelle Referenden die Kontrolle durch den Wähler stärker ist.

Tab. 3.1: Gemeindeausgaben nach Ortsgrößenklassen in vier Staaten, pro Kopf

Ortsgrößenklasse	Deutschland Gemeinden 2003 Euro je Einwohner	USA 1991 Stadt[1)] US-$ je Einwohner	Niederlande 1964[2)]	Frankreich 1968[3)] in %
über 1 000 000		2 367	x	
500 000 - 1 000 000	3 252	1 630	267	
300 000 - 500 000		1 206	x	
250 000 - 300 000			(210)[4)]	
200 000 - 250 000	2 966	1 193		452
150 000 - 200 000			194	
120 000 - 150 000			181	
100 000 - 120 000	2 814	1 023	156	339
70 000 - 100 000			190	
50 000 - 70 000	2 387	924	165	234
10 000 - 50 000	2 039[5)] 1 709[6)]			
bis zu 10 000		667	156	

1) „General expenditure" der „City governments (all municipalities and their dependent agencies, including dependent school systems where applicable)".
2) Ohne Währungsangabe (vermutlich US-$ je Einwohner).
3) Zunahme der Ausgaben in % je 1% Zunahme der Einwohnerzahl.
4) Wert für Utrecht.
5) 20-50 000 Einwohner.
6) 10-20 000 Einwohner.

Quellen: Deutschland: Statistisches Jahrbuch Deutscher Gemeinden, 2003, S. 26f., eigene Berechnung. Ohne Stadtstaaten.
USA: Statistical Abstract of the United States, 1993, S. 313.
Niederlande und Frankreich: Angaben aus: Wagenführer 1992, S. 4, siehe dortige Quellen.

Anmerkung: Für in der Tabelle freigelassene Positionen gilt der darunter stehende Wert, der mehrere Ortsgrößenklassen umfasst.

II. Eine Sonderrolle der Investitionsausgaben?

Die deutschen **Gemeinden** tätigten im Zeitablauf betrachtet etwa **2/3 aller öffentlichen Investitionen**. Sie haben aber ihre Investitionsausgaben seit den 1980er Jahren stetig gekürzt (Gemeindefinanzbericht 2007, S. 2). Dieser Rückgang hat zu Klagen geführt, dass die gesamten öffentlichen Investitionen und insbesondere die kommunalen Investitionen in die Infrastruktur auf ein Niveau fallen könnten, das sich gesamtwirtschaftlich ungünstig auswirkt. Dementsprechend wird ein sehr hoher Investitionsbedarf bis 2020 geschätzt (Reidenbach 2008). Dieser konnte daher auch als Ansatzpunkt für die Depressionsbekämpfung 2008/2009 dienen.

Der Anlass zur Sorge scheint deshalb berechtigt, weil die Investitionen der Gemeinden nicht auf Basis einer grundsätzlichen Überlegung und mit Absicht gesenkt wurden. Vielmehr sind Investitionen als frei entscheidbare Ausgaben immer diejenige Ausgabeart, die zuerst reduziert wird, wenn allgemeine Finanzknappheit in den Kommunen herrscht. Dies aber traf zumindest bis in die ersten Jahre des neuen Jahrtausends zweifellos zu. Ebenso steigen die Investitionen in der Regel wieder, wenn die Einnahmen deutlich steigen, wie die Jahre 2005ff. zeigten (Gemeindefinanzbericht 2007, S. 2–3).

Ein Sinken der öffentlichen Investitionstätigkeit, wie es bis vor wenigen Jahren zu beobachten war und zu einem deutlich niedrigeren Niveau geführt hat, ist aber nur dann ein Problem, wenn eine zumindest gleichbleibende Investitionstätigkeit – hier der Gemeinden – für wichtig erachtet wird. Hierzu seien zwei Überlegungen angeführt.

Unter dem Aspekt der ausreichenden Erfüllung der Gemeindeaufgaben ist auf Dauer zu prüfen, wieweit die an Bedeutung zunehmenden **Aufgabenbereiche** der Gemeinden gleich **„investitionsintensiv"** sind wie die bisherige durchschnittliche Aufgabenerfüllung. Aufgaben wie zunehmende Jugendarbeit, vermehrte Drogenberatung, überhaupt zahlreiche soziale Dienste sind weniger von Investitionen, beispielsweise Neubauten, abhängig, sondern ihre Qualität hängt eher von dem richtigen Personal, der besseren Organisation oder auch vermehrten Sozialtransfers ab. Wenn diese Vermutung zutrifft, spricht dies für eine eher abnehmende relative Dringlichkeit der Investitionsausgaben der Gemeinde.

Ein zweiter Gedankengang ist grundsätzlicherer Art und wurde insbesondere seit Ende der 1980er Jahre in den USA diskutiert. Es geht um die Frage, ob eine Zunahme oder Abnahme der **Infrastrukturausgaben** einen deutlichen **Einfluss auf** zunehmende oder abnehmende **Produktivität in der Volkswirtschaft** habe.[60] Dies müsste sich u. a. in einer höheren gesamtstaatlichen Steuerbemessungsgrundlage ausdrücken (Wrede 1997, S. 599) und wäre ein Zeichen für die „Umwegrentabilität" dieser Ausgaben. Die Untersuchungen sind keineswegs zu eindeutigen Ergebnissen gekommen.[61] Eine Untersuchung für Deutschland kommt unter Zugrundelegung neuerer Methoden zu dem Schluss, dass der Beitrag vielleicht nur ein Zehntel des früher geschätzten Beitrags ausmacht (Kitterer/Schlag 1995). Außerdem müsse der negative Effekt der erforderlichen Finanzierung einer zu-

---

60 Als Anfang kann man die Beiträge von Aschauer und – kritisch – Aaron in Munnell (1990) ansehen.

61 Zur Übersicht über zahlreiche Studien s. Pfähler/Hofmann/Bönte 1996.

sätzlichen Infrastruktur auf die private Produktion berücksichtigt werden, der bei einem schon hohen Ausgabenniveau besonders hoch ausfällt (Kitterer 1998, S. 314).

Die „richtige" Höhe der gemeindlichen Investitionsausgaben für die Infrastruktur könnte sich dann ergeben, wenn jede Gemeinde ihre Kosten den Unternehmen und privaten Haushalten möglichst direkt anlasten und so deren Zahlungsbereitschaft abtasten könnte und würde. Das kann zum einen durch vermehrte Gebühren und erhöhte Kostendeckungsgrade, zum anderen durch entsprechend zugeschnittene Steuern geschehen.[62] Damit lassen sich zwar keine genau funktionierenden Märkte herstellen, aber besser als das bisherige Verfahren, das fast keine Zahlungsbereitschaft berücksichtigt, wäre es immerhin.

Die in diesem Abschnitt betrachtete Vielfalt der Ausgabearten und deren sehr unterschiedliche Struktur (beispielsweise zwischen Ortsgrößen) und Entwicklung (beispielsweise des Investitionsanteils im Zeitablauf) ergeben sich vor allem aus der großen Zahl der Entscheidungsträger, die auf der kommunalen Ebene im Vergleich zu Bundes- oder Landesebene existieren. Diese Vielfalt der beobachteten Strukturen wird noch größer, wenn man sich nunmehr der Frage zuwendet, in welchen Organisationsformen diese verschiedenartigen Aufgaben seitens der Gemeindeebene bewältigt werden.

C. Organisationsformen für die kommunale Aufgabenerfüllung

Wenn bis zu diesem Punkt der Träger angesprochen wurde, der eine kommunale Aufgabe erfüllen sollte, so war verallgemeinernd von „der Gemeinde" oder „der kommunalen Ebene" die Rede. Nur als im zweiten Kapitel die rechtliche Stellung der Gemeinden in Deutschland behandelt worden war, wurden Kreise, kreisfreie Städte und – auf einer etwas anderen Ebene – kommunale Unternehmen etc. unterschieden. Dementsprechend erscheinen die verschiedenen Ausgaben (nach Aufgabenbereichen bzw. Ausgabearten) an verschiedenen Stellen im organisatorischen Gesamtgefüge der kommunalen Ebene. Solche unterschiedlichen Organisationsformen für die kommunale Aufgabenerfüllung gibt es in vielen Staaten. In ihrer für Deutschland spezifischen Form erscheinen sie im Teil D; hier werden sie zunächst in eher grundsätzlicher Form behandelt. Dabei wird zunächst die Abschichtung zwischen (Land-)Kreis und kreisangehöriger Gemeinde betrachtet, anschließend die typische Aufgabenerfüllung durch die Gemeindeverwaltung

62 Vgl. zu diesem Gedankengang Seitz 1995 und zusammenfassend Männer 1996. Die entsprechenden Einnahmearten und ihr Bezug zur Wirtschaft werden im folgenden Kapitel behandelt.

selbst und schließlich die Aufgabenerfüllung in der Form von unterschiedlich unternehmensnahen Organisationsformen.

I. Arbeitsteilung zwischen Gemeinde und Kreis

Es ist typisch für größere Staaten, dass es zwischen einer kleinen Gemeinde einerseits und der Ebene der Bundesländer (bzw. in unitarischen Staaten der Zentralebene) andererseits Zwischenformen gibt. Die häufigste dieser Zwischenformen ist die **Kreisebene**. Hier wird nun in allgemeiner Form und unter ökonomischen Vorzeichen gefragt, welche Aufgaben für eine solche Kreisebene geeignet sind.

Dabei ist die Abgrenzung der Staaten, die man im Auge haben sollte, sehr weit zu ziehen. Eine Gemeindeebene gibt es, außer in Kleinststaaten, überall. Daher ist auch in allen unitarischen Staaten zu fragen, ob **eine einzige Gemeindeebene**, also ohne Kreise, **alle Aufgaben** erfüllen kann, die man typischerweise „der kommunalen Ebene" zuordnet. Gemeinden variieren in jedem Land stark nach Bevölkerungszahl und damit nach dem Nutzerpotential für eine öffentliche Leistung, aber auch nach administrativer und ökonomischer Fähigkeit. Daher werden die kleineren unter ihnen nicht in der Lage sein, alle die Aufgaben zu erfüllen, die dezentralisierbar sind. Deshalb geht man meist differenziert vor. Zunächst wird die kommunale Ebene in unterschiedliche geographische Einheiten eingeteilt: Einige größere, städtisch geprägte Einheiten können alle kommunalen Funktionen erfüllen und bilden dann typischerweise eine eigenständige organisatorische Kategorie, in Deutschland „kreisfreie Stadt" genannt. Mit Blick auf die übrigen – kleineren – Gemeinden wird dann eine zusätzliche Ebene einbezogen. Dies sind etwa die „counties" in den Vereinigten Staaten oder die Landkreise in Deutschland. Um sie geht es im Folgenden.

Ökonomisch gesprochen handelt es sich bei **Landkreisen** um regionale Einheiten mit solchen öffentlichen Aufgaben, deren **Nutzerkreis** deutlich **größer als** der einer einzelnen **Gemeinde**, aber deutlich **kleiner als** etwa in einem **Bundesland** ausfällt. Findet sich eine genügend große Zahl solcher **übergemeindlicher Aufgaben**, so ist damit zugleich die Rechtfertigung für eine gesonderte Kreisebene gegeben. Beispiele für solche Aufgaben mit kreisweiten Nutzerkreisen (gemeinsame Bedürfnisse der Kreiseinwohner) sind Kreisstraßen, Landschaftsplanung oder Immissionsschutz. Handelt es sich hingegen lediglich um economies of scale in der Produktion einer Leistung, so sind auch Zweckverbände geeignet, was eine primäre Trägerschaft der kreisangehörigen Gemeinden möglich macht.

Neben der Erfüllung solcher originär überörtlicher (übergemeindlicher) Aufgaben deuten die Erfahrungen zahlreicher Hocheinkommensländer darauf hin, dass sich im Laufe der Zeit die Bildung von Landkreisen als Ergänzung zur Erfüllung dezentraler Gemeindeaufgaben als sinnvoll herausgestellt hat (**ergänzende Aufgaben**).

Sie werden dort gesehen, wo kleinere kreisangehörige Gemeinden eine Aufgabe nicht oder nur ineffizient erfüllen können. Vom Typ her sind die weiter unten in Tab. 3.3 aufgeführten Aufgaben (Alten- und Jugendheime, Musikschulen, Theater etc.) aber weitgehend auch solche, die einen über die einzelne kreisangehörige Gemeinde hinausgehenden Nutzerkreis haben.

Bei der Erfüllung dieser Ergänzungsfunktion übt ein Kreis zugleich eine **Ausgleichsfunktion** aus. Als ausgleichend werden Aufgaben bezeichnet, die ähnlich dem kommunalen Finanzausgleich auch im Gebiet der finanzschwächeren Gemeinde ein mit anderen Gemeinden vergleichbares Angebot erlauben. Diese Aufgaben sind dem **regionalen Verteilungsziel** zuzuordnen (s. 2. Kap.). Es handelt sich also insoweit um die eine regional definierte Ausgleichsaufgabe. Daher kann man auch fragen, ob ein zielgerecht ausgestalteter kommunaler Finanzausgleich, der ja die kreisangehörigen Gemeinden einschließt, nicht die nochmalige explizite Berücksichtigung des Ausgleichsziels bei der Aufgabenzuordnung entbehrlich macht. Allerdings geschieht dieser kreisinterne Ausgleich dezentral, nämlich durch das Kreisparlament. Das wiederum ist positiv, denn dies entlastet den formalisierten kommunalen Finanzausgleich insoweit. – Auch hier ist im Übrigen dem Ausgleichsargument wiederum das Effizienz- oder Wachstumsargument entgegenzuhalten: Wenn die Ausgleichsfunktion zu stark wahrgenommen wird (und in Deutschland beispielsweise der marginale Umlagesatz des Kreises für seine Gemeinde sehr hoch wird; s. unten 4. Kapitel), erlahmt der Anreiz für die wirtschaftsschwache Gemeinde, sich um mehr Wirtschaftskraft zu bemühen.[63]

* * *

Im Folgenden wird davon ausgegangen, dass in einem Staat eine gesonderte Kreisebene gewünscht ist. Darüber hinaus wird angenommen, dass es sich um demokratisch legitimierte Körperschaften handelt, sei es durch direkte Wahl zum Kreisparlament, sei es – was eine schwache Legitimation beinhaltet – durch Delegation von Mitgliedern gewählter Gemeindeparlamente. Außerdem wird unterstellt, dass es sich um eine Ebene mit erheblicher fiskalischer Autonomie handeln soll, ähnlich der in Gemeinden.

---

63 Siehe dazu Littmann 1997, S. 373 ff.

Die Frage, **welche Aufgaben** im Einzelnen eine solche Kreisebene wahrnehmen sollte, steht dann vor ähnlichen Schwierigkeiten wie die Entscheidung, welche Aufgaben eine Zwischenebene (state, Bundesland, Kanton usf.) erhalten soll. Für jede **Zwischenebene**, sei es ein Landkreis oder Bundesland, sind Aufgaben schwieriger zu bestimmen als für die zentrale Ebene oder für die Gemeindeebene i. e. S. Landesverteidigung, Außenpolitik oder Geldpolitik sind notwendigerweise nationale Aufgaben, und Kindergärten oder Müllabfuhr sollten zweifellos durch gemeindliche Tätigkeit bereitgestellt werden. Die Zwischenebene sollte zum einen solche Aufgaben erhalten, die durch kleine Gemeinden von vornherein nicht erfüllt werden können, weil die Nutzer doch zu weit streuen, und die auf der anderen Seite nicht von der Zentralebene erfüllt werden sollten, weil die Nutzerkreise deutlich geringer sind als die nationalen Grenzen. Insbesondere in unitarischen Ländern, in denen die Zwischenebene der Bundesländer oder der states fehlt, ist dies als eine einzige durchgängige Entscheidung zu konzipieren. Dort sollten Kreise, wenn die Dezentralisierung ernst genommen wird, im Prinzip mehr Funktionen erhalten, denn dort sind im Prinzip alle potentiellen Aufgaben zwischengelagerter Ebenen darauf zu prüfen, ob sie durch Kreise wahrgenommen werden können. Zum anderen sollten Kreise zumindest temporär auch solche eigentlich „gemeindefähigen“ Aufgaben erfüllen, zu deren Erfüllung kleine Gemeinden derzeit aus ökonomischen oder administrativen Gründen nicht in der Lage sind. Hier sollte aber seitens der übergeordneten Ebenen immer mit Vorrang versucht werden, gemäß dem Subsidiaritätsprinzip die Gemeinden dazu in die Lage zu versetzen.

Eine abschließende Liste von Kreisaufgaben kann es nicht geben. Dies gilt stärker als für Gemeinde- oder Bundesaufgaben, weil sich am jeweiligen Ende der Skala von „zentral“ zu „dezentral“ recht eindeutig definierbare Aufgaben vorfinden. Immerhin können die Überlegungen zu den Nutzerkreisen hier Entscheidungshilfen bieten. Die internationalen Erfahrungen zeigen, dass Kreisaufgaben ähnlich wie Gemeindeaufgaben zu einem Bündel typischer Kreisaufgaben führen können (vgl. Committee of the Regions 1996). (Zu den tatsächlichen Kreisaufgaben in Deutschland vgl. unten D V a).

Empirische Vergleiche zwischen Staaten zeigen, dass **typische Kreisfunktionen** etwa die Straßen mit überwiegend kreisinternem Verkehr, Krankenhäuser mit überwiegender Funktion für das Hinterland, Schulen ähnlichen Zuschnitts, die Polizei (soweit ihre Funktionen nicht wirklich gemeindlich erfüllt werden können), die Behandlung von Abfall und Abwasser, aber auch sozialpolitische Aufgaben sind, soweit letztere nicht entweder gemeindlich oder national erfüllt werden.

Damit kommt man zu einer weiteren Dimension der Kreisaufgaben, die insbesondere in Deutschland große Bedeutung hat: die **Durchführung von Landes- und Bundesaufgaben**. Die Kreise sind – stärker als die kreisangehörigen Gemeinden – Träger von Aufgaben, die im Landesauftrag ausgeführt werden. Das hängt mit der Zuordnung der Funktion „Verwaltung" im deutschen Staatsaufbau zusammen. Im Allgemeinen haben die Länder in Deutschland die Verwaltungshoheit inne: „Die Länder führen die Bundesgesetze als eigene Angelegenheit aus, sofern dieses Grundgesetz nichts anderes bestimmt oder zulässt" (Art. 83 GG). Die Länder haben aber ihrerseits zu wenig Verwaltungskapazität und delegieren vieles an die kommunale Ebene. Auch ist dort eine größere Bürgernähe gewährleistet. Auf der kommunalen Ebene sind die kreisangehörigen Gemeinden jedoch oft zu klein, so dass die Verwaltungsfunktion für viele Bundesgesetze (wie auch Landesgesetze) den Landkreisen zufällt. Insoweit bedient sich das Land organisatorisch – länderweise unterschiedlich – der Kreise als unterer staatlicher Verwaltungsbehörde. Wegen dieser gleichzeitigen Doppelfunktion der Kreisverwaltung als Träger kommunaler Aufgaben und als ausführendem Organ des Landes kann man von einer **„Janusköpfigkeit" der Kreisverwaltung** sprechen. Ein Beispiel für solche Tätigkeiten ist die Kraftfahrzeugzulassung, die eine Landesangelegenheit ist, den Kreisen aber übertragen ist, und für die die Kreise kostendeckende Gebühren erheben dürfen. Ebenso ist der Kreis beispielsweise in Hessen gleichzeitig „Untere Wasserbehörde" und regelt Aufgaben wie die Überwachung von Öltanks der privaten Haushalte.

II. Aufgabenerfüllung durch die kommunale Verwaltung

Die Überlegungen zur Arbeitsteilung zwischen Gemeinde und Kreis unterschieden zwischen diesen beiden Organisationsformen als eigenständigen Entscheidungsträgern auf der kommunalen Ebene. Die folgenden Überlegungen gelten für jede von ihnen: In welcher sozusagen **internen Organisationsform** erfüllt eine (kreisangehörige) Gemeinde oder ein Landkreis, aber auch eine kreisfreie Stadt ihre Aufgaben am besten?

Wenn in allgemeiner Form von der Erfüllung einer Aufgabe auf der kommunalen Ebene gesprochen wird, so denkt man am ehesten an eine Einheit der **öffentlichen Verwaltung** als Ausführungsorgan. Dies wäre bei übergeordneten Gebietskörperschaftsebenen, in Deutschland also beim Bund oder Land, beispielsweise ein Ministerium bzw. eine seiner Abteilungen, während dies bei der Gemeinde die entsprechenden Untereinheiten der **Gemeindeverwaltung** sind, also **Dezernate**. Sie lassen Straßen bauen, zahlen Sozialtransfers aus usf. Ein großer Teil der zuvor aufgeführten gemeindlichen Aufgaben wird in dieser Weise unmittelbar durch die Gemeindeverwaltung selbst erfüllt, in Deutschland wie auch in anderen Staaten.

Nun hatte sich in der Erörterung der Aufgaben, die typischerweise einer Gemeindeebene zugeordnet werden (s. oben), gezeigt, dass dem Gemeindebereich zahlreiche Aufgaben zugeordnet werden, die vom Typus her nahe an solchen Tätigkeiten liegen, die auch der private Sektor übernehmen kann. Die Möglichkeit des privaten Angebots für eine Aufgabenerfüllung liegt also bei vielen gemeindlichen Aufgaben nahe. Das ist auch nicht verwunderlich, da die Gemeinde auf einer **Skala der Dezentralisierungsmöglichkeiten** von rein öffentlichen zu nahezu privaten Gütern ziemlich weit unten und **Gemeindeaufgaben** dementsprechend **nahe am privaten Sektor** zu finden ist. Damit erklärt sich zugleich, dass auch bei den Aufgaben, die durch die Gemeinde selbst, also öffentlich zu erfüllen sind, häufig gefragt wird, ob die Erfüllung dann wirklich am besten durch die Gemeindeverwaltung selbst erfolgt. Als Alternativen stehen dann kommunale Unternehmen oder auch die Privatisierung zur Verfügung.

III. Kommunale Unternehmen

Die Erfüllung einer kommunalen Aufgabe durch eine kommunale Verwaltungseinheit bedeutet, sie in einem hierarchisch aufgebauten, nach festen, oft gesetzlichen Regeln ablaufenden bürokratischen System erfüllen zu lassen. Dies ist die angemessene Form in Aufgabenbereichen, die in erheblichem Maße auf die genaue Anwendung bestehender Gesetze abgestellt sind, also beispielsweise Antragsprüfungen, Erteilung von Genehmigungen usw. Es handelt sich meist um Rechtsakte, die sich in Verwaltungsvorgängen niederschlagen (Elemente des **„Ordnungsstaates“**). Zwar kann auch dies mehr oder weniger effizient geschehen und ist insoweit der Rationalisierung zugänglich.

Anders sieht dies in Aufgabenbereichen aus, in denen Leistungen für Bürger erstellt und bereitgestellt werden (**„Leistungsstaat“**). Hierzu gehören etwa Schul- und Gesundheitswesen, Straßen, Parks und Friedhöfe, Wasserversorgung, Abfall- und Abwasserentsorgung usf. Hier sind erhebliche Managementleistungen zu erbringen. Die politisch gewünschten Leistungen können auf unterschiedliche Art und Weise erstellt werden, und das führt zu unterschiedlich hohen Kosten. Wie in Teil A IV ausgeführt, ist der privaten Bereitstellung im Zweifelsfall immer der Vorzug zu geben.

Für die dennoch im kommunalen Bereich verbleibenden, weil politisch so entschiedenen Aufgaben eignen sich dann **Organisationsformen**, die mehr oder weniger **dem privaten Sektor nachempfunden** sind[64]. Sie erlauben es, eine stärker betriebswirtschaftlich orientierte und effizientere „Produktion" einer öffentlichen Leistung zu betreiben. Hierzu haben sich in Deutschland im Laufe der Zeit mehrere **Typen von Organisationsformen** herausgebildet. Sie lassen sich nach zunehmender Nähe zu Privatunternehmen gruppieren:

(1) *Regiebetriebe.* – Sie sind rechtlich und wirtschaftlich unselbständig und den laufenden Weisungen der Gemeindeverwaltung unterworfen. Haushaltstechnisch können sie voll in den Haushalt integriert sein in dem Sinne, dass ihre Ausgaben voll auf der Ausgabenseite des Haushalts erscheinen und dementsprechend auch die Einnahmen auf der Einnahmenseite aufgeführt werden (**Bruttobudgetierung**, Budgetierung nach dem **Bruttoprinzip**). Sie sind mit einer Verwaltungseinheit vergleichbar, auch wenn sie einen eigenen Namen und ein eigenes Leitungsorgan besitzen. Beispiele für Regiebetriebe sind **Versorgungsbetriebe** (Gas, Wasser, Elektrizität) in kleinen Gemeinden, ferner etwa Schlachthöfe, Bäder usf., sofern sie nicht als Eigenbetriebe ausgegliedert wurden.

(2) *Eigenbetriebe.* – Sie sind zwar aus der Verwaltung ausgegliedert, werden aber dennoch nur als wirtschaftliche Unternehmen **ohne eigene Rechtspersönlichkeit** bezeichnet. Sie haben eine eigene Leitung (Werksleitung), aber wichtige Entscheidungen trifft die Gemeinde- oder Kreisvertretung. Rechtlich sind sie dementsprechend unselbständig, aber wirtschaftlich wird ihnen ein gewisser Freiraum zugesprochen. Dies geschieht beispielsweise in **Eigenbetriebsverordnungen** des Landes, die u. a. die **Nettobudgetierung** erlaubt, d.h. dass diese Betriebe nur mit dem Saldo ihrer Ausgaben und Einnahmen im Gemeindehaushalt erscheinen. Typische Aufgaben, die mittels Eigenbetrieben erfüllt werden, sind etwa Versorgungsbetriebe oder Verkehrsbetriebe.

(3) *Eigengesellschaft.* – Diese wirtschaftlichen Unternehmen sind nicht mehr, wie die zuvor aufgeführten, öffentlich-rechtlicher Art, sondern **privatrechtlich organisiert** (GmbH, AG) und damit ausgegliederte **Sondervermögen** der Gemeinde. Die Gemeinde kann alleiniger Gesellschafter sein, kann sich aber auch, was oft der Zweck einer solchen Gründung ist, mit anderen kommunalen Trägern in Form eines Zweckverbandes zusammentun. Typische Aufgaben, die in Eigengesellschaften erfüllt werden, sind beispielsweise die der großen Stadtwerke. Dem erhöhten Freiraum der Eigengesellschaft steht dementsprechend eine geringere Möglichkeit der kommunalen Einflussnahme gegenüber.

---

64 Dies führt u. a. auf das weite Gebiet der Sinnhaftigkeit und Ausgestaltung öffentlicher Unternehmen generell. Vgl. als Einstieg die Kontroverse Hirsch 1992 und 1993, Bös 1993; siehe allgemein Blankart 2008, 21. Kapitel, Teil B.

Mit den Eigengesellschaften sind Rechtsformen gefunden, die einen stufenlosen Übergang zu einem privaten Angebot der entsprechenden Leistungen ermöglichen. Wieweit dies möglich ist, bleibt in einem marktwirtschaftlich ausgerichteten Wirtschaftssystem wie dem der Bundesrepublik Deutschland immer wieder neu zu prüfen. Soweit der Übergang gelingt, ist damit zugleich das Gebiet der kommunalen Aufgaben und Ausgaben verlassen. Allerdings kann es aus Sicht der Gemeinde bei einer solchen Lösung schwierig werden, die beabsichtigte öffentliche Aufgabenerfüllung zu sichern. Der beabsichtigten kommunalen „Beteiligungssteuerung" stehen dann Autonomisierungstendenzen der solchermaßen verselbständigten Einheiten gegenüber. Hier kann nur eine gute Vertragsgestaltung eine Lösung für diesen Konflikt zwischen dem Interesse eines rein privaten Anbieters und dem öffentlichen Interesse bieten.

D. Die Zuordnung der kommunalen Aufgaben (und Ausgaben) in Deutschland[65]

In den vorangegangenen Abschnitten, insbesondere im Teil A, ging es um die grundsätzliche Frage, welche Aufgaben in welcher Ausprägung für die Gemeindeebene geeignet und daher vorzusehen sind. Darauf bezogen wird zunächst gefragt, ob die langfristige Entwicklung des kommunalen Aufgabenbestandes in die richtige Richtung führte (I). Anschließend wird geprüft, ob das heutige Aufgabenbündel den normativen Vorstellungen entspricht (II). Daran schließt sich eine Betrachtung der volkswirtschaftlichen Ausgabeneinteilung nach Arten an (III). Da sich hinter der gleichen Ausgabenzahl sehr unterschiedliche Autonomiegrade verbergen können, werden anschließend Strukturierungen erörtert, die den Autonomiegrad abzuschätzen helfen (IV). Abschließend werden Kreisaufgaben und Typen öffentlicher Unternehmen in Deutschland gesondert behandelt (V).

Ehe die Zahlen zu den Ausgaben in den einzelnen kommunalen Aufgabenbereichen interpretiert werden, ist eine Vorbemerkung zu der – notwendigen – Begrenztheit entsprechender Aussagen erforderlich. Ausgaben sind nur eine von mehreren Ausprägungen, in denen kommunale Aufgabenerfüllung erfolgt. Zwar sind in den einzelnen Bundesländern den Gemeinden (und Kreisen) ähnliche Aufgaben zugeordnet worden. Diese Aufgaben führen aber in unterschiedlichem Maße zu Ausgaben, so dass eine Betrachtung der gemeindlichen Aufgabenerfüllung lediglich aus der Sicht der getätigten Ausgaben sicherlich zu eng ist. Beispielsweise ist das Recht zur Festlegung von Bebauungsplänen eine wichtige Aufgabe einer Gemeinde, schlägt sich in den Finanzen aber nur mit den im Ver-

65 Die folgenden Zahlenangaben entstammen weitgehend der Budgetierung nach dem kameralistischen System. Zu Neuerungen im Rahmen des Neuen Steuerungsmodells s. 6. Kapitel.

hältnis zur Aufgabenerfüllung geringen Personalausgaben (und zugehörigen Gebäudeausgaben) nieder. **Aufgaben** können also **unterschiedlich „ausgabenintensiv“** sein.

I. Die langfristige Entwicklung der Aufgabenstruktur

Für Deutschland findet sich in Tabelle 3.2 ein Überblick über die **Wandlungen in der Struktur der kommunalen Ausgaben** von 1913/14 bis 2003. Im Deutschen Reich von 1913/14 entfielen auf Schulen als den größten Aufgabenbereich 29 %, während 2003 nur noch 8 % diesem Bereich entstammen. Auch der Posten Straßen ist von 17 % auf 5 % zurückgegangen, obwohl man in beiden Fällen sicherlich eine gemeindliche Aufgabe ersten Ranges vermutet, und die Polizei erscheint nur noch mit einem winzigen Posten. Hingegen hat der Bereich der sozialen Sicherung, wenn man ihn mit Jugendhilfe, Gesundheit, Sport und Erholung zusammenfasst, von 17 % auf 33 % zugenommen. Die **Gewichte** haben sich also **erheblich verschoben**. Zugleich ist der Anteil der Gemeindeebene an den Ausgaben aller Ebenen von 40 % auf 28 % zurückgegangen.[66]

Wenn man diese Entwicklung mit dem Spektrum der für eine Gemeinde insgesamt geeigneten Aufgaben (s. oben Abb. 3.1) vergleicht, so ist Kritik in zwei Richtungen zu üben. Zum einen sind Aufgaben abgewandert, insbesondere „Polizei“, die gemeindlich erfüllt werden können. Zum anderen hat der Zuwachs bei einem Aufgabenkomplex stattgefunden, der nur zum Teil gemeindlich sein sollte, im Sozialbereich. Das Ergebnis ist **heute eine nicht befriedigende Aufgabenstruktur**, die in früheren Zeiten jedenfalls etwas besser zugeschnitten war.

II. Die derzeitige Aufgabenstruktur der kommunalen Ebene

Tabelle 3.3 gibt in den ersten beiden Spalten die Zahlen für die Ausgaben nach Aufgabenbereichen für die gesamte kommunale Ebene, also für alle Gemeinden und Gemeindeverbände der Bundesrepublik Deutschland, im Jahre 2003 wieder (zu den Kreisausgaben s. unten D V a). In der Tabelle sind die Ausgaben der Verwaltungs- und Vermögenshaushalte konsolidiert zusammengefasst (zu den zwei Teilhaushalten s. 6. Kap.). Der Aufbau erfolgt nach 10 Einzelplänen und

66 Zur Interpretation der langfristigen Ausgabenentwicklung s. auch Mäding/Tigges/Hack 1980, Mäding 1997.

Tab. 3.2: Entwicklung der kommunalen[1] Ausgabenstruktur nach Aufgabenbereichen 1913/14, 1926/27, 1955, 2003

	1913/14 Bereinigte Ausgaben		1926/27 Bereinigte Ausgaben		1955 Bereinigte Ausgaben		2003 Bereinigte Ausgaben	
	Mio. M	%	Mio. RM	%	Mio. DM	%	Mio. €	%
Allg. Verwaltung (einschl. Finanzverwaltung)	280	9,7	564	8,4	898	6,7	15 009	8,7
Polizei	112	3,9	218	3,3	266	2,0	121	0,1
Schulwesen	842	29,3	1 145	17,1	2 177	16,3	14 134	8,2
Wissenschaft, Kultur	58	2,0	146	2,2	360	2,7	6 109	3,6
Soziale Sicherung (ohne Jugendhilfe)	209	7,3	1 525	22,8	1 874	14,1	31 502	18,4
Jugendhilfe, Gesundheit, Sport, Erholung	291	10,1	614	9,2	1 622	12,1	25 339	14,8
Straßen, Wege, Wasserstraßen (ohne Beleuchtung und Reinigung)	498	17,3	739	11,1	1 780	13,3	8 844	5,2
Förderung von Wirtschaft, Landwirtschaft, Verkehr	81	2,8	114	1,7	167	1,3	2 732	1,6
übrige Ausgaben	505	17,6	1 612	24,1	4 193	31,4	67 845	39,5
Ausgaben insgesamt	2 876	100,0	6 677	100,0	13 337[2]	100,0	171 635[2]	100,0
Zahlungen von anderen Ebenen	111	3,9	296	4,4	3 038	22,8	48 876	28,5
Nachrichtlich: Ausgaben aller Ebenen[3]	7 178		17 201		53 228[4]		618 300[4]	
Anteil kommunale Ebene		40,1		38,8		25,1		27,8

1) Gemeinden und Gemeindeverbände, 1913/14 und 1926/27 jeweiliges Deutsches Reich, 1955 ohne Saarland, 1995 Bundesgebiet.
2) Bereinigte Ausgaben; einschließlich besonderer Finanzierungsvorgänge.
3) Bund, Länder und Gemeinden, ohne Sozialversicherungen.
4) Öffentlicher Gesamthaushalt, Bund einschl. LAF, 1995 auch ERP, EU-Anteile, Fonds „Deutsche Einheit" und Kreditabwicklungsfonds.

Quelle: 1913/14 und 1926/27: Statistisches Reichsamt 1931, S. 270 f.; 1955: Statistisches Bundesamt/Kommunale Haushalte 1955, Stuttgart 1958, S. 6 und 26 ff.;1995: Statistisches Bundesamt/Kommunale Haushalte 2003, Wiesbaden 2005, Tab. 1.5.1 und 2.1. - Ausgaben aller Ebenen: Statistisches Reichsamt 1929, S. 429. Statistisches Bundesamt/Jahrbuch 1971, S. 394. BMF/Finanzbericht 1998, S. 102, und 2006, S. 132.

(hier nur ausgewählten) Abschnitten, so wie sie im einzelnen Gemeindehaushalt im Verwaltungs- und Vermögenshaushalt erscheinen.

Den **größten Ausgabeposten** machten 2003 die **Sozialausgaben** (Sozialhilfe und übrige soziale Sicherung) mit zusammen 29 % aus, gefolgt von Bau- und Wohnungswesen, Verkehr (insbesondere Straßen) mit 11 % und den Schulen mit 8 %. Die Position „Allgemeine Finanzwirtschaft" ist nicht in gleichem Sinne als einzelne Aufgabe anzusehen, beispielsweise enthält sie als Ausgaben die Umlage an den Landkreis. Bei der Interpretation ist auch zu berücksichtigen, dass einige Aufgaben wegen institutioneller Auslagerung, etwa in öffentliche wirtschaftliche Unternehmen, in einem solchen Zahlenbild, dass die Zahlen des Gemeindehaushaltsplans wiedergibt, unterrepräsentiert sind. Dies gilt beispielsweise für Verkehrs- und Versorgungsbetriebe.

Zur Bewertung dieses empirischen Bildes ist Abbildung 3.1 (s. oben) heranzuziehen. Von den dortigen Positionen sind, von oben beginnend, bis einschließlich Polizei alle „gemeindefähig", wie auch die Erfahrungen anderer Staaten zeigen. Die Polizei war auch nach dem Zweiten Weltkrieg noch überwiegend städtisch, wurde dann aber vom Land übernommen. Im Bereich „Schulen" liegt die Einstellung und Besoldung der Lehrer beim Bundesland, obwohl Städte und Landkreise dies ausüben könnten. So lag beispielsweise in Nordrhein-Westfalen die Personalhoheit für die Lehrer der Schulen bis 1958 auf der kommunalen Ebene (Mäding/Tigges/Hack 1980, S. 35). Dieser zuvor erwähnte Vorgang des **„Hochziehens"** einer Aufgabe (**assumtion**) durchzieht die Nachkriegsgeschichte Deutschlands.[67]

Besonders auffällig ist, wie schon der historische Vergleich zeigte, der heute große Anteil der sozialpolitischen Aufgaben. Obwohl manche von ihnen zweifellos gemeindlich ausgeübt und dementsprechend finanziert werden sollten, ist die Situation in den kostenintensiven, durch genaue Bundesvorschriften regulierten Bereichen, anders zu beurteilen. Die größte Einzelposition stellte 2003 die **Sozialhilfe** dar (später änderte sich das Bild erheblich). Sie ist unter dem **Konnexitätsprinzip** bereits angesprochen worden (A IV), und hier ist, wie auch bei Reformschritten, eine Kostenteilung, vielleicht im Verhältnis 50 : 50 %, angebracht, um das Interesse beider Ebenen an der Beseitigung der Ursachen, beispielsweise durch Förderung entsprechender Arbeitsplätze bzw. der dafür erforderlichen privaten

67 Siehe etwa Brühl 1985, S. 707 ff., wo auch die entsprechenden Vorgänge zwischen kreisangehörigen Gemeinden und Landkreisen angesprochen werden. Siehe auch die dort angegebene ältere Literatur.

Tab. 3.3: Kommunale Ausgaben nach ausgewählten Aufgabenbereichen, 2003

Gliederung gemäß der Haushaltssystematik	Gemeinden und Gemeindeverbände		darunter Landkreise	
	Mio. €	%	Mio. €	%
0 Allgemeine Verwaltung	15 009	8,7	2 538	10,3
1 Öffentliche Sicherheit und Ordnung	7 917	4,6	1 983	8,1
Polizei	121	0,1	18	0,1
Feuerschutz	2 784	1,6	205	0,8
2 Schulen	14 134	8,2	4 599	18,7
3 Wissenschaft, Forschung, Kulturpflege	6 109	3,6	601	2,4
4 Soziale Sicherung	49 206	28,7	15 490	63,0
Sozialhilfe nach BSHG	22 148	12,9	7 800	31,7
5 Gesundheit, Sport, Erholung	7 635	4,5	1 495	6,1
Förderung des Sports, sonst. Erholungseinrichtungen	859	0,5	76	0,3
6 Bau- und Wohnungswesen, Verkehr	17 982	10,5	2 171	8,8
Gemeinde-, Kreisstraßen, Parkeinrichtungen	7 877	4,6	1 197	4,9
Bundes-, Landesstraßen	479	0,3	15	0,1
7 Öffentliche Einrichtungen, Wirtschaftsförderung	15 460	9,0	2 650	10,8
Abwasserbeseitigung	4 790	2,8	3	0,0
Abfallbeseitigung	3 726	2,2	1 646	6,7
Fremdenverkehr, sonstige Förderung von Wirtschaft und Verkehr	2 514	1,5	896	3,6
8 Wirtschaftliche Unternehmen, allg. Grund- und Sondervermögen	7 965	4,6	544	2,2
Versorgungsunternehmen	960	0,6	46	0,2
Verkehrsunternehmen	1 007	0,6	341	1,4
Allg. Grund- und Sondervermögen	3 406	2,0	80	0,3
9 Allg. Finanzwirtschaft	30 219	17,6	- 7 477	- 30,4
Bereinigte Ausgaben[1)] insges.	171 635	100,0	24 594	100,0

1) „Bereinigte" Ausgaben, d.h. Ausgaben nach Abzug haushaltstechnischer Verrechnungen (z.B. kalkulatorische Kosten oder Zinsen für innere Darlehen) sowie der von gleicher Ebene empfangenen Zahlungen, aber ohne Abzug der Zahlungen von anderen Ebenen. Einschließlich besondere Finanzierungsvorgänge.

Quelle: Statistisches Bundesamt/Kommunale Haushalte 2003, Wiesbaden 2005, Tab. 1.6.1.

Investitionen, zu erhalten. Ähnlich hätte Mitte der 1990er Jahre bei der Finanzierung der durch Bundesgesetz zusätzlich erzwungenen **Kindergartenplätze** verfahren werden können. – Aufs Ganze gesehen dürfte in der Bundesrepublik Deutschland also im Bereich der Aufgabenzuordnung noch erheblicher **Spielraum für eine Dezentralisierung** vorhanden sein. Immerhin gibt es seit einiger Zeit eine **Konnexität** auch **zwischen Bund und Gemeinden** (Art. 106, Abs. 8 GG), während **zwischen Ländern und ihren jeweiligen Gemeinden** Konnexitätsregeln z. T. schon länger bestehen[68]. Als Beispiel kann das hessische Gesetz von 2002 gelten[69], zu dessen Einhaltung eine spezielle Kommission gegründet würde. Diese ist zugleich ein gutes Beispiel für die präventive Wirkung von Institutionen. Sie musste nach ihrer konstituierenden Sitzung bis heute nicht mehr zusammentreten, weil sich Land und Gemeinden im Vorfeld jeweils geeinigt hatten, wissend, dass die Kommission Gutachten anfordern kann, in denen unhaltbare Angaben aufgedeckt worden wären.

In den letzten beiden Spalten der Tabelle 3.3 sind die gleichen Aufgabenbereiche wie für die gesamte Gemeindeebene auch getrennt für die Landkreise wiedergegeben. Die auf Kreisfunktionen entfallenden Ausgaben der kreisfreien Städte sind in der ersten Spalte enthalten; die der Stadtstaaten sind gar nicht aufgeführt, weil sie zu den Landesausgaben gezählt werden. Die Ausgaben der Landkreise spiegeln in der Struktur teilweise die Relationen wider, die auch für die Gemeinden gelten. Allerdings sind **einige Aufgaben stark über- bzw. unterproportional** vertreten. Die sozialen Ausgaben haben einen Anteil von 63%, die Ausgaben für Schulen von 19%.[70]

III. Die volkswirtschaftliche Einteilung: Ausgaben nach Arten

– Ausgaben nach Inputkategorien –

Neben der für die politische Entscheidung zentralen Einteilung der kommunalen Ausgaben nach Aufgabenbereichen, in der der **Output** der kommunalen Tätigkeit zum Ausdruck kommt, gibt es zahlreiche, vor allem auch gesamtwirtschaftliche Fragestellungen, unter denen es interessiert, welche **Inputkategorien** verwendet

68 Zum Überblick s. Henneke 2008b.

69 Gesetz zur Sicherung der Finanzausstattung von Gemeinden und Gemeindeverbänden vom 7.11.2002.

70 Zu den Kreisfinanzen werden jedes Jahr in einer oder zwei Ausgaben der Zeitschrift „Der Landkreis" ausführliche Zahlen veröffentlicht. Für 2008 siehe Juli- und Augusthefte.

worden sind, um öffentliche Aufgaben zu erfüllen.[71] Diese „Gruppierung“ soll helfen, Auswirkungen insbesondere der öffentlichen Ausgaben auf den gesamtwirtschaftlichen Produktions- und Verteilungsprozess zu analysieren. Der Anstoß für diese Einteilung der öffentlichen Ausgaben nach Arten ging von G. Colm und A. C. Pigou aus. Colm trennte die staatlichen Verwaltungsleistungen, deren Kosten er in Personal- und Sachkosten aufteilte, von den Geldleistungen (Colm 1927, S. 34 ff.), während Pigou unter dem Blickwinkel des unterschiedlichen Einflusses der Ausgaben auf das Volkseinkommen den **„non-transfer expenditures“** die **„transfer expenditures“** gegenüberstellte (Pigou 1951/1962, S. 19 ff.).

Das volkswirtschaftliche Unterscheidungsmerkmal dieser Ausgabeneinteilung (s. Abb. 3.2) besteht darin, dass bei den ‘non-transfer’ expenditures die staatliche Zahlung aufgrund einer Gegenleistung am Faktor- oder Gütermarkt erfolgt. Daher

Abb. 3.2. : Gliederung der Ausgaben nach Arten

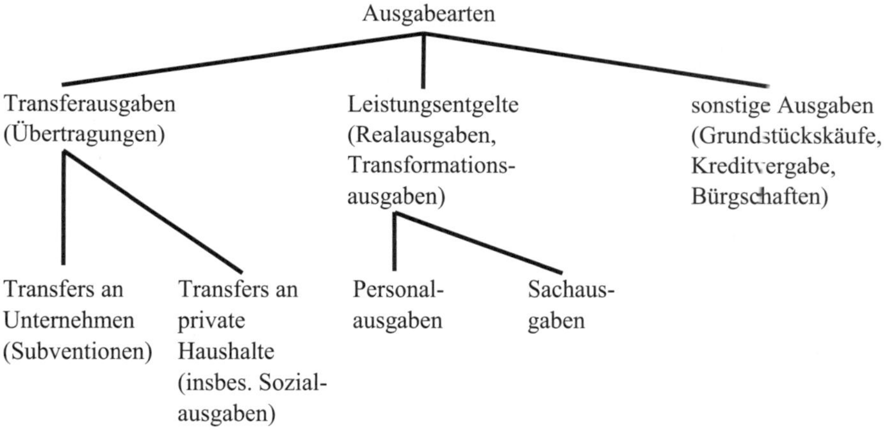

werden sie auch als *Leistungsentgelte* bezeichnet; üblich sind auch die Ausdrücke **„Realausgaben“** und **„Transformationsausgaben“**. Die Bezeichnung „Ausgaben für Güter und Dienste“ ist dagegen nicht eindeutig, da der Begriff „Dienste“ sowohl für Personalausgaben als auch für den Kauf von Dienstleistungen von privaten Unternehmen verwendet wird. Bei den *Transferausgaben* (transfer expenditures) hingegen wird nur Kaufkraft vom Steuerzahler auf den Transferempfänger umgelenkt und damit **kein zusätzliches Einkommen** geschaffen. Die Transfers werden oft nach Zahlungen an Unternehmen (**Subventionen**) und Zahlungen an

71 Zur Gegenüberstellung der verschiedenen Ausgabeneinteilungen und zu Teilen der folgenden Ausführungen vgl. auch Zimmermann/Henke 2005, S. 12 ff.

private Haushalte (insbesondere **Sozialausgaben**, **„Sozialtransfers"**) unterschieden.

Eine solche **inputorientierte Aufgabeneinteilung** findet sich in Tabelle 3.4, wo zwischen Personalausgaben, laufendem Sachaufwand und Baumaßnahmen, Über-

Tab. 3.4: Kommunale Ausgaben nach Arten: Ausgaben der laufenden Rechnung und der Kapitalrechnung, 2003

	Gemeinden und Gemeindeverbände		darunter Landkreise	
	Mio. €	%	Mio. €	%
A. Ausgaben der lfd. Rechnung	**123 553**	**82,4**	**18 653**	**83,7**
Personalausgaben	40 547	27,0	6 999	31,4
Lfd. Sachaufwand	29 361	19,6	5 725	25,7
Zinsausgaben	4 999	3,3	732	3,3
Lfd. Übertragungen	78 928	52,6	22 128	99,3
– Zahlungen von Gemeinden	- 30 281	- 20,2	-16 931	- 76,0
B. Ausgaben der Kapitalrechnung	**26 371**	**17,6**	**3 626**	**16,3**
Sachinvestitionen	21 474	14,3	2 527	11,3
Erwerb von Beteiligungen	936	0,6	56	0,3
Gewährung von Darlehen	465	0,3	68	0,3
Zuweisungen und Zuschüsse für Investitionen	3 772	2,5	1 098	4,9
Tilgung von Krediten an Gebietskörperschaften	308	0,2	65	0,3
Sonstige Ausgaben der Kapitalrechnung	29	0,0	8	0,0
– Zahlungen von Gemeinden	- 614	- 0,4	- 195	- 0,9
Bereinigte Ausgaben insg. (o.b.F.)[1]	**149 924**	**100,0**	**22 279**	**100,0**

1) Ohne besondere Finanzierungsvorgänge. Siehe dazu Tab. 3.5.

Quelle: Statistisches Bundesamt/Kommunale Haushalte 2003, Wiesbaden 2005, Tab. 1.2.2.

tragungen usf. unterschieden wird. **Investitionen** beispielsweise sind unter Wachstumsaspekten besonders wichtig und werden deshalb in ihrem Volumen und ihrer zeitlichen Entwicklung gesondert beobachtet (s. oben B II).[72] Auch in einer Konjunkturpolitik, die die gesamtwirtschaftliche Nachfrage beeinflussen will (s. 2. Kap.), spielen die öffentlichen Sachausgaben und Investitionen eine besondere Rolle, weil sie unmittelbare Nachfrage darstellen (zur genaueren Analyse s. Zimmermann/Henke 2005, 7. Kapitel). Die **Personalausgaben** schließlich werden in neuerer Zeit verstärkt diskutiert, seit deutlich wurde, dass die **Pensionsverpflichtungen** und die Zusatzversorgung für die öffentlichen Bediensteten eine zunehmende Belastung der öffentlichen Haushalte mit sich bringen werden (Färber 1997; Deutsche Bundesbank 1998b). So wird die Zahl der Versorgungsempfänger in den Gemeinden von 1995 bis 2040 um 27 % steigen. Bei den alten Bundesländern steigt sie sogar um 61 %, wogegen die Zahl beim Bund deutlich sinkt (berechnet nach: Deutsche Bundesbank 1998b, S. 72).

Tabelle 3.4 zeigt, dass von den Ausgaben insgesamt (ohne besondere Finanzierungsvorgänge, s. unten) auf der kommunalen Ebene 48 % auf laufende Übertragungen entfallen, 27 % auf Personalausgaben und 19 % auf Sachinvestitionen. (Dabei handelt es sich vor allem um Baumaßnahmen.) Die Zahlen für die **Landkreise** sind schwieriger zu interpretieren, weil die Zahlungen an Gemeinden bei ihnen einen sehr großen Anteil ausmachen. Auf der anderen Seite haben die Kreise einen erheblichen Teil ihrer Einnahmen von den Gemeinden erhalten. Insofern ist es nicht einfach, Doppelzählungen zu vermeiden.

– Die „besonderen Finanzierungsvorgänge“ –

Eine besondere Aufgabe erfüllen in diesem gesamtwirtschaftlichen Zusammenhang im kameralistischen System die sog. besonderen Finanzierungsvorgänge (Tab. 3.5), die auch für Bundes- und Landeshaushalte ausgewiesen werden, um dann auch hier gesamtwirtschaftlich argumentieren zu können. Zu ihnen zählen **Schuldentilgung** und **Schuldenaufnahme** (die im Saldo die Neuverschuldung bzw. **Nettoverschuldung** oder **Nettokreditaufnahme** ergeben). Auch sind hier die Zuführung an **Rücklagen** bzw. die Entnahmen aus Rücklagen aufgeführt, ferner die Veränderungen bei den sog. **inneren Darlehen**, die die Gemeinde gewissermaßen bei sich selbst aufnehmen darf, indem sie bestimmte Rücklagen zwischenzeitlich für eine anderweitige Finanzierung verwendet. Unter diesen Posten

72 In Deutschland wird daher in gewissen Abständen versucht, den kommunalen Investitionsbedarf abzuschätzen (zuletzt Reidenbach 2008).

Tab. 3.5: Kommunale Ausgaben nach Arten: Besondere Finanzierungsvorgänge, 2003

	Gemeinden und Gemeindeverbände Mio. €	darunter Landkreise Mio.€
Bereinigte Ausgaben insgesamt (o.b.F.)	149 924	22 279
Bereinigte Einnahmen insgesamt	141 507	20 631
Finanzierungssaldo[1)]	- 8 411	- 1 648
Besondere Finanzierungsvorgänge:		
A. Ausgaben	**21 711**	**2 315**
Tilgung am Kreditmarkt und beim sonstigen öffentl. Bereich	8 949	1 199
Rückzahlung innerer Darlehen	305	24
Deckung von Fehlbeträgen	7 698	735
Zuführung an Rücklagen	4 759	357
B. Einnahmen	**16 378**	**2 160**
Schuldenaufnahme am Kreditmarkt und beim sonstigen öffentlichen Bereich	10 737	1 497
Innere Darlehen	340	85
Entnahmen aus Rücklagen	5 301	578
C. Nettokreditaufnahme[2)]	**1 788**	**298**
Bereinigte Ausgaben insg. (einschl. b.F.)	171 635	24 594
Bereinigte Einnahmen insg. (")	157 885	22 790
Mehrausgaben(-)/Mehreinnahmen(+)	- 13 744	- 1 804

1) Einschließlich Saldo der haushaltstechnischen Verrechnung.
2) Schuldenaufnahme – Schuldentilgung.

Quelle: Statistisches Bundesamt/Kommunale Haushalte 2003, Wiesbaden 2005, Tab. 1.2.2.

macht in der Nettobetrachtung die **Nettokreditaufnahme** in der Regel **den größten Teil** aus, so dass man das Herausheben der besonderen Finanzierungsvorgänge vor allem als eine Technik ansehen kann, um das Ausmaß der Verschuldung einer Gemeinde bzw. der Gemeinden insgesamt sichtbar zu machen. Ein Ausgabenposten „ohne besondere Finanzierungsvorgänge" ist also insbesondere um das Ausmaß der Schuldaufnahme gekürzt. Der Saldo dieser besonderen Finanzierungsvorgänge, der sog. **Finanzierungssaldo**, bildet den Unterschied zwischen den Ausgaben mit und ohne besondere Finanzierungsvorgänge (und gleichermaßen zwischen den Einnahmen mit und ohne besondere Finanzierungsvorgänge).

IV. Ansätze zur Erfassung des Autonomiegrades der Aufgabenerfüllung

Die Zieldiskussion im zweiten Kapitel hatte zu dem Ergebnis geführt, dass die Allokation der Ressourcen im Staatsgebiet verbessert werden kann, wenn den Gemeinden ein hoher Grad an Autonomie insbesondere in ihrer Finanzgebarung eingeräumt wird. Diese **Finanzautonomie** ist **in erster Linie Aufgaben- und Ausgabenautonomie**. Daher ist von Interesse zu wissen, welchen Grad von Autonomie die deutschen Gemeinden haben. Dazu werden im Folgenden drei in Deutschland verwendete Ansätze aufgeführt, (a) die Berechnung von Nettoausgaben i. S. von „aus eigenen Quellen" finanzierten Ausgaben, (b) die Gruppierung der gemeindlichen Aufgaben nach ihrer Pflichtigkeit und (c) die direkte Ermittlung des Grades der Fremdbestimmung.

1. Aus „eigenen Quellen" finanzierte Ausgaben

Wie stark das Ausmaß der von Bund oder Land vorbestimmten **(„nichtkonnexen")** **Ausgaben** einer Gebietskörperschaftsebene ist, lässt sich u. a. an der Relation der vollen Ausgaben zu den sog. Nettoausgaben zeigen. Die **Nettoausgaben** bezeichnen diejenigen Ausgaben, die im Wesentlichen durch Einnahmen „aus eigenen Quellen" bestritten wurden[73]. Die Differenz zu den Gesamtausgaben stellen die Zahlungen von anderen öffentlichen Bereichen dar.[74]

73 Zum Konzept der „Einnahmen aus eigenen Quellen" s. Kapitel 4.

74 Die genaue Berechnung erfolgt in der „finanzwirtschaftlichen Darstellung der Ausgaben und Einnahmen" in: Statistisches Bundesamt/Kommunale Haushalte, z.B. 2003, Wiesbaden 2005, Tab. 1.3.

Tab. 3.6: Nettoausgaben der Gemeinden im Vergleich mit Bund und Ländern

Anteil der Nettoausgaben[1)] an den Gesamtausgaben[2)] der eigenen Ebene, in %

	Bund[3)]	Länder	Gemeinden[4)]
1950	96,5	80,7	72,0
1960	95,9	75,6	77,6
1970	97,1	84,2	72,5
1980	98,4	83,8	70,0
1990	98,5	84,9	72,5
2000	98,7	83,4	65,0

1) Ohne Zahlungen von anderen öffentlichen Bereichen.
2) Bereinigte Ausgaben; ohne besondere Finanzierungsvorgänge.
3) Ohne Sozialversicherung, LAG und ERP.
4) Ohne Zweckverbände.

Quelle: 1950-1990: Statistisches Bundesamt, Lange Reihen zur Wirtschaftsentwicklung 1992, S. 190 f. – 2000: Direkte Angaben des Statistischen Bundesamtes.

Für die Gemeinden hat sich der Anteil der Zahlungen von anderen Ebenen zur Finanzierung ihrer Ausgaben über die lange Frist erhöht (Tab. 3.6). 1913/14 hatte er 4 % und 1925/26 5 % betragen.[75] Ab 1950 sind die Werte für die Gemeinden zwar gleich geblieben, aber nach dem Zweiten Weltkrieg hat die kommunale Ebene von Anfang an einen sehr viel größeren Anteil ihrer Ausgaben, nämlich 1950 28 %, aus Mitteln, die ihnen von anderen Ebenen zuflossen, finanzieren müssen. Darin zeigt sich deutlich die größere Abhängigkeit von anderen Ebenen. Der Bund hingegen hat – wie früher das Deutsche Reich – von 1950 an seine Ausgaben im wesentlichen aus solchen eigenen Einnahmen bestreiten können, d.h. der Anteil der Nettoausgaben war hoch, und über die Jahre ist dieser Anteil noch leicht auf nahezu 100 % gestiegen. Die Länder haben ebenfalls einen Zuwachs zu verzeichnen. Hinzu kommt, dass diese Nettoausgaben zwar „aus eigenen Quellen" finanziert werden, aber nicht „nach eigenem Ermessen" der Gemeinde verausgabt werden können. Das gilt nur für die freiwilligen Ausgaben und auch nur insoweit, wie die Gemeinde mit dem Erhalt von Zweckzuweisungen keine Auflagen akzeptiert hat (s. 5. Kap.).

75 Berechnet nach: Statistisches Reichsamt 1929, S. 446 f. – Die Berechnungsgrundlagen sind nicht genau dieselben, aber die Größenordnungen bleiben vergleichbar.

2. Gruppierung der kommunalen Aufgaben nach ihrer rechtlichen Pflichtigkeit für die Gemeinde

Eine zweite Möglichkeit neben der Ermittlung von Nettoausgaben, um Aussagen über kommunale Autonomiespielräume auf der Ausgabenseite zu machen, bietet die in Deutschland seit langem gebräuchliche Einteilung der kommunalen Aufgaben nach ihrer rechtlichen Pflichtigkeit für die Gemeinde.

Die Gemeinden in der Bundesrepublik Deutschland erfüllen zahlreiche Aufgaben, von denen einige nach ihrem eigenen Gutdünken erfüllt werden können, andere im Extremfall nach genauer Spezifikation durch Land oder Bund auszuführen sind. Aus dieser **unterschiedlichen Pflichtigkeit für die Gemeinde** hat sich im deutschen Rechtsbereich eine Strukturierung der gemeindlichen Aufgaben entwickelt, die jedoch nicht in allen Bundesländern verwendet wird.[76] Zur Kennzeichnung der unterschiedlichen Pflichtigkeit werden in der Hauptsache drei Typen von Aufgaben unterschieden:[77]

(1) *Freiwillige Selbstverwaltungsaufgaben.* – Bei diesen Aufgaben kann die **Gemeinde** das **„Ob“ und „Wie“** der Aufgabenerfüllung **entscheiden**. Diese Aufgaben werden als den Gemeinden zugehörig angesehen. Man kann das generelle Recht, sie auszuüben, aus der Garantie des Art. 28 GG ableiten oder historisch begründet als den Gemeinden zugehörig darstellen. Zu diesen Aufgaben gehören die Sportförderung, also beispielsweise der Bau von Sportplätzen, der Kulturbereich, also etwa die Einrichtung und Unterhaltung von Theatern und Orchestern, aber auch beispielsweise die Einrichtung eines Jugendheims. Viele dieser Teilaufgaben kann man wegen der entsprechenden Nachfrage der Bevölkerung in einem Hocheinkommensland wie Deutschland als „Wachstumsbranchen“ ansehen. In Zeiten knapper Kassen treten freiwillige Aufgaben allerdings, weil aufschiebbar, zeitweilig zurück.

(2) *Pflichtige Selbstverwaltungsaufgaben.* – In diesen Aufgabenbereichen müssen Gemeinden ein Angebot erstellen, doch ist das **„Wie“ weitgehend offen**. Es gibt also keine direkten „Weisungen“, wohl aber indirekte, beispielsweise über vorgegebene **Qualitätsstandards**. Zu diesen Aufgaben zählen so gewichtige Bereiche wie Feuerschutz, Schulbau, Gemeindestraßen, Abwasserbeseitigung und Wasserversorgung.

(3) *Pflichtaufgaben zur Erfüllung nach Weisung.* – Bei diesen Aufgaben liegen sowohl das **„Ob“** als auch das **„Wie“** der Aufgabenerfüllung **weitestgehend**

---

76 Vgl. Henneke 2008a, S. 64 ff.

77 Siehe hierzu etwa die Stichworte bei Schmid 1997. Zur Diskussion vgl. Schmidt-Eichstaedt 1983.

fest. Dementsprechend geht man in der Regel davon aus, dass es sich um eine **staatliche Aufgabe** handelt. Der Staat, also Land oder Bund, schaltet die Gemeinde dann lediglich in den Instanzenweg ein. – Zu diesen Aufgaben werden etwa Standesamts- und Pass-Angelegenheiten gezählt.

Diese Typisierung der Aufgaben nach der Pflichtigkeit für die Gemeinde[78] gibt eine gewisse Hilfe, um zu sagen, wie die Aufgaben unter dem Aspekt der kommunalen Finanzautonomie zu bewerten sind. Autonom ist die Gemeinde nur im Bereich der freiwilligen Aufgaben, weil der Beschluss sowohl über das „Ob" als auch über das „Wie" einer Aufgabenerfüllung bei der Gemeinde liegt. Schon bei den weisungsfreien Pflichtaufgaben muss sie sich bestimmten Regeln beugen, und bei den weisungsgebundenen hat sie nur minimale Spielräume.

Eine quantitative Erfassung dieser Aufgabenbereiche ist nicht einfach. Eine Untersuchung für 1982 schätzte den Anteil der freiwilligen Aufgaben auf 17 %, den der weisungsfreien Pflichtaufgaben auf 43 % und den der weisungsgebundenen Pflichtaufgaben auf 12 %; die restlichen Anteile ließen sich, wie beispielsweise die „Allgemeine Finanzwirtschaft", nicht zuordnen (Postlep 1987, S. 65 ff.).

3. Ermittlung des „Grades der Fremdbestimmung" der kommunalen Aufgaben

Die Einteilung der kommunalen Aufgaben nach ihrer Pflichtigkeit gab bereits Anhaltspunkte für den Autonomiegrad der einzelnen Aufgabe. Sie kann aber das Ausmaß des Hineinregierens von Bund und Land in diese Aufgabe nicht erfassen. Die **Einengung des kommunalen Handlungsspielraums** geschieht nämlich **überwiegend durch Vorschriften** (Gesetze, Verordnungen usf.) der übergeordneten Ebenen des Bundes und Landes. Daher liegt es nahe, Art und Umfang dieser Vorschriften, nach kommunalen Aufgabenbereichen getrennt, zu erfassen und in ihrem fremdbestimmenden Gehalt zu bewerten.

Ein solches Vorhaben könnte kaum je flächendeckend angegangen werden, schon weil die Vorschriften zwischen den Bundesländern stark divergieren, so dass 13 Flächenländer gesondert zu untersuchen wären. Daher ist exemplarisch vorzugehen. So ergaben detaillierte Untersuchungen aus den 1970er Jahren für Nordrhein-Westfalen eine **enorme Steigerung der auf die Gemeinden einwirkenden Regelungen** (Mäding/Tigges/Hack 1980).

---

78 Die hier aufgeführte Dreiteilung wird auch als monistische Aufgabenstruktur bezeichnet, weil alle Aufgaben zu kommunalen werden, auch die dritte Kategorie. In einigen Bundesländern gibt es die dualistische Struktur, wonach den Auftragsangelegenheiten (die weitgehend Nr. 3 entsprechen) die (freien und pflichtigen) Selbstverwaltungsaufgaben gegenüberstehen. Vgl. Henneke 2008a, S. 64 f.

Es bedarf sicherlich neuerer und weiterreichender konkreter Untersuchungen, um das volle Ausmaß der auf Gemeinden einwirkenden Vorschriften deutlich zu machen und eine anschauliche Vorstellung davon zu gewinnen, innerhalb welchen engen Rahmens Gemeinden zumeist nur handeln können.

Ein wichtiger Ausschnitt dieser Vorschriften betrifft die **Standards** für die kommunal bereitzustellenden Leistungen. Sie beziehen sich auf Anforderungen an Straßen, Gebäude, Art und Häufigkeit der Leistungen usf.[79] Jeder einzelne Standard hat dabei durchaus eine Begründung. Dem stehen jedoch die Kosten hoher Standards gegenüber. Hier sind nicht nur die direkten Kosten gemeint, sondern auch indirekte und monetär kaum zu fassende Kosten wie die Verringerung der gemeindlichen Autonomie, die zu einem nachlassenden Interesse der Bürger an den Gemeindeangelegenheiten führen kann, oder die sinkende Innovationswahrscheinlichkeit, wenn die Spielräume für autonomes Handeln immer weiter eingeschränkt werden.

Jedenfalls spielt sich im Bereich der Verordnungen und Regulierungen die **vielleicht gewichtigste Verschiebung im Bereich der Kommunalfinanzen** ab. Sie dürfte, soweit man dies überhaupt quantitativ gewichten kann, bedeutsamer sein als etwa eine Zunahme des Anteils der (fremdbestimmten) Zuweisungen im Vergleich mit den (eher eigenbestimmten) anderen Einnahmearten. Dementsprechend liegt hier besonders **hoher Reformbedarf** vor.[80]

---

79 Vgl. beispielsweise zu den Kindergärten Reidenbach 1996.

80 Siehe hierzu die Beispiele in Hill 1997, S. 348.

Viertes Kapitel

Die kommunalen Einnahmen I: Entgeltabgaben, Steuern und Schuldaufnahme

A. Wie sollte ein kommunales Einnahmesystem aussehen?

I. Kriterien für die Zuordnung von Einnahmearten auf die kommunale Ebene

1. Vorbemerkung: Die Hilfsfunktion der Einnahmen

Das vorangegangene Kapitel hatte den zentralen Aspekt des **Zuordnungsproblems (assignment problem)** im Bereich der Kommunalfinanzen behandelt: die öffentlichen Aufgaben und die daraus resultierenden Ausgaben. In der Theorie des Fiskalföderalismus ist die Erfüllung öffentlicher Aufgaben konstitutiv auch für diese Gebietskörperschaftsebene. Die Aufgaben waren dort als Begründung verwendet worden, als es um die Frage ging, ob eine dezentrale Ebene im Staatsaufbau sinnvoll und wünschenswert ist. Das Tätigwerden der Gemeinde in den verschiedenen Aufgabenbereichen ist es auch, womit der Bürger seine Gemeinde vorwiegend assoziiert.

Im Vergleich hierzu üben die kommunalen Einnahmen eine Hilfsfunktion aus. In der Theorie des Fiskalföderalismus sind sie das unabdingbare **Korrelat zur zugeordneten Aufgabe**. Ebenso empfindet der Bürger die Einnahmen als leider unverzichtbare Begleiterscheinung der wünschenswerten gemeindlichen Aufgabenerfüllung. Dem entspricht auch die Gewichtsverteilung in der gemeindlichen Volksvertretung und Verwaltung. Während zahlreiche Ausschüsse in der Gemeindevertretung oder Dezernate in der Gemeindeverwaltung sich mit den einzelnen Aufgabenbereichen und den entsprechenden Ausgaben beschäftigen, ist es Aufgabe eines einzigen Ausschusses und der Kämmerei, für die entsprechenden Einnahmen zu sorgen. Hierin unterscheidet sich im Übrigen die Gemeinde nicht grundlegend von Bund und Land.

Wenn in diesem Sinne den Einnahmen nur eine Hilfsfunktion zuzusprechen ist, so ist dies einer der Gründe, aus denen heraus man das fiskalische Ziel der öffentlichen Finanzwirtschaft, also das schlichte Ziel der Beschaffung ausreichender Einnahmen, als lediglich abgeleitetes Ziel bezeichnen kann.[81] Einnahmen sollen demnach beschafft werden, wenn – und im Maße wie – auch Ausgaben getätigt wer-

---

81 Zimmermann/Henke 2005, S. 2 f.

den sollen. Dementsprechend haben sich in der Haushaltsplanung die Einnahmen sowohl in ihrem Gesamtvolumen als auch in ihrer Struktur nach den von den Bürgern gewünschten Ausgaben zu richten. Dass dies auch für die Struktur der Einnahmen gilt, wird sich beispielsweise darin zeigen (B I), dass die Art der angebotenen gemeindlichen Leistungen einen Hinweis bietet, wo Möglichkeiten zur Erzielung von Entgeltabgaben bestehen. Und unter dem Postulat, dass Entgeltabgaben Vorrang vor Steuern haben sollen (s. unten d), ergibt sich sogar ein noch weitergehender Einfluss der Aufgabenerfüllung und damit der Ausgaben auf die Einnahmenstruktur.

Voraussetzung dafür, dass die Einnahmen nach den Ausgaben ausgerichtet werden, ist ein ausreichender Grad an kommunaler Autonomie auch auf der Einnahmenseite. Er wird daher gesondert erörtert. Dabei wird sich zeigen, dass die kommunalen Einnahmen in der Bundesrepublik Deutschland deutlich stärker begrenzt sind als die Ausgaben und damit die Aufgabenerfüllung. Aus einer solchen **engeren Restriktion auf der Einnahmenseite** kann man die Tendenz ableiten, dass die Gemeinden versuchen werden, diesen engen Einnahmerahmen soweit wie möglich auszuschöpfen und vorweg zu testen, wieviele Ausgaben sich auf diese Weise finanzieren lassen. Wenn diese Annahme zutrifft, **richten sich die Ausgaben** der deutschen Gemeinden **de facto stark nach den Einnahmen**. Im Übrigen trifft diese Aussage für die Bundesländer in noch stärkerem Maße zu, weil ihre finanzielle Beweglichkeit im Bereich der Einnahmen noch geringer ist. Wenn sich aber die Einnahmen als die stärkere Restriktion erweisen, ist ihr ausreichendes Volumen (und ihre „Beweglichkeit", s. unten C I b 5) zentral für die Funktionsfähigkeit der Gemeindeebene. Dies führt zu einem ersten Kriterium für die Zuordnung von Einnahmearten: die Ausreichendheit.

2. Das Kriterium der Ausreichendheit – Das Problem der „fiskalischen Lücke"

Die Aussage, dass die öffentlichen Einnahmen ausreichen müssen, um die öffentlichen Aufgaben zu erfüllen, könnte banal wirken. Zunächst aber ist die Aufgabe, im öffentlichen Sektor die Höhe der öffentlichen Ausgaben und Einnahmen simultan zu bestimmen, niemals so einfach. Im Unternehmen hat man ein sozusagen natürliches Kriterium für die Bestimmung der Gesamthöhe der finanziellen Transaktionen und auch für die Beschaffung der notwendigen Einnahmen: Wenn die zusätzlichen Markterlöse die zusätzlichen finanziellen Aufwendungen nicht mehr decken, ist die Obergrenze erreicht. Im öffentlichen Sektor ist diese „natürliche" Grenze bekanntermaßen nicht gegeben, weil über öffentliche Leistungen typischerweise nicht mittels Angebot und Nachfrage auf einem Markt entschieden wird (s. den Bezug zur Theorie öffentlicher Güter, 2. Kap.). Folglich muss die Politik entscheiden, wie hoch das Budgetvolumen sein soll.[82]

Eine besondere Bedeutung bekommt das **Kriterium der Ausreichendheit** im Vergleich der Ebenen im Staatsaufbau und damit unter dem Aspekt des **vertikalen Finanzausgleichs**. Hier zeigen sich große Unterschiede in der Verteilung der Möglichkeiten, den als erforderlich angesehenen Ausgaben die entsprechenden Einnahmen gegenüberzustellen. Die Zentralregierung kann sich in der Regel über ihre eigenen Gesetze und vielleicht sogar mit Hilfe der Zentralnotenbank – was in der Europäischen Währungsunion unzulässig ist – zusätzliche Einnahmen beschaffen. Zwar sind auch hier durch die Bedenken des Wählers gegen eine zu hohe Besteuerung oder Verschuldung Grenzen gesetzt, aber diese Grenzen sind sehr weit im Vergleich mit denen für die nachgeordneten Ebenen. Insbesondere ist die kommunale Ebene als diejenige, die von mindestens einer, im Falle der föderativen Staaten sogar von zwei Ebenen abhängt, hiervon betroffen. Daher ist sie sowohl bei der grundsätzlichen Regelung, etwa in der Verfassung, aber auch in der täglichen Politik deutlich benachteiligt. Es ist eben in einem typischen Staat nicht üblich, dass die kommunale Ebene die höheren Ebenen beeinflusst, wohl aber umgekehrt. Folglich hat sie in der Regel nicht den politischen Einfluss, um für sich gegen die Interessen der übergeordneten Ebenen politisch abgesicherte und ausreichende Einnahmequellen zu sichern.

Daher spricht man, auch mit Blick auf Entwicklungs- und Transformationsländer, von einer oft zu beobachtenden **(vertikalen) „fiskalischen Lücke“** (**fiscal gap**; Shah 1991, S. 32). Darunter versteht man den Fall, dass Einnahmequellen und Ausgabennotwendigkeiten auf den einzelnen Ebenen eines föderativen Systems nicht zusammenpassen und zu einer Einnahmelücke, üblicherweise für die untere Ebene, führen (Napp 1994, S. 274 ff.). Der Grund liegt vor allem in einer **nicht ausreichenden Zuweisung von Steuerquellen**. Er kann aber auch darin zu sehen sein, dass die oberen Ebenen solche Steuerquellen bereits stark ausschöpfen und damit zu wenig Raum für eine dezentrale Besteuerung auf diesem Gebiet lassen.

Nun sind die tatsächlichen Ausgaben eines Jahres letztlich immer durch irgendeine Form von Einnahmen, und sei es durch Schuldaufnahme, gedeckt. Daher lässt sich oft nur durch eine genauere Analyse der Ausgabe- und Einnahmearten feststellen, ob eine fiskalische Lücke besteht. Soweit Entgeltabgaben möglich sind, entsprechen sich – gemäß der Definition von Entgeltabgaben – Einnahmen und

---

82 Zwar wird im 6. Kapitel gezeigt, dass hier ein ähnliches Kalkül besteht (Grenzstimmengewinn je Ausgabe versus Grenzstimmenverlust je Einnahme), aber es bestimmt die Politik nicht so stark. Vielmehr wird die Politik in erheblichem Maße von den Eigeninteressen der Akteure des politischen Systems bestimmt. Diese Eigeninteressen sind Gegenstand der Forschungszweige „Neue politische Ökonomie“ bzw. „Public Choice“.

Ausgaben. Sind Einnahmen hingegen von den Aufgaben und Ausgaben getrennt festzulegen, so treten Lücken eher auf. Auch kann beispielsweise die Tatsache, dass Gemeinden sich **ständig hoch verschulden**, auf einen vergleichsweisen hohen Ausgabendruck und zu wenig eigene Einnahmen hindeuten. Vor allem aber fehlen im engeren Sinne eigene Einnahmen dann, wenn der **Anteil der Zuweisungen** am kommunalen Einnahmesystem sehr **hoch** ist.

Dies führt auf die zusätzliche Frage, ob den Gemeinden Einnahmearten mit ausreichendem Autonomiegrad zugewiesen worden sind.

3. Das Kriterium der Sicherung eines hohen Autonomiegrades auf der Einnahmenseite

a) Die Fragestellung

Für die kommunalen Aufgaben und Ausgaben war ausführlich argumentiert worden, dass ihr Autonomiegrad zentral ist für die Frage, wie eigenständig eine Gemeindeebene überhaupt ist. Auch auf der Einnahmenseite sollte der Autonomiegrad so hoch wie möglich sein, d.h. zu seiner Einschränkung müssen gute Gründe vorliegen. Im Vergleich von Aufgaben und Ausgaben mit den Einnahmen kann man, abgesehen von der genannten These, dass das Einnahmenvolumen nicht als solches zu maximieren, sondern nach der Ausgabenhöhe zu bestimmen ist, wohl argumentieren, dass die Einnahmenentscheidungen a priori nicht weniger oder mehr eingeschränkt sein sollten als die Ausgabenentscheidungen. Ebenso wie die Aufgaben mit den dazugehörigen Ausgaben allein danach ausgewählt werden sollten, wieweit sie für die Gemeindeebene geeignet sind, kann man auch bei den Einnahmen zwar einige als nicht für die Gemeinde geeignet aussondern, die übrigen sind aber der Entscheidung der Gemeinde zu überlassen. Allenfalls könnte man die **Verwaltungshoheit** über die eine oder andere Steuer, also die eher technische Erhebung, **etwas stärker zentralisieren als** die **Gesetzgebungs- und Ertragshoheit**, wenn dies zu niedrigeren Kosten für Fiskus und Steuerzahler führt.

Auf der Einnahmen- wie auf der Ausgabenseite sollten daher in einer grundsätzlichen Betrachtung, die vom Prinzip der fiskalischen Äquivalenz ausgeht, die Gemeinden frei über Volumen und Struktur derjenigen Ausgaben und Einnahmen befinden, die der Art nach für die Gemeindeebene überhaupt geeignet sind. Auch die Möglichkeit des räumlichen Ausweichens, die an sich bei einer kleineren Region wie der Gemeinde größer ist als bei einer größeren Region, bietet keinen Unterschied zwischen Ausgaben und Einnahmen. Das äquivalente Gegenstück zur räumlichen Ausweichung vor einer unerwünschten Belastung durch kommunale

Einnahmen sind auf der Ausgabenseite die Möglichkeiten einer Zuwanderung bei erwünschten öffentlichen Ausgaben einer Gemeinde.

Wenn man die Situation in Deutschland mit diesem wünschenswerten Zustand vergleicht, so besteht auf der Steuerseite, wie sich noch zeigen wird, für die einzelne Gemeinde fast kein Spielraum, was die Art der Steuern angeht. Darüber hinaus weisen nur einige wenige Steuern die Möglichkeit auf, die Steuersätze zu variieren. Ebenso ist die Erzielung von Erwerbseinkünften beschränkt, und Gebühren/Beiträge sowie Schuldaufnahme sind aus anderen Gründen nur begrenzt nutzbar. Wenn aber die **fiskalische Äquivalenz** wirksam werden soll, so muss **weitgehende Autonomie auch für die Einnahmeseite** des kommunalen Haushalts gelten.

Dazu kann man sich den Extremfall vor Augen führen, dass eine Gemeinde fast keine Einnahmen erhält, über die sie selbst befinden kann, sondern überwiegend nur Zuweisungen und auch die in der Form, dass die Mittel für bestimmte, vorher zu genehmigende Zwecke verwendet werden dürfen. Dann liegt formal auf der Aufgaben- und Ausgabenseite eine nennenswerte Autonomie vor, durch die Regelungen auf der Einnahmenseite wird sie aber zunichte gemacht. Daher ist auch dort auf den Autonomiegrad zu achten. Aus diesem Grund werden im Folgenden die kommunalen Einnahmearten auf ihren Autonomiegrad geprüft.

b) Der Autonomiegehalt der einzelnen Einnahmearten

In den vorangegangenen Überlegungen zum Gesamtvolumen der erforderlichen kommunalen Einnahmen war schon angedeutet worden, dass nicht jede Einnahmenart, sofern sie nur einen ausreichenden fiskalischen Beitrag erbringt, für die Gemeinde gleich bedeutsam ist. Es kann also nicht davon ausgegangen werden, dass eine Mio. Euro, resultierend aus verschiedenen Einnahmearten, gleich zu gewichten sei. Vielmehr ist der Einfluss auf die kommunale Finanzautonomie zu berücksichtigen. Dabei kann man mehrere Wirkungsrichtungen unterscheiden:

- Kann die Gemeinde die **Höhe der Einnahme** bestimmen? Dies ist für die Umsetzung des Prinzips der fiskalischen Äquivalenz wichtig. Hier kann man von Einnahmenautonomie im engeren Sinne sprechen.

- Wird die **Aufgabenerfüllung direkt beeinflusst**? Dieser Effekt betrifft den Kernbereich der kommunalen Finanzautonomie, die Aufgaben, und bedarf einer gesonderten Rechtfertigung.

– Wird der **Haushaltsspielraum** und damit die Aufgabenerfüllung insgesamt **tangiert**?

Unter diesen drei Aspekten, die die **kommunale Einnahmenautonomie** im weiteren Sinne ausmachen, lassen sich die verschiedenen Einnahmearten in eine gewisse, wenngleich nicht zwingende **Reihenfolge** bringen, wobei sich Einzelheiten zu den verschiedenen Einnahmearten in den folgenden Abschnitten und im 5. Kapitel finden:

(1) *Erstattungen* für Auftragsangelegenheiten. – Diese Form der Zuweisung ist der explizite Ausdruck dafür, dass Aufgaben einer anderen öffentlichen Stelle, einer anderen Gebietskörperschaftsebene usf. erfüllt worden sind. Erfolgt die Erstattung zu 100 %, so ist der Haushaltsspielraum nicht eingeschränkt worden.

(2) *Zuweisungen* mit der doppelten Auflage der *Zweckbindung (für ein bestimmtes Vorhaben) und* der *Mitfinanzierung durch die Gemeinde*. – Sie bringen einen hohen Grad von Bindung für den Empfänger mit sich. Häufig ändert sich durch die Zweckbindung die Priorität der gemeindlichen Aufgabenerfüllung, und durch die Mitfinanzierung werden überdies Mittel aus anderen Verwendungen abgezogen, so dass dann eine **doppelte „Ablenkung" der gemeindlichen Prioritäten** vorliegt.

(3) *Zuweisung nur mit Zweckbindung*. – Wenn nur eine Zweckbindung als Auflage die Einnahme begleitet und eine 100%ige Finanzierung dieser Aufgabe von außen erfolgt (was auch die Folgekosten betreffen muss), so ist der Haushaltsspielraum meist nicht betroffen. Die Aufgabenautonomie kann dann sogar, da eine zusätzliche Aufgabe erfüllt werden konnte, erweitert worden sein, sofern nämlich diese Aufgabe für die Gemeinde wenigstens von gewissem Interesse ist.

(4) *Zuweisungen ohne Auflage*. – Sie werden beispielsweise in Form von **Schlüssel- und Bedarfszuweisungen** vergeben. Bei ihnen liegt im Vergleich der bisher genannten Einnahmearten sicherlich die größte Einnahmenautonomie vor. Jedoch ist anzumerken, dass bei allen drei Arten von Zuweisungen ein wichtiges Merkmal der Einnahmenautonomie fehlt: Die Gemeinde kann die Höhe dieser Zuweisungen selbst nicht variieren. Allenfalls kann sie in einigen Fällen die Bemessungsgrundlage leicht beeinflussen, z.B. indem sie zusätzliche Bevölkerung in ihr Gemeindegebiet zu ziehen sucht, um bei bevölkerungsabhängigen Zuweisungen günstiger zu liegen. Im Übrigen kann ihre „Einnahmepolitik" bei allen Zuweisungen nur darin bestehen, als Lobby den Landtag und die Landesregierung bei der Beratung des oft jährlichen Finanzausgleichsge-

setzes dahingehend zu beeinflussen, dass die für den eigenen Typ von Gemeinde geltenden Regelungen günstig ausfallen.

(5) *Verteilung einer Bundes- oder Landessteuer (oder eines Anteils einer solchen Steuer) nach Einwohnern, Arbeitsplätzen* etc. (statt nach dem örtlichen Aufkommen). – Dieses Verfahren, das in Deutschland für die **Zahlungen** an die Gemeinden **aus dem Umsatzsteueraufkommen** verwendet wird, entspricht einer Zuweisung ohne Auflage, wird aber oft fälschlicherweise zur Steuerverteilung gerechnet. Allenfalls kann die hochrangige gesetzliche Festschreibung dieser Lösung den Bestandschutz etwas stärker garantieren, als wenn das Land seine üblichen Zuweisungen im – manchmal nur jährlichen – Gesetz festlegt. – Ein ganz anderer Fall liegt vor, wenn das Aufkommen einer bestimmten Steuer oder eines Steueranteils, die der Gemeindeebene zustehen, zwischen den einzelnen Gemeinden „zerlegt" werden müssen (**Steuerzerlegung**). Dies betrifft insbesondere Gewinnsteuereinnahmen von Mehrbetriebs-Unternehmen. Dann sucht man nach Indikatoren, die das örtliche Zustandekommen der Bemessungsgrundlage dieser speziellen Steuer möglichst genau wiedergeben. Dabei sind der politischen Willkür sehr viel engere Grenzen gesetzt als im genannten Fall der Umsatzsteuer.

(6) *Steuerverbund auf der Basis des örtlichen Aufkommens.* – Dieses Verfahren führt einen Schritt weiter in Richtung auf größere Gemeindeautonomie. Jetzt kann die Gemeinde immerhin **„Bemessungsgrundlagen"-Politik** betreiben, wie dies nach Einführung des **Gemeindeanteils an der Einkommensteuer** zu beobachten war, d.h. sie kann versuchen, Einkommensteuerzahler in ihr Gebiet zu ziehen bzw. dort zu halten. Um aber z.B. innerhalb des Steuerverbundes einen höheren Anteilssatz zu bekommen, bleibt wiederum nur die politische Einflussnahme auf der höheren Ebene übrig.

(7) *Volle Ertragshoheit über eine Steuer.* – Auch wenn Bemessungsgrundlage und Steuersatz weiterhin von übergeordneten Gebietskörperschaften (Bund und Länder) geregelt sind, ist die Einnahmenautonomie höher als im vorhergehenden Fall, weil der Finanzierungsspielraum nur noch von der Entwicklung der Bemessungsgrundlage und nicht mehr von einer Entscheidung über den Anteil abhängt.

(8) *Hebesatzrecht* bzw. *Zuschlagsrecht* bei einer bestehenden Steuer der höheren Ebene. – Dies ist das erste Element einer eigenen aktiven Steuerpolitik der Gemeinde. Jetzt erst kann eine Gemeinde im Sinne der fiskalischen Äquivalenz **„sich selbst höher besteuern"**, z.B. weil ihre Bürger sich ein höheres Niveau an öffentlichen Leistungen zugestehen wollen. Ebenso kann sie auf diese Steuer verzichten, indem sie einen Satz von Null beschließt.

(9) Recht zur *Einführung* bzw. *Abschaffung einer Steuer*. – Volle Einnahmenautonomie im Sinne der Gesetzgebungs- und Ertragshoheit besteht erst, wenn bzw. soweit die Gemeindeebene das sog. **Steuererfindungsrecht** besitzt. Es überlässt der Gemeinde auch die einzelnen Ausgestaltungsmöglichkeiten. – Solchen Steuern ungefähr gleichzustellen sind Gebühren und Beiträge sowie die Schuldaufnahme; denn sowohl das **„Ob"** als auch das **„Wieweit"** der Einnahmenerzielung liegen **bei der Gemeinde** (Zur Begrenzung der kommunalen Schuldaufnahme in Deutschland s. unten D III).

Die gemeindlichen Steuern stehen also auf einer solchen Skala der kommunalen Einnahmenautonomie weit oben. Auch wenn nur das Hebesatzrecht in der gemeindlichen Autonomie liegt oder gar bei fehlendem Hebesatzrecht die Steuer wenigstens nach dem örtlichen Aufkommen verteilt wird, ist die Finanzautonomie der Gemeinde immer noch höher als bei den verschiedenen Formen der Zuweisungen, die allesamt in dem Sinne fremdbestimmt sind, dass Umfang und Zeitpunkt ihres Zuflusses, aber auch der mögliche Einfluss auf die Gestaltung der einzelnen Aufgabe auf anderen Ebenen entschieden werden. Diese Gegenüberstellung der Zuweisungen zu anderen Einnahmearten ist auch Gegenstand der Hervorhebung von Einnahmen „aus eigenen Quellen".

c) Die Besonderheit der Einnahmen „aus eigenen Quellen"

Die verschiedenen Einnahmearten mit unterschiedlichem Autonomiegehalt lassen sich in übersichtlicher Weise ordnen, wenn man einer angelsächsischen Einteilung folgt, in der nach Einnahmen **„aus eigenen Quellen" (from own sources; derivation principle)** und Einnahmen **„von anderen Ebenen" (intergovernmental revenue)** unterschieden wird.[83] Mit dieser Unterscheidung wird, wie die Begriffe schon andeuten, zwischen stärker autonomer und stärker fremdbestimmter Einnahme unterschieden. Weil sich diese Einteilung auch in anderen Staaten und in internationalen Studien findet, kann sie recht gut für einen Vergleich länderspezifischer Einnahmesysteme verwendet werden.

Mit dem Begriff der Einnahmen aus „eigenen Quellen" (oder **„originäre" Einnahmen**) wird auf die wirtschaftliche Herkunft der Einnahme aus dem Gemeindegebiet abgestellt, die in der deutschen Literatur zur kommunalen Finanzwirtschaft als **„Radizierbarkeit"** bezeichnet wird (s. unten C I b 4 über Gemeindesteuern). Liegt Radizierbarkeit vor, hat die Gemeinde einen Anreiz, die **Pflege der**

83 Vgl. etwa Statistical Abstract of the United States 1994, S. 312. – Später wurden nur die "intergovernmental revenues" den einzelnen Arten der anderen Einnahmen gegenübergestellt (vgl. etwa Statistical Abstract of the United States 2004-2005, S. 288 f.

Einnahmequelle ernst zu nehmen. Besonders stark gilt dies, wenn sie auch die Höhe der Einnahme bestimmen kann (s. zuvor 2), aber grundsätzlich ist ein gewisser Anreiz auch ohne diese Variationsmöglichkeit gegeben, wie sich beim gemeindlichen Einkommensteueranteil zeigen wird.

Mit Blick auf die „eigenen Quellen" sind einige Fragen zu klären. Wenn eine Gemeinde beispielsweise **Schulden** aufnimmt, so ist die Herkunft dieser Beträge räumlich letztlich nicht feststellbar, denn der Kapitalmarkt ist national weitgehend einheitlich und überwiegend sogar international. Es handelt sich hier also nicht um Einnahmen, die aus dem Gemeindegebiet aufgebracht werden. Deshalb werden sie weiter unten zahlenmäßig gesondert aufgeführt. Allerdings sind es immerhin eigene Einnahmen in dem Sinne, dass die Gemeinde über die Höhe bestimmt und diese Einnahmen ihr voll zufließen.

Wichtiger ist noch der Fall der **Überwälzung** der Last einer kommunalen Steuer **auf Steuerträger außerhalb des Gemeindegebietes**[84]. Dies wird insbesondere für die gemeindliche Unternehmensteuer (z.B. die Gewerbesteuer) diskutiert, soweit sie auf die Preise regional exportierter Güter überwälzt wird (s. unten C IV a 2). Dieser Vorgang ist aber auch beabsichtigt, wenn man sich vor Augen führt, dass eine unternehmensbezogene Steuer weitgehend als Äquivalent für die von der Gemeinde bereitgestellten Leistungen interpretiert werden kann und insofern wie eine von der Gemeinde erhobene Gebühr wirkt. Daher werden solche Steuern ebenso wie alle Entgelte zu den Einnahmen aus „eigenen Quellen" gerechnet.

Wegen der großen Bedeutung dieser Unterscheidung wird sie auch der Interpretation der deutschen Zahlen (II) zugrundegelegt. Zuvor ist jedoch auf eine innerhalb der Einnahmen „aus eigenen Quellen" enthaltene zusätzliche Unterscheidung abzuheben, und zwar auf die dem Äquivalenzprinzip unterliegenden Abgaben (Entgeltabgaben) in Gegenüberstellung zu den übrigen Abgaben.

4. Die Bedeutung des Äquivalenzprinzips für die Einnahmegestaltung

Das Äquivalenzprinzip bezieht sich auf den Zusammenhang, dass **Einnahmen als Gegenleistung für empfangene Leistungen** erhoben werden. Dementsprechend waren zuvor unter den kommunalen Einnahmearten Entgeltabgaben aufgeführt worden. Ihre Möglichkeiten und Grenzen werden weiter unten (B I a) detailliert erörtert.

---

84 Zu den Grundzügen der finanzwissenschaftlichen Überwälzungslehre siehe Zimmermann/Henke 2005, 6. Kapitel.

Wegen der verschiedenen ebenfalls weiter unten zu diskutierenden Vorteile der Äquivalenzfinanzierung gilt ein allgemeiner **Vorrang des Äquivalenzprinzips** vor anderen Einnahmeprinzipien, wie insbesondere dem Leistungsfähigkeitsprinzip. Das ist vielleicht auch der Grund, dass dieser Vorrang seit langem in den Vorschriften der **Kommunalabgabengesetze** einiger Bundesländer enthalten ist. Wegen dieses – auch theoretisch begründbaren – Vorrangs wird weiter unten dem Teil über die Gemeindesteuern der Teil über die kommunalen Entgelte vorgeschaltet. Zuvor aber wird, nachdem bisher überwiegend grundsätzlich argumentiert wurde, ein Überblick über die kommunalen Einnahmen in Deutschland gegeben.

II. Ein Überblick über das kommunale Einnahmesystem in Deutschland

Um einen Überblick über das Gewicht der verschiedenen Einnahmearten im Finanzsystem der kommunalen Ebene insgesamt und der Landkreise zu geben, werden zunächst in Tabelle 4.1 die Zahlen für die Einnahmen „aus eigenen Quellen" den übrigen Einnahmearten gegenübergestellt. Damit wird zugleich ein erster Eindruck vom **Grad der Fremdbestimmtheit** der kommunalen Einnahmen vermittelt. Zu diesen Einnahmen werden hier auch diejenigen Steuern hinzugezählt, die nach dem **örtlichen Aufkommen** verteilt werden, was für den ergiebigen Anteil der Gemeinden an der Einkommensteuer zutrifft.

Betrachtet man zunächst die kommunale Ebene insgesamt (Tab. 4.1, erste zwei Spalten), so ergibt sich mit gut 60 % ein recht großer Anteil an Einnahmen „aus eigenen Quellen". Die „eigenen" Steuern sind höher als der Einkommensteueranteil und etwas niedriger als die Einnahmen aus den Entgeltabgaben. Die Nettokreditaufnahme liegt 2003 mit 1,2 % des Einnahmevolumens im langfristigen Vergleich niedrig.[85] Die Zuweisungen als eine Einnahmeart, die eigentlich nur ergänzend wirken sollen (s. 5. Kap.), liegen mit 40 % recht hoch.

Zusammenfassend kann man zum Zahlenbild der Tabelle 4.1 feststellen, dass 2003 grob gerechnet die kommunale Ebene sich zu je etwa einem Drittel aus Steuern, Zuweisungen und Einnahmen aus Entgelten finanziert, wobei die Entgelte etwas darunter und die Zuweisungen darüber liegen.

Für die **Landkreise** sieht das Bild völlig anders aus (Tab. 4.1, letzte zwei Spalten). Quantitativ dominiert bei weitem die **Kreisumlage**, die im Wesentlichen den

85 Dieser Prozentsatz ist nicht mit dem 3%-Maastricht-Kriterium in Verbindung zu bringen, das sich auf das Sozialprodukt bezieht und alle öffentlichen Haushalte zusammengefasst betrifft.

Tab. 4.1: Einnahmen „aus eigenen Quellen“ und andere Einnahmearten, Bundesrepublik Deutschland, Mio. €, 2003

	Gemeinden und Gemeindeverbände Mio. €	%	darunter Landkreise Mio. €	%
A. Einnahmen „aus eigenen Quellen“	**88 036**	**61,4**	**3 733**	**17,8**
1. Eigene Steuern (kommunale Ertragshoheit, z.T. auch Steuersatzrecht und kommunale Veranlagung)	*32 653*	*22,8*	*20*	*0,1*
1.1. Grundsteuer	8 596	6,0		
darunter Grundsteuer (B)	8 256	5,8		
1.2. Gewerbesteuer (netto)[1)]	15 286	10,7		
1.3. „Kleine“ Gemeindesteuern und steuerähnliche Einnahmen	515	0,4		
2. Anteile an Steuern (Verbundsteuern) nach örtlichem Aufkommen	*19 844*	*13,8*		
Einkommensteueranteil	19 844	13,8		
3. Einnahmen auf Basis des Äquivalenzprinzips (Entgeltabgaben)	*35 539*	*24,8*	*3 713*	*17,7*
3.1. Gebühren	16 127	11,3	3 149	15,0
3.2. Beiträge	2 052	1,4	3	0,0
3.3. Erwerbseinnahmen	8 979	6,3	429	2,0
darunter Konzessionsabgabe	3 400	2,4	9	0,0
3.4. Veräußerungserlöse (Anlagevermögen)	4 981	3,5	123	0,6
B. Zuweisungen (Umlagen) von anderen öffentlichen Körperschaften (für die kommunale Ebene als ganze: „von anderen Ebenen“)	**57 621**	**40,2**	**16 094**	**76,9**

1. „Zuweisungen“ aus der Umsatzsteuer	2 593	1,8	-	
2. Zuweisungen/Umlagen im Verwaltungshaushalt[2)]	46 351	32,3	14 696[4)]	70,2
3. Zuweisungen im Vermögenshaushalt[3)]	8 677	6,1	1 398[4)]	6,7
C. Nettokreditaufnahme	**1 788**	**1,2**	**297**	**1,4**
D. Sonstige Einnahmen (als Differenz ermittelt)	**- 4 150**	**- 2,9**	**804**	**3,8**
Einnahmen insgesamt[5)]	**143 295**	**100,0**	**20 928[4)]**	**100,0**

1) Nach Abzug der Gewerbesteuerumlage.
2) Laufende Übertragungen ./. Zahlungen von Gemeinden/Gemeindeverbänden.
3) Zuweisungen und Zuschüsse für Investitionen ./. Zahlungen von Gemeinden/Gemeindeverbänden.
4) Einschließlich Zahlungen von Gemeinden/Gemeindeverbänden (enthält bei den Zuweisungen im Verwaltungshaushalt insbes. die Kreisumlage).
5) Ohne besondere Finanzierungsvorgänge zuzüglich Nettokreditaufnahme.

Quelle: Statistisches Bundesamt/Kommunale Haushalte 2003, Wiesbaden 2005, Tab. 1.10, 1.2.2.

Posten „Zuweisungen im Verwaltungshaushalt“ von 70 % ausmacht. Den einzigen anderen nennenswerten Posten machen mit 15 % die Gebühren aus. Steuereinnahmen spielen fast keine Rolle.

Wie hoch in einem gegebenen Jahr der Anteil der Einnahmen „aus eigenen Quellen“ ist, für deren „Pflege“ die Kommune also entsprechende Anreize haben, bestimmt sich, abgesehen von der jeweiligen gesamtwirtschaftlichen und regionalen Wirtschaftsentwicklung, aus Entscheidungen übergeordneter Ebenen und aus Entscheidungen in der Gemeinde selbst.

Zu den **übergeordneten Einflüssen** gehören zunächst die Bestimmungen der **Finanzverfassung**, also beispielsweise die Artikel des **Grundgesetzes** über die Steuerverteilung. Sie werden im Teil über die Steuern erläutert und bilden den Rahmen für die Steuerautonomie der Gemeinden. Zuweisungen hingegen werden weitestgehend vom Land und in zeitlicher Hinsicht sehr kurzfristig entschieden. Auch Entgelterhebung und Schuldaufnahme der Gemeinden müssen einigen übergeordneten Regelungen entsprechen.

Diese von außen vorgegebenen Rahmenbedingungen führen zu einem **Grad an kommunaler Einnahmenautonomie**, der beträchtlich **unter dem anderer föderativer Staaten** liegt (Mäding 1994, S. 108). Innerhalb dieses engen Rahmens kann die Gemeinde dann ihre Finanzautonomie auf der Einnahmenseite ausüben. Diese gemeindlichen Entscheidungen, etwa über den Hebesatz (bei einigen Steuern), über das Ausmaß der Entgeltfinanzierung und die Höhe der Schuldaufnahme bestimmen das empirische Bild der Einnahmen ebenfalls mit. Diese der **Finanzpolitik der einzelnen Gemeinde** entstammenden Einflüsse werden im 6. Kapitel kurz angesprochen.

Die einzelnen kommunalen Einnahmearten werden im Folgenden genauer betrachtet. Dabei werden die Zuweisungen, weil sie – jedenfalls in Deutschland – nicht langfristig festgelegt werden, sondern das Ergebnis laufender Landespolitik sind und damit ganz anderen Entscheidungen als alle übrigen Einnahmearten unterliegen, in einem gesonderten Kapitel (5. Kap.) behandelt. Entgeltabgaben, Steuern und Schuldaufnahme hingegen werden weitgehend in der Gemeinde entschieden und sind daher Gegenstand dieses Kapitels. Die Erörterungen beginnen mit den Entgeltabgaben, weil sie nach dem erwähnten Kriterium und nach den Bestimmungen einiger Landesgesetze eine besondere Bedeutung haben.

B. Entgeltabgaben als gemeindliche Einnahmen: Eine unterschätzte Einnahmeart

I. Das Äquivalenzprinzip als Ratio der Erhebung von Entgeltabgaben

Entgeltabgaben sind ein Kernstück der gemeindlichen Finanzautonomie. Die Gemeinde kann weitgehend frei über ihre Erhebung entscheiden, und die **Bindung der Einnahme an die Ausgabe**, eben der **Entgeltcharakter**, lässt zugleich das Prinzip der fiskalischen Äquivalenz gut zur Wirkung kommen. Daher werden die Ausführungen über die Entgeltabgaben dem – sehr viel umfangreicheren – Teil zu den Gemeindesteuern vorangestellt.

1. Warum ist die Bereitstellung von öffentlichen Leistungen nach dem Äquivalenzprinzip so wichtig?

a) Gegenstand des Äquivalenzprinzips

Bei einer Finanzierung nach dem Äquivalenzprinzip werden bei denjenigen Staatsbürgern Abgaben erhoben, die aus diesen Leistungen Vorteile empfangen. Die **Höhe des Entgelts** richtet sich dann nach dem **Empfang staatlicher Leistungen** durch den Staatsbürger. Dabei spricht man von einer **marktmäßigen Äquivalenz**, wenn die Leistungen analog zum Preismechanismus auf privaten Märkten abgegolten werden. Dies trifft für die Erwerbseinkünfte weitgehend zu Hingegen wird bei der **kostenmäßigen Äquivalenz** die Abgabe an den Kosten der genutzten Staatsleistung ausgerichtet.[86] Dies ist typisch für Gebühren und Beiträge (s. unten B I b).

Wie zuvor angemerkt, dient eine Politik nach dem **Äquivalenzprinzip** zugleich in besonderem Maße der **fiskalischen Äquivalenz**. Dennoch sind die Begriffe gerade wegen ihrer im Deutschen vorhandenen sprachlichen Ähnlichkeit **inhaltlich auseinanderzuhalten** (s. 2. Kap., Kasten 2.4).

In der Finanzwissenschaft ist das Äquivalenzprinzip zwar immer behandelt worden. Allerdings gab es eine lange Zeit, in denen es als grundsätzliches Prinzip der Abgabenerzielung gegenüber dem Leistungsfähigkeitsprinzip deutlich zurücktrat. Diese Zeit reichte bis in die letzten Jahre, doch ist seit einiger Zeit eine **Renaissance des Äquivalenzprinzips** zu beobachten (Hansjürgens 1999). Daher ist es

86 Zu diesen beiden Formen der Äquivalenz siehe Haller 1981, S. 21 ff., und zu diesem Definitionsteil generell Zimmermann/Henke 2005, S. 112 ff. und 499.

wichtig, sich die Einsatzmöglichkeiten, aber auch die Grenzen seines Einsatzes vor Augen zu führen.

b) Gründe für eine Entgelterhebung

Im 3. Kapitel war gezeigt worden, dass im kommunalen Aufgabenbündel zahlreiche Aufgaben enthalten sind, die privatisiert werden können und dann auch sollten. Wenn solche Privatisierungsmöglichkeiten ausgeschöpft sind, verbleiben immer noch zahlreiche „entgeltfähige“ Leistungen, gerade im lokalen Sektor. Es gibt, auch im internationalen Vergleich, also immer einen Anteil von entgeltfähigen Leistungen unter den kommunalen Aufgaben. In diesen Fällen ist dann auf die besondere Bedeutung der Entgelte als Finanzierungsform hinzuweisen, die ihrerseits immer zuerst genutzt werden sollte, ehe man auf die – logisch immer mögliche – Steuerfinanzierung zurückgreift.

Hier ist dann erneut der **Marktbezug** hervorzuheben, auch wenn dieser nicht, wie bei der Privatisierung, in reiner Form hergestellt werden kann. **Entgeltabgaben** haben aber zumindest eine **marktähnliche Funktion**, und darin liegt ihr Vorteil. Sie regen den Nutzer zu einer Abwägung von Vor- und Nachteil einer Leistung im Verhältnis zum geforderten Entgelt an und sind daher der fiskalischen Äquivalenz besonders förderlich. Durch sie wird in dem entsprechenden Aufgabenbereich Druck in Richtung auf eine effiziente Aufgabenerfüllung ausgeübt. Gerade bei den Bemühungen um eine effizientere Gestaltung der kommunalen Finanzen werden daher oft zusätzliche Entgeltabgaben diskutiert.

Außer dem Marktbezug haben Entgeltabgaben einige weitere Merkmale, die sie unter den in Abschnitt A I genannten Kriterien als besonders wichtig erscheinen lassen:

(1) *Das Kriterium der Ausreichendheit* der Einnahmenerzielung lässt sich im Prinzip immer erfüllen, sofern eine Gemeinde ein **kostendeckendes Entgelt** erhebt (s. hierzu unten die Zahlen für Deutschland). Wählt sie eine geringere Basis als die volle Kostendeckung, muss sie deshalb hierfür gute Gründe anführen und die ergänzende Finanzierung aus allgemeinen Deckungsmitteln damit rechtfertigen.

(2) Der hohe *Autonomiegehalt* ist zweifellos gegeben. Die Gemeinden können (und in Deutschland: sollen) die Entgelte stark nutzen. Wenn man die hinter der Autonomieforderung stehenden ökonomischen und nicht-ökonomischen Gründe betrachtet, so kann man weitere Argumente hinzufügen, die eng mit dem Marktbezug zusammenhängen:

(3) Über Entgeltabgaben werden *Bürger mit ihrer Gemeinde* und den Gemeindefinanzen enger *verbunden* als über eine Steuerfinanzierung. Die Steuerfinanzierung ist anonym, denn diese Einnahmen gehen ohne Zweckbindung zur Finanzierung aller Ausgaben in das Budget ein. Die Höhe der gezahlten Steuer kann, soweit sie dem Bürger überhaupt bewusst ist, also nur in recht unbestimmter Weise der Gesamtheit aller Ausgaben gegenübergestellt werden. Beim Entgelt hingegen kann der Bürger sich im Einzelnen vorstellen, was die Gemeinde für ihn speziell tut, denn ihm fließt eine Leistung zu, die er mit dem Entgelt vergleichen kann. Abgesehen vom genannten Effizienzvorteil haben Entgeltabgaben also den Vorteil, die Verantwortlichkeit der Gemeinde gegenüber dem Bürger in allgemeiner Form zu stärken und das Interesse des Bürgers an seiner Gemeinde wachzuhalten. Finanzpsychologisch kann also von einer **hohen Merklichkeit** der meisten Entgeltabgaben gesprochen werden.

(4) *Entgeltabgaben reduzieren die „Fiskalillusion“*, weil sie Leistung und Zahlung unmittelbar gegenüberstellen. Bürger und Unternehmer werden nur so viele Leistungen nachfragen, wie ihnen das Entgelt wert ist. Dadurch wird verhindert, das der Staatsanteil ineffizient hoch wird, bzw. ein ineffizient hoher Staatsanteil kann reduziert werden. Dies gilt gesamtwirtschaftlich ebenso wie für den **„Staatsanteil“ in der einzelnen Gemeinde**, also für das Verhältnis des öffentlich in Anspruch Genommenen zum **kommunalen „Sozialprodukt“**. Dies geschieht dadurch, dass der autonome Handlungsspielraum von Politikern und Bürokraten gemindert wird. Er ist bei der Gesamtdeckung aller Ausgaben durch alle Einnahmen, also bei Wahrung des **Nonaffektationsprinzips**, größer und verleitet zu Ineffizienz (Hansjürgens 1999). Umgekehrt ist der Handlungsspielraum des Bürgers dementsprechend größer, denn dieser kann den Umfang seiner Nutzung in Abwägung mit dem Entgelt selbst bestimmen.

Abgesehen von den bis hierhin genannten sehr grundsätzlichen Argumenten für eine Entgeltabgabe (im Vergleich mit der Steuerfinanzierung) gibt es einige spezielle Argumente, die in vielen Fällen dafür sprechen, eine Entgeltlösung zu forcieren. So erscheint eine Entgeltfinanzierung oft dann angebracht, wenn eine bestimmte Gruppe von Bürgern oder wenn einzelne Bürger *Sondervorteile* erhalten. An sich erfolgt die Bereitstellung von Gütern, die nur bestimmten Individuen zufließen, über den Markt, der dann auch die Kosten über den Preis in der Regel voll anlastet. Ein zusätzlicher verteilungspolitischer Grund für die Abgeltung von Sondervorteilen kann darin gesehen werden, dass die entsprechenden Leistungen überproportional Beziehern höherer Einkommen zugute kommen, wie dies beispielsweise bei Museums- und Theaterbesuchern sowie Bibliotheksbenutzern zu vermuten ist. Andernfalls würde eine ungerechtfertigte Privilegierung vorliegen, die nicht Sache des Staates sein kann und durch entsprechende Abgaben der Begünstigten kompensiert werden sollte.

Entgelte erscheinen auch sinnvoll, wenn die *Inanspruchnahme einer öffentlichen Leistung* ohne oder bei zu geringer Entgelterhebung als *unerwünscht hoch* erscheint. Beispielsweise würde die kostenlose Bereitstellung von Trinkwasser, wie sie in vielen Staaten lange üblich war, zur Verschwendung, zum Nachlassen der Reparaturarbeiten im Leitungssystem usf. führen, was dann die Erhebung einer spürbaren Gebühr nahelegt, sofern Trinkwasser nicht (oder nicht länger) zu nahezu Null-Kosten verfügbar ist. Auch kann man durch Parkgebühren die Nachfrage nach den zentralen Parkmöglichkeiten im innerstädtischen Gebiet teilweise abdrängen und auf die übrigen Parkmöglichkeiten (oder Park+Ride) verteilen. Ebenso kann die Übernutzung von Umweltressourcen Gegenstand der Entgelterhebung sein, wie das Beispiel der **Abwasserabgabe** zeigt, die von den Kommunen bzw. von Direkteinleitern zu zahlen ist. Voraussetzung für die Wirksamkeit solcher nachfragedämpfenden Entgelte ist eine entsprechend hohe Preiselastizität der Nachfrage nach diesen kommunalen Leistungen, d.h. die Nachfrage nach diesem Gut muss als Folge der Entgelterhebung ausreichend zurückgehen.

c) Grenzen der Entgelterhebung

Grenzen der Entgelterhebung in dem Sinne, dass Entgelte gar nicht erhoben werden können oder sollen, ergeben sich in zweierlei Richtung. Zum einen können die vom Bürger gewünschten *Leistungen* der Art sein, dass sie genau so *auch von Unternehmen angeboten* werden können. Dann ist, wie zuvor ausgeführt, **Privatisierung** geboten. Zum anderen liegen Grenzen darin, dass nicht alle öffentlichen Aufgaben entgeltfähig sind. Diese absolute Obergrenze für die *„Entgeltfähigkeit" der öffentlichen Leistungen* ergibt sich aufgrund der bereits aus der Theorie der öffentlichen Güter bekannten Merkmale vieler Leistungen. Gemäß dieser Theorie sind einige typischerweise zentralstaatlich angebotene Leistungen wie Verteidigung oder innere Sicherheit durch die Nichtanwendbarkeit des Ausschlussprinzips und/oder nicht-rivalisierenden Konsum charakterisiert (s. oben 2. Kap., Teil A). Auf der kommunalen Ebene sind sie eher seltener. Hier kann man am ehesten regulierende Funktionen des **„Ordnungsstaates"** wie Genehmigungen, Planungen, aber auch die Aufrechterhaltung der öffentlichen Sicherheit und Ordnung anführen. In diesem Sinne wird in der neueren ökonomischen Literatur gefragt, inwieweit gemeindlich angebotene Güter wirklich den Charakter des öffentlichen Gutes aufweisen. Im Ergebnis trifft dies nur für einen Teil der öffentlichen Leistungen zu (Reiter/Weichenrieder 1997, siehe auch die dortige Literatur). Daher sind Privatisierungsgebote, aber auch die Möglichkeiten der Entgelterhebung immer wieder auszuloten. Nur soweit Güter wirklich öffentlich sind, ist die Erhebung eines Entgeltes nicht oder allenfalls eingeschränkt möglich.

Wenn man so den Rahmen der Leistungen abgesteckt hat, die mit Entgelten finanziert werden können (und dann im Prinzip auch sollten), gibt es allerdings einige Argumente, die diese Finanzierungsweise wiederum begrenzen. Neben den zuvor genannten in der Eigenart der kommunalen „Produkte" liegenden Grenzen gibt es noch politische Grenzen, die sich aus konfligierenden Zielen ergeben. Beispielsweise kann eine *stärkere Nachfrage nach einer Leistung erwünscht* sein, als sie bei Entgeltfinanzierung, jedenfalls wenn sie die Kosten decken soll, entfaltet würde. In diesem Fall ist ein geringeres Entgelt angezeigt, sofern die Preiselastizität der Nachfrage nach dieser Leistung genügend hoch ist. Diese Nachfrageverstärkung kann aus allokativen oder distributiven Gründen erwünscht sein.

Bei manchen öffentlichen Leistungen ist es aus *allokativen* Überlegungen wünschenswert, dass sie von möglichst vielen Bürgern in Anspruch genommen werden. Hier liegt also eine **Lenkungsabsicht (erwünschter Substitutionseffekt)** vor. Dies gilt insbesondere für Leistungen, deren Inanspruchnahme starke **externe Nutzen (benefits)** mit sich bringt und die mithin, obwohl individuell zuteilbar, eine starke **Kollektivkomponente** aufweisen. Wer z.B. eine Schutzimpfung gegen eine ansteckende Krankheit unterlässt, gefährdet nicht nur sich selbst, sondern auch andere Bürger, die nicht geimpft wurden. In solchen Fällen wird das städtische Gesundheitsamt bei einem regionalen Krankheitsausbruch bei freiwilliger Inanspruchnahme kein Entgelt verlangen, sondern wird u. U. sogar Aufklärungsmaßnahmen mit dem Ziel einer vermehrten Nachfrage betreiben. Bei sehr hohen externen Effekten (epidemischen Krankheiten) kann es sogar sinnvoll sein, die Inanspruchnahme vorzuschreiben.

Einen anderen bekannten Anwendungsfall für diese Überlegungen bietet der öffentliche Nahverkehr. Auch hier könnte der **Nulltarif** (Herabsetzung des Entgelts auf Null) mit dem Argument der Nachfragelenkung begründet werden, wenn eine Eindämmung des Individualverkehrs zugunsten des öffentlichen Personennahverkehrs aus umweltpolitischen Gründen als wünschenswert erscheint und die Senkung des Tarifs genügend zusätzliche Fahrgäste anlockt. Eine solche Maßnahme ist allerdings bei den öffentlichen Verkehrsbetrieben mit erheblichen Einnahmeausfällen verbunden, die folglich aus allgemeinen Deckungsmitteln aufgebracht werden müssten.

Unter *verteilungspolitischen* Aspekten könnten Entgelte dann unerwünscht sein, wenn die angebotenen Güter und Dienstleistungen möglichst von allen Bürgern unabhängig von ihrer Kaufkraft in Anspruch genommen werden sollen. Wenn die **Inanspruchnahme** von Leistungen sogar **vorgeschrieben** ist, wie im Falle des obligatorischen Schulbesuchs, so wird eine Entgeltfinanzierung meist als unangebracht angesehen, weil sie einer **Kopfsteuer** nahekommt, die als äußerst unsozial eingestuft wird. Dies ist das Gegenstück zu dem zuvor erwähnten Fall, in dem die Inanspruchnahme eines Sondervorteils durch Bezieher höherer Einkommen als verteilungspolitischer Anlass für eine – nach Möglichkeit auch kostendeckende – Entgelterhebung genannt wurde.

Die **fehlende Entgelterhebung**, gleich ob allokativ oder distributiv motiviert, bedeutet zugleich **fehlende Anreize** für den Bürger, auf eine effiziente Erstellung der Leistung hinzuwirken. Ein sog. **Gutschein-System (voucher system)** würde diesen Allokationseffekt einer individuell ausgeübten Nachfrage beibehalten. Der Bürger erhält, um das Beispiel des Schulbesuchs zu nehmen, einen Gutschein für den kostenlosen Besuch einer entsprechenden Schule durch sein Kind. Er wählt dann aber die Schule selbst aus und bestimmt damit das Schulangebot stärker mit. Vor allem können auf diese Weise auch privat bereitgestellte Angebote zum Zuge kommen, und das häufig zu beobachtende administrative „Zuweisen" der nächstgelegenen Schule würde unmöglich. Dieses Verfahren würde mithin sowohl die zuvor erörterte Präferenzgerechtigkeit des Angebots als auch seine Kostengünstigkeit fördern.

2. Arten von Entgeltabgaben

Die bisher geführten Argumentationen bezogen sich immer auf „die Entgeltabgaben" im allgemeinen Sinne. In der Realität gibt es jedoch sehr verschiedene Ausprägungen, die durch diesen gemeinsamen Begriff und das dahinterstehende Äquivalenzprinzip verbunden sind.

Unter Entgeltabgaben versteht man alle Einnahmearten der öffentlichen Hand, denen eine spezielle Gegenleistung gegenübersteht. Dies hebt sie zunächst einmal von den Steuern als Zwangsabgaben ohne Anspruch auf Gegenleistung ab (Zimmermann/Henke 2005, S. 18), aber auch von den Zuweisungen, die zwar gar nicht direkt vom Gemeindebürger, sondern von anderen öffentlichen Ebenen stammen, aber ebenfalls ohne Gegenleistung gewährt werden.

Wegen der Bedeutung der Marktnähe eines Entgeltes werden die verschiedenen Arten von Entgeltabgaben hier in Form einer Skala dargestellt, die nach der jeweiligen Nähe zum Marktpreis aufgebaut ist:

(1) Den Anfang bilden naturgemäß *Einnahmen aus Beteiligungen an Marktunternehmen*. Hier entstehen kommunale Einnahmen, wenn eine Gemeinde sich mit Anteilen an einem im Markt agierenden, nicht subventionierten und nicht als

Monopolist auftretenden Unternehmen beteiligt und Dividenden, Ausschüttungen o. ä. erhält. So sind Kommunen neben privaten Anlegern an Elektrizitätswerken beteiligt. Wenn eine Gemeinde hingegen eine bisher gemeindlich angebotene Leistung durch ein Privatunternehmen anbieten lässt, an dem sie keine Beteiligung besitzt, bedeutet dies einen kommunalen Einnahmenverzicht. Allerdings ist gerade diese **Lösung der Privatisierung**, wie erwähnt, meist **die ordnungspolitisch wünschenswerte**.

(2) Oft sind Kommunen Eigentümer öffentlicher Unternehmen. Diese können privatrechtlich organisiert sein (AG oder GmbH) oder als unselbständige Einheiten geführt werden (s. 3. Kap.). In jedem Fall erzielen die Kommunen, sofern sie nicht Verluste zu tragen haben, *Erwerbseinnahmen* **(Erwerbseinkünfte)**. Zu ihnen kann man – eben als Grenzfall – auch die genannten Erlöse aus Marktpreisen zählen. – Bis zu diesem Punkt erfolgt die Einnahmeerzielung ohne Einsatz hoheitlicher Gewalt. Das ist bei den folgenden Entgeltabgaben anders, die deshalb im juristischen Schrifttum auch als **„Abgaben"** bezeichnet werden (im finanzwissenschaftlichen Sinne sind sie hingegen ein Teil der Entgelt-„Abgaben" oder **Entgelteinnahmen**).

(3) Eine Kategorie, die teilweise noch Preiselemente enthält, sind die *Gebühren*. Sie werden seitens der öffentlichen Hand bei der Inanspruchnahme bestimmter öffentlicher Leistungen erhoben. Mit Blick auf die Preiselemente und damit die Nähe zu Marktvorgängen ist folgende Untereinteilung noch heute hilfreich:

– *„preisähnliche Benutzungsgebühren* (z.B. Wege- und Brückengelder, Marktstandgebühren, Müllabfuhr, Schulgeld) und
– *steuerähnliche Verwaltungsgebühren* (z.B. Gebühren für Auskünfte und Amtshandlungen, Gerichtsgebühren, Grundbuchgebühren)" (Schmölders 1970a, S. 299).

Während die erste Kategorie einen Spielraum hinsichtlich der Inanspruchnahme der öffentlichen Leistung belässt, ist dieser bei vielen öffentlichen Verwaltungsleistungen nicht mehr gegeben. Beurkundungen auf dem Standesamt oder Eintragungen im Grundbuch sind staatliche Leistungen, auf die der Staatsbürger kaum oder gar nicht verzichten kann, so dass eine Nachfragevariation aufgrund des Preises nicht erfolgt.

(4) Ebenfalls einen geringen Freiheitsgrad weisen die *Beiträge* auf. Sie werden zur Finanzierung öffentlicher Maßnahmen, vor allem für Erschließungsmaßnahmen in den Baugebieten einer Gemeinde, erhoben (**Erschließungsbeiträge**). Dies geschieht gesamthaft bei solchen Gruppen von Wirtschaftssubjekten, die als nahezu ausschließliche Benutzer angesehen werden. Damit stellen sie zwar ebenfalls Entgelte für spezielle Leistungen dar, aber die **Leistung** kann

nicht individuell, sondern **nur gruppenbezogen zugerechnet** werden. Ökonomisch interpretiert gilt das **Ausschlussprinzip** nur für die Gruppe, nicht für das Individuum, weshalb man durch Beiträge finanzierte Güter auch zu den **Clubgütern** zählen kann (Homburg 2007, S. 2; zu den Clubgütern s. 2. Kap., Kasten 2.2). – Die Beiträge unterscheiden sich von den Gebühren auch durch den Verwendungszweck. Während Gebühren ein Entgelt für laufende Kosten darstellen, dienen Beiträge der **Finanzierung eines einmaligen öffentlichen Investitionsaufwands**. Dementsprechend werden in Deutschland im kameralistischen System die Gebühren in den Verwaltungshaushalt eingestellt und die Beiträge in den Vermögenshaushalt (s. 6. Kap.).

Mit Blick auf die vorhandene greifbare Gegenleistung und den preisähnlichen Charakter rangieren Beiträge bei der Marktnähe wohl noch vor den „steuerähnlichen Verwaltungsgebühren", die somit bei feinerer Unteraufteilung das Ende der Skala und den Übergang zur Steuerfinanzierung darstellen würden. Dort wiederum bilden den Einstieg – mit noch geringfügigem Entgeltcharakter – diejenigen Steuern, die mit Blick auf eine bestimmte Ausgabenart und ihren Gegenleistungscharakter gerechtfertigt werden können **(Sondersteuern)**. Ein Beispiel bietet auf der zentralstaatlichen Ebene die Mineralölsteuer, soweit man sie als Abgeltung der Wegekosten ansieht, die durch Straßenbau und -unterhaltung hervorgerufen werden.

3. Die Festsetzung der Entgelthöhe

Dass die Frage, wie hoch eine Entgeltabgabe angesetzt werden solle, nicht einfach zu beantworten ist, wird schon mit Blick auf die Skala nach der Marktnähe deutlich. Bei einem Marktpreis gibt es überhaupt keine „Festsetzung", sondern die Preisbildung erfolgt am Markt. Geht man von diesem eindeutigen Fall weg, so ist nach **Kriterien** zu suchen, die bei der **Festlegung der Abgabenhöhe** hilfreich sein könnten. Dabei ist zwischen einem Idealfall und der Praxis, die oft Zielkonflikte lösen muss, zu unterscheiden.

Im Prinzip sollen Entgeltabgaben so wie Marktpreise ausgestaltet sein: Der Preis für eine Einheit der bereitgestellten Leistungen sollte so hoch sein wie die zusätzlichen Kosten, die die Produktion dieser zusätzlichen Einheit hervorruft. Die Wirkung dieser **Regel „Preis=Grenzkosten"** liegt darin, dass der Nutzer (Nachfrager, Konsument) der Leistungen nunmehr abwägt, ob ihm die Inanspruchnahme einer zusätzlichen Leistung die zusätzlichen Kosten wert ist, die er für die Gemeinde (und damit die Volkswirtschaft im Ganzen) hervorruft. Sofern die Nachfrage dann auch erfolgt, ist dies insoweit gesamtwirtschaftlich effizient, als die Grenzkosten seinem Grenznutzen entsprechen. Der Vorgang ist also **analog** dem **der fiska-**

lischen Äquivalenz zu sehen, nur dass es dort um öffentliche Güter geht, die alle Gemeindemitglieder simultan nutzen, während hier individuell zurechenbare Güter betrachtet werden.

Voraussetzung für das Wirksamwerden dieses Kalküls ist allerdings u. a.:

- Der *Nutzer* ist ohne größeren Aufwand *identifizierbar*.
- Die zusätzlichen *Kosten* lassen sich befriedigend genau *ermitteln*.
- Der *Nutzen kommt nur ihm zugute*. Für die übrigen Gemeindeeinwohner bringt sein Konsum weder Nutzen noch Schaden in nennenswertem Umfang, d. h. es entstehen *keine erheblichen externen Effekte*.

Während die ersten beiden Aspekte eher technisch-organisatorische Grenzen bezeichnen, ist der dritte Aspekt grundsätzlicher Art. Der Nutzen einer entgeltfähigen kommunalen Leistung kann außer dem individuellen Nutzer auch Anderen zugute kommen. Dabei stehen hier gemeindeinterne Betroffene und mithin *intraregionale externe Effekte* im Vordergrund; die im dritten Kapitel besprochenen **interregionalen externen Effekte** treten möglicherweise hinzu. Eine gute funktionierende Müllabfuhr reduziert die Geruchsbelastung und Krankheitsgefahr für alle Gemeindebewohner, ein Park bringt auch für Nicht-Nutzer bessere Luft, und eine Straße ist auch für den Nicht-Autofahrer wichtig, weil die Güter infolge der verbesserten Transportbedingungen billiger werden und Freunde ihn besuchen können. Soweit der Nutzen sich auch auf Nicht-Nutzer verteilt, würde das gemeindliche Angebot zu klein ausfallen, wenn man es nur an der Zahlungsbereitschaft der direkten Nutznießer ausrichtet.[87] Einen Teil der Kosten wird man dann über Steuern finanzieren.

Weitere Aufgaben sind zu lösen,[88] wenn zur Bereitstellung einer Leistung nicht überwiegend nur laufende Kosten anfallen (die man der einzelnen Leistung leicht zurechnen kann wie etwa im Bereich der kostenpflichtigen Verwaltungsakte), sondern wenn erhebliche Infrastrukturinvestitionen, beispielsweise in Ver- und Entsorgungsnetze, dafür erforderlich sind:

- Zum einen treten dann wegen der zuvor besprochenen **Skaleneffekte (economies of scale**, s. 2. Kap.) häufig *sinkende Grenzkosten* auf. Wenn man in einem solchen Fall, der auf ein sog. **natürliches Monopol** hindeutet, den Preis an den Grenzkosten ausrichtet, dann decken diese – ständig weiter sinkenden

87 Zur graphischen Veranschaulichung siehe etwa Fisher 2007, S. 176.

88 Zur Frage der Bestimmung der Entgelthöhe sowie zur Preisbildung im öffentlichen Unternehmen gibt es eine detaillierte Literatur. Zum Einstieg siehe etwa Blankart 2008, 21. Kapitel, und Fisher 2007, S. 174 ff. Zu den ökonomischen Grundlagen s. Bös 1989 und zur deutschen Situation Färber 2000.

– Grenzkosten die Durchschnittskosten nicht und machen das Vorhaben unrentabel. Hier sind demzufolge andere Preisregeln erforderlich.

- Zum anderen kann es dann sinnvoll sein, *zwei Preise* zu erheben. – Der eine deckt das **Vorhandensein der Infrastruktur** ab, beispielsweise die bereitgestellte Wasserleitung bis zum Hausanschluss. Der zweite lastet die Kosten der **laufenden Nutzung**, im Beispiel also der Wasserentnahme, an und kann hier wiederum an den Grenzkosten ausgerichtet werden.

Die bisherigen Argumente waren allokativ begründet. Nicht zuletzt wird die Höhe der Entgelte aber auch von verteilungspolitischen Überlegungen beeinflusst. Dabei ist aber zunächst immer zu prüfen, ob der positive Beitrag zum *Verteilungsziel* den Effizienzverlust aufwiegt, den ein Abweichen vom Knappheitspreis mit sich bringt. Schließlich ist es auch möglich, das Verteilungsziel abseits der Entgelte durch den Einsatz von Steuern und Sozialtransfers zu verfolgen. Eine stärkere Kostendeckung bei Gebühren, die auch Bezieher niedriger Einkommen zahlen, kann dann durch Veränderung dieser Steuern und Transfers kompensiert werden.[89] Im Übrigen kann man zum wünschenswerten Ausmaß solcher verteilungspolitischen Korrekturen an den Entgelten wenig ökonomisch Fundiertes sagen, und vielleicht wird aus diesem Grunde die Festsetzung von Entgelten oft als weitgehend politisch determiniert angesehen.

II. Entgeltabgaben und Kostendeckungsgrade in Deutschland

Um auch hier wieder mit dem Autonomieaspekt zu beginnen: In Deutschland sind die Kommunen unterschiedlich frei darin, Entgelte zu erheben, je nachdem um welche entgeltfähige Leistung es sich handelt. In einigen Fällen unterliegen sie der Gesetzgebungshoheit des Bundes (z.B. Passwesen), in anderen der der Bundesländer. Die dritte und wichtigste Klasse von Fällen betrifft die Entgelte, die die Gemeinde kraft ihrer Satzungshoheit erheben darf.

Auf die Ausgestaltung aller dieser gemeindlichen Gebühren und Beiträge (die hier im Vordergrund stehen) nehmen die Länder mit Hilfe ihrer **Kommunalabgabengesetze** Einfluss. Diese regeln allerdings weniger, in welchen Bereichen die Gebühren erhoben oder nicht erhoben werden dürfen, sondern treffen genaue Anordnungen für den Fall, dass eine Gebühr bzw. ein Beitrag erhoben wird und nunmehr die konkrete Ausgestaltung zur Entscheidung ansteht. Hierbei zu klärende Fragen lauten, welche Kosten bei der Bemessung der Gebühr berücksichtigt werden dürfen usf.

---

89 Zur Systematik dieser „compensations“ s. Foster/Jackman/Perlman 1980, S. 513 ff.

Die Erzielung von **Erwerbseinkünften** ist den Gemeinden ohnehin nicht vollkommen freigestellt. Die grundsätzliche ordnungspolitische Entscheidung, privaten Angeboten den Vorrang zu geben, sollte sich in einer Einschränkung dieser Möglichkeiten, Erwerbseinkünfte zu erzielen, niederschlagen (Döring/Wohltmann 1999). Die Gemeindeordnung kann vorsehen, dass die Gemeinde wirtschaftliche Unternehmen errichten darf, wenn ein dringender **öffentlicher Zweck** dies erfordert, dieser Zweck durch private Unternehmen nicht besser und wirtschaftlicher erfüllt werden kann und das Unternehmen nach Art und Umfang in einem angemessenen Verhältnis zur Leistungsfähigkeit der Gemeinde und zum voraussichtlichen Bedarf steht.[90] Im Übrigen aber sind typischerweise nach den Gemeindeordnungen erst Entgelte einzusetzen, bevor Steuern erhoben werden. Insofern steht einer stärkeren Ausnutzung dieser Einnahmeart mit ihrem **hohen Autonomiegrad** wohl kein rechtliches Hemmnis entgegen.

In Tabelle 4.2 ist ein Ausschnitt der Entgelterhebung für die Bundesrepublik Deutschland wiedergegeben: die hauptsächlichen **Gebührenhaushalte**. Die Tabelle umfasst nur eine Auswahl der deutschen Gemeinden und nicht alle der kleineren Gebührenhaushalte, und auch Beiträge und Erwerbseinkünfte sind nicht einbezogen. In der zweiten Spalte ist das Gewicht dieser einzelnen Gebührenhaushalte wiedergegeben. Nach dem Gebührenaufkommen dominieren die beiden Bereiche der Abwasserbeseitigung und Abfallbeseitigung mit weit mehr als der Hälfte der Gebühreneinnahmen (Gemeindefinanzbericht 2006, S. 20, Übersicht 9). Die übrigen Posten sind deutlich geringer. Dies bedeutet allerdings nicht, dass die Ausgaben für diese Leistungen gering sind. Ein **geringer Kostendeckungsgrad** (jeweils erste Spalte) bedeutet einen **hohen Zuschuss** aus den allgemeinen Finanzmitteln der Gemeinde.[91] Die Benutzungsgebühren sind 2005 gegenüber 1980 in fast allen Gebührenhaushalten gestiegen, z. T. sogar erheblich. Die Steigerungsraten der Gebühren liegen deutlich über den Steigerungen der Ausgaben des Verwaltungshaushaltes.

Neben den Gebührenhaushalten sind die **Beitragshaushalte** zu nennen. In Tabelle 4.1 (s. oben) zeigte sich, dass sie 2005 weniger als 2 % der Gesamteinnahmen ausmachten, im Gegensatz zu den Gebühren mit 11 %. Aus Beiträgen wird insbesondere die Erschließung von Neubaugebieten finanziert.

Als dritte wichtige Entgeltabgabe sind die **Erwerbseinnahmen** zu nennen, die nach Tabelle 4.1 im Jahre 2005 mit 6 % sogar höher lagen als die Beiträge. Darunter bildet die **Konzessionsabgabe** mit 2 % den größten Einzelposten und macht

90 So etwa Hessische Gemeindeordnung, § 121 Abs. 1.

91 Zur Diskussion um die Kriterien für die Gebührenhöhe in Deutschland s. Gawel 1995.

Tab. 4.2: Kommunale Gebührenhaushalte und ihre Kostendeckungsgrade [1], Bundesrepublik Deutschland, 1980 und 2005

	Kostendeckungsgrade[2]	
Einrichtungen	1980 %	2005 %
Abwasserbeseitigung	83,9	87,7
Abfallbeseitigung	95,5	92,1
Friedhöfe	59,4	71,2
Tageseinrichtungen für Kinder		11,9
Rettungsdienst		85,0
Straßenreinigung	54,5	69,6
Theater	11,4[3]	11,6
Bäder	18,2	21,4
Volkshochschulen	17,6	34,7
Museen	6,5	6,8
Büchereien		6,8
Musikschulen	24,6	36,0

1) Ergebnis von Umfragen bei den unmittelbaren Mitgliedstädten des Deutschen Städtetages in den alten Ländern. – 2) Anteil der Benutzungsgebühren u. ä. Entgelte an den Ausgaben des Verwaltungshaushalts dieses Aufgabenbereichs. – 3) Einschließlich Konzerte.

Zusammenstellung und Berechnungen des Deutschen Städtetages nach Angaben der Städte und des Statistischen Bundesamtes.

Quelle: Gemeindefinanzbericht 1981, S. 19, und 2006, S. 21.

mehr aus als die gesamten Beiträge. Sie wird für das Recht der Versorgungsunternehmen (Gas, Wasser, Elektrizität) erhoben, ihre „Produkte“ durch das auf Gemeindegebiet befindliche Netz zu leiten.[92] Da damit meist ein Monopol verbunden ist, wird sie auch als teilweise Abführung von **Monopolgewinnen** interpretiert. Ihre Erhebung unter EU-Recht ist mit der Novelle des Energiewirtschaftsgesetzes vom Frühjahr 1998 zwar für einige Jahre gesichert, auf Dauer aber eher gefährdet.

92 Unten in Tabelle 4.5 findet sich für 2003 eine Aufteilung der Konzessionsabgabe auf Typen kommunaler Unternehmen.

Aufs Ganze gesehen sind in den deutschen Kommunen die Entgeltabgaben in der vergangenen Zeit eher gestiegen. Dennoch ist hier in einigen Gebührenhaushalten sicherlich noch Spielraum für weitere Erhöhungen. Dies gilt insbesondere, wenn man sich vor Augen führt, dass Verteilungspolitik mit Hilfe **niedriger Kostendeckungsgrade** kein gutes Instrument ist, weil sie auf Kosten der Abwägungsmöglichkeit des Bürgers geht, seinen Wunsch nach mehr Leistung mit den verursachten zusätzlichen Kosten abzuwägen. Dieser **allokativ verzerrende Eingriff** in die „Faktorkosten" der öffentlichen Leistung ist somit als nicht marktkonform zu bezeichnen.

C. Steuern als gemeindliche Einnahmequelle

I. Grundsätzliche Aspekte der Gestaltung eines Gemeindesteuersystems

Für eine Gemeindeebene, die nach dem Prinzip der fiskalischen Äquivalenz vor ihren Bürgern für die Finanzierung der gewünschten Ausgaben einstehen soll, sind Steuern die wichtigste Einnahmequelle.[93] Demgegenüber sind die zuvor erörterten Entgeltabgaben von der Möglichkeit her, sie überhaupt zu erheben, stark eingegrenzt, die Schuldaufnahme ist eine problematische Einnahmeart, und Zuweisungen sollten nur eine eher ergänzende Funktion ausüben. Steuern stehen in diesem Kapitel daher im Vordergrund. Ehe auf die einzelnen Arten von Gemeindesteuern eingegangen wird, soll aber eine übergeordnete Fragestellung angesprochen werden. Die Steuern der Gemeinden können nicht isoliert betrachtet werden, sondern müssen im Zusammenhang mit den Besteuerungsrechten der anderen Ebenen gesehen werden. Dies geschieht mittels des Vergleichs verschiedener Einnahmesysteme.

1. Vertikale Einnahmesysteme:[94] Auf welche Weise sollen Gemeinden ihre Steuern erhalten?

a) Der Autonomiegehalt der einzelnen vertikalen Einnahmesysteme

In der Analyse des Föderalismus werden verschiedene Systeme der Zuordnung von steuerlichen Kompetenzen auf die dezentrale Ebene (Bundesländer oder Gemeinden) unterschieden. Durch sie wird die sog. Steuerhoheit in unterschiedlicher

93 Dies durchzieht die ökonomische Literatur zum Föderalismus, explizit etwa in Peffekoven 1996, S. 30. – Vgl. auch aus eher politologischer Sicht Peterson 1995, S. 14.

94 Die folgenden Ausführungen zum Teil nach Zimmermann/Henke 2005, S. 205 ff.

Abb 4.1: Mögliche Zuordnung von Einnahmen auf die Gemeindeebene

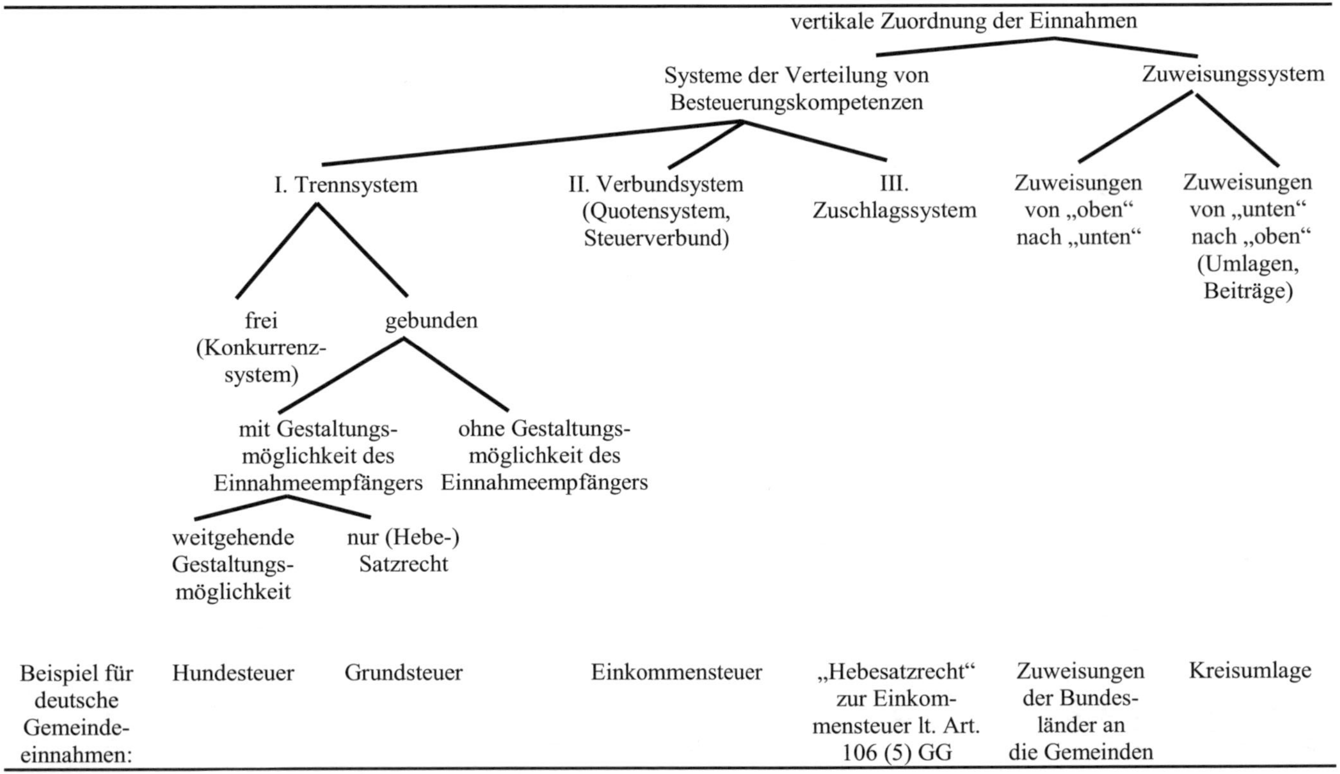

Quelle: Modifiziert übernommen aus Zimmermann/Henke 2005, S. 208.

Weise den Gebietskörperschaften, in diesem Falle also der Gemeindeebene, zugeordnet (s. Abb. 4.1). Die Zuordnung der Steuerhoheit umfasst drei Elemente:

(1) *Gesetzgebungshoheit.* – Zu ihr gehören
- die *Objekthoheit* **(Steuererfindungsrecht)**, d.h. das Recht zur Einführung und Abschaffung von Steuern, und
- die *Gestaltungshoheit* (z.B. Abgrenzung der Bemessungsgrundlage, Umfang der Steuerpflicht und Bestimmung des Tarifs).

(2) *Ertragshoheit (Aufkommenshoheit).* – Festlegung, welcher Ebene von Gebietskörperschaften das Steueraufkommen zufließen soll.

(3) *Verwaltungshoheit (Durchführungshoheit).* – Festlegung, durch wessen Verwaltung die Steuer eingezogen werden soll.

Im Folgenden stehen Ertrags- und Gesetzgebungshoheit im Vordergrund, weil die Verwaltungshoheit im Hinblick auf die Beurteilungsmaßstäbe für Gemeindesteuern nur eine geringe Bedeutung hat.

Die Praxis des Föderalismus in einem Land sieht dann in der Regel so aus, dass mehrere – analytisch an und für sich unterscheidbare – vertikale Einnahmenausgleichssysteme nebeneinander bestehen. Das eine Ende einer – auch hier aufstellbaren – **Skala nach dem Autonomiegrad** für die dezentrale Ebene stellt das Trennsystem dar.

b) Trennsysteme

Wenn vorgesehen ist, den einzelnen Gemeinden ein hohes Maß an Einnahmenautonomie zu überlassen, so ist eine Form des sog. Trennsystems angebracht (vgl. Abb. 4.1). Hier steht der Gemeindeebene der volle Ertrag einer Steuerart zu, allenfalls muss sie einen gewissen Anteil nach oben abführen (wie dies bei der Gewerbesteuer der Fall ist). In seiner extremen Form, dem sog. *Konkurrenzsystem* oder *freien (ungebundenen) Trennsystem* kann jede Gemeinde sowohl die Art der Steuer als auch ihre Höhe autonom bestimmen. Hierhin gehört das sog. Steuererfindungsrecht der Gemeinden.

Wegen der möglichen negativen Auswirkungen findet man in der Praxis häufiger andere, stärker koordinierte Systeme, vor allem Elemente eines gemilderten Trennsystems *(gebundene Trennsysteme).* Bei diesem Einnahmensystem sind für die Gemeinden die Steuern der Art nach durch den Oberverband festgelegt, d.h. bei ihm liegt die Objekthoheit, und den Gemeinden steht der Ertrag dieser Steuern zu. Mehrere *Ausprägungen* sind denkbar:

- Bei einer ersten Form des gebundenen Trennsystems ist für eine Gebietskörperschaftsebene die Steuer, die sie erheben kann, *nur der Art nach eingegrenzt*. Ein Beispiel auf der Gemeindeebene sind hier kleinere Gemeindesteuern, die in Deutschland das Land der Art nach für seine Gemeinden vorsehen kann. Ob und gegebenenfalls in welcher Ausgestaltung die Steuer erhoben wird, ist dann der Gemeinde überlassen.
- Bei einer zweiten Form des gebundenen Trennsystems kann die *Gemeinde lediglich den Satz der Steuer variieren*, während die Gesetzgebungshoheit auf einer anderen Ebene liegt. Dies gilt für die deutsche Gewerbe- und Grundsteuer, bei der die einzelne Gemeinde das sog. **Hebesatzrecht** besitzt.
- Schließlich gibt es als dritte Form des gebundenen Trennsystems die Möglichkeit, dass die *Gemeinde überhaupt keine Gestaltungsmöglichkeit* hat.

c) Verbund- und Zuschlagssysteme

Wenn sich mehrere Ebenen von Gebietskörperschaften das Aufkommen einer oder mehrerer Steuern teilen, wird von *Verbund- oder Quotensystemen (Steuerverbund)* gesprochen. **Verbundsteuern (Steuern mit geteilter Ertragshoheit)** machten in der Bundesrepublik Deutschland mehr als 75 % des gesamten Steueraufkommens aus (Zimmermann/Henke 2005, S. 209). Daher ist dem Für und Wider eines Steuerverbunds generell große Aufmerksamkeit zu widmen[95]. Auch die Gemeinden sind mit ihrem größten Steuerbetrag, dem Einkommensteueranteil, in diesen Verbund einbezogen, und auch die Gewerbesteuer weist durch die Gewerbesteuerumlage Verbundcharakter auf (zum sog. Anteil an der Umsatzsteuer s. unten C V).

Ein Vorteil eines Verbundsystems liegt sicherlich darin, dass die beteiligten Ebenen gemeinsam von Schwankungen im Aufkommen dieser Steuern betroffen sind, d.h. der ‚fiscal gap' kann sich insoweit nicht weiter vergrößern. Weiterhin wird eine einheitliche Steuergesetzgebung gewährleistet, was **niedrige Erhebungskosten** für die Finanzverwaltung mit sich bringt, aber auch **niedrige Entrichtungskosten** etwa für Unternehmen mit Betrieben in mehreren Gemeinden. Außerdem wird eine Anpassung an veränderte Finanzbedarfe der Ebenen über sog. Revisionsklauseln möglich, mit denen die Anteile geändert werden können.

Gegen das Verbundsystem spricht die **mangelnde Autonomie** der beteiligten Gebietskörperschaften schon insofern, als sie jedenfalls die Ausgestaltung der Bemessungsgrundlage gar nicht beeinflussen können. Ein Bundesgesetz, das dies

95 Siehe ausführlich Zimmermann 2005b (1). Zum Für und Wider des Steuerverbundes siehe auch Peffekoven 1980, S. 621 f., sowie King 1984, S. 237 ff. zum deutschen System.

festlegt, unterliegt Bundesinteressen, und die führen, wie die deutsche Erfahrung lehrt (s. unten zur Gewerbesteuer) keineswegs automatisch zu guten Gemeindesteuern. Eine starke Beeinträchtigung der fiskalischen Äquivalenz liegt dann vor, wenn die einzelne Gebietskörperschaft ihre Einnahmen der Höhe nach nicht den gewünschten Aufgaben anpassen kann, d.h. wenn sie kein Steuersatzrecht (Hebesatzrecht) hat. Der **Anreiz zur Pflege** und Ausschöpfung **der eigenen Steuerquellen** ist zwar auch ohne ein solches Steuersatzrecht vorhanden, fällt aber geringer als bei eigenem Steuersatzrecht aus, weil die Steuerquelle nur in standardisierter Form, also mit dem überregional festgelegten Gemeindeanteil, zu Gemeindeeinnahmen führt. Voraussetzung für den wichtigen Anreiz, die gemeindeeigenen Steuerquellen zu pflegen, ist aber in jedem Falle, dass das Aufkommen aus dem **Anteil nach dem örtlichen Aufkommen (derivation principle)** verteilt wird (s. unten Einkommensteueranteil und Umsatzsteuer).

Das **Steuersatzrecht (Hebesatzrecht)** kann in einem Verbundsystem unterschiedlich ausgestaltet werden. Wenn man mit einem System wie in Deutschland, das zunächst ohne solches Recht bestand, begonnen hat, können die untergeordneten Gebietskörperschaften Zu- und Abschläge auf die Steuerschuld, ggf. im Rahmen einer festgelegten Variationsbreite, vornehmen (Wissenschaftlicher Beirat 1992, S. 100). Dies bietet sich beim deutschen Einkommensteueranteil der Gemeinden an (s. unten C III b).

Eine andere Möglichkeit besteht im *Zuschlagssystem*. Hier besitzt eine Gebietskörperschaftsebene die Gesetzgebungshoheit, während die Gemeinden autonom einen Zuschlag erheben können (**piggy backing**). Beide Ebenen erhalten also Erträge aus dieser Steuer. Der Vorteil dieses Systems liegt darin, dass hier die Zuschläge noch stärker dem örtlichen Finanzbedarf angepasst werden können und daher dem Prinzip der fiskalischen Äquivalenz förderlich sind. Allerdings kann ein unkoordiniertes und unbegrenztes „Aufpacken" auf dieselbe Steuerbasis, wenn jede Ebene ihre eigenen Steuereinnahmen maximiert, zu **„vertikalen Steuerexternalitäten"** in dem Sinne führen, dass insgesamt eine höhere Steuerbelastung resultiert (Wrede 1997, S. 587), als wenn die Bürger hierüber gesamthaft befunden hätten.

d) Zuweisungssysteme

Über die Ebene der vertikalen Steuerverteilung hinaus zählen auch die sog. Zuweisungssysteme zu den Einnahmesystemen. Quantitativ sind sie in Deutschland gerade für die Gemeindeebene von besonderer Bedeutung, wie der Anteil der Zuweisungen an den Gemeindeeinnahmen zeigt (s. oben Tab. 4.1). Diese Systeme werden im folgenden Kapitel ausführlich behandelt. Am bedeutsamsten sind für die Gemeinden die **Zuweisungen von „oben" nach „unten"**, weil sie die Zuweisungen des Landes an die Gemeindeebene enthalten. Doch auch die Zuweisungen **von „unten" nach „oben"** sind zu erwähnen, weil insbesondere die **Kreisumlage** der kreisangehörigen Gemeinden an den Landkreis einen wichtigen Finanzstrom darstellen.

Das Zuweisungssystem ist auf einer Skala dieser Einnahmensysteme nach dem Grad an dezentraler Autonomie ein Einnahmesystem mit **geringem föderativen Gehalt**. Das zeigt sich daran, dass nur eine Ebene am Wachstum der Steuerquellen beteiligt ist, während die einzelne Gemeinde als „Zuweisungsempfänger" in der Regel lediglich absolute, nicht anteilig festgesetzte Beträge an diesen Steuern erhält. Außerdem ist dieser Zufluss der laufenden Gesetzgebung des Landes unterworfen und nicht wie ein Besteuerungsrecht langfristig oder vielleicht sogar grundgesetzlich abgesichert.

Innerhalb dieser vertikalen Einnahmesysteme finden sich im jeweiligen Staat dann die einzelnen Gemeindesteuern. Wie sie zu beurteilen sind, ist Gegenstand der folgenden Ausführungen.

2. Beurteilungsmaßstäbe für Gemeindesteuern

a) Aufgabe dieses Teils und Kennzeichnung einer Gemeindesteuer

Nicht alle früher einmal eingeführten kommunalen Steuern haben sich bewährt. Während einige von ihnen sehr bald wieder abgeschafft wurden – so hatte Großbritannien 1990 bis 1993 für kurze Zeit mit der **„poll tax"** eine Art kommunaler Kopfsteuer (Smith 1991) -, gibt es einige von ihnen seit langer Zeit. Es bedarf also einer entsprechenden Prüfung, ob eine Steuer als Gemeindesteuer geeignet ist.
Eine solche Prüfung kann aus mehreren Anlässen erforderlich werden. Wenn beispielsweise in einem Land Unzufriedenheit mit den bestehenden Gemeindesteuern herrscht oder die vorhandenen gemeindlichen Steuerquellen als zu gering angesehen werden, sind neue Gemeindesteuern gefragt; das gilt insbesondere in denjenigen Entwicklungs- und Transformationsländern, die der lokalen Ebene ein stärkeres Gewicht geben wollen (siehe 7. Kapitel). Solche Bemühungen um fiskalische Dezentralisierung (fiscal decentralization) richten sich, nachdem die Hauptfrage der Zuordnung der richtigen Aufgaben und Ausgaben geklärt ist, auf die der Gemeinde zuzuweisenden Steuerquellen. Im Gegensatz zu den Aufgaben und Ausgaben, die in erheblichem Maße politisch determiniert sind, ist es möglich, über die zweckmäßigen Gemeindesteuern generalisierende Aussagen zu machen, weil man auf einige Prinzipien und auf internationale Erfahrungen bei der Auswahl solcher Gemeindesteuern zurückgreifen kann.

b) Die Beurteilungsmaßstäbe im Überblick

Steuern als Einnahmeinstrumente bestehen aus einem umfangreichen Bündel existierender und denkbarer Einzeleinnahmen, die nur durch das gemeinsame Merkmal einer Zwangsabgabe ohne Anspruch auf Gegenleistung (Zimmermann/Henke 2005, S. 18) gekennzeichnet sind. Während für die Zentralebene fast alle Steuern geeignet sind, lässt sich dies für eine dezentrale Ebene nicht in gleicher Weise sagen. Um die Frage nach der grundsätzlichen Eignung von Steuern als Gemeindesteuern bzw. nach der sinnvollen Konstruktion eines kommunalen Steuersystems zu beantworten, bedarf es der Offenlegung von Beurteilungsmaßstäben. In Abbildung 4.2 wird ein Überblick über die hierfür wichtigen Besteuerungspostulate gegeben.

Abb. 4.2: Beurteilungsmaßstäbe für Gemeindesteuern

Anforderungen, die an jede Steuer bzw. an ein 'rationales' Steuersystem gestellt werden	Anforderungen, die für Steuern der unteren Gebietskörperschaftsebene (hier Gemeinden) spezifisch sind	
	Vertikaler Begründungsrahmen	*Horizontaler Begründungsrahmen*
– Fiskalische Ergiebigkeit und Kostengünstigkeit – Anstreben des Allokationsziels – Abstimmung auf Stabilisierungs- und Wachstumsziele – Berücksichtigung von Gerechtigkeitszielen	– Fühlbarkeit – örtliche Radizierbarkeit – Interessenausgleich – geringe Konjunkturreagibilität – proportionale Wachstumsreagibilität	– Vermeiden unnötiger Wanderungen – Beweglichkeit – bedarfsgerechte interkommunale Steuerkraftverteilung

Dort werden die Beurteilungskriterien kommunaler Steuern zunächst danach unterschieden, ob sie sich grundsätzlich auf **alle Steuern** bzw. das Gesamtsteuersystem beziehen, also auch Bundessteuern einschließen, oder ob sie für **Steuern untergeordneter Gebietskörperschaften**, hier in erster Linie der Gemeinden, spezifisch sind. Die erstgenannten Postulate haben sich aus der finanzwissenschaftlichen Diskussion über die Konstruktion eines **„rationalen" Steuersystems** für den Gesamtstaat ergeben. Diese Problematik, die einen zentralen Erkenntnisbereich der finanzwissenschaftlichen Steuerlehre ausmacht, soll hier nur insoweit angesprochen werden, als Folgerungen aus den prinzipiell alle Steuern betreffenden Besteuerungsprinzipien für kommunale Steuern zu ziehen sind.

Die für Gemeindesteuern spezifischen Besteuerungspostulate werden im rechten Teil des Schemas weiterhin danach unterschieden, ob sich ihre Begründung vorwiegend aus der Andersartigkeit kommunaler Steuerzwecke gegenüber übergeordneten, insbesondere zentralstaatlichen Steuerzwecken ergibt (**vertikaler Begründungsrahmen**) oder ob sich diese Postulate allein aus der vergleichenden Betrachtung der Gemeinden untereinander ableiten (**horizontaler Begründungsrahmen**). Im erstgenannten Fall entstammen somit die Besteuerungspostulate letztlich der Diskussion um das Für und Wider eines föderativen Staatsaufbaus, denn der Bezugspunkt der Argumentation sind hauptsächlich die unterschiedlichen Gebietskörperschaftsebenen. Die horizontal orientierten Besteuerungsprinzipien sind zwar grundsätzlich auch vor dem Hintergrund eines föderativen Staatsaufbaus zu sehen; doch wird hier nicht auf die Gemeindeebene als Ganzes abgestellt, sondern auf das Gefüge der Gemeinden.

c) Allgemeine Steuerprinzipien in ihrer Bedeutung für Gemeindesteuern

Die Anforderungen, die prinzipiell an jede Steuer, gleich ob Bundes-, Landes- oder Gemeindesteuer, bzw. die an ein Steuersystem insgesamt gestellt werden müssen, gelten dementsprechend auch für kommunale Steuern. Allenfalls werfen sie die eine oder andere besondere Frage auf, und es kann zu Konflikten kommen, wenn man diese Steuerprinzipien auf die Steuern aller Ebenen gleichermaßen anwenden will.

– Fiskalische Ergiebigkeit und Kostengünstigkeit –

Diese Möglichkeit des Konflikts gilt bereits für die so selbstverständlich klingende Forderung, dass Steuern ausreichende Einnahmen erbringen sollen. Wie erwähnt, erhält die Gemeindeebene oft gerade nicht ausreichende Steuerquellen zugewiesen, weil die oberen Ebenen sich kraft ihrer gesetzgeberischen Vorrangstellung zuerst bedienen.

Unter **fiskalischer Ergiebigkeit** ist zweckmäßigerweise die **Nettoergiebigkeit** zu verstehen, d.h. das Aufkommen abzüglich der verursachten Erhebungskosten des

Fiskus und der Entrichtungskosten des Zensiten.[96] Dieser Grundsatz der Kostengünstigkeit, der also die **Erhebungsbilligkeit** und die **Entrichtungsbilligkeit** umfasst, gilt wie für jede Steuer auch für die Gemeindesteuer. Er wird sich beispielsweise bei Beurteilung der sog. kleinen Gemeindesteuern als wichtig erweisen.

Probleme können hier allerdings im Zusammenhang mit anderen Zielsetzungen auftreten. So kann es aus dem Blickwinkel einer weitgehenden gemeindlichen Einnahmeautonomie angebracht sein, auch die Verwaltungshoheit einer kommunalen Steuer den Gemeinden zuzusprechen, obwohl das möglicherweise diesem Grundsatz zuwiderlaufen kann. Generell wird man aber die **Verwaltungshoheit** eben wegen dieses Grundsatzes **oft einer höheren Ebene** überantworten, zumal hiermit der geringere Verlust an kommunaler Finanzautonomie verbunden ist, verglichen mit der Ertrags- oder Gesetzgebungshoheit.

– Anstreben des Allokationsziels –

Das Allokations- oder Effizienzziel wurde im zweiten Kapitel aus einer ökonomischen Perspektive heraus als besonders wichtiges Ziel bezeichnet: Die verfügbaren Ressourcen in einer Volkswirtschaft sind so einzusetzen, dass die Bürger ihren Präferenzen entsprechend und möglichst kostengünstig mit privaten und öffentlichen Gütern versorgt werden. Unter diesem weitgefassten Ziel werden mit Blick auf Gemeindesteuern zahlreiche Spezialeffekte untersucht, von denen hier bzw. weiter unten nur einige angesprochen werden:[97]

- die Betonung des Äquivalenzprinzips,
- die Vermeidung von Zusatzlast und – zur späteren Behandlung –
- das Vermeiden unnötiger Wanderungen (s. unten Teil e) sowie
- das Erzielen eines Lenkungseffekts seitens der einzelnen Gemeinde, beispielsweise unter Umweltzielen (6. Kap.).

Bedeutung des Äquivalenzprinzips für die Gemeindesteuern. – Unter dem zuvor erörterten *Äquivalenzprinzip* werden öffentliche Einnahmen als Gegenleistung für die Vorteile aus öffentlichen Leistungen erhoben. Die dadurch zu erwartenden **Effizienzvorteile** (Abwägung von Nutzen der Leistung gegen zu leistende Zahlung) zeigen den Allokationsbezug. Obwohl dieses Argument vor allem Entgelte betrifft, ist es auch für die Ausgestaltung kommunaler Steuern wichtig (Homburg 2007, S. 8), denn zusätzlich tritt das **Äquivalenzprinzip in seiner lokalen Aus-**

---

96 Diese eher monetären Entrichtungskosten der Zensiten, zu denen beispielsweise die betrieblichen Aufwendungen zur Ermittlung der zu zahlenden Steuern rechnen, umfassen nicht die Anpassungskosten allgemeiner Art wie etwa die anschließend erörterte Zusatzlast.

97 Zu umfangreicheren Ausführungen mit Blick auf Gemeindesteuern siehe etwa Foster/Jackman/Perlman 1980, S. 217 ff.).

prägung hinzu. Das Äquivalenzprinzip wird hier mit Blick auf die Gemeindeebene als Ganze in Gegenüberstellung zum Zentralstaat angewendet. Man kann die Gemeinde als kleine Untereinheit des gesamten Staatsraumes interpretieren, für die dann eine **„lokale gruppenmäßige" Äquivalenz** (Haller 1981, S. 40 ff.) zutrifft. Gemeindesteuern werden dann als (gruppenbezogene) **Äquivalenzsteuern** für die Gesamtheit der gemeindlichen Ausgaben interpretiert. Dies kommt zugleich dem Gedanken der „fiskalischen Äquivalenz" nahe (Hansjürgens 1999, S. 19 ff.). Steuern werden in diesem Sinne als Gegenleistung für die Vorteile erhoben, die die Steuerzahler in den betreffenden Gemeinden aus den kommunalen Leistungen ziehen. Diese Forderung ist vor dem Hintergrund der Auffassung zu sehen, dass den Gemeinden im Hinblick auf die Allokationsfunktion des öffentlichen Gesamthaushalts alle diejenigen Aufgaben zuzuordnen sind, die auf einer örtlich radizierbaren „Nachfrage" beruhen bzw. bei denen der Nutzen- und der Kostenkreis örtlich kongruent sind (s. oben 2. Kap.). Eine solche Sicht der Gemeinde als Einheit mit Äquivalenzcharakter kann im Vergleich mit der diffuseren Nutzen- und Finanzierungsverantwortung in einem zentralstaatlichen Budget als verfeinerte Begründung für eine dezentrale Ebene dienen.

Innerhalb der Gemeinde kann man dann nochmals unternehmensbezogene Gemeindesteuern als **Äquivalent für unternehmensorientierte Gemeindeausgaben** interpretieren und ausgestalten. Ähnlich kann man **für haushaltsbezogene Gemeindeausgaben** argumentieren. Einzelne Steuern wie die Grundsteuer oder Einkommensteuer werden dann auf ihre mögliche Zuordnung zu einem dieser beiden Bereiche geprüft. Eine solche Aufteilung kann nicht sehr trennscharf durchgehalten werden, denn viele Gemeindeleistungen kommen Unternehmen und Haushalten zugleich zugute. Dennoch wird insbesondere bei der Erörterung solcher kommunaler Leistungen, die von Unternehmen in Anspruch genommen werden, auf diese Argumentation zurückzugreifen sein (s. unten C IV a).

Das Argument der Zusatzlast. – Der zweite wichtige Aspekt unter dem Allokationsziel betrifft die *Zusatzlast (excess burden)* der Besteuerung. Wenn mehrere Gemeindesteuern zur Auswahl stehen, ist zu fragen, welche die geringere Zusatzlast verursacht. Sie tritt zusätzlich zu der Last auf, die den primären Zweck der Steuer bildet: dem Einkommenstransfer vom Privaten auf den Staat **(Einkommenseffekt)**. Wenn sich also der Besteuerte in seinem Verhalten an diesen Einkommensentzug anpasst, beispielsweise durch Mehrarbeit, so zählt dies nicht zur Zusatzlast. Diese besteht vielmehr in denjenigen erforderlichen Anpassungskosten, die insbesondere bei Steuern mit schmaler Bemessungsgrundlage auftreten. Das kann man sich am Beispiel einer extremen Biersteuer klarmachen (in Anlehnung an Homburg 2007, S. 142). Wenn die Biersteuer so erhöht wird, dass eine Flasche Bier € 100 kostet, so sind im Extremfall die Steuerzahlungen und damit der Einkommenseffekt = 0, weil die Konsumenten auf andere Getränke ausgewichen sind. Durch diese Substitution einer Tätigkeit durch eine andere **(Substitutionseffekt)** gehen dem privaten Haushalt also bisher vorhandene geschätzte Konsummuster verloren, was jedem Biertrinker sofort einleuchtet. Im Unternehmensbereich verstärkt das Unternehmen bei einer Steuer auf den Arbeitseinsatz den Kapitaleinsatz, d. h. es muss von der vorteilhaften Kombination seiner Inputs abweichen.

Um diese Verluste, also die Zusatzlast einer Steuer, gering zu halten, sind unter realistischen Bedingungen **breite Steuern (Umsatzsteuer, Einkommensteuer)** besser als Steuern mit schmaler Bemessungsgrundlage, weil sie weniger Anreiz und Möglichkeit zum Ausweichen und damit geringere Anpassungskosten mit sich bringen. Außerdem erlaubt die breite Bemessungsgrundlage einen geringeren Steuersatz, und nach der **Optimalsteuertheorie** steigen die **Zusatzlasten** mit **höherem Steuersatz weit überproportional**[98]. Des Weiteren gelten Unternehmenssteuern als ineffizienter im Vergleich zu Steuern auf private Haushalte, weil sie zusätzlich zu ihrer Wirkung auf die Entscheidungen der privaten Haushalte auch die effiziente Produktion beeinträchtigen. – Diese Aussagen werden bei der Beurteilung der tatsächlichen oder möglichen einzelnen Gemeindesteuern zu berücksichtigen sein.

Während diese Aussagen von einer Situation ausgehen, in der eine Steuer mit gleicher Bemessungsgrundlage und gleichem Satz von allen Gemeinden erhoben wird, ist die Allokationseffizienz auch für den Fall zu prüfen, dass Gemeinden Steuersätze und/oder Bemessungsgrundlagen variieren können. Diese zweite Frage bezieht sich auf das horizontale Verhältnis der Gemeinde untereinander und wird daher weiter unten erörtert.

– Abstimmung auf Konjunktur- und Wachstumsziele –

Eine Gemeindesteuer wirkt immer auch auf die Ziele des Gesamtstaates. Daher sollte sie mit ihnen soweit wie möglich verträglich sein. Das gilt außer für Allokations- und Verteilungsziele auch für Wachstums- und Konjunkturziele, obwohl Fragen der wirtschaftlichen Stabilität primär als zentralstaatliche Aufgaben angesehen werden.

Allerdings ist eine solche Koordination nur begrenzt möglich. Dies wird sich weiter unten mit Blick auf zahlreiche Eingriffe in die Gemeindesteuern zeigen, die unter Hinweis auf gesamtstaatliche Erfordernisse, wie beispielsweise eine ge-

98 Die realistischen Bedingungen verhindern eine „optimale“ Besteuerung, die auf unerfüllbaren Informationserfordernissen beruht. Zum gesamten Komplex dieser nicht-räumlichen Aspekte der allokativ effizienten („optimalen“) Besteuerung vgl. als Einführung Homburg 2007, Kapitel 5.

samtwirtschaftlich gebotene Entlastung der Unternehmen, erfolgten und die Qualität der Steuer als Gemeindesteuer stark reduzierten.

– Berücksichtigung von Gerechtigkeitszielen –

Die Herstellung einer als befriedigend angesehenen *Einkommensverteilung* ist weitgehend, aber nicht ausschließlich eine Sache der Zentralebene. Gemeindesteuern sollten lediglich den entsprechenden Verteilungsvorstellungen nicht – oder nicht grob – widersprechen.

Ähnliches gilt für das nicht unumstrittene *Leistungsfähigkeitsprinzip*,[99] und beide Aspekte werden hier unter dem Aspekt der Gerechtigkeit zusammengeführt. Eine Gemeindesteuer sollte daher dem Leistungsfähigkeitsprinzip in seinen beiden Ausprägungen gerecht werden:

- *Horizontale Gerechtigkeit* liegt vor, wenn Steuerpflichtige in gleichen Verhältnissen gleich besteuert werden.
- *Vertikale Gerechtigkeit* erfordert, Steuerpflichtige in ungleichen Verhältnissen ungleich zu besteuern. Der wichtigste Fall ist ein ungleich hohes Einkommen (bei sonst gleichen Umständen, also unter Wahrung der horizontalen Gerechtigkeit).

d) Gemeindespezifische Besteuerungsprinzipien I: Vertikaler Begründungsrahmen

Die bisherigen Ausführungen machten deutlich, dass allgemeine Besteuerungspostulate bei ihrer Übertragung auf den Gemeindebereich häufig abgewandelt werden müssen. Dennoch gelten sie im Prinzip für die Steuern aller Ebenen. Alle folgenden speziellen Kriterien sind hingegen spezifisch für Gemeindesteuern, in dem Sinne, dass ihre Bedeutung auf der Gemeindeebene jedenfalls sehr viel größer ist als für das Steuersystem im Ganzen. Sie entstammen der besonderen Situation der Gemeinden als unterster Gebietskörperschaftsebene mit den kleinsten Hoheitsgebieten der föderativen Staatsorganisation. Dabei wird aber nochmals danach unterschieden, ob ihre Begründungslogik aus der vertikalen Betrachtung des Staatsgefüges (*vertikaler Begründungsrahmen*) resultiert oder aus einer eher horizontalen Betrachtung (*horizontaler Begründungsrahmen*). Die Ausführungen beginnen mit der vertikalen Perspektive.

---

99 Zur Kontroverse vgl. etwa Homburg 2007, 6. Kapitel. – Zur Abgrenzung von Umverteilung und Leistungsfähigkeitsbesteuerung vgl. Zimmermann/Henke 2005, S. 128.

– Fühlbarkeit der Besteuerung –

Das **Fühlbarkeitspostulat** verlangt die Ausgestaltung kommunaler Steuern in einer Form, dass die **Belastung wahrgenommen** wird, und zwar möglichst von einer Vielzahl gemeindlicher Zensiten. Hinter diesem Postulat steht die Auffassung, dass im Falle einer Situation, bei der ein Belastungsgefühl bei den Nutzern der steuerfinanzierten kommunalen Leistungen nicht existiert, das Ziel, das Verantwortungsbewusstsein der Gemeindemitglieder gegenüber der Gemeindepolitik zu unterstützen, nicht erreicht werden kann. Daher gehört die Fühlbarkeit zu den unabdingbaren Kriterien, wenn das zentrale Prinzip der fiskalischen Äquivalenz wirken soll. Unter dem Aspekt der Fühlbarkeit wird den direkten Steuern grundsätzlich der Vorrang vor indirekten („anonymen“) Steuern zugesprochen (s. schon Schmölders 1970b, S. 50 ff.). Allerdings wird hier für die Gemeindesteuern sehr viel genauer zu argumentieren sein (s. unten Abschnitt C III b zum Einkommensteueranteil der Gemeinden).

– Örtliche Radizierbarkeit (Gemeindesteuern „aus eigenen Quellen“) –

Das Prinzip, dass kommunale Steuern „aus eigenen Quellen“ stammen sollen (örtliche Radizierbarkeit), ist in seiner Begründungslogik ebenfalls eingebettet in die Forderung nach fiskalischer Äquivalenz: Nur wenn die Steuern dem Gemeindegebiet entstammen und nicht etwa als Transfers von oben kommen (s. unten den Umsatzsteuer-„Anteil“), werden die Bürger angehalten, ihre Ausgabenforderungen im Lichte dieser Steuerzahlungen zu bewerten. Popitz verwendete den Begriff der Radizierbarkeit, d. h. etwas auf seine Wurzel (radix) zurückführen, erstmals (Napp 1994, S. 185) und formulierte dies so, dass sich die den Gemeinden überlassenen Steuern gemäß diesem Prinzip rechtlich und technisch auf die Einheit der Gemeinde abstellen lassen müssen. Dies ist also der gleiche Zusammenhang, der oben unter dem Begriff des „örtlichen Aufkommens“ von Steuern erörtert wurde (s. oben A I c 3). Er sprach insbesondere solchen Steuern eine besondere Eignung für die Gemeinden zu, „bei denen eine starke örtliche Verknüpfung unmittelbar im steuerlichen Tatbestand selbst liegt“ (Popitz 1932, S. 114). Dies ist im Übrigen auch für die Fühlbarkeit sehr hilfreich.

Bei den Gewinnsteuern von Mehrbetriebs-Unternehmen muss dementsprechend die Bemessungsgrundlage auf die verschiedenen Gemeinden aufgeteilt werden. Dies verweist auf die sog. **Zerlegungsmöglichkeit**, die gegeben sein muß, damit eine Steuer den einzelnen Gemeinden nach deren örtlichem Aufkommen zugesprochen werden kann. – Darüber hinaus spielt die Überwälzbarkeit einer Steuer unter dem Aspekt der Radizierbarkeit eine Rolle (s. dazu unten C IV a 2).

– Prinzip des Interessenausgleichs –

In seinem Gutachten zu den Gemeindesteuern hat der **Wissenschaftliche Beirat** beim Bundesministerium der Finanzen schon 1982 gefordert, dass eine Gemeinde außer an ihren Einwohnern auch an der örtlichen Produktion und damit den Unternehmen interessiert sein soll (Wissenschaftlicher Beirat 1982, S. 30). Wenn sie fiskalisch nur an Einwohnern interessiert ist (und mit ihnen muss sie zweifellos verbunden sein), so hat sie keinen fiskalischen Anreiz, die Wirtschaftsinteressen zu berücksichtigen und ein entsprechend positives Wirtschaftsklima zu schaffen, in dem Unternehmen Unterstützung finden und regionales Wachstum gefördert wird. Nach diesem Prinzip des **Interessenausgleichs zwischen Wirtschaft und Bevölkerung** sollte es also Gemeindesteuern für Unternehmen und Gemeindesteuern für private Haushalte geben. Es wird insbesondere bei der Frage nach einer brauchbaren gemeindlichen Unternehmenssteuer zu erörtern sein.

– Forderung nach geringer Konjunkturreagibilität –

Kommunale Steuern sollten zunächst relativ konjunkturunempfindlich sein. Dies ist hauptsächlich darauf zurückzuführen, dass angesichts der großen Zahl kommunaler Entscheidungsträger und wegen der Gefahr des Trittbrettfahrerverhaltens die konjunkturorientierte Finanzpolitik als vorrangige Aufgabe des Zentralstaates gesehen wird (s. 2. Kap.). Werden den Gemeinden im Rahmen der vertikalen Steuerverteilung konjunkturreagible Steuereinnahmen zugewiesen, so besteht die Gefahr einer Parallelpolitik, weil das prozyklische Steueraufkommen finanziell eine ebenfalls prozyklische Ausgabenpolitik ermöglicht und nahelegt. Die negativen Konjunktureffekte können dabei insofern beträchtlich sein, als die Kommunen etwa zwei Drittel der öffentlichen Sachinvestitionen tätigen, die als besonders konjunkturwirksam anzusehen sind.

– Forderung nach proportionaler Wachstumsreagibilität –

Für kommunale Steuern wird hingegen gefordert, dass sie in ihrem **Aufkommen mit dem allgemeinen Wirtschaftswachstum Schritt halten** sollten. Bezogen auf die Gemeindeebene lässt sich dieses Postulat damit begründen, dass die gemeindliche Aufgabenerfüllung und damit wohl auch der Ausgabenbedarf ebenfalls entsprechend dem Wirtschaftswachstum zunehmen. Demzufolge sollten auch die Steuereinnahmen in ähnlichem Maße anwachsen. Definiert man Wirtschaftswachstum als längerfristige Zunahme des Sozialprodukts, so sollten kommunale Steuern Bemessungsgrundlagen aufweisen, die zusammen auf längere Sicht eine **Aufkommenselastizität von etwa 1** aufweisen.

Die Aufkommenselastizität einer Steuer wird im Allgemeinen als die relative Zunahme des Aufkommens T dieser Steuer im Verhältnis zur relativen Zunahme des Sozialprodukts Y ausgedrückt (Zimmermann/Henke 2005, S. 359f.):

$$E_T = \Delta T/T_o/\Delta Y/Y_o,$$

wobei T_o und Y_o die Werte der Vorperiode darstellen. Wenn die Aufkommenselastizität deutlich unter 1 liegt, so besteht u. a. die Gefahr, dass die Gemeinden als wichtige Träger der öffentlichen Infrastrukturpolitik ihre Tätigkeit in diesem Bereich reduzieren, mit den entsprechenden Folgen für die wirtschaftliche Entwicklung (**Vorleistungscharakter der kommunalen Investitionen**) und für die Versorgungssituation der Bürger.

Unabhängig davon ist das Argument zu bedenken, dass es im Sinne der föderativen Belange sinnvoll sein kann, die kommunale Ebene gegenüber den anderen Gebietskörperschaftsebenen nicht dadurch zu schwächen, dass der einnahmenpolitische Spielraum zur Aufgabenerfüllung relativ zu dem der höheren Gebietskörperschaftsebenen zurückbleibt, also über die Zeit ein **„fiscal gap“** entsteht. Da die Aufkommenselastizität des Gesamtsteuersystems nur leicht über 1 liegt, würde die proportionale Wachstumsreagibilität des Gemeindesteuersystems auch dieser Forderung annähernd genügen.

e) Gemeindespezifische Besteuerungsprinzipien II: Horizontaler Begründungsrahmen

Zuvor wurden Besteuerungspostulate diskutiert, die sich aus der vertikalen Einordnung der Gemeindeebene in die föderative Staatsorganisation ergaben. Bei der vertikalen Zuordnung von Aufgaben, Finanzierungszuständigkeiten und Einnahmen auf die Gemeindeebene schlechthin ist aber auch zu berücksichtigen, wie diese Finanzelemente interkommunal verteilt sind, wie also das Gemeindegefüge betroffen ist (*horizontaler Begründungsrahmen*). Man kann hier gewissermaßen vom Innenverhältnis der Gemeinden untereinander sprechen.

– Vermeiden „ineffizienter“ Wanderungen –

Private Haushalte und Unternehmen „wandern“, d.h. sie **verlegen** ihren **Wohnort bzw. Standort über die Gemeindegrenze hinweg**. Wanderungen sind in einer dynamischen Volkswirtschaft üblich, und sie sind effizient, wenn durch sie auch räumlich die beste Verwendung der knappen Ressourcen erreicht wird. Eine besondere Rolle spielen hier die Ballungsgebiete. Sie sind für den einzelnen privaten Haushalt oder das Unternehmen oft besonders vorteilhaft (hohes Einkommen, reichhaltige Infrastruktur usf.), und für das Wachstum der Volkswirtschaft von besonderem Gewicht (s. unten 5. Kapitel, Teil C III 3). Zugleich sind sie aus Sicht des kommunalen Haushalts oder der Gesamtwirtschaft aber auch kostenträchtig (hohe öffentliche Ausgaben, aber auch Umweltbelastung, Kriminalität usf.). Ökonomisch gesprochen wäre es daher denkbar, dass die Grenzkosten des einzelnen Zuwandernden unter den Durchschnittskosten für das Ballungsgebiet als ganzes liegen.

Daher bedarf es beweglicher kommunaler Steuern, um die **höheren Durchschnittskosten anzulasten**, d.h. in erhöhte Grenzkosten für die Zuwandernden zu verwandeln. Auch dies ist ein Unterfall des Prinzips der fiskalischen Äquivalenz. Weil nun Unternehmen ebenso wie private Haushalte wandern, bedarf es sowohl einer einwohner- wie auch einer unternehmensbezogenen beweglichen Gemeindesteuer (Homburg 1996, S. 492; zur Unternehmenssteuer im Detail Richter/Seitz/Wiegard 1996).

Das kommunale Steuersystem soll also die **Standortwahl** von Unternehmen und die **Wohnortwahl** von Haushalten **nicht verzerren** (Richter 1992, S. 567). Das bedeutet umgekehrt, dass die Steuerbelastung zwischen Gemeinden in dem Maße unterschiedlich sein muss, wie darin Unterschiede im Leistungsangebot zum Ausdruck kommen. Die höhere Steuer entspricht insoweit dem höheren „Preis" für eine bessere Leistung und ist von daher ähnlich effizient wie ein Marktpreis. Wenn dann Wanderungen stattfinden, können sie durchaus effizient sein, soweit sie zu Gemeinden mit besserer Berücksichtigung der Bürgerpräferenz oder mit niedrigeren Produktionskosten, höherem Wachstumsbeitrag usf. führen. Aus dieser Sicht sollten **Steuern** also **möglichst gut dem Leistungsempfang entsprechen**. Als ideale Referenzsituation kann hier die kostendeckende Entgeltabgabe gelten.

Im Übrigen sind diese Anforderungen besonders für eine kommunale Unternehmenssteuer relevant, denn Unternehmen sind i. d. R. mobiler als private Haushalte. Das gilt sogar für die anscheinend ortsgebundenen Sachinvestitionen, denn es ist zwar die früher getätigte Investition „immobil", aber bei jeder neu zu treffenden Investitionsentscheidung (und sogar schon für bloße Ersatzinvestitionen) kann das Unternehmen zwischen Gemeinden wählen und sogar Gemeinden des Auslands in die Auswahl einbeziehen.

– Forderung nach Beweglichkeit der Gemeindebesteuerung –

Die Ausführungen zur fiskalischen Äquivalenz (2. Kap.) hatten ergeben, dass zur Anlastung einer in einer einzelnen Gemeinde unter Umständen gewünschten besseren Ausstattung eine Belastung mit höheren Steuersätzen oder zusätzlichen

Steuern angezeigt sein kann. Umgekehrt kann auch der Wunsch nach weniger Gemeindeaktivität zu niedrigeren Steuersätzen führen. Diesem Sachverhalt trägt die Forderung nach Beweglichkeit der Besteuerung Rechnung. Dies macht eine zumindest partielle steuerpolitische Gesetzgebungskompetenz (**Satzungskompetenz**) im Gemeindebereich erforderlich. Als Folge sind **unterschiedlich hohe Steuersätze** zwischen Gemeinden und unterschiedliche Ausschöpfung von Steuerkraftpotentialen zu erwarten. Das Beurteilungskriterium der Beweglichkeit ist eines der wichtigsten, denn ohne seine Erfüllung kann die **fiskalische Äquivalenz** nicht wirksam werden.

– Bedarfsgerechte interkommunale Steuerkraftverteilung –

Nach dem Grundsatz der bedarfsgerechten interkommunalen Steuerkraftverteilung sind solche Steuern als Gemeindesteuern besonders geeignet, deren **interkommunale Aufkommensstreuung** – für alle Gemeindesteuern zusammengenommen – den als zieladäquat angesehenen interkommunalen Finanzbedarfsanforderungen entspricht. Soweit diese Forderung nicht realisiert werden kann, ergeben sich unmittelbar **Auswirkungen auf** das Ausmaß des erforderlichen **Finanzausgleichs**. Diese Diskussion um die Erfassung des Finanzbedarfs wird im Rahmen des institutionalisierten kommunalen Finanzausgleichs zu führen sein (5. Kap.). Es kann aber schon jetzt gesagt werden, dass dieser Finanzausgleich desto weniger in Anspruch genommen werden muss, je mehr diesem Grundsatz entsprochen worden ist.

* * *

Insgesamt stellen die zuvor diskutierten Anforderungen an ein **„ideales“ kommunales Steuersystem** ein Beurteilungsraster dar, das vor allem aufgrund des differenzierteren Ansatzes von der tagespolitischen Diskussion über steuerpolitische Entscheidungen im Gemeindebereich einigermaßen abgehoben ist.[100] Anzumerken bleibt, dass bei konkreten steuerpolitischen Maßnahmen dort, wo Zielkonflikte auftreten, eine politische Wertung erforderlich ist, denn die Substitutionsmöglichkeiten zwischen den Zielen wurden nicht explizit berücksichtigt und sind auch nicht leicht greifbar zu machen. In der folgenden finanzwissenschaftlichen Betrachtung der einzelnen Gemeindesteuern jedoch können diese Beurteilungskriterien unmittelbar verwendet werden.

---

100 Zur Entwicklung eines konsistenten Kommunalsteuersystems s. etwa Wissenschaftlicher Beirat 1982 und Werner 2008.

3. Die Gemeindeebene in der Steuerverteilung des Grundgesetzes

Das **Grundgesetz** regelt die Aufgaben-, Ausgaben- und Einnahmenzuordnung auf die Gebietskörperschaftsebenen – vertikal wie horizontal – im internationalen Vergleich besonders ausführlich. Man spricht in diesem Zusammenhang auch von der **Finanzverfassung**, zu der auch weitere Gesetze gehören. Den Regelungen des Grundgesetzes über die Steuerverteilung kommt für die gemeindliche Finanzautonomie besondere Bedeutung zu. Art. 28 Abs. 2 GG über die Aufgaben ist sehr allgemein gehalten, so dass nicht zuletzt die Vorschriften des Art. 106 GG über die Steuerverteilung die Finanzautonomie der gemeindlichen Ebene absichern. Während die Aufgabenzuordnung des Grundgesetzes sich auf die allgemeine Formulierung „alle Angelegenheiten der örtlichen Gemeinschaft" beschränkt, ist die Zuordnung der Steuern und damit der wichtigsten Einnahmeart sehr viel präziser. Dabei ist auch hier zwischen Gesetzgebungs-, Ertrags- und Verwaltungshoheit zu unterscheiden.

Die *Gesetzgebungshoheit* für die Steuern liegt fast ausschließlich beim Bund, mit einem über den Bundesrat gegebenen Mitspracherecht der Länderebene. Auch zu den „kleinen" Gemeindesteuern (s. unten C VI) haben die Gemeinden nur eine Gesetzgebungskompetenz, soweit die Ländervorschriften dies erlauben.

Die *Verwaltungshoheit* ist für die Gewerbe- und Grundsteuer zum Teil und für die örtlichen Verbrauch- und Aufwandsteuern ausschließlich der Gemeindeebene überlassen, während die Einkommensteuer, von deren Aufkommen den Gemeinden ein Anteil zusteht, ebenso wie die Umsatzsteuer (s. unten) durch die Finanzämter des Landes verwaltet wird.

Im Vordergrund des Art. 106 steht die *Ertragshoheit*. Er weist in Abs. 6 das Aufkommen der **Gewerbe**steuer und **Grundsteuer** den Gemeinden und das der **örtlichen Verbrauch- und Aufwandsteuern** den Gemeinden oder nach Maßgabe der Landesgesetzgebung den Gemeindeverbänden zu. Dort ist auch gesichert, dass die Gemeinden die Hebesätze autonom festsetzen können, wenngleich für Steuern mit Gesetzgebungshoheit des Bundes nur im Rahmen der auf Bundesebene festgelegten Gesetze. Zusätzlich enthält Art. 28 Abs. 2 auch die Vorschrift, dass den Gemeinden eine mit Hebesatzrecht versehene „wirtschaftskraftbezogene Steuerquelle" zusteht, was auf den Erhalt der (Rest-)Gewerbesteuer nach Wegfall der Gewerbekapitalsteuer im Jahre 1997 zielt, teilweise aber auch auf den Einkommensteueranteil zutrifft, soweit die Einkommensteuer Gewinnsteuer ist und den Gemeinden zugleich das Hebesatzrecht zugesprochen wird (s. unten). Bund und Land können durch eine Umlage am Aufkommen der Gewerbesteuer beteiligt werden, was 1969 mit etwa 15 % geschah (s. unten

IV 2). Diese Umlage wird ebenfalls durch ein Bundesgesetz mit Zustimmung des Bundesrates festgelegt.

Beginnend mit dem Jahr 1998 wurde der Gemeindeebene als Ausgleich für den Wegfall der Gewerbekapitalsteuer ein Betrag von **2,2 % des Umsatzsteueraufkommens** zugesprochen. Eine **Beteiligung** der Gemeinden an der Umsatzsteuer **nach dem örtlichen Aufkommen** ist **nicht möglich**. Das zeigt sich schon mit einem Blick auf export- bzw. importstarke Städte. Wenn die Exporte hoch sind, müssten die Städte nach der Logik der deutschen Umsatzsteuer die Umsatzsteuer erstatten und wären arm, und importstarke Städte wären wegen der anfallenden Einfuhrumsatzsteuer reich. Daher erhalten die Gemeinden die entsprechenden Beträge aus ihrem Umsatzsteuer-„Anteil" nach einem bundeseinheitlich festgelegten Schlüssel. Folglich handelt es sich hierbei aus finanzwissenschaftlicher Sicht nicht mehr um einen Steuerverbund, sondern um eine **Zuweisung aus dem Umsatzsteueraufkommen**. Der einzige Unterschied besteht darin, dass für die inhaltliche Festlegung der Schlüsselzahlen nicht die einzelnen Länder zuständig sind, wie dies bei den Zuweisungen im kommunalen Finanzausgleich der Fall ist. Damit entfällt die Möglichkeit, sie wie bei ihren eigenen Zuweisungen für kurzfristige landespolitische Ziele zu nutzen. Eher ähneln sie den Bundeszuweisungen für kommunale Verwendungszwecke und unterliegen gleichermaßen den Entscheidungen auf Bundesebene. Hingegen ergeben sich bei einem Steuerverbund nach dem örtlichen Aufkommen die Einnahmen der Gemeinde ohne solche zwischengeschalteten Entscheidungen höherer Ebenen, ganz abgesehen davon, dass dann auch ein Hebesatzrecht möglich ist, wie der Einkommensteueranteil zeigt.

Nach Abs. 5 des Art. 106 GG steht den Gemeinden seit 1969 ein **Anteil an der Einkommensteuer** zu, der am örtlichen Aufkommen der Einkommensteuer zu orientieren ist. Das Grundgesetz legt ebenfalls fest, dass den Gemeinden das Recht eingeräumt werden kann, auf ihren Gemeindeanteil an der Einkommensteuer **Hebesätze** festzusetzen. Von diesem Recht hat der Bundesgesetzgeber bisher nicht Gebrauch gemacht (s. unten III 2). Wie Tabelle 4.1 schon gezeigt hatte, ist dies die größte einzelne Einnahmequelle der Gemeinden überhaupt.

Neben dieser unmittelbaren Zuordnung einzelner Steuerquellen regelt Art. 106 Abs. 7 GG auch ein Grundelement des **kommunalen Finanzausgleichs**. Er bestimmt, dass den Gemeinden und Gemeindeverbänden von dem Länderanteil am Gesamtaufkommen der **„Gemeinschaftsteuern"** ein von der Landesgesetzgebung zu bestimmender Hundertsatz zufließen muss. Über die Höhe dieses Anteils wie auch über den Verteilungsmodus sagt das Grundgesetz jedoch nichts. Insofern ist dies eine nur sehr schwache grundgesetzliche Garantie für einen kommunalen Finanzausgleich (s. 5. Kap.).

Tabelle 4.3: Bemessungsgrundlagen und Sätze der größeren deutschen Gemeindesteuern, Stand 1.1.2009

Name der Steuer	Steuerbemessungsgrundlage	Steuersatz	Steuerzahler	Aufkommen 2003[1)] Mio. €	Anteil	Ertragshoheit	Gesetzgebungshoheit
1. **Grundsteuer** (A und B)	Einheitswert der land- und forstwirtschaftlichen Betriebe (Grundsteuer A) und der außerlandwirtschaftlichen bebauten und unbebauten Grundstücke (Grundsteuer B) lt. Bewertungsgesetz	tatsächlicher Steuersatz ermittelt sich aus Produkt: Steuermesszahl (je nach Art und Lage zwischen 2,6% und 10%) x Hebesatz	Eigentümer	A: 341 B: 9 317	0,1% 2,0%	Gemeinden	Bund (Hebesatzautonomie der Gemeinden)
2. **Einkommensteuer**							
a) veranlagte Einkommensteuer	Einkünfte aus 7 Einkunftsarten ./. Werbungskosten bzw. Betriebsausgaben; Sonderausgaben; außergewöhnliche Belastungen = zu versteuerndes Einkommen	1.0-7 664 € Grundfreibetrag 2. 7 665-12 739 € 15%-24,0% 3. 12 740-52 151 € 24,0%-42% 4. 52 152 € u. m. 42% 5. 250 001 € und mehr 45%	natürliche Personen	16 524	3,5%	„Gemeinschaftsteuer": Bund 42,5%, Länder 42,5%, Gemeinden 15%	Bund
b) Lohnsteuer	Einkünfte aus nichtselbständiger Arbeit ./. Werbungskosten; Sonderausgaben; außergewöhnliche Belastungen = zu verst. Einkommen	wie oben	Arbeitgeber (Arbeitnehmer = Steuerschuldner)	167 467	34,9%	wie oben	Bund

c) Abgeltungsteuer	Zinsen, Dividenden, private Veräußerungsgewinne aus Wertpapieren	25%	Zahler des Kapitalertrags (Empfänger = Steuerschuldner)	7 632[2]	1,6%	„Gemeinschaftsteuer": Bund 44%, Länder 44%, Gemeinden 12%)	Bund
3. **Gewerbesteuer**	Gewerbeertrag (Steuerbilanzgewinn + Hinzurechnungen ./. Kürzungen)	tatsächlicher Steuersatz aus Produkt: Steuermesszahl (3,5%) x Hebesatz	Gewerbebetrieb	24 139	5,0%	Gemeinden, Gewerbesteuerumlage an Bund und Länder	Bund (Hebesatzautonomie der Gemeinden)
4. **Verbrauch- und Aufwandsteuern** im Gemeindebereich[3] (Getränkesteuer, Vergnügungsteuer, Hundesteuer, Jagd- und Fischereisteuer, Schankerlaubnissteuer usw.)						Gemeinden	Länder oder Gemeinden
Summe aller kassenmäßig vereinnahmten Steuern (Bund, Länder, Gemeinden)				(479 589)	(100,0%)		

1 Aufkommen insgesamt. - Statistisches Bundesamt/Jahrbuch 2004, S. 660.
2 Nicht veranlagte Steuern vom Ertrag und Zinsabschlag.
3 Nicht gesondert ausgewiesen, aber im Gesamtaufkommen aller Steuern enthalten. Vgl. Tab. 4.1.

Quelle: Modifiziert übernommen aus Zimmermann/Henke, 2005, S. 148-153; Zahlenwerte erneuert nach Entwurf 10. Auflage.

In Tabelle 4.3 findet sich ein Überblick über wichtige finanzwissenschaftliche Elemente der deutschen Gemeindesteuern, wie Bemessungsgrundlage, Steuersatz usf. Bei der zahlenmäßigen Darstellung der gesamten Gemeindeeinnahmen (s. oben Tab. 4.1) sind die Steuern der größte Posten. Die stärksten Steuereinnahmen entstammen dem Gemeindeanteil an der Einkommensteuer, dicht gefolgt von der Gewerbesteuer (abzüglich der Umlage). Darin drückt sich, wie zu erläutern sein wird, ein Erfolg der Gemeindesteuerreform von 1969 aus.

Verglichen mit diesen beiden Steuern sind die übrigen Gemeindesteuern an Bedeutung weitaus geringer einzustufen. Die Grundsteuer macht immerhin noch 16,4 % aller Gemeindesteuern (ohne Umsatzsteuer) aus. In anderen Staaten liegt die Bedeutung dieser Steuer weitaus höher. Die übrigen Gemeindesteuern, die also der Kategorie der örtlichen Aufwand- und Verbrauchsteuern zuzuordnen sind, machen mit 1,0 % einen Bruchteil aus und verdeutlichen, weil nur hier das Steuererfindungsrecht der Gemeinden wirksam werden kann, die geringe Gesetzgebungskompetenz der Gemeinden.

Die **Landkreise** als Teil der kommunalen Ebene finanzieren sich bisher nur in minimalem Ausmaß durch Steuern (s. oben Tab. 4.1). Dies war in früherer Zeit etwas anders, und auch in neuerer Zeit wird diskutiert, wieweit auch ihnen eigene Steuern oder Steueranteile zugeordnet werden sollen (s. unten C VII 2).

* * *

Die Rechtfertigungen und Mängel sowie die Merkmale der einzelnen Gemeindesteuern werden in den folgenden Abschnitten im Einzelnen behandelt. Dabei werden jeweils erst grundsätzliche Ausführungen gemacht, ehe auf die Situation in Deutschland eingegangen wird. Die Ausführung beginnt mit der Grundbesitzbesteuerung als einer sozusagen „geborenen" gemeindlichen Steuerquelle.

II. Besteuerung des Grundbesitzes durch die Gemeinden

1. Übergreifende Aspekte

Die Besteuerung des Grundbesitzes ist wahrscheinlich die **älteste Form der Besteuerung** überhaupt, denn schon 2000 v. Chr. findet sie sich in China, und bei Herodot wird über sie im alten Ägypten berichtet (Andreae 1980, S. 579). Als Gemeindesteuer bestand die Grundsteuer in Preußen schon seit 1891/93 im Zuge der Miquelschen Steuerreform (BMF 2002, S. 61 f.). Im internationalen Vergleich sind die am Grund und Boden bzw. am Grundvermögen ansetzenden Steuern, die am häufigsten genutzten Steuern, gefolgt von der Einkommensteuer (Beland 1998, S. 109).

Eine solche Steuer knüpft an den Vermögensbestand an, aber nur an einen Ausschnitt und nicht an das Vermögen insgesamt. Daher unterliegt sie auch nicht den Kriterien und der Kritik an einer allgemeinen Vermögensteuer, wo beispielsweise mit „besonderer Leistungsfähigkeit" usf. argumentiert wird.

In finanzwissenschaftlicher Sicht gehört die Grundsteuer zu den **Ertragsteuern**[101], d.h. zu den **Steuern auf die Erträge der Produktionsfaktoren Arbeit, Boden und Kapital**.[102] Der Ertrag des Faktors Boden kann mittels einer Grundsteuer auf verschiedene Weise erfasst werden:

(1) Der *tatsächliche oder Ist-Ertrag* wird beispielsweise besteuert, wenn eine **Mietsteuer** erhoben wird, die nur gezahlte Mieten erfasst; da selbstgenutztes Wohneigentum dann unbesteuert bliebe, wird man diese Steuer allein so kaum finden. Der Ist-Ertrag ist dann zugleich die Steuerbemessungsgrundlage. Diesem Vorgehen würde beim Faktor Arbeit eine Lohnsummensteuer und beim Faktor Kapital eine Zinssteuer entsprechen.

(2) Zumeist zielt eine Besteuerung des Grundbesitzes auf einen *fiktiven oder Soll-Ertrag ab*. Soll-Ertrag ist zunächst nur der Steuergegenstand (das Steuerobjekt), also das **Objekt, auf das sich der Steuerzugriff richten soll** (oder was der Staat letztlich besteuern will), ohne dass schon gesagt ist, wie die Bemessungsgrundlage aussieht. Diese besteht dann in der genau definierten mengen- oder wertmäßigen Größe, die, im Steuergesetz kodifiziert, der Ermittlung des Steuerbetrages zugrundegelegt wird (Zimmermann/Henke 2005, S. 134). Sie kann sich allein auf die Quadratmeter Fläche beziehen (Bodensteuer, Bodenflächensteuer) oder die Gebäude einbeziehen, oder beides gezielt differenziert besteuern, etwa um der Bodenversiegelung entgegenzuwirken (s. etwa Reidenbach 1999; Bizer 1999). Die Einbeziehung der Gebäude stellte immer schon eine erhebliche Schwierigkeit dar. Gebäude können zum einen nach den zeitnahen Marktwerten besteuert werden, dann müssen diese auf Basis beobachteter Verkäufe und ergänzender Schätzungen laufend fortgeschrieben werden, wie es in den USA weitgehend geschieht. Zum anderen kann man aus Merkmalen der Gebäude mittels Umrechnungsregeln auf Marktwerte schließen, wie es in der deutschen Einheitsbewertung

101 In Steuerrecht und betriebswirtschaftlicher Steuerlehre werden unter dem Begriff der Ertragsteuern die Gewinnsteuern verstanden.

102 Offen ist, wieweit man weitere Produktionsfaktoren wie Unternehmerfunktion oder Information hinzufügen will. Ihnen könnte man als Ertrag dann die Restgröße „Gewinn" zuordnen.

geschieht (s. unten C II b). Eine besondere Schwierigkeit stellen landwirtschaftlich genutzte Flächen dar, weil hier die Ertragsfähigkeit der Böden berücksichtigt werden muss.

Im Vergleich von Ist- und Soll-Ertragbesteuerung ist letztere keineswegs ein Notbehelf, etwa weil man den Ist-Ertrag oft nicht kennt. Vielmehr ist die Besteuerung eines potentiellen Ertrages (oder auch Einkommens) der eines tatsächlichen oft vorzuziehen. Wer mehr aus dem Potential herausholt, wird deshalb nicht höher besteuert, d.h. es besteht ein Anreiz, mit vorhandenen Ressourcen mehr zu erwirtschaften (**Anspornsteuer**).

Unter den Beurteilungsmaßstäben für Gemeindesteuern erweist sich die Grundsteuer (hier zunächst als Ausdruck für die Besteuerung des Grundbesitzes generell) als unter vielen Aspekten vorteilhaft:

- Unter dem *Allokationsziel* weist sie **wenig Zusatzlast** auf. Dies gilt insbesondere für den auf die Grundstücksfläche entfallenden Anteil (Bodensteuer; Richter 1992, S. 568). Ein Ausweichen ist im Vergleich mit manchen anderen Steuern nicht leicht möglich. Dies gilt insbesondere für die Belastung der privaten Haushalte (Mietwohnung und Wohneigentum). Weniger gilt dies für den Grundbesitz der Unternehmen, weil zumindest beim Aufbau einer neuen Produktion Standorte mit geringerer Grundsteuer präferiert werden können. Die Grundsteuer zählt insoweit also zu den Kapitalnutzungskosten.
- Unter dem *Äquivalenzprinzip* als einem Unterfall des Allokationsziels hat die Grundsteuer den Vorteil, für die vielen auf das Grundstück bezogenen Gemeindeleistungen **eine Art pauschales Äquivalent** zu sein. Dies beginnt mit der Tatsache, dass knappe Gemeindefläche in Anspruch genommen wird. Es tritt auch keine Doppelung zur Erhebung der Beiträge für die Grundstückserschließung (s. oben B I b) auf, weil es sich bei ihnen um ein einmaliges Entgelt für spezielle gemeindliche Leistungen geht, während die Grundsteuer mit Blick darauf geprüft wird, auf welche Weise die Kosten der allgemeinen Leistungen der Gemeinde auf die Bürger umgelegt werden.
- *Fühlbarkeit und Beweglichkeit* sind bei dieser Steuer, wenn sie entsprechend ausgestattet ist, in aller Regel gut gegeben. Daher weist diese Steuer einen deutlichen Bezug zur kommunalen Finanzautonomie auf.
- Verstärkend tritt hinzu, dass die Radizierbarkeit fast selbstverständlich vorliegt, weil diese Steuer sich nur auf die in der Gemeinde „belegenen" Grundstücke erstreckt.
- Der *Interessenausgleich* ist in aller Regel gewahrt, denn sowohl private Haushalte als auch Unternehmen zahlen diese Steuer auf ihren Grundbesitz.
- Unter dem *fiskalischen Ziel* schließlich weist sie ein stetiges und konjunkturunabhängiges Aufkommen auf.

Ehe hier ein gewisses Fazit zur Eignung dieser Steuer als Gemeindesteuer gezogen wird, ist auf die Frage ihrer *Überwälzbarkeit* einzugehen. Das Aufkommen aus jeder Steuer muss letztlich von Wirtschaftssubjekten durch Einschränkung ihrer wirtschaftlichen Leistungsfähigkeit „getragen" werden (**Einkommenseffekt**). Steuerzahlungen im Gemeindegebiet können zum Tragen dieser Steuern bei anderen Gruppen und in völlig anderen Regionen führen. Hierzu gab es mit Blick auf die Grundsteuer eine lange Diskussion.[103] Heute überwiegt die Vorstellung, dass die Eigentümer des Bodens (ohne Gebäude) diese Grundsteuer in dem Maße, wie sie auf den Boden entfällt (Bodensteuer), tragen (Richter 1992, S. 568; s. auch Büttner 2003); in Deutschland hatte man hier schon immer von „**Steueramortisation**" gesprochen, weil diese Steuer dann in – kumulierter und abgezinster – Form den Wert des Grundstücks reduziere.[104] Demgegenüber werden Gebäude als in der langen Frist „beweglich" angesehen, so dass die Steuer insoweit von den Mietern der Gebäude getragen würde; andernfalls würden die Vermieter ihr Geld in andere Verwendungszwecke als in Gebäude lenken. Für kommerziell genutzte Gebäude würde letztlich ohnehin eine auf ihnen liegende Steuer auf die Konsumenten weitergewälzt. In beiden Fällen käme es zu einer regressiven Belastung, also einer ungünstigen Verteilungswirkung des Steueranteils auf Gebäude. Aufs Ganze gesehen scheint es also ein realistisches Ergebnis zu sein, dass zumindest ein Teil der Grundsteuer vom Eigentümer des Grundstücks, der sie zu zahlen hat, auf den Nutzer überwälzt werden kann.

Fasst man nunmehr die Aussagen zur Eignung der **Grundsteuer** als Gemeindesteuer zusammen, so erscheint sie unter vielen Aspekten als eine **gut geeignete Gemeindesteuer**.[105] Zu beachten ist allerdings, dass sie aus politischen Gründen nicht allzu sehr ausgedehnt werden sollte. Daraus würde eine Einseitigkeit der kommunalen Steuerstruktur resultieren, die immer Nachteile bringt. So müssten Wohneigentümer, aber auch Mieter befürchten, auf Dauer ihre „Wohnung" nicht halten zu können, insbesondere wenn in höherem Alter das Einkommen nicht mehr so hoch ist wie zuvor. Zwar kann argumentiert werden, dass dann der Umzug in eine kleinere Wohneinheit angemessen wäre, doch geht diese Begründung an den psychologischen Realitäten teilweise vorbei. In Deutschland jedenfalls besteht ein Bezug zur Wohnung und erst recht zum Wohneigentum, der sich von anderen Formen der Einkommensverwendung durch eine besonders starke emotionale Komponente unterscheidet. Politisch jedenfalls ist dies bei der Frage nach

---

103 Vgl. dazu schon Aaron 1975 und Wildasin 1986, S. 98 ff.; zum Überblick s. Mieszkoswki/Zodrow 1989.

104 Vgl. zu der damit angesprochenen Kapitalisierung zukünftiger Steuerzahlungen im Preis einer Immobilie auch Stiglitz/Schönfelder 1989, S. 695 f.

105 Musgrave (1983, S. 13) nennt sie unter den für die Gemeinde geeigneten Einnahmearten an erster Stelle. Vgl. auch Fischel 2001 und Oates 2005, S. 352.

einer Obergrenze der Grundsteuer, soweit sie private Haushalte betrifft, zu berücksichtigen.

2. Die Grundsteuer in Deutschland

Vom Aufkommen her ist die Grundsteuer die drittgrößte Gemeindesteuer in der Bundesrepublik Deutschland,[106] allerdings mit weitem Abstand nach dem Einkommensteueranteil und der Gewerbesteuer (s. oben Tab. 4.1).

Die Steuer liegt auf den Grundstücken einschließlich der auf ihnen errichteten Gebäude und wird nach Maßgabe des **Grundsteuergesetzes**, das wiederum ein Bundesgesetz ist, erhoben. Maßgebend für die Bemessungsgrundlage sind derzeit noch die **Einheitswerte** nach dem **Bewertungsgesetz**. Für unterschiedliche Grundstücke (land- und forstwirtschaftliche Betriebe, Einfamilienhäuser usf.) werden die Einheitswerte mit unterschiedlichen **Steuermesszahlen**, die im Gesetz festgelegt sind, multipliziert und ergeben den **Steuermessbetrag** für das jeweilige Grundstück. Auf diesen Messbetrag erhebt die Gemeinde dann den von ihr festzulegenden **Hebesatz**. Er ist getrennt festzusetzen für die **Grundsteuer A** (Betriebe der Land- und Forstwirtschaft) und die **Grundsteuer B** (Grundstücke).[107] Die Hebesätze betrugen im Durchschnitt des Kalenderjahres 2000 bei der Grundsteuer A 278 % und bei der Grundsteuer B 367 % (BMF 2002, S. 63).

Mit Blick auf ihre grundsätzlichen Vorzüge wäre die Grundsteuer als die deutsche Form der Besteuerung des Grundbesitzes an und für sich geeignet, deutlich höher angesetzt zu werden und damit einen größeren Beitrag zu den Gemeindeeinnahmen zu leisten als bisher. Dem steht aber die **auf Wertverhältnissen von 1964 beruhende Einheitsbewertung** entgegen. Sie hat zu extremen Unterschieden zwischen den Grundstücken geführt, wenn man die seit 1964 gültigen Einheitswerte mit den heutigen Marktwerten vergleicht. Diese Verzerrungen würden bei einem höheren Satz sehr viel stärker spürbar als heute. Daher stellt sich die Frage, welche Reformalternativen bei der Grundsteuer ergriffen werden sollten, um sie zu einer leistungsfähigeren Gemeindesteuer zu machen.

Ein Reformweg bestünde in einer *neuen Hauptfeststellung* (nach 1935 und 1964). Dieses Verfahren ist extrem aufwendig. Die seinerzeitigen Spezialisten in den Finanzämtern sind längst nicht mehr dort, und es müsste eine völlig neue „Mannschaft" ausgebildet und rekrutiert werden. Hinzu kommt, dass in den **neuen Bun-**

---

106 Zu den einzelnen deutschen Gemeindesteuern s. jeweils Schwarting 2007a.

107 In den neuen Bundesländern gelten wegen der deutlich niedrigeren Einheitswerte von 1935 höhere Steuermesszahlen für die Grundsteuer B.

desländern die Hauptfeststellung 1964 nicht erfolgte und von daher fast am Punkt Null angefangen werden müsste. Außerdem müsste eine Hauptfeststellung im Abstand von etwa fünf Jahren jeweils neu erfolgen, was extrem aufwendig wäre. Daher sollte von diesem Verfahren Abstand genommen werden (Wissenschaftlicher Beirat 1989, 2. Teil).

Ein anderes, wahrscheinlich vorzuziehendes Verfahren bestünde darin, an amerikanische Erfahrungen anzuknüpfen und *Marktwerte sowie ihre Fortschreibung zugrunde zu legen*. Dazu wäre von den jeweiligen Verkaufspreisen für Grundstücke und Gebäude auszugehen. Wo diese Verkäufe selten sind, muss aus den Verkäufen in umliegenden Gebieten „eingeschätzt“ werden, was mit entsprechenden Computermodellen einigermaßen zuverlässig möglich ist. Jedenfalls wird dieses System in zahlreichen amerikanischen Bundesstaaten seit vielen Jahrzehnten erfolgreich genutzt und müsste auch in Deutschland anwendbar sein.

Der derzeit in Deutschland „gültige“ Reformvorschlag sieht vor, dass die Grundstücksfläche marktnah mit Hilfe der **Bodenrichtwerte** einbezogen wird (Bayer. Finanzministerium 2004). Für die Gebäude werden Festbeträge je Quadratmeter Wohn- bzw. Nutzfläche eingesetzt, gestaffelt nach gewerblicher und Wohnnutzung, nach Typ des Wohngebäudes usw. Der Vorschlag zielt auf eine zugleich marktnähere und einfachere Handhabung der Grundsteuer.

Die sich ergebenden Bemessungsgrundlagen wären bei allen diesen Vorschlägen wahrscheinlich drastisch höher als heute in Deutschland, so dass die Sätze entsprechend niedrig angesetzt werden müssten, um die genannte Überforderung auszuschließen. Jedenfalls ist die Grundsteuer ein Kandidat für eine weitergeführte Reform des gemeindlichen Steuersystems. In diesem Sinne kann sie sogar als „schlafender Riese“ bezeichnet werden.

III. Gemeindliche Einkommensbesteuerung

1. Eignung unter den Beurteilungskriterien

Zur Einkommensbesteuerung gehören nach deutschem steuerrechtlichen Verständnis – nicht nach dem finanzwissenschaftlichen Sprachgebrauch – die persönliche Einkommensteuer des Einkommensteuergesetzes und die Besteuerung von Kapitalgesellschaften durch die Körperschaftsteuer.

Die *Körperschaftsteuer* ist zweifellos **als Gemeindesteuer ungeeignet**. Selbst wenn Bemessungsgrundlage und Steuersatz bundesweit einheitlich festgesetzt wären, würde diese Steuer an den **Zerlegungsproblemen** scheitern. Unternehmensgewinne werden am Unternehmenssitz ausgewiesen, und bei Mehrbetriebsunternehmen, die den Großteil des Steueraufkommens erbringen, ist eine überzeugende „Zerlegung“ der entsprechenden Summe auf die einzelnen Betriebsstätten kaum möglich. Würde man beispielsweise die Arbeitskräfte zugrunde legen, so hätte man eine versteckte Lohnsummensteuer auf die durchschnittliche Lohnsumme usw.

Daher kann es bei der Frage nach einer geeigneten Gemeindesteuer nur um die *persönliche Einkommensteuer* gehen. Sie hat unter den Beurteilungskriterien für eine Gemeindesteuer viele Vorteile. Im Vordergrund steht zunächst der Tatbestand, dass sie sich an den in der Gemeinde wohnenden Bürger richtet. Er wählt die Gemeindevertretung, bestimmt darüber die zu erfüllenden Aufgaben und finanziert diese unter dem Allokationsziel nach dem *Prinzip der fiskalischen Äquivalenz*, also mit seiner Einkommensteuer.

Ebenfalls unter dem *Allokationsziel* weist eine Einkommensteuer bei entsprechender Ausgestaltung den Vorteil auf, als sehr breite Steuer **wenig Zusatzlast** mit sich zu bringen. Unter dem Äquivalenzprinzip kann sie für Gemeindeleistungen als Entgelt nur insoweit angesehen werden, wie sie sozusagen einen Sockelbetrag von allen Einwohnern einzieht. Eigentlich wäre dann eine **Kopfsteuer (Pauschalsteuer)**, also ein pro Kopf gleicher Steuerbetrag, mit Blick darauf angemessener, dass die Gemeindeleistungen jedenfalls nicht mit höherem Einkommen in höherem Maße in Anspruch genommen werden, sondern dass mit dem neuerlichen Vordringen sozialer Dienste eher das Umgekehrte gilt. Außerdem weist die Kopfsteuer von allen Steuerarten die **geringste Zusatzlast** auf, aber wegen ihrer extrem regressiven Verteilungswirkungen kommt sie – jedenfalls als Gemeindesteuer mit nennenswertem Aufkommen – nicht in Frage[108].

Unter dem *Effizienzaspekt* ist noch eine besondere Argumentation zu erwähnen, die mit der unterschiedlichen regionalen Verteilung von Steuerbemessungsgrundlagen, insbesondere denen einer kommunalen Einkommensteuer nach dem örtlichen Aufkommen, zusammenhängt.[109] Die Tatsache, dass empirisch Regionen mit hohem und niedrigem Pro-Kopf-Einkommen nebeneinander zu beobachten sind, hat zu Reflexionen über **mögliche ineffiziente Wanderungen** geführt. Regionen mit hohem Einkommen können mit geringem Steuersatz viel Aufkommen erzielen und ein entsprechend hohes Leistungsangebot bereitstellen. Also können private Haushalte (und Unternehmen) unterschiedlich hohe fiskalische Nettovorteile (net fiscal benefits) in verschiedenen Regionen (states, Kommunen) erzielen,

---

108 Zur Diskussion der kommunalen Kopfsteuer in Form der englischen Poll Tax vgl. mit eher positiver Wertung King 1984, 6. Kapitel, kritisch Smith 1991.

109 Zu einem weitergefassten Ansatz vgl. Wildasin 1986, Teil 2.

in dem Sinne, dass sie mehr oder weniger öffentliche Leistungen je Euro Steuer erhalten. Das könnte man als **horizontale Ungleichheit** interpretieren (Buchanan 1950), die zu ineffizienten Wanderungen führt, und könnte daraus folgern, dass solche Steuern nicht den dezentralen Ebenen gegeben werden sollten (van Suntum 1981, S. 18 und 225).

Doch erscheint diese **Folgerung** aus mehreren Gründen als **nicht begründbar**. Zwar trifft es sicherlich zu, dass zu einem gegebenen Zeitpunkt ceteris paribus ein hohes regionales Pro-Kopf-Einkommen logischerweise niedrige Steuersätze erlaubt, und das Umgekehrte gilt bei niedrigem Einkommen. Doch ist dies sozusagen eine Momentaufnahme, die **nicht erkennen** lässt, **woher diese Unterschiede in den Pro-Kopf-Einkommen stammen**. Sie sind nicht naturgegeben, sondern weitgehend das Ergebnis längerfristiger Wohnort- und Standortentscheidungen, für die das kommunale Leistungsangebot eine wesentliche Determinante darstellt. Kommunale Anstrengungen müssen sich in höheren Pro-Kopf-Einkommen und entsprechend höheren Steuern von privaten Haushalten und Unternehmen niederschlagen können. Im interkommunalen Wettbewerb entstehen und vergehen Vorteilspositionen, die sich Kommunen in dieser dynamischen Sichtweise daher immer aufs Neue unter Einsatz ihrer strategischen Instrumente, zu denen auch Steuern gehören, erarbeiten müssen.

Weiterhin ist zu berücksichtigen: Wenn Kommunen, beispielsweise ländliche Gemeinden, Gefahr laufen, ein als erforderlich anzusehendes Mindestangebot öffentlicher Leistungen nicht bereitstellen zu können, greift der **kommunale Finanzausgleich** ein (5. Kap.). Durch ihn werden gerade die Bemessungsgrundlagen-Unterschiede angeglichen (Boadway 1994; s. auch 5. Kap.). Man kann den kommunalen Finanzausgleich also als Sicherheitsnetz für unerwünschte Härtefälle ansehen, und seine Existenz erlaubt daher, eine kommunale Einkommensbesteuerung mit der Möglichkeit unterschiedlich hoher Steuersätze vorzusehen. – Nicht zuletzt kann darauf verwiesen werden, dass nach empirischen Untersuchungen Unterschiede in der lokalen Besteuerung zwar unter den Wanderungsdeterminanten erscheinen, aber ein nur geringes Gewicht aufweisen (Beland 1998). Daher sind die sonstigen Vorteile einer beweglichen kommunalen Einkommensbesteuerung gegen eine geringe Zahl ineffizienter Wanderungen (in statischer Sicht!) abzuwägen.

Fühlbarkeit und Beweglichkeit der Besteuerung sind bei einer kommunalen Einkommensteuer ohne weiteres herzustellen. In Deutschland ist dies aber noch nicht geschehen (s. unten 2). Die Radizierbarkeit einer solchen Steuer ist nicht so einfach wie bei einer Grundsteuer, aber durchaus herstellbar. Bei Arbeitnehmern wird man die Lohnsteuer dem Wohnort zurechnen. Bei Unternehmen mit mehreren Betriebsstätten, die als Personenunternehmen (Einzelunternehmen oder Personengesellschaften) geführt werden, wird die Steuer ohnehin den Eigentümern und damit deren Wohnort zugeordnet.

Der *Interessenausgleich* ist in spürbarem Maße gegeben. In Deutschland ist die **Einkommensteuer** nicht nur die Steuer der Arbeitnehmer und damit der privaten Haushalte. Sie ist zugleich die **Gewinnsteuer für die größte Zahl der Unternehmen**, nämlich für alle **Personenunternehmen**. Insofern sind beispielsweise der örtliche Einzelhandel und die freien Berufe auch über eine Einkommensteuer mit der Gemeinde verbunden.

Der Bezug zu den gesamtstaatlichen *Wachstums- und Konjunkturzielen* kann leicht hergestellt werden, wenn es entweder ein völlig einheitliches System wie in Deutschland gibt (ggf. mit kommunalem Hebesatzrecht, s. unten) oder wenn eine kommunale Steuer sich im Rahmen eines **Zuschlagssystems** im Huckepack-Verfahren (**piggy backing**) der nationalen Steuer anschließt.

Probleme gibt es mit der *bedarfsgerechten interkommunalen Steuerkraftverteilung*, wenn die nationale Bemessungsgrundlage und die darauf entfallende Steuer ohne Modifikation zur gemeindlichen Einnahmeerzielung herangezogen werden (zu Änderungsmöglichkeiten s. unten 2).

Aufs Ganze gesehen hat also eine **kommunale Einkommensteuer erhebliche Vorteile** als Gemeindesteuer.[110]

Es bleibt allerdings zu klären, welche Form einer Einkommensteuer eine gemeindliche Einkommensbesteuerung nehmen sollte. Eine völlig **eigenständige Gemeindeeinkommensteuer** ist sicherlich **nicht erstrebenswert** (s. schon Wissenschaftlicher Beirat 1982, S. 141). Dies würde hohe Erhebungs- und Entrichtungskosten bedeuten, ohne dass dies erhebliche zusätzliche Vorteile für die Gemeinde bringen würde. Wie in Abbildung 4.1 ausgeführt, verbleiben dann die beiden Möglichkeiten, die Gemeinde am **Steuerverbund** zu beteiligen oder sie in irgendeiner Form mit einem **Hebesatzrecht** an die nationale Einkommensteuer anzuschließen. Beide Vorgehensweisen haben jedenfalls den Vorteil, dass den Gemeinden ein eigenes Steuersatzrecht zugesprochen werden kann, worauf unbedingt geachtet werden müsste. In beiden Fällen könnte die Einkommensteuer auf einer nationalen Bemessungsgrundlage beruhen, so dass nicht regional unterschiedliche Besteuerungsverfahren greifen und beispielsweise im Unternehmenssektor zu großer Belastung führen.

110 King (1984, S. 241) sieht sie sogar als die günstigste Form an, weil er die Grundsteuer wegen ihrer regressiven Verteilungswirkungen nur eingeschränkt genutzt sehen will.

2. Der Einkommensteueranteil der deutschen Gemeinden

– Entstehung und derzeitige Ausgestaltung –

Bis 1969 waren die deutschen Gemeinden nicht an der Einkommensteuer beteiligt und konnten auch keine eigene Steuer dieser Art erheben. Durch die **Finanzreform von 1969** wurden sie an der Einkommensteuer beteiligt, die weiterhin auf einem **Bundesgesetz** beruhte und bundeseinheitliche Bemessungsgrundlagen und Steuersätze aufwies. In Art. 106 Abs. 5 GG ist die Möglichkeit vorgesehen, dass die Gemeinden einen **Hebesatz** auf ihren Einkommensteueranteil erheben dürfen. Bisher ist diese verfassungsrechtliche Möglichkeit aber **nicht genutzt** worden. Als Grund wurden häufig „verwaltungsmäßige Komplikationen" (Wissenschaftlicher Beirat 1982, S. 140) oder mögliche größere regionale Disparitäten im Steueraufkommen genannt (zur Reformmöglichkeit s. unten).

Aus Kasten 4.1 ist zu ersehen, wie die entsprechende Einnahme, die der einzelnen Gemeinde aus dem Einkommensteueranteil zusteht, an diese Gemeinde gelangt. Bei dieser Ermittlung sind zwei Stufen (2 und 3) zu unterscheiden (s. Kasten 4.1). Die *Gemeinden eines Bundeslandes* erhalten als Gesamtheit *15 % des Aufkommens* der Einkommensteuer, das auf dieses Bundesland entfällt. Infolgedessen ist zunächst festzustellen, wie hoch das Aufkommen in einem Bundesland in einem bestimmten Zeitraum war. Dazu ist beispielsweise zwischen den Bundesländern eine **Zerlegung** erforderlich, wenn die Betriebsstätte (wo die Lohnsteuer im Wege des Quellenabzugsverfahrens einbehalten worden war) in einem anderen Bundesland liegt als der Wohnort des Arbeitnehmers. Die Feststellung dieses Anteils von 15 % ist noch vergleichsweise einfach. Damit steht in einem Bundesland die insgesamt zu verteilende Gesamtmasse fest.

Schwieriger gestaltet sich dagegen die Bestimmung des Anteils, den die *einzelne Gemeinde aus* dieser zu verteilenden *Gesamtmasse* erhalten soll. Die Forderung, dass dies nach Maßgabe der Steuerleistung der Bürger dieser Gemeinde erfolgen solle, wurde vom Gesetzgeber nämlich eingeschränkt. Es sollte verhindert werden, dass einzelne Gemeinden vorwiegend Bezieher sehr hoher Einkommen anzulocken suchen und dass obendrein das im Konjunkturablauf stark schwankende Aufkommen aus diesen hohen Einkommen diese Gemeinden zu einem prozyklischen Ausgabeverhalten verleiten könnte. Daher wurde festgelegt, dass der Schlüssel, nach dem eine Gemeinde am 15 %-Landesaufkommen beteiligt wird, sich nur auf das *„Sockelaufkommen"* der Einkommensteuer dieses Landes bezieht. Das Sockelaufkommen ist diejenige Einkommensteuer, die auf die zu versteuernden Einkommen bis zur *„Sockelgrenze"* **(„Höchstbetrag")** entfällt; diese Sockelgrenze betrug 2006 30 000/60 000 € (für Einzelveranlagte bzw. Ehepaare)

(s. Kasten 4.1). Wenn der einzelne Steuerzahler über diesem zu versteuernden Einkommen liegt, wird der auf den überschießenden Betrag entfallende Anteil der Einkommensteuer also nicht berücksichtigt. Der Schlüssel, der in Kasten 4.1 nochmals abgeleitet ist, besteht also aus dem Sockelaufkommen der Gemeinde als Anteil am Sockelaufkommen im gesamten Bundesland. Der sich für die einzelne Gemeinde ergebende Prozentsatz wird dann aber nicht auf das Sockelaufkommen, sondern auf die oben beschriebene Summe von 15 % des im Land insgesamt aufgekommenen Volumens an Einkommensteuer angewendet. Dadurch wird zwar das gesamte Volumen verteilt, aber die einzelne Gemeinde kann durch die Gewinnung von Einwohnern mit Einkommensteilen oberhalb des Sockelaufkommens ihren Anteil nicht erhöhen.

Die Logik der Ermittlung der Gesamtmasse und der Ermittlung des Anteils der einzelnen Gemeinde ist also unterschiedlich. Die 15 % des Landesaufkommens der Einkommensteuer ermitteln sich aus der Einkommensteuer auf alle Einkommenshöhen, also auch auf die Beträge, die auf Einkommensanteile oberhalb der Sockelgrenze entfallen. Wenn diese Gesamtmasse auf die Gemeinden verteilt wird, wird hierzu aber ein Schlüssel verwendet, der die höheren Einkommensanteile ausschließt. Dieses kleinere Volumen dient also als Gewichtungs-Schema, um das größere Volumen auf die Gemeinden aufzuteilen.

Wenn man abschließend den gesamten Vorgang betrachtet, durch den die einzelne Gemeinde ihren Einkommensteueranteil erhält, so gilt die Verteilung nach dem **regionalen Aufkommen** genau genommen **nur für die Gesamtheit der Gemeinden** eines Bundeslandes. Gemeinden eines einkommensteuerstarken Bundeslandes erhalten also mehr als die „armen“ Länder. Innerhalb des Bundeslandes hingegen wird bei der Aufteilung auf die Gemeinden eine Art von Begrenzung durch **„Kappen“ hoher Einzeleinkommen** praktiziert. Dies ist eine vor allem verteilungspolitisch motivierte Maßnahme, die für sich genommen eher **Fehlanreize** setzt. Warum sollte sich ein Kämmerer nicht auch um Bezieher höherer Einkommen bemühen, zumal, wenn diese auch ein Indiz für gelungenes regionales Wachstum sein können? Außerdem hat sich gezeigt, dass die – wünschenswerte – Einführung eines gemeindlichen Hebesatzrechts durch diese Regelung erschwert wird.

Kasten 4.1: Ermittlung des Aufkommens der einzelnen Gemeinde aus dem Einkommensteueranteil

(1) Festlegung der Steuerzahlung des einzelnen Steuerzahlers durch das Einkommensteuergesetz als Bundesgesetz; *bundeseinheitlich*

(2) Bestimmung der an die Gesamtheit der Gemeinden *eines Bundeslandes* zu verteilenden Gesamtmasse an Einkommensteuer; = 15 % des Landesaufkommens der Einkommensteuer

(3) Bestimmung des Anteils der *einzelnen Gemeinde*:

Gemeindeeinnahme aus Gemeindeanteil Einkommensteuer =
Landesaufkommen x „Schlüsselzahl“ dieser Gemeinde.
„Schlüsselzahl“ = Anteil dieser Gemeinde am Sockelaufkommen der Einkommensteuer dieses Landes.
Sockelaufkommen = Einkommensteuer, die auf die „zu versteuernden Einkommen“ bis zu der Sockelgrenze entfällt.
Sockelgrenze („Höchstbetrag“) z. Zt. 30 000/60 000 €.
Die Schlüsselzahl wird nach der Steuerstatistik ermittelt, und zwar beispielsweise:

Anwendungsjahr der Schlüsselzahl	Erhebungsjahr der Steuerstatistik	Sockelgrenze (ledig/ verheiratet)
1970-1971	1965	8 000/16 000 DM
1972-1974	1968	16 000/32 000 DM
1979-1981	1974	25 000/50 000 DM
1985-1987	1980	32 000/64 000 DM
1994-1996	1989	40 000/80 000 DM
2006	2001	30 000/60 000 €

Da die *Ermittlung der Schlüsselzahlen* technisch aufwendig ist, wird sie nur alle drei Jahre durchgeführt. Dazu müssen Statistische Landesämter und Finanzämter zusammenarbeiten. Die einzelne Gemeinde bemüht sich, alle Lohnsteuerkarten zu erfassen, also auch für den Fall, dass kein Lohnsteuerjahresausgleich oder keine Einkommensteuererklärung erfolgt ist, aber dennoch Steuern gezahlt worden sind (z.B. für sehr niedrige Arbeitsentgelte). – Durch diese Erfassung im Drei-Jahres-Abstand stehen sich schrumpfende Gemeinden gut, wenn in der Zwischenzeit ihre Einkommensteuerbasis abgenommen hat, während wachsende Gemeinden benachteiligt sind, wenn in der Zwischenzeit die gewachsenen Bemessungsgrundlagen und dadurch gestiegene Steuersätze unberücksichtigt bleiben. Beispielsweise ist dieser Effekt im Verhältnis der Kernstadt (mit häufig schrumpfender Bevölkerung) zu den umliegenden „Schlafstädten“ (mit zunehmender Bevölkerung) von Bedeutung.

Die Beteiligung der Gemeinden an der Einkommensteuer ist weitgehend akzeptiert, und frühere Vorstellungen einer gesonderten gemeindlichen Einkommensteuer, Wohnraumsteuer usf. sind daher kaum noch ernsthaft erwogen worden.

Im Zeitablauf haben die Gemeinden über 50 000 Einwohner Verluste bei dieser Steuerquelle hinnehmen müssen, während die kleineren Gemeinden hinzugewonnen haben (Gemeindefinanzbericht 1997, S. 145). Das wäre u. U. problemlos, wenn zugleich die Gewerbesteuer als Steuerquelle vor allem großer Gemeinden zugenommen hätte, doch dies trifft nicht zu (s. unten C IV 2 b).

Der Einkommensteueranteil erlaubt in seiner jetzigen Form **keine Steuersatzvariation** und ist daher zur Herstellung der **fiskalischen Äquivalenz schlecht** geeignet. Zwar ist durch die Einkommensteuereinnahmen nach dem örtlichen Aufkommen die Gemeinde an ihren Einwohnern interessiert. Der umgekehrte Vorgang jedoch, das größere Interesse des Bürgers an der Gemeinde, ging mit der Reform von 1969 nicht Hand in Hand. Wie beim Steuerverbund üblich, sieht sich der Bürger nämlich nur einer einheitlichen Steuer gegenüber und weiß von der Überweisung eines Teils seiner Steuer an die Gemeinde meist nichts. Wenn man in einer Umfrage die Bürger fragen würde, ob sie einen Teil ihrer Einkommen- bzw. Lohnsteuer auch an ihre Gemeinde zahlten, so würde sich herausstellen, dass fast niemand auch nur von diesem Tatbestand weiß, nicht zu reden von der Höhe seines Beitrags.

Das derzeit angewandte Verfahren der Einkommensteuerbeteiligung ohne Steuersatzrecht verhindert außerdem, dass sich die Gemeindebürger mit dem Ziel einer Verbesserung ihrer öffentlichen Einrichtungen selbst höher besteuern können. Die Frage nach einem **Steuersatzrecht (Hebesatzrecht)** für den kommunalen Anteil ist daher auch in neuerer Zeit wieder gestellt worden. Mit einem Hebesatzrecht würden sicherlich in gewissem Maß unterschiedliche Ausstattungen von Gemeinde zu Gemeinde einhergehen[111]. Dies ist aber unter verteilungspolitischen Aspekten hinzunehmen, denn es ist ein niedriger Preis für hinzugewonnene Stärkung der fiskalischen Äquivalenz und damit der finanziellen Verantwortlichkeit einer Gemeinde vor ihren Bürgern. Wenn nämlich einer Gemeinde eine **erhöhte „Selbstbesteuerung“** ermöglicht werden soll, so ist die Einkommensteuer hierfür besonders gut geeignet. Die Aufwendungen der Gemeinde hängen außer von den Vorleistungen für Unternehmen auch von der

111 Der Hebesatz wäre sicherlich auf eine gedeckelte Bemessungsgrundlage, etwa im Sinne der derzeitigen Sockelregelung, zu erheben, denn andernfalls würde möglicherweise ein Tennisspieler zur Finanzierung einer Gemeinde ausreichen (Hinweis von Clemens Fuest).

Zahl der Einwohner ab, und sie sollen den Einwohnern zugute kommen. Die Einkommensteuer ist unter diesem Aspekt sicherlich eine gute Gemeindesteuer. Glücklicherweise ist, wie erwähnt, das gemeindliche **Steuersatzrecht** (Hebesatzrecht) zur bestehenden Einkommensteuer als rechtliche Möglichkeit **im Grundgesetz vorgesehen**. Wenn also der politische Wille zur Stärkung der gemeindlichen Einnahmeautonomie da ist, dürfte hier ein guter Ansatzpunkt liegen.

Zu fragen ist allerdings, **wieweit** die für Deutschland spezifische **Sockelregelung unabdingbar** ist. Warum sollen Gemeinden nicht auch um Bezieher hoher Einkommen konkurrieren? Zu einem Teil werden die Unterschiede in den Bemessungsgrundlagen ohnehin durch den kommunalen Finanzausgleich wieder aufgefangen. Hinzu kommt, dass für die Einführung eines Hebesatzrechts technische Schwierigkeiten nur auftauchen, wenn die Sockelregelung beibehalten werden soll (Hansmeyer/Zimmermann 1993).

IV. Besteuerung der Unternehmen durch die Gemeinde

1. Für und Wider einer gemeindlichen Unternehmensbesteuerung

a) Zur Begründbarkeit kommunaler Unternehmenssteuern

Die zuvor behandelten Grundsteuern und Einkommensteuern der Gemeinde haben sich insoweit nahtlos in die Überlegungen zur Begründbarkeit einer kommunalen Ebene eingefügt, als sie dem Prinzip der fiskalischen Äquivalenz gut entsprechen. Für eine gemeindliche Besteuerung von Unternehmen ist dies nicht selbstverständlich, denn mit der fiskalischen Äquivalenz zielte man auf die privaten Haushalte bzw. die Wähler oder Bürger, die für Aufgaben, die sie für wichtig halten, „sich selbst“ entsprechend besteuern. Unternehmen hingegen wählen nicht. Zwar gab es beispielsweise in England eine Diskussion um ein **Wahlrecht für Unternehmen (business vote)**, die aber mehr im Grundsätzlichen verblieb. Weil Unternehmen aber nicht wählen, ist ihre **„Ausbeutung“** anscheinend leicht möglich (King 1984, S. 225), d.h. sie müssen zahlen, ohne sich wehren zu können.

Eine Begründung für gemeindliche Unternehmensbesteuerung kann also nicht unter Rückgriff auf das Prinzip der fiskalischen Äquivalenz erfolgen. Vielmehr sind hierzu das Äquivalenzprinzip und der Interessenausgleich als Beurteilungskriterien in erster Linie heranzuziehen.

Gemeindliche Leistungen werden sowohl von privaten Haushalten als auch von Unternehmen in Anspruch genommen. Sofern Unternehmen ausschließlich im

Eigentum von Bürgern der Sitzgemeinde sind, was insbesondere bei Kleinbetrieben häufig auftritt, fallen beide Leistungen bei denselben Personen zusammen. Mittlere und große Betriebe hingegen – meist als Kapitalgesellschaften geführt – sind in der Regel überwiegend in der Hand von Auswärtigen. Hier kann eine gemeindliche Unternehmenssteuer als Gegenleistung für unternehmensbezogene gemeindliche Leistungen dienen.

Diese *Äquivalenzbeziehung* darf nicht zu eng gesehen werden. Sicherlich dient die kommunale Infrastruktur überwiegend privaten Haushalten und Unternehmen zugleich, und ausschließlich „unternehmensorientierte" Infrastruktur ist eher der Ausnahmefall. Doch auch die kombinierte Nutzung durch beide macht es erforderlich, die Äquivalenz eben für beide auf der Einnahmenseite annähernd abzubilden. Unter diesem Aspekt sollte auch die Unternehmensseite Steuern zahlen[112]. Zu einem Teil geschieht dies schon, wenn eine Grundsteuer sowohl auf Grundstücken für Wohnungszwecke als auch auf Betriebsgrundstücken liegt. Doch ist hier die Äquivalenzbeziehung eher eingeengt zu sehen, so dass eine weitere Steuer zweckmäßig ist, beispielsweise bei Unternehmen, die auf sehr geringer Fläche große Wertschöpfung produzieren und dennoch, nicht zuletzt über ihre Arbeitnehmer, gemeindliche Leistungen nutzen. Daher ist eine zweite Steuer sinnvoll. Das gilt auch unter dem Aspekt, dass eine einzelne Steuer mit schmaler Bemessungsgrundlage, wie etwa die Grundsteuer, bei hohem Satz eine entsprechend hohe Zusatzlast mit sich bringen würde. Diese sinkt, wenn die Summe der Bemessungsgrundlagen breiter ist und die Sätze entsprechend niedriger sein können.

Das zweite hier wichtige Argument entstammt der Public Choice-Sicht: der *Interessenausgleich*. Vor 1969 entstammten 4/5 aller Gemeindesteuereinnahmen der Gewerbesteuer, und erst danach wurde mit der Einführung des gemeindlichen Einkommensteueranteils das Gewicht der Gewerbesteuereinnahmen reduziert. Vor 1969 war im **Stadt-Umland-Verhältnis** die Tendenz zu beobachten, dass eine Gemeinde gern Gewerbestandorte auswies und weit weniger gern Wohngebiete. Insbesondere in Ballungsgebieten ist dann eine sehr einseitige Orientierung der Gemeinden zu erwarten. Sie wirkt dem gesamtwirtschaftlichen Wachstum entgegen, denn dies kann nur stattfinden, wenn Gemeinden sowohl Arbeitsplätze als auch Wohnraum gleichermaßen gern bereitstellen. Im Übrigen soll der Interessenausgleich in beide Richtungen wirken. Zum einen müssen Kämmerer und Parlament an Unternehmen fiskalisch interessiert sein, und andererseits sollten Unternehmen an der Gemeinde und den „richtigen" Leistungen interessiert sein. Dazu

112 King 1984, S. 225. – Auch nach Auffassung des Bundesverfassungsgerichts soll die Gewerbesteuer „einen pauschalen Ausgleich für die besonderen Infrastrukturlasten bieten, die durch die Ansiedlung von Gewerbebetrieben verursacht werden" (BVerfG Beschluss vom 15.1.2008).

sind **bewegliche Steuern** erforderlich. Sie erfüllen zugleich den Zweck, Ballungskosten anzulasten und „ineffiziente“ Wanderungen zu vermeiden.

Diesen positiven Aspekten einer kommunalen Unternehmensbesteuerung sind aber auch kritische Einwände gegenübergestellt worden.

b) Einwände gegen eine gemeindliche Unternehmensbesteuerung

Um nochmals mit der fiskalischen Äquivalenz zu beginnen: Sie setzte voraus, dass örtliche Steuern zur Finanzierung der örtlich gewünschten Aufgaben erhoben werden müssen. Dabei war unter dem Kriterium der Radizierbarkeit davon auszugehen, dass die Steuern dem örtlichen Aufkommen entsprechen und in irgendeiner Form dem Gemeindegebiet entstammen sollten. Bei genauem Hinsehen läge der Idealfall dann vor, wenn diese Steuern im Sinne der finanzwissenschaftlichen Überwälzungslehre auch örtlich „getragen“ würden, also dort zur Minderung an wirtschaftlicher Verfügungsmöglichkeit führen. Wie aber ist diese Argumentation zu sehen, wenn gemeindliche Steuern in erheblichem Maße extern getragen werden, wie dies insbesondere für Unternehmenssteuern diskutiert wird?

Dieses **Verlagern der Steuerlast nach außen (Steuerexport[113], tax exporting)** kann in drei Formen geschehen (King 1984, S. 224 ff.):

- Zunächst einmal kann schon die *Zahlung durch Auswärtige* erfolgen. Dieser Fall liegt vor, wenn in Touristengebieten Getränke und Speisen im Restaurant besteuert werden. Diese Zahlungsbelastung Auswärtiger kann beispielsweise sinnvoll sein, wenn zusätzliche Infrastruktur auf diese Weise steuerlich finanziert und nicht durch Entgelte bezahlt werden kann oder soll. Es kann sich aber auch um eine fiskalische Ausbeutung von Leuten handeln, die gern diese betreffende landschaftlich schöne Region sehen möchten.
- Den häufigsten Fall stellt die *Überwälzung* dar. Dann ist der Zahler der Steuer in der Gemeinde ansässig, überwälzt aber die Steuerzahllast auf seine Abnehmer (gelegentlich auch seine Vorlieferanten). Der Extremfall liegt sicherlich vor, wenn eine kommunale Unternehmenssteuer zu 100 % interregional überwälzbar ist. Ein hoher Überwälzungsgrad gilt beispielsweise für gemeindliche Steuern auf örtlich vorkommende seltene Rohstoffe, aber der Fall trifft auch zu, wenn ein marktstarkes Unternehmen in dieser Gemeinde ansässig ist. Die Überwälzungschancen sind für den Durchschnitt der amerikanischen Ge-

113 Hier ist der interregionale Steuerexport gemeint, und der internationale bildet einen Unterfall. Vgl. zum Vergleich beider Typen Peffekoven 1975.

meindesteuern der 1960er Jahre auf 20–40 % geschätzt worden (McLure 1967).

- Schließlich können Steuerlasten noch in einer anderen Weise „exportiert" werden, wenn nämlich *Gemeindesteuerzahlungen bei Steuern oberer Gebietskörperschaftsebenen berücksichtigt werden.* Dies kann in Form der **Anrechnung** geschehen (die Steuerzahlung in der Gemeinde wird auf die Steuerschuld der anderen Steuer angerechnet) oder in Form der **Abzugsfähigkeit** (die gezahlte Gemeindesteuer kann von der Bemessungsgrundlage der anderen Steuer abgezogen werden, so dass die Steuerersparnis sich nur in Höhe des (marginalen) Steuersatzes der anderen Steuer ergibt).

Alle drei Formen des **Steuerexport**s haben **die Folge**, dass die Gemeinde Einnahmen erhält, die nicht auf den Verzicht von Gemeindebürgern auf Teile ihrer wirtschaftlichen Verfügungsmöglichkeit zurückgehen. Dadurch „verbilligen" sich gemeindliche Angebote, denn ähnlich wie bei den später zu behandelnden Zuweisungen sind **solche Gemeindeeinnahmen „billiges" Geld**. Im Ergebnis führen solche Verbilligungen zu höheren gemeindlichen Ausgaben, im Vergleich zu den Einnahmen, die von den Gemeindebürgern auch getragen werden. Im Gesamtraum, der die Gemeinde und die anderen Regionen des Staatsgebiets einschließt, kommt es auf diese Weise zu einem höheren Staatsanteil, als wenn die Präferenzen der Bürger dieses Gesamtraumes zugrunde gelegt würden (King 1984, S. 24 f.). Dieser Effekt kann zwar im Prinzip auch bei Steuern auf private Haushalte auftreten, soweit diese ihre Steuerbelastung, beispielsweise bei Tarifverhandlungen, „abwälzen" können. Doch gilt er offensichtlich in erster Linie für eine gemeindliche Unternehmensbesteuerung und muss insofern ernst genommen werden.

Fasst man diese Überlegungen zur gemeindlichen Unternehmensbesteuerung zusammen, so gibt es zweifellos starke Argumente, auch Unternehmen durch die Gemeinde zu besteuern. Sie liegen im Äquivalenzprinzip und im Prinzip des Interessenausgleichs. Mit Blick auf die verfügbaren Steuern sollte sicherlich zunächst die Grundsteuer eingesetzt werden, nicht zuletzt weil sie weniger überregionale Möglichkeiten des Steuerexports eröffnet. Ihr Aufkommen entstammt in Deutschland ohnehin zu etwa der Hälfte dem Unternehmensbereich (Postlep 1987a). Darüber hinaus ist aber eine zusätzliche Steuer sinnvoll, um zum einen den angesprochenen Interessenausgleich herzustellen und zum anderen die Anlastung von Ballungskosten zu ermöglichen. Nicht zuletzt hat eine solche breitere Steuerbasis (bei niedrigerem Satz) die erwähnten niedrigeren Zusatzeffekte. Im Einzelnen sollten solche Steuern vermieden werden, bei denen eine besonderes hohe Überwälzungschance vorliegt (z.B. Steuern auf seltene Rohstoffe), sofern nicht wie im Falle einer aufwendigen Tourismusindustrie die Steuer die Funktion eines erhöhten Entgelts übernimmt.

2. Die Gewerbesteuer in Deutschland

a) Die geltenden Regelungen

– Aufbau der Gewerbesteuer –

Gewerbesteuern wurden in Deutschland nach Einführung der Gewerbefreiheit üblich. So wurde in **Preußen** 1810 eine Gewerbesteuer als Staatssteuer eingeführt. Im Gefolge der Miquelschen Steuerreform ging die Ertragshoheit 1895 an die Gemeinden über.

Die heutige Gewerbesteuer beruht auf dem **Gewerbesteuergesetz** als **Bundesgesetz**. Es legt die Bemessungsgrundlage und – mit der **Steuermesszahl** – ein Element des Steuersatzes fest. Die Gemeinden erheben dann hierauf einen **Hebesatz** (als zweites Element des Steuersatzes). Bis 1969 floss der Ertrag der Gewerbesteuer voll den Gemeinden zu. In diesem Jahr wurde der Einkommensteueranteil der Gemeinden eingeführt, und gleichzeitig müssen die Gemeinden seither einen Teil des Aufkommens der Gewerbesteuer in Form der **Gewerbesteuerumlage** an Land und Bund abführen.

Heute liegt die Gewerbesteuer allein auf dem Gewerbeertrag. Zuvor war sie jedoch breiter angelegt gewesen:

(1) Bis 1979 konnten Gemeinden in einigen Bundesländern mit Genehmigung des Landes auch eine *Lohnsummensteuer* als Teil der Gewerbesteuer erheben, die auf der Lohnsumme als Bemessungsgrundlage lag und deren Satz von der Gemeinde gesondert festgelegt wurde. Die Lohnsummensteuer hatte den Vorteil, auch dort Gewerbesteueraufkommen zu bringen, wo Unternehmen kurzfristig aus konjunkturellen Gründen oder langfristig aus strukturellen Gründen keinen Gewinn erwirtschaften und wenig steuerlich wirksames Kapital aufweisen, aber der Gemeinde nach wie vor Ausgaben verursachen.

(2) Bis 1997 enthielt die Gewerbesteuer auch eine *Gewerbekapitalsteuer*.[114] Die Basis bildete hier der Einheitswert des gewerblichen Betriebes im Sinne des Bewertungsgesetzes. Durch Hinzurechnungen und Kürzungen entstand daraus das Gewerbekapital. Es wurde mit einer Steuermesszahl (auf Gewerbekapital) von 2 % multipliziert und führte zum „Steuermessbetrag nach dem Gewerbekapital". Die beiden Steuermessbeträge auf Gewerbeertrag und Gewerbekapital wurden dann zum „einheitlichen Steuermessbetrag" addiert,

---

114 Als Ausgleich für den Fortfall der Einnahmen aus der Gewerbekapitalsteuer wurde der Gemeindeebene insgesamt ein Anteil am Umsatzsteueraufkommen zugesprochen. Siehe dazu unten 2.

auf den die Gemeinde dann ihren Hebesatz legte. Die Gewerbekapitalsteuer war ebenfalls nach mehreren Kriterien eine recht gute Gemeindesteuer, denn durch den Hebesatz war sie „beweglich“, und das Aufkommen wies keine Sprünge auf. Allerdings bedeutete sie aus gesamtwirtschaftlicher Perspektive nach der Abschaffung der Lohnsummensteuer eine Sonderbelastung des Faktors Kapital.

Die **Ermittlung des Gewerbeertrages** geht vom **Gewinn** aus, wie er nach Einkommensteuergesetz bzw. Körperschaftsteuergesetz zu ermitteln ist. Durch **Hinzurechnungen und Kürzungen** entsteht hieraus der **Gewerbeertrag**. Er wird nach Anwendung eines Freibetrages mit der **Steuermesszahl** multipliziert und führt zum **Steuermessbetrag**. Bis zu diesem Punkt beruht der Vorgang ausschließlich auf dem Bundesgesetz. Auf diesen Steuermessbetrag legt die Gemeinde nun ihren **Hebesatz**. Seit 2004 gilt ein **Mindesthebesatz** von 200%.

Das Gewerbesteuergesetz sieht besondere Erleichterungen für Einzelunternehmen und Personengesellschaften vor, also für die bei Klein- und Mittelbetrieben dominierenden Rechtsformen. Für sie ist ein hoher **Freibetrag** von 24 500 € vorgesehen. Die darüber hinausgehenden Beträge werden mit 3,5 % in die Steuermesszahl einbezogen, während dieser Satz bei Kapitalgesellschaften sofort gilt. Für Personenunternehmen wird die Belastung dadurch stark reduziert, dass sie die gezahlte Gewerbesteuer in erheblichem Maße im Wege der **Gewerbesteueranrechnung** bei der gezahlten Einkommensteuer anrechnen können.

Das Steueraufkommen aus der Gewerbesteuer in einer einzelnen Gemeinde schließlich setzt sich aus der Summe der Steuermessbeträge multipliziert mit dem Hebesatz zusammen. Die Gewerbesteuerhebesätze liegen häufig zwischen 300 und 500 %. Frankfurt erhob im Jahr 2007 einen Gewerbesteuerhebesatz von 460 %, Sindelfingen hingegen, eine Stadt mit ertragstarker Industrie, einen Satz von 370 % (Gemeindefinanzbericht 2008, S. 80 f.).

– Berechnung und Wirkung der Umlage –

Seit 1969 müssen die Gemeinden einen Teil des Gewerbesteueraufkommens an Bund und Land abführen. Dies geschah vor allem, weil den Gemeinden zur gleichen Zeit der Einkommensteueranteil zugesprochen worden war. Zugleich hat diese **Gewerbesteuerumlage** einen horizontalen Finanzausgleichseffekt, weil sie große interkommunale Unterschiede in den Bemessungsgrundlagen etwas abschwächt.

Kasten 4.2: Ermittlung der Gewerbesteuerumlage der einzelnen Gemeinde

Aus dem nachfolgenden Schema ist zu ersehen, in welcher Weise die Umlage ermittelt wird. Sie ergibt sich aus einem sog. **Grundbetrag**, der, multipliziert mit dem im Bundesgesetz festgelegten **Multiplikator („Vervielfältiger"**, s. Tab. 4.4), die **Umlage** ergibt. Der Grundbetrag selbst ergibt sich aus dem Steueraufkommen in der Gemeinde, dividiert durch den Hebesatz, den diese Gemeinde erhebt. Er spiegelt also die Steuermessbeträge in dieser Gemeinde wieder und kann damit als Ausdruck für die in der Gemeinde vorhandene Steuerbemessungsgrundlage gelten.

A. Alte Bundesländer und deren Gemeinden

Umlage = "Grundbetrag" x Multiplikator („Vervielfältiger")

Multiplikator („Vervielfältiger"; vgl. Tab. 4.4) betrug beispielsweise 2008 65%; davon gingen je 19% an Bund und Land, 5% an den Fonds Deutsche Einheit, an die Länder 29% wegen Solidarpakt und 6% infolge Abschaffung der Gewerbekapitalsteuer[1)]

$$\text{Grundbetrag} = \frac{\text{Steueraufkommen}}{\text{Hebesatz}} \qquad \text{(= statistisch)}$$

Steueraufkommen = Steuermessbetrag x Hebesatz (= steuerrechtlich)

Anmerkung: (steuerrechtlicher) Steuermessbetrag = (statistischer) Grundbetrag; Abweichungen allenfalls durch Nachzahlungen

$$\text{Umlage} = \frac{\text{Steueraufkommen}}{\text{Hebesatz}} \times \text{Multiplikator („Vervielfältiger")}$$

Setzt man die Einzeldefinitionen in die Ausgangsgleichung für die Umlage ein, so ergibt sich ein komplexerer Ausdruck:

$$\text{Umlage} = \frac{\text{Steuermessbetrag x Hebesatz}}{\text{Hebesatz}} \times \text{Multiplikator}$$

Beispiel für die Stadt Köln 2005 (geschätzt)[2)]:

geschätztes Steueraufkommen brutto: 854,1 Mio. €
Hebesatz: 450 %
Grundbetrag: 854,1/450 % = 195,73 Mio. €
Umlage: 195,73 x 81% = 42,18 Mio. €
Umlage/Aufkommen: 42,18/854,1 = 4,9%

B. Neue Bundesländer und deren Gemeinden

Die Gewerbesteuerumlage betrug 1998 7% und stieg 2006 auf 38% (vgl. Tab. 4.4).

1) Gemeindefinanzbericht 2008, S. 12.
2) Ausgangsdaten nach dem Gemeindefinanzbericht 2006, S. 95.

Die **Technik der Ermittlung** dieser Gewerbesteuerumlage ist über die Zeit relativ konstant geblieben (vgl. Kasten 4.2). Lediglich eine Variable, der Multiplikator („Vervielfältiger“) wird von Zeit zu Zeit durch Gesetzesänderung modifiziert. Dieser „Vervielfältiger“ (und damit die Umlage) schwankte im Zeitablauf stark (s. Tab. 4.4) und erschwerte die Finanzplanung der Gemeinden. Seine Erhöhung ab 1990 war aber z. T. durchaus gerechtfertigt, um auch die Gemeinden an den Kosten der deutschen Einheit zu beteiligen. Das im Kasten 4.2 angeführte Beispiel der Stadt Köln zeigt, dass der letztlich abzuführende Anteil der Umlage aus Gewerbesteueraufkommen mit 4,9 % weit unter dem Multiplikator von 81 % liegt, weil dieser sich nur auf den Grundbetrag, also die „Bemessungsgrundlage“ bezog.

Der **Hebesatz der einzelnen Gemeinde** kommt in dem Schema im Kasten 4.2 in der aufgelösten Formel für die Umlage in dem Quotienten zweimal vor und kürzt sich also wieder weg. Dieser Tatbestand ist für die folgende Überlegung wichtig. Die Umlage soll nämlich bewusst so wirken, dass der Effekt einer Erhöhung oder Senkung des Hebesatzes voll bei der Gemeinde verbleibt, sie also eine Steuer mit voller „Beweglichkeit“ besitzt. Dass dies gelungen ist, kann man sich anhand des Beispiels im Schema in Kasten 4.2 vorstellen. Wenn die Stadt den Hebesatz etwa von 450 % auf 500 % erhöhen würde, bliebe die Umlage unverändert, denn das Steueraufkommen würde sich entsprechend erhöhen. **Unabhängig** davon, **wie hoch der Hebesatz** ist, bleibt die **Umlage** also in jedem Falle **die gleiche** und ist infolgedessen nur von den Steuermessbeträgen und dem gesetzlich fixierten Multiplikator abhängig.

Genau genommen könnte bei dieser Berechnungsweise der Eindruck entstehen, als ob eine Gemeinde, wenn sie ihren Hebesatz unter 81% (in diesem Beispiel) senkt, eine Umlage abführen muss, obwohl sie eine entsprechend hohe Steuer gar nicht erhoben hat. Wenn sie eine Steuer von 0% erhebt, also auf die Gewerbesteuererhebung völlig verzichtet, müsste sie rechnerisch demnach trotzdem in Höhe der feststellbaren Steuermessbeträge eine Umlage abführen.

b) Reformvorstellungen zur gemeindlichen Unternehmensbesteuerung

– Bewertung des derzeitigen Standes –

Der 1979 erfolgte Fortfall der Lohnsummensteuer, die Abschaffung der Gewerbekapitalsteuer 1997 und die Erhöhung der Freibeträge[115] haben aus der **Gewerbesteuer einen Torso** gemacht, der auf Dauer wohl kaum bestehen bleiben kann.

---

115 Des Weiteren wäre etwa die Kürzung der hinzugerechneten Dauerschuldzinsen, Mieten und Pachten zu nennen.

Tab. 4.4: Multiplikator („Vervielfältiger") für die Gewerbesteuerumlage, in % des „Grundbetrages", 1970 bis 2008

Jahr	Normal-Umlage		Gesamt-Umlage[1)]	
	an Bund	an Land	in den alten Bundesländern	in den neuen Bundesländern
1970-1979	60	60	120	
1980-1982	40	40	80	
1983	29	29	58	
1984-1990	26	26	52	
1991	26	26	54	
1992	26	26	57	
1993	14	14	39	28
1994	19	19	56	38
1995	19	19	79	38
1996	19	19	78	38
1997	19	19	78	0
1998	19	19	87	7
1999	19	19	86	45
2000	19	19	83	45
2004	19	19	82	46
2008	19	19	65	30

1) Enthält spezifische Erhöhungen für den Fonds Deutsche Einheit und den Solidarpakt sowie infolge der Abschaffung der Gewerbekapitalsteuer. Zu Einzelheiten s. Nachweise unter der Quelle.

Quelle: Gemeindefinanzbericht 1998, S. 230, und 2008, S. 12.

Die Bemessungsgrundlage besteht im Wesentlichen aus den **Unternehmensgewinnen**. Diese schwanken im Wirtschaftsablauf extrem stark. Abbildung 4.3 zeigt das Aufkommen in der von einem Automobilwerk stark abhängigen Stadt Rüsselsheim und verdeutlicht die extremen **Planungsprobleme** für eine solche Stadt, aber auch die **Gefahr, Parallelpolitik zu induzieren** (s. oben 2. Kap., Teil B). Die Abbildung zeigt die Entwicklung zu Zeiten, als die Gewerbekapitalsteuer noch zur Gewerbesteuer gehörte. Es war absehbar, dass das Aufkommen danach noch stärker schwanken würde, weil ihm nur noch die Gewinnsituation zugrundeliegt.

Die hohen Freibeträge haben zudem aus der Gewerbesteuer eine **Steuer für Mittel- und Großbetriebe** werden lassen. In manchen Städten wird die Gewerbesteuer nur noch von jedem vierten der Gewerbesteuer unterliegenden Betrieb gezahlt. Die übrigen Betriebe sind über diese Steuer gar nicht mehr mit ihrer Gemeinde verbunden, mit allen negativen Folgen mit Blick auf das Äquivalenzprinzip und den Interessenausgleich.

Abb. 4.3: Langfristiges Gewerbesteueraufkommen der Stadt Rüsselsheim (einschl. Gewerbekapitalsteuer)

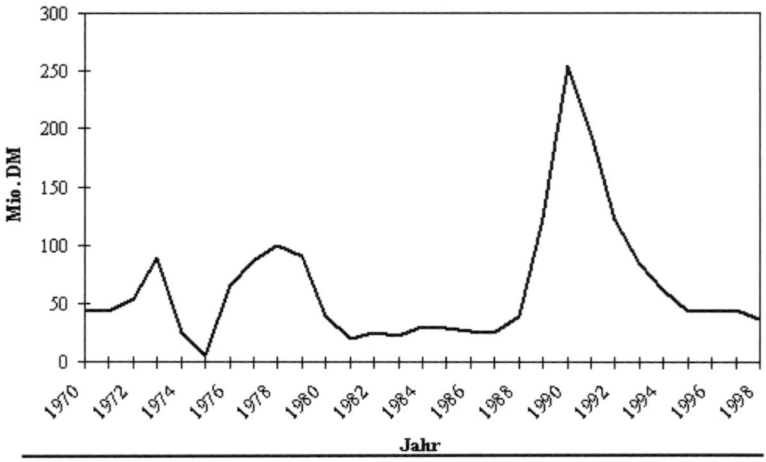

Quelle: Littmann 1983, S. 180, und Angaben der Stadt Rüsselsheim. - Von 1998 bis 2004 schrumpfte das Aufkommen auf 1/4, um sich im Jahr darauf mehr als zu verdoppeln.

Angesichts dieser Defizite der bestehenden Gewerbesteuer ist die **jetzige Gewerbesteuer** eine **schlechte Gemeindesteuer** (s. schon Sachverständigenrat 1983, Tz. 399). Daher ist **dringend** weiter nach **Reformalternativen zu suchen**. Aus dem weiten Gebiet dieser Vorschläge seien nur wenige wichtige hervorgehoben:

- Der begonnene Weg, den Gemeinden (weitere) *Elemente* der Gewerbesteuer *wegzunehmen* und ihnen im Tausch Mittel aus dem Umsatzsteueraufkommen zuzuweisen, sollte schnell wieder verlassen werden. Dies ist keine Gemeindesteuer (s. unten).
- Mit Blick auf die erfolgte Verengung der Gewerbesteuer – sowohl in ihrer Bemessungsgrundlage als auch in der Zahl der Zensiten – zielen die größeren Reformvorschläge ausnahmslos auf eine *Verbreiterung* in beide Richtungen mit zugleich deutlich niedrigeren Steuersätzen:

  (1) Naheliegend ist zunächst, die positiven Erfahrungen mit der *Gewerbesteuer* zu nutzen und sie zu *„revitalisieren"*. Dazu könnte man die Lohnsummensteuer und u. U. auch die Gewerbekapitalsteuer wieder einfüh-

ren. Die Freibeträge wären drastisch zu senken, und zwar zur Stärkung des Äquivalenzgedankens sogar stärker, als unter dem Aspekt der Erhebungs- und Entrichtungskosten angezeigt wäre. Zu prüfen wäre, ob man den **öffentlichen Sektor** nicht **einbeziehen** sollte, wofür die Lohnsummensteuer einen einfachen Ansatzpunkt bilden würde. – Gegen diesen Vorschlag spricht möglicherweise, dass im politischen Prozess ein neuer Vorschlag eher Erfolgschancen hätte als das Zurückrollen einer Reform mit dem Eingeständnis, dass etwas falsch gemacht worden ist.

(2) Eine Modifizierung der jetzigen Gewerbesteuer (als Gewinnsteuer) in Richtung einer *Reingewinn- oder Cash-flow-Steuer* würde sicherlich **Effizienzaspekten** in besonderer Weise genügen (Richter/Seitz/Wiegard 1996, S. 27). Als gewichtige Gemeindesteuer wäre sie aber, wie Abbildung 4.3 zeigte, mit extremen **Aufkommensschwankungen** behaftet.

(3) Am intensivsten wurde der Vorschlag einer *Wertschöpfungsteuer* diskutiert (Oberhauser 1964; Wissenschaftlicher Beirat 1982). Der Beirat schlug 1982 den Ersatz der Gewerbesteuer (und – soweit möglich – der Grundsteuer B) durch eine kommunale Wertschöpfung vor. Die **Wertschöpfung** sollte **additiv** – also durch Addieren von Lohnsumme, Mieten, Pachten, Zinsen, usf. – ermittelt und mit einem proportionalen Tarif und gemeindlichem Hebesatzrecht versehen werden. Auf diese Weise werden die **relativen Faktorpreise** durch die gleichmäßige Besteuerung der Wertschöpfung **nicht verzerrt**. Auch sollte der **öffentliche Sektor einbezogen** werden. **Kritisch** ist einzuwenden, dass es sich um eine völlig **neue Bemessungsgrundlage** gehandelt hätte, die aufwendig zu berechnen und zu prüfen gewesen wäre. Auch würde der **mobile Faktor Kapital erheblich besteuert**, was aus heutiger Sicht gesehen die wirtschaftlichen Standortbedingungen Deutschlands verschlechtern würde.

(4) Dieser letzte Gesichtspunkt – den Faktor Kapital wegen seiner internationalen Mobilität auszusparen – wird in einem neueren Vorschlag berücksichtigt (Homburg 1996 und im Vergleich mit anderen Vorschlägen Homburg 2000). Er zieht von der Bruttowertschöpfung (also Umsatz minus den Vorleistungen, d.h. von den Unternehmen getätigten Käufen) einen speziellen Posten ab: den Saldo aus Käufen und Verkäufen von Kapitalgütern, also den der Sachinvestition dienenden Gütern. Damit machen die Löhne den weitaus größten Teil der Bemessungsgrundlage aus, und auf indirekte Weise bleiben die Kapitaleinkommen unbesteuert. Eine solche *überwiegende Lohnsummenbesteuerung* könnte nun immer noch als eine Belastung der Kapitalnutzung in diesem Staat angesehen werden, im Vergleich mit einem Staat ohne eine solche Steuer. Das trifft aber dann nicht zu, wenn angenommen werden kann, dass der Faktor

Arbeit eine solche Steuer allein trägt. – Zur Umsetzung dieses Vorschlags ist anzumerken, dass durch den Steuerzahler zwar einige Informationen verwendet werden können, die für die Umsatzsteuererklärung ohnehin erforderlich sind, doch müssten andere Informationen zusätzlich aufbereitet werden.

Andere Vorschläge sehen Zuschlagsrechte auf vorhandene Steuern vor oder gehen von einer vollständigen Neuordnung des gemeindlichen Steuersystems aus, in deren Rahmen auch die Gewerbesteuer eine neue Form erhalten würde[116]. Ob es zu einer Reform kommen wird, ist angesichts der in diesem Punkte erfolglosen Föderalismus-Kommissionen I und II fraglich.

Abschließend sei zur Gesamtheit der Reformvorschläge noch einmal auf zwei Argumente verwiesen, die häufig zu hören sind. Zum einen wird oft gesagt, dass zusätzliche Informationen auf Unternehmensebene, wie sie am Beispiel der Wertschöpfungsteuer angesprochen wurden, unzumutbar seien. Dahinter verbirgt sich oft das verständliche Argument der Unternehmensseite, am liebsten gar keine gemeindliche Unternehmenssteuer haben zu wollen. Zum anderen gilt nach Meinung vieler Entscheidungsträger auf der zentralstaatlichen Ebene, dass gesamtwirtschaftliche Ziele absoluten Vorrang haben müssten; von daher sei (auch aus dieser Sicht) die Berechtigung einer solchen Steuer sehr kritisch zu sehen, und wenn es sie denn geben müsse, so hätten bei ihrer Ausgestaltung allein wirtschaftsfreundliche Aspekte den Ausschlag zu geben.

Beide Sichtweisen verkennen die eminente **Bedeutung einer erheblichen, fühlbaren und beweglichen Unternehmenssteuer der Gemeinde**: Wenn Gemeinden keine solche Steuer zur Verfügung haben, verlieren sie ihr fiskalisches Interesse an Unternehmen, und unternehmerische Wünsche nach besseren Leistungen können nicht mittels entsprechender Steuersatzvariation erfüllt werden.

Daher ist nach Wegen zu suchen, wie unter weitgehender Berücksichtigung gesamtwirtschaftlicher Belange eine gute gemeindliche Unternehmensteuer entstehen kann. Als Beispiel mag noch einmal die Besteuerung von Kapital dienen. Vorweg ist zu klären, ob eine gewisse Besteuerung von Kapital aus gesamtstaatlicher Sicht sinnvoll erscheint. Wenn darüber Konsens besteht, sollte dieses Element der Gemeindesteuer vorbehalten werden, weil eine solche Steuer unter manchen Beurteilungskriterien, insbesondere wegen ihrer geringen Konjunktur- und größeren Wachstumsreagibilität, als gute Gemeindesteuer gelten kann.

---

116 Letzteres gilt etwa für Stiftung Marktwirtschaft 2002. – Zur Gesamtheit der Ansätze siehe Döring/Feld 2005.

Die neu eingeführte Beteiligung der Gemeinden am Umsatzsteueraufkommen (in Form von Zuweisungen), aber auch frühere Vorschläge und die scheinbare Ähnlichkeit einer Wertschöpfungsteuer mit der Umsatzsteuer als „Mehrwertsteuer" erfordern schließlich die Prüfung eines weiteren Typs kommunaler Steuern, der Steuern auf die Einkommensverwendung.

V. Gemeindliche Steuern auf die Einkommensverwendung

Die bisher erörterten Steuern knüpften weitgehend – in der Kreislaufbetrachtung argumentierend – an der Entstehung der Einkommen an (vgl. Zimmermann/Henke 2005. S. 138 ff.). Der Steuerzugriff kann aber auch erfolgen, nachdem das Einkommen zugeflossen ist und nunmehr verwendet wird.

Vorab ist zur Auswahl unter diesen **Einkommensverwendungssteuern** festzustellen, dass eine Wertschöpfungsteuer nicht hierzu gehören würde. Zwar besteuert sie im Idealfall die Wertschöpfung lückenlos bis zum Konsumgut und entspricht damit ökonomisch der Wirkung einer Umsatzsteuer als breiter Steuer auf die Einkommensverwendung. Für die einzelne Gemeinde leitet sich das Aufkommen aber nicht von den Konsumgüterkäufen in der Gemeinde ab, sondern von den in den Betrieben in der Gemeinde gezahlten Löhnen, Mieten, Pachten usf. Auch eine Beteiligung der Gemeinden an der Umsatzsteuer nach dem örtlichen Aufkommen, wenn sie denn technisch irgendwie realisierbar wäre, hätte den gleichen Effekt, denn die Umsatzsteuerzahlung des Unternehmens basiert im großen und ganzen auf seiner Wertschöpfung.

Dass eine solche **echte Umsatzsteuerbeteiligung nach dem örtlichen Aufkommen nicht möglich** ist, erwies die Diskussion darüber, wie die ab 1998 geltende **Beteiligung** der Gemeindeebene **am bundesweiten Umsatzsteueraufkommen** von 2,2 % aussehen sollte. Das Ergebnis war eine **Zuweisung**. Sie erfolgte ab dem Jahr 2003 bis 2008 nach den – bundeseinheitlich festgelegten – Schlüsselelementen der Lohnsumme, des Betriebsvermögens und der Beschäftigten.[117] Von ihnen hatte nur die Lohnsumme einen direkten Bezug zur Wertschöpfung. Eine auch nur annähernde Widerspiegelung der gemeindescharfen unternehmerischen Umsatzsteuerzahlungen war damit nicht einmal intendiert, sondern es sollte sich nur irgendwie die Wirtschaftstätigkeit in den Indikatoren widerspiegeln. Ab 2009 gelten als Merkmale zu 25 % das Gewerbesteueraufkommen, zu

117 Genau genommen handelte es sich um die Anzahl der sozialversicherungspflichtig Beschäftigten (ohne Beschäftigte der Gebietskörperschaften und Sozialversicherungen und deren Einrichtungen).

50 % die Beschäftigten und zu 25 % die Lohnsumme[118], und auch diese Indikatoren bilden das Umsatzsteueraufkommen keineswegs ab.

Wie zu erwarten, ist auf diese „Steuer“ kein Hebesatzrecht möglich, wie dies für jede unmittelbare Umsatzsteuerbeteiligung schon früh nachgewiesen wurde (Rau/Rieger 1981). Damit handelt es sich um Einnahmequelle mit sehr geringem Autonomiegrad, einer Zuweisung näher als einer Steuer.

Anders ist mit Blick auf das Hebesatzrecht eine Gemeindesteuer zu beurteilen, die auf die Konsumgüterkäufe in der Gemeinde zielt. Hierzu gehören die Vorschläge einer **kommunalen Einzelhandelsteuer** oder der Vorschlag einer **Beteiligung an der „Umsatzsteuer der letzten Stufe“** (zu letzterem s. bereits Wissenschaftlicher Beirat 1968, S. 36 ff.). Da diese Steuern stark mit der **Einkaufszentralität** korrelieren und mithin auf gemeindeexterne Nutzer gemeindlicher Leistungen zielen, wären sie vor allem dann zu erwägen, wenn eine verstärkte Abgeltung von Zentralitätsfunktionen durch eine spezifische Gemeindesteuer als notwendig erachtet wird. Allerdings ist zu prüfen, ob die erheblichen technischen Aufwendungen für eine solche zusätzliche Steuer im Lichte des doch nur sehr speziellen Beitrags zur Reform des kommunalen Steuersystems gerechtfertigt wären. Beide Vorschläge können jedenfalls nicht sichern, dass die Gemeinde an allen ihren Unternehmen interessiert ist und ihnen Kosten anlasten kann, sondern sie dienen eher der Besteuerung der privaten Haushalte.

VI. Die Bedeutung der „kleinen“ Gemeindesteuern: das Steuererfindungsrecht

Die zuvor besprochenen Steuern auf die Einkommensverwendung beziehen sich auf einen quantitativ erheblichen Teil eines Gemeindesteuersystems. Ihre Begründung muss daher die wichtigen Beurteilungskriterien für ein solches System erfüllen, jedenfalls für alle diese Steuern in ihrem Zusammenwirken. Die Wirklichkeit zeigt nun, dass in vielen Staaten daneben „kleine“ Gemeindesteuern bestehen.

Zu ihrer Begründung ist zunächst darauf zu verweisen, dass sie in Deutschland zu den – weitestgehend – **frei wählbaren Steuern** gehören. In der Theorie des Fiskalföderalismus waren solche frei wählbaren Einnahmen die Voraussetzung dafür, dass die erwünschten Lenkungseffekte des Prinzips der fiskalischen Äquivalenz, also des Abwägens von Ausgabenvorteil und Einnahmennachteil, voll zum Zuge

118 Gemeindefinanzbericht 2008, S. 28, und BMF 2008b. Es gelten die gleichen Spezifizierungen wie in der vorangehenden Fußnote. Bis 2017 wirken Übergangsregelungen, um insbesondere den Gemeinden in den neuen Bundesländern die Anpassung zu erleichtern.

kommen konnten. Im Vordergrund standen dabei Steuern, über deren Art und Höhe die Gemeinde voll entscheiden kann, also das **ungebundene (freie) Trennsystem**. Hier kann der Gemeindebürger auch Präferenzen dafür äußern, mit welcher Art von Steuer er „sich" besteuern will, weil die Gemeinde auch die Objekthoheit über diese Steuer besitzt (Zimmermann/Henke 2005, S. 206).

Diesem Bild entspricht die Wirklichkeit der Staaten mit eigenständiger Gemeindeebene, also nicht nur der Bundesrepublik Deutschland, in aller Regel keineswegs. Auch in den USA, wo die Diskussion des „fiscal federalism" am intensivsten geführt wurde, sind die Gemeinden in ihrem Recht weitgehend eingeschränkt.

In Deutschland besitzen die Gemeinden dieses sog. **„Steuererfindungsrecht"** durchaus.[119] Es ist aber in der Realität sowohl **durch Bundes- als auch durch Landesvorschriften stark begrenzt**. Was die Bundesregelungen betrifft, können diese neuen Steuern nach Art. 106 nur in dem Bereich der **„örtlichen Verbrauch- und Aufwandsteuern"** entstehen. Dem dort prinzipiell vorhandenen Steuererfindungsrecht steht aber insbesondere das **Verbot der Gleichartigkeit** des Art. 105 Abs. 2a entgegen, d.h. eine neue Gemeindesteuer darf nicht einer bestehenden Bundessteuer von der Bemessungsgrundlage her ähnlich sein.[120] Da aber die breiten Bemessungsgrundlagen bereits von bestehenden Steuern erfasst sind, bleibt sehr wenig Spielraum. Des Weiteren schränken auch die auf die Kommunalabgaben bezogenen Gesetze und Verordnungen der Länder dieses Recht zusätzlich ein. Schon wegen des Verbots der Gleichartigkeit mit Bundessteuern bestimmen die meisten Ländergesetze, dass eine solche neue Gemeindesteuer von Seiten des Landes genehmigt werden muss. Solche Genehmigungen wurden oft versagt, beispielsweise lange Zeit für eine Zweitwohnungsteuer in Bayern, manchmal aber auch gewährt, wie für die **Zweitwohnungsteuer** in Schleswig-Holstein (und inzwischen auch in Bayern) oder für die – inzwischen wieder aufgehobene – **„Einweggeschirr-Abgabe"** in Kassel.

Aus diesen Gründen machen die gemeindlichen Steuern außerhalb der drei großen Gemeindesteuern (Gewerbesteuer, Einkommensteueranteil und Grundsteuer) einen verschwindend **geringen Anteil** des gemeindlichen Steueraufkommens und erst recht der gemeindlichen Einnahmen insgesamt aus (s. oben Tab. 4.1). In Tabelle 4.5, wo die „kleinen" Gemeindesteuern und Abgaben aufgeführt wurden,

---

119 Vgl. Henneke 2008a, S. 103 ff.; übergreifend Mohl 1992. – Auch der Begriff „Steuerfindungsrecht" ist üblich, vgl. etwa Brinkmeier 1990, S. 6 f.

120 Genau genommen bezieht die Vorschrift sich auf „die Befugnis" der Länder „zur Gesetzgebung über die örtlichen Verbrauch- und Aufwandsteuern".

sind vom Aufkommen her nur die **Vergnügungsteuer** und die **Hundesteuer** nennenswert.[121]

Neueren Datums ist die in der Tabelle aufgeführte und seit einigen Jahren von einigen Gemeinden erhobene **Zweitwohnungsteuer**. Sie ist nach ihrem Aufkommen die drittgrößte dieser kleinen Steuern und hat für Gemeinden mit einem großen Zweitwohnungsanteil ein gewisses Gewicht erhalten. Zu ihrer Begründung wird vor allem angeführt, dass Zweitwohnungen, wenn sie nicht vermietet werden, zwar knappe Gemeindeflächen und manche grundstückbezogenen Gemeindeleistungen „kosten", aber außer der eher geringfügigen Grundsteuer nicht zum Gemeindebudget beitragen.

Tab. 4.5: „Kleine" Gemeindesteuern und steuerähnliche[1)] Abgaben, Mio €, 2003

„Kleine" Gemeindesteuern	**514,6**	**86,6 %**
Vergnügungsteuer	229,5	38,6 %
Hundesteuer	203,3	34,2 %
Zweitwohnungsteuer	50,4	8,5 %
Jagd- und Fischereisteuer	25,1	4,2 %
Getränkesteuer	1,2	0,2 %
Schankerlaubnissteuer	1,1	0,2 %
Verpackungsteuer	3,1	0,5 %
Sonstige Steuern	0,9	0,2 %
„Steuerähnliche" Abgaben	**79,5**	**13,4 %**
Abgabe von Spielbanken	55,0	9,3 %
Fremdenverkehrsabgabe	6,6	1,1 %
Sonstige „steuerähnliche Einnahmen"	17,8	3,0 %
Insgesamt	**594,1**	**100,0 %**
Nachrichtlich: **Konzessionsabgabe**		
Versorgungsunternehmen	2 544,2	
Verkehrsunternehmen	3,1	
Kombinierte Unternehmen	825,0	
Sonstige	27,3	
Insgesamt	3 399,6	

1) Der Begriff wird in der amtlichen Statistik verwendet. Vgl. Statistisches Bundesamt/Kommunale Haushalte 1997, S. 8.

Quelle: Statistisches Bundesamt/Kommunale Haushalte. – Konzessionsabgabe: Unveröffentlichte Werte des Statistischen Bundesamtes aus der Gemeindefinanzstatistik-Rechnung.

121 Die Grunderwerbsteuer wird nur über die Entscheidung des Landes an die Gemeinden weitergeleitet, ist also keine eigenständige Gemeindesteuer.

Besonders intensiv wurde die in Kassel 1998 erhobene **Abgabe auf Einweggeschirr** erörtert. Sie ist ein Beispiel für kommunale Vorhaben, mit denen umweltpolitischen Gesichtspunkten verstärkt Rechnung getragen werden soll. Wenn dies Ziel ernst gemeint (und nicht nur Vorwand für Einnahmenerzielung) ist, trifft der Einwand spürbarer Erhebungs- und Entrichtungskosten nicht so stark zu. Für die Bedeutung der kommunalen Steuerautonomie ist wichtig, dass die vom Bundesverfassungsgericht 1998 festgestellte Unzulässigkeit der Abgabe mit einer umweltpolitischen Kompetenzabgrenzung zusammenhing und nicht das generelle kommunale Steuererfindungsrecht betraf.

Eine gesonderte Kategorie bilden in Tabelle 4.5 die „steuerähnlichen" Abgaben. Neben den bekannten **Fremdenverkehrsabgaben** („**Kurtaxen**" o. ä.) ist die Spielbankabgabe aufgeführt. An dieser dem Land zustehenden Abgabe (Art. 106 Abs. 2 GG) sind die Gemeinden lediglich indirekt dadurch beteiligt, dass das Aufkommen zum Teil in Zuweisungen eingeht. Auf die **Konzessionsabgabe** als Abgabe, die in Tabelle 4.5 nachrichtlich aufgeführt ist, wurde bereits weiter oben eingegangen (Abschnitt B II).

Aufs Ganze gesehen sollte kein Ausufern dieser „kleinen" Gemeindesteuern und sonstigen Abgaben erfolgen. Zwar erfüllen sie gelegentlich Sonderfunktionen, so wie die Hundesteuer die übermäßige Hundehaltung reduzieren kann und die Zweitwohnungsteuer den genannten Gerechtigkeitsüberlegungen entspricht. Nicht zuletzt muss man aber auch das Verhältnis von Aufkommen zu Kosten sehen. Dabei sind nicht nur die **Erhebungskosten** der Verwaltung zu berücksichtigen, sondern auch die **Entrichtungskosten** des Steuerzahlers. Im Angelsächsischen spricht man in diesem Zusammenhang von **„nuisance taxes"**, also von Steuern, die eine gewisse Belästigung des Bürgers darstellen (Wallich 1992, S. 88). Allgemein darf man also von diesen kleinen Steuern und Abgaben nicht zuviel für eine verstärkte Finanzautonomie der Gemeinden erwarten.

VII. Einige Folgerungen für die Reform des kommunalen Steuersystems

1. Die Steuern der Gemeinden

Wenn man fragt, welche Konsequenzen aus dieser Erörterung der Gemeindesteuern zu ziehen sind, so hilft zunächst ein Rückgriff auf die zu Beginn vorgestellten Beurteilungskriterien für Gemeindesteuern. Wenn man die **Vielzahl der** dort genannten **Kriterien** nicht beziehungslos und ungewichtet nebeneinander stehen lassen will, so fragt sich, **welche** von ihnen in der gegebenen Situation der

Bundesrepublik Deutschland vielleicht ein besonderes Gewicht haben könnten, weil die aus ihnen resultierenden Forderungen **verletzt** sind. Hierzu kann man zwei Aussagen machen:

Zum einen sind die **gesamtwirtschaftlichen Anforderungen** an Gemeindesteuern seit einiger Zeit offensichtlich **überbetont** worden. Dies hat sich beim Blick auf die deutsche Gewerbebesteuerung gezeigt. Dort sind die Lohnsummensteuer und die Gewerbekapitalsteuer abgeschafft worden, obwohl sie als Gemeindesteuern besser geeignet waren als die verbliebene Gewerbeertragsteuer. Stattdessen erhielten die Gemeinden eine kaum verhüllte „Zuweisung aus Umsatzsteuermitteln". Was hier verbleibt, ist demnach die unbeendete Aufgabe, den Gemeinden eine **leistungsfähigere Unternehmenssteuer** zuzuordnen. Dafür ist eine Wertschöpfungsteuer oder der Steuervorschlag von Homburg am besten geeignet, doch wäre auch schon eine „revitalisierte" Gewerbesteuer hilfreich.

Zum anderen und vor allem ist sicherlich eine deutliche **Umgewichtung** im deutschen Gemeindesteuersystem **zugunsten** des Ziels **einer stärkeren kommunalen Finanzautonomie** wünschenswert. Wenn es zutrifft, dass die Gemeinden seit Gründung der Bundesrepublik Deutschland an Entscheidungsspielraum verloren haben (z.B. Stern 1981, S. 493), so ist eine Stärkung der kommunalen Finanzautonomie geboten. Unter diesem Aspekt ist der Fühlbarkeit und der Beweglichkeit einer Gemeindesteuer besonderes Gewicht beizumessen. Beides ist wie erwähnt beim bedeutsamen Gemeindeanteil an der Einkommensteuer bisher nicht gegeben, ließe sich aber durch ein **Hebesatzrecht** durchaus herstellen.

Fasst man die Aussagen zu den einzelnen deutschen Gemeindesteuern zusammen, so sind sie von der Art her richtig zugeschnitten (Napp 1994, S. 320; mit anderer Begründung Homburg 1996, S. 492):

– Eine Grundsteuer wegen ihres Bezuges zu vielen Gemeindeleistungen und ihrer generell guten Eignung,
– eine gewichtige auf Einwohner bezogene Steuer und
– eine gewichtige auf Unternehmen bezogene Steuer.

Alle drei weisen allerdings erheblichen Reformbedarf auf. Dabei ist vor allem auf eine Stärkung der Einnahmenautonomie zu achten.

Wird bei der Argumentation mit der obigen Skala der Einnahmenautonomie von der Annahme ausgegangen, dass die Einnahme mit dem höchsten Autonomiegrad zugleich auch die für die Gemeinde bessere sei, dann ist allerdings zu fragen, **inwieweit** die **einzelne Gemeinde** tatsächlich **an** solchen **eigenen Steuern mit eigenem Hebesatzrecht** oder sogar dem Recht, sie abzuschaffen oder einzuführen,

interessiert ist. Möglicherweise zieht sie eine Steuer im Steuerverbund vor, weil ihr dann relativ fest kalkulierbare, dem Zugriff anderer Ebenen entzogene Einnahmen zufließen und sie obendrein die Erhebung dieser Steuer nicht vor ihren Gemeindebürgern verantworten muss. Den letzteren Vorteil hat auch eine Schlüsselzuweisung. Schließlich kann man sogar die Frage stellen, ob die **Gemeinden** nicht **Zweckzuweisungen** besonders stark **schätzen**. Insbesondere in Großstädten weiß der zuständige Fachplaner in dem entsprechenden Ressort recht gut, wie er sich durch das Vorweisen der entsprechenden Projekte, die er bei dem Umfang und der Aufgabenvielfalt eines Großstadtbudgets immer zur Verfügung hat, die entsprechenden Mittel von seinem **„Ressortkumpanen“** (F. Wagener) bei der Landesregierung beschaffen kann.

Es mag also durchaus sein, dass von den Gemeinden aus ihrem Eigeninteresse heraus eine höhere Einnahmeautonomie nicht ernsthaft gewünscht wird. Dann wäre allerdings zu fragen, ob es nicht Aufgabe des Landes oder auch Bundes sein müsste, den Gemeinden dennoch bewusst Steuern mit Hebesatzrecht und möglicherweise auch dem Recht der Abschaffung und Einführung einer Steuer zuzuordnen, damit diese ihr Handeln in eigener Finanzverantwortung übernehmen muss. Daher erscheint es als erforderlich, den Gemeinden in der Finanzverfassung einen gewissen **„Verantwortungszwang“ aufzuerlegen** (s. auch Ende des 6. Kap.), indem ihnen Steuern dieser Art in ausreichendem Maße zugeordnet werden, zusammen mit der (an sich ohnehin vorhandenen) Verpflichtung, immer dann, wenn zusätzliche Ausgaben gefordert werden, sofort auf der Einnahmeseite die Rechnung zu präsentieren, was diese Ausgaben die Gemeindebürger in Form zusätzlicher Steuern kosten. Diese Forderung kann mit umso größerer Berechtigung erhoben werden, seit die Gemeinden durch die Gebietsreform der 1970er Jahre zweifellos leistungsfähiger geworden sind.

Eine besondere Fragestellung tut sich schließlich auf, wenn man die Berechtigung der Forderung nach einer eigenen Steuer für die Kreise fragt.

2. Exkurs: Ein Besteuerungsrecht für die Kreise?

Die **Landkreise** finanzieren sich heute ganz überwiegend über die **Kreisumlage**, und Steuereinnahmen sind fast nicht vorhanden (s. oben Tab. 4.1). Hinzu treten erhebliche Zuweisungen des Landes, und in den neuen Bundesländern ist die Struktur wiederum eine andere. In früheren Zeiten waren die Kreise in das Steuersystem eingebunden. So erhielten die „Kreisstände“ in Preußen mit der Thronbesteigung Friedrich Wilhelm IV. das Recht zur Besteuerung der „Kreiseingesessenen“. Der Modus war nicht genau bestimmt und konnte in Zuschlägen zu Staatssteuern bestehen (Unruh 1964, S. 108). Als mit der Miquelschen Steuerreform die

Realsteuern zu den Gemeinden wanderten, konnten die Kreise darauf Zuschläge erheben. Erst später (1906) wurden diese Kreissteuern auf die Gemeinden verteilt, und die Gemeinden mussten für die Finanzierung der Landkreise aufkommen. 1921 fiel dann der Begriff der Kreissteuer weg, und an seine Stelle trat zunächst der Begriff der Kreisabgabe und 1930 der der Kreisumlage.

Die damalige Beteiligung der Kreise an den Steuern fiel in eine Zeit mit noch niedrigem Staatsanteil und Besteuerungsniveau. Daher wird heute verstärkt gefragt, ob bei dem stärker ausgebauten Steuersystem und den gewachsenen Kreisaufgaben (s. oben 2. Kap., Teil D) nicht auch den **Landkreisen eigene Steuern oder Steueranteile** zugesprochen werden sollen. Für eine solche Änderung spricht zum einen, dass die Kreise heute in allen Bundesländern durch **unmittelbare Wahl** zu den Kreistagen auch politisch in gleicher Weise legitimiert sind wie die Gemeinden selbst. Zum anderen stellt die **Kreisumlage nur begrenzt** eine **Einnahme „aus eigenen Quellen"** dar. Zwar entstammt sie dem Kreisgebiet, aber aus welcher „Quelle" dort sie stammt, ist nicht feststellbar. Dementsprechend ist die „Pflege" dieser Einnahmequelle nicht leicht zu umschreiben, und es ist unklar, wem gegenüber fiskalische Äquivalenz besteht. Schließlich sind auch die eigenen Aufgaben der Kreise inzwischen gewachsen. – Gegen eigene Steuern der Kreise kann wiederum eingewendet werden, dass das Steuersystem beziehungsweise der Steuerverbund durch ihre Einbeziehung noch komplizierter werden würde.

Für den Fall, dass nennenswerte eigene Steuereinnahmen der Kreise als wünschenswert angesehen werden, sind Vorschläge erarbeitet worden. So wurde ein *Anteil der Kreise an der Umsatzsteuer* erwogen (von Mutius/Dreher 1990, S. 112 ff.). Er könnte den Kreisen aber nicht nach dem örtlichen Aufkommen zugeordnet werden, wäre demnach nach Schlüsseln zu verteilen und käme folglich einer – abgesicherten – Zuweisung nahe. Einfacher wäre eine *Beteiligung an der Einkommensteuer* zu realisieren (von Mutius/Dreher 1990, S. 116 ff.), und dabei könnte zudem ein Hebesatzrecht eingeführt werden.

Im übrigen ist vorher im Sinne eines auch gesamtwirtschaftlich kongruenten Finanzsystems zu prüfen (wie bei den Gemeinden auch), wieweit die zunehmende Belastung der Kreishaushalte, die vor allem den Bereich der Jugend- und Sozialhilfe betrifft, nicht durch eine verstärkte Anwendung des **Konnexitätsprinzips,** das den Bund und ggf. auch die Länder stärker in die Finanzierungsverantwortung für von ihnen veranlasste Aufgaben nimmt, reduziert wird.

D. Die Schuldaufnahme: Eine umstrittene Einnahmeart

I. Die Andersartigkeit der Schuldfinanzierung

Ob und ggf. in welchem Umfang eine Gebietskörperschaft, gleich ob Bund, Land oder Gemeinde, **Schuld** aufnehmen darf, war **immer schon ein kontroverses Thema**. Dies liegt an den **Nachwirkungen**, die die Schuldaufnahme **durch den Schuldendienst** (**Zinszahlungen und Tilgung**) auf spätere Budgets ausübt, was insbesondere durch einen Vergleich mit den anderen Einnahmearten deutlich wird.

Entgelte und Steuern, also die Einnahmen aus eigenen Quellen, stellen eine endgültige Übertragung der Kaufkraft vom privaten Sektor zur öffentlichen Hand dar. Auch Zuweisungen sind Mittel, die die Gemeinde zwar nicht selbst „erhebt", die aber von einer anderen Gebietskörperschaftsebene in deren Haushalt eingestellt und dann der Gemeinde zur endgültigen Verwendung zugewiesen worden sind. In diesem Sinne sind die Zuweisungen für die Gemeinden ebenso endgültige Einnahmen wie Entgelte und Steuern.

Demgegenüber stellt die Schuldaufnahme der Gemeinde im privaten Sektor **ökonomisch keine endgültige Übertragung von Kaufkraft** auf die Gemeinde dar, sondern eine kreditäre und damit lediglich vorläufige. Dieser Tatbestand ist zunächst für die Reaktionen des Gläubigers wichtig, wie die konjunkturtheoretische Diskussion um die geringen oder fehlenden **„Entzugseffekte"** (im Sinne von negativen Nachfrageeffekten) einer staatlichen Kreditaufnahme in der Rezession gezeigt hat. Der Gläubiger gibt seine Finanzmittel gegen das Versprechen der Verzinsung und Rückzahlung freiwillig und insoweit gern, als er auch andere Anlagemöglichkeiten zur Auswahl hat, das gemeindliche Angebot aber vorzieht. Für die Gemeinde bedeutet dies, dass im Augenblick der Einnahmeerzielung die politischen Kosten einer zusätzlichen Einnahme auf dem Kreditwege niedriger sind, als wenn der gleiche Betrag über erhöhte Besteuerung, heraufgesetzte Entgelte usf. beschafft würde.

Als Schuldnerin muss die Gemeinde aber prüfen, ob dieses leicht erhältliche Geld für sie auf die Dauer nicht zu belastend ist. Schuldaufnahme ist mit **Verzinsung** und **späterer Rückzahlung** verbunden, und dieser Schuldendienst muss entweder durch erneute Schuldaufnahme (und damit spätere weitere Verzinsung und Rückzahlung) oder aber durch erhöhte Steuern und Entgeltabgaben bzw. durch Ausgabenkürzung aufgebracht werden. Der heute leichteren Einnahmenbeschaffung stehen also später erhöhte Belastungen gegenüber. Sofern sich Bürger und vielleicht auch gemeindliche Entscheidungsträger über diese Folgebelastung nicht ausreichend im Klaren sind, wenn sie die Entscheidung zur Schuldaufnahme treffen, spricht man von der sog. **Schuldenillusion**. Sie wird als einer der Gründe angeführt, warum es ständig zur Schuldaufnahme kommt.

Alle diese Argumente gelten auch für den Bund oder das Bundesland als Entscheidungsträger. Ein anderes Bild ergibt sich aber, wenn man auf den zur Verfügung stehenden **Gläubigerkreis** und auf die **Deckungsmöglichkeit** für den Schuldendienst sieht. Hier liegt eine **Sonderstellung der Gemeinde** im Sinne einer erheblichen Einschränkung vor.[122]

Was den *Gläubigerkreis* angeht, hat in vielen Staaten der Erde der Zentralstaat offen oder verdeckt einen Zugang zur Notenbank. Für Gemeinden gilt dies aber aus verständlichen Gründen nicht. Doch auch bei Schuldaufnahme am Kapitalmarkt hat die Gemeinde de facto einen kleineren Gläubigerkreis als Bund oder Land. So ist die **Schuldaufnahme** der einzelnen Gemeinde **im Ausland** eher die Ausnahme, und sogar die **direkte Anleihe** einer Großstadt am Kapitalmarkt ist in Deutschland inzwischen selten geworden.

Auch bei den *Deckungsmöglichkeiten* für den Schuldendienst ist der gemeindliche Entscheidungsspielraum deutlich eingeengt. Dies zeigt sich am klarsten bei einer Gegenüberstellung mit dem Bund. So besitzt in Deutschland der Bund ein breites Steuererfindungsrecht. Wenn also seine Einnahmen mittelfristig für die als unabweisbar angesehenen Ausgaben nicht ausreichen, so kann er bei den ihm allein zufließenden Steuern ohne Einspruch – und bei den übrigen Steuern mit dem Bundesrat zusammen – seine Einnahmen aus Steuermitteln zu erhöhen suchen, ehe er auf eine Kreditfinanzierung zurückgreifen muss. Das ist vor allem dann bedeutsam, wenn er sich zuvor bereits zu einer nennenswerten Schuldaufnahme entschlossen hat. Eine spätere hohe Belastung durch den Schuldendienst kann er dann nämlich ebenfalls durch eine Steuererhöhung auffangen und muss beispielsweise nicht die politisch immer höchst unerwünschte Ausgabensenkung als Ausweg wählen.

Demgegenüber ist die Gemeinde bei der Möglichkeit, die spätere Belastung durch den Schuldendienst aufzufangen, sehr viel stärker begrenzt. Ihre **Schuldendienstfähigkeit** hängt allein von den eigenen sonstigen **Einnahmen der Zukunft** ab. Da ihr **Steuererfindungsrecht** weitgehend **eingeschränkt** ist und sogar bei den ihr zugewiesenen Steuerquellen nicht überall ein Hebesatzrecht existiert, ist ihre **„Beweglichkeit"** auf steuerlichem Gebiet **gering**. Bei den Entgelten gibt es zwar Spielräume, aber für eine Finanzierung eines umfangreichen Schuldendienstes aus dem allgemeinen Haushalt ist diese Einnahmeart weder vorgesehen noch geeignet.

---

122 Zur Besonderheit und den spezifischen Problemen der kommunalen Verschuldung s. Schwarting 2007b. Eine ordnungspolitische Analyse findet sich in Funke 1995, S. 333 ff.

In diesem Sinne kann man die Gemeinde vielleicht eher mit einem privaten Unternehmen vergleichen, das bei der Frage, welchen Schuldendienst es später aufbringen kann, allein auf seine eigenen Ressourcen angewiesen ist.

Zugleich ist damit ein Hinweis auf das Ausmaß der kommunalen **Einnahmeautonomie** bei der Einnahmeart „Schuldaufnahme" gegeben. An sich scheint die Schuldaufnahme zunächst den Vorteil, zu haben, dass es sich um eine Einnahmeart mit hoher Finanzautonomie handelt, denn die Gemeinde kann im Prinzip ihre Ausgaben nach freier Entscheidung über Schulden finanzieren. Dem steht entgegen, dass bei ihr die **Gefahr der Überschuldung** besonders stark besteht. Daher ist eine gewisse **Kommunalaufsicht** über die kommunale Verschuldung durchaus angebracht (s. zur Begründung auch Funke 1995, S. 382 f.).[123]

Diese größere Schwierigkeit der Gemeinde, sich zu verschulden, wenn sie will, sollte aber nicht darüber hinwegsehen lassen, dass man auch grundsätzlicher fragen kann, ob sie überhaupt Schulden aufnehmen sollte.

II. Wozu überhaupt kommunale Schuldaufnahme? Eine statische Sicht

1. Die Fragestellung

Die öffentliche Schuld ist vor allem deshalb eine kontroverse Einnahmeart, weil die immer vorhandene **Schuldenillusion** der Bürger gekoppelt mit dem Interesse des Politikers von Bund, Land und Gemeinde, heute die gewünschten Ausgaben zu tätigen und die nötige Rechnung dem Bürger erst morgen – vielleicht nach der Wahl durch eine andere „Regierung" – präsentieren zu können, seit altersher eine unwiderstehliche Verlockung darstellt. Durch die intensiv diskutierten **Maastricht-Kriterien** (gesamtstaatlich maximal 3 % des BIP als jährliches Defizit und 60 % des BIP als Obergrenze der angesammelten Schulden) wurden Problemhaftigkeit und Begrenzungsnotwendigkeit im Bereich der öffentlichen Schuld erneut ins Bewusstsein auch einer breiteren Öffentlichkeit gehoben.

Vor diesem finanzpolitischen Hintergrund ist zu verstehen, dass die finanzwissenschaftliche Schuldenlehre von ihren Anfängen bis heute von der Frage bewegt wird, ob Schuldaufnahme überhaupt zulässig ist – eine Frage, die für die Steuern als öffentliche Einnahmeart bereits zu Beginn der Neuzeit abschließend – und in dem Fall positiv – beantwortet worden war. Die finanzwissenschaftlichen **„Rechtfertigungslehren" zur öffentlichen Verschuldung** werden im Folgenden nicht

123 Zur Landesaufsicht in Deutschland s. unten IV.

im einzelnen referiert (zum Überblick vgl. Zimmermann 1999). Sie werden jeweils nur kurz angesprochen und dann darauf überprüft, ob **vielleicht für die kommunale Schuldaufnahme besondere Argumente** gelten. Diese finanzwissenschaftlichen Thesen sind auf zwei unterschiedliche Typen von Verschuldungsanlässen ausgerichtet:

(1) Eine *Überbrückungsfunktion.* – Es geht um die Überbrückung von temporären Schwankungen der Defizite[124] (Tax-smoothing-Argument) und die Dämpfung konjunktureller Störungen (konjunkturpolitisches Argument). Die hierfür eingesetzte Schuldaufnahme ist lediglich temporär. Sie werden weiter unten kurz erörtert, aber insgesamt als weniger gewichtig angesehen. Sie können nämlich eines der auffälligsten Phänomene der jüngeren Finanzgeschichte nicht erklären: den rasanten **Anstieg der öffentlichen Schuld**, etwa als Anteil des Sozialprodukts, von den 1970er zu den 1990er Jahren in fast allen hochentwickelten Ländern (Zimmermann 1999). Dies gilt zwar nicht immer in gleichem Maße für die Gemeindeebene, aber auch ihr Schuldenstand wird von einer allgemeinen Bereitschaft, mehr Schulden als früher aufzunehmen, leicht angesteckt.

(2) *Kontinuierlich erfolgende Verschuldung.* – Das genannte langfristige Phänomen könnte nur dann rational begründet werden, wenn es eine Rechtfertigung für eine kontinuierlich erfolgende Verschuldung der öffentlichen Hand (Regelverschuldung) gibt.

2. Argumente zur temporären Schuldaufnahme

– Verschuldung zur Glättung aperiodischer Ausgaben (tax-smoothing) –

Die ältere Finanzwissenschaft kannte den Begriff der **aperiodischen oder außergewöhnlichen Ausgaben**, zu deren Finanzierung es nicht sinnvoll sei, Steuersätze kurzfristig heraufzusetzen, um sie bald wieder auf das Ausgangsniveau vor Eintritt dieser außergewöhnlichen Finanzierungssituation zu senken. In jüngerer Zeit wurde dieses Argument unter dem Begriff des **„tax-smoothing"** verallgemeinert mit dem Hinweis darauf, dass durch eine solche temporäre Steuerfinanzierung besonders hohe Steuersätze angewendet werden müssen, die besonders hohe **Zusatzlasten** mit sich bringen (Barro 1979; vgl. dazu Zimmermann 1999). Im Gemeindebereich kommt hinzu, dass, jedenfalls in Deutschland, die Gemeinden sich

124 Temporär und obendrein auf kurzfristigen Ausgleich angelegt sind auch die Kassenkredite. Sie dienen lediglich dem Ausgleich von Zahlungsein- und -ausgängen während eines Haushaltsjahres. Ihre Sinnhaftigkeit wird hier nicht in Frage gestellt. Die Sphäre der – hier allein interessierenden – Haushaltskredite berühren sie nur, wenn ein größeres Volumen an Kassenkrediten von Jahr zu Jahr weiter „geschoben" wird. Zum kommunalen Kassenkredit allgemein und in Deutschland s. etwa Schwarting 2006, S. 306 ff.

bei ihren Sparkassen sehr günstig verschulden können, so dass die **Opportunitätskosten der Vermeidung hoher Steuersätze** hier besonders niedrig liegen.

Sicherlich ist auf den ersten Blick bei – insbesondere kleinen – Gemeinden diese Situation einer aperiodischen großen Ausgabe eher gegeben als bei einem großen Budget der übergeordneten Gebietskörperschaften. In Relation zum Volumen des Gemeindehaushalts können Sondereinflüsse wie beispielsweise eine einmalige große Investition usf. eher auftreten. Allerdings ist auch auf der Gemeindeebene zu fragen, ob Gemeinden nicht die Pflicht haben, für solche absehbaren größeren Projekte **Rücklagen** zu bilden. Bei größeren Städten bilden große Investitionen ohnehin den jährlichen Normalfall, so dass hier keine aperiodische Ausgabe vorliegt; damit liegt auch hier keine Rechtfertigung für eine Schuldaufnahme vor (die aber in der Praxis zumeist angeführt wird).

– Öffentliche Schuldaufnahme unter dem Konjunkturziel –

Einer staatlichen Kreditaufnahme unter der Zielsetzung eines Ausgleichs konjunktureller Schwankungen wurde vor allem in der keynesianisch geprägten Diskussion um die Rahmenbedingungen einer erfolgreichen Konjunkturpolitik eine zentrale Bedeutung beigemessen. Die Überlegungen zur Bedeutung des Konjunkturziels für die Gestaltung der kommunalen Finanzwirtschaft haben jedoch ergeben (s. oben 2. Kap., Teil B), dass von der einzelnen Gemeinde **keine konjunkturorientierte Gestaltung der kommunalen Finanzwirtschaft** und damit auch keine antizyklische Schuldaufnahme und Schuldentilgung **erwartet** werden kann.

Wenn aber bei spürbaren **Rezessionen** oder gar einer **Depression** wie 2008/2009 gesamtwirtschaftlich eine erhebliche Schuldaufnahme angezeigt ist, so sollte den Gemeinden u. U. sogar ein Anreiz zur Verschuldung gegeben werden. Dies kann etwa in Form von **Investitionszuweisungen** mit enger zeitlicher Begrenzung (um den Mitnahmeeffekt zu begrenzen) und erheblicher kommunaler Mitfinanzierung oder im Wege von **Schuldendiensthilfen** geschehen. Investitionen sind unter allen Arten öffentlicher Ausgaben diejenigen mit dem höchsten Multiplikator zur Stimulierung der Nachfrage (Zimmermann/Henke 2005, S. 343 ff., insbes. S. 357)[125]. Und die Gemeinden tätigen nun einmal den größten Teil der gesamtwirtschaftlichen öffentlichen Investitionen. Daher können sie auch kurzfristig viele sinnvolle Investitionen, Reparaturmaßnahmen usw. einleiten, die die örtliche Wirtschaft auf vielfältige Weise unterstützen. Dieser Anreiz für Gemeinden ist insbesondere dann richtig, wenn die Gemeinden zuvor einen niedrigen Schuldenstand aufgewiesen haben. Blieben die Gemeinden ausgespart,

125 Vgl. dazu die die Vorschläge in: Wissenschaftlicher Beirat 2008, und die Maßnahmen zur Stimulierung der öffentlichen Investitionen in den Maßnahmenpaketen der Bundesregierung von Ende 2008 und Anfang 2009.

so würden Bund und Land allein die Last einer zusätzlichen Verschuldung zu tragen haben. – Eine weitere Begründung für solche Maßnahmen kann dem nächsten Abschnitt entnommen werden.

3. Argumente zur kontinuierlichen Verschuldung

– Intertemporale Lastverteilung –

Als Argument für eine Verschuldung der öffentlichen Hand wird häufig auf den Effekt der intertemporalen Lastverteilung hingewiesen. Dieses sog. **Lastverschiebungsargument** besagt, dass durch die Verschuldung im Vergleich zur Steuerfinanzierung Lasten in die Zukunft transferiert werden können. Falls das als möglich erscheint, könnte die Verschuldung zur **Finanzierung zukunftswirksamer Leistungen** herangezogen werden. Wenn also heute eine neue Straße gebaut wird (Infrastruktur), die über Jahrzehnte genutzt werden kann, stünden dem zukünftigen Nutzer dieser Investitionsausgabe dann die mit der Schuldfinanzierung einhergehenden zukünftigen Belastungen gegenüber, und die Generationen würden über die Zeit hinweg gleichmäßig belastet[126] (daher auch **„intergenerationale Lastverteilung“**; vgl. kritisch Gandenberger 1995).

Unabhängig davon, ob unter gesamtwirtschaftlicher Perspektive dieses möglich ist (Zimmermann 1999), kommen für die **Gemeinden Besonderheiten** hinzu. Die Gemeinde hat als kleine regionale Einheit eher als der Bund (als große regionale Einheit) die Möglichkeit, bei einer Schuldaufnahme auf **Gläubiger außerhalb der Gemeinde** zu stoßen. Dies ist zu einem Teil eine Funktion der geringeren Gebietsgröße und logisch naheliegend. Dieser Tatbestand hat dann unter dem Gesichtspunkt der „zeitlichen Lastenverschiebung“ Bedeutung, denn die Schuldaufnahme außerhalb der Gemeinde bedeutet, dass außerhalb der Gemeinde gespart und beispielsweise auf Konsum verzichtet wurde, dass gleichzeitig innerhalb der Gemeinde konsumiert oder investiert wurde und dass erst zu dem späteren Zeitpunkt der Rückzahlung der Schuld dieser Prozess sich umkehrt. Die eigentliche **reale (güterwirtschaftliche) Belastung** der Gemeinde hat insoweit dann **erst zu einem späteren Zeitpunkt** stattgefunden.[127] Speziell für die

---

126 Dies ist eine von mehreren Argumentationslinien zur zeitlichen Lastenverschiebung (zum Überblick siehe Zimmermann/Henke 2005, S. 439 ff.). Auf den hier und im Folgenden hervorgehobenen Aspekt, dass höhere Investitionen und ein entsprechend höherer Kapitalstock dem höheren Schuldendienst der Zukunft gegenüberstehen, hat insbesondere Musgrave (1988) hingewiesen. Diesen Hinweis verdanke ich Frank Westermann.

127 Vgl. auch Funke 1995, S. 338 f. und die dort angegebene Literatur. – Die dortige sehr spezielle Argumentation geht von einer partiellen Inhomogenität des Kapitalmarktes aus. Man hat sich den Vorgang beispielsweise so vorzustellen, dass eine starke Schuldaufnahme der Gemeinde bei der örtlichen Sparkasse in gewissem Maße die Kreditverfügbarkeit innerhalb der Gemeinde begrenzt und verteuert.

kommunale Ebene müssen aber auch **Wanderungsbewegungen** berücksichtigt werden, wenn dieses Argument vorgetragen wird. So könnte sich ein Wirtschaftssubjekt im Prinzip durch Umzug in eine andere Gemeinde der zukünftigen höheren Belastung entziehen.

Soweit sich hieraus Rechtfertigungen für eine zunächst partielle Verschiebung der Finanzierungslast in die Zukunft ableiten lassen, sind diese Lasten aber zugleich in einem größeren Zusammenhang zu sehen. Es ist zu prüfen, ob von den übrigen Gebietskörperschaftsebenen und den **Sozialversicherungen** nicht gleichzeitig erhebliche Lasten in die Zukunft verschoben werden. Die Diskussion zum sog. **Generational Accounting** und die vorläufigen Ergebnisse lassen erkennen, dass die öffentliche Hand derzeit, jedenfalls in den USA und in Deutschland, auf anderen Gebieten, beispielsweise bei den öffentlichen Pensionslasten (Färber 1997; Deutsche Bundesbank 1998 mit Zahlen auch für die Gemeindeebene) der Rentenversicherung, erhebliche Lasten in die Zukunft verschiebt (vgl. Deutsche Bundesbank 1997). Wenn diese auch nur in eher geringem Maße der kommunalen Ebene zuzuschreiben sind, mahnen sie doch zur Vorsicht bei der Generierung kommunaler Belastungen für die Zukunft.

– Einzelwirtschaftliche Rentabilität des Objekts als Verschuldungsgrund –

Das zweite Argument zur Begründung einer regelmäßigen Verschuldung ist völlig anderer Art. Die ältere Finanzwissenschaft hatte die Verschuldung generell überwiegend **objektorientiert** begründet. Der letzte dieser **„klassischen Deckungsgrundsätze“** besagte, dass ein sich selbst finanzierendes Objekt, das einzelwirtschaftlich zurechenbare öffentliche Einnahmen in Form von Entgelten erbringt, über Schuldaufnahme finanziert werden dürfe.[128] Dieser Rechtfertigungsansatz wurde zwar später zeitweise wegen mangelnder Praktikabilität abgelehnt, ist aber heute unter veränderten Gesichtspunkten erneut zu prüfen. Zur Begründung einer Regelverschuldung kann dieses Argument insofern dienen, wie solche sich selbst finanzierenden Objekte zu den permanenten Aufgaben staatlicher Tätigkeit zu rechnen sind. Dies gilt in besonderem Maße im gemeindlichen Bereich, weil dort zahlreiche Aufgaben entgeltfähig sind (s. o. B I a) und dies eine Voraussetzung für diese Rechtfertigung einer Schuldaufnahme darstellt. Allerdings sollte unter

---

Es handelt sich damit um eine Art „lokales Crowding-Out“, das aber bei flexiblen und national wie international vernetzten Kapitalmärkten allenfalls sehr begrenzt auftreten kann.

128 Früher war auch für volkswirtschaftliche „Umwegrentabilität“ eine Schuldfinanzierung als zulässig angesehen worden, wenn also nur die allgemeine Steuerbasis (vermutlich) gestärkt wurde. Das Argument ist für manche Ausgaben, wie beispielsweise Schulen, auch heute plausibel (s. etwa Wrede 1997, S. 599), könnte aber zu erheblichem Missbrauch des Schuldeninstruments führen, denn es ist beispielsweise zweifelhaft, inwieweit staatliche Bildungsinvestitionen als Rechtfertigung für öffentliche Schuldaufnahme dienen können (Berg 2008).

ordnungspolitischen Gesichtspunkten immer zuerst geprüft werden, ob nicht eine **Privatisierung** möglich ist.

Wenn sich nun herausstellt, dass solche sich selbst finanzierenden Objekte zu den permanenten Aufgaben gemeindlicher Tätigkeit zu rechnen sind oder die Gemeinde nicht privatisieren will, so kann hierin eine **Begründung für eine Regelverschuldung** gesehen werden. Der Objektbereich ist dadurch gekennzeichnet, dass eine öffentlich geführte Institution mit (nahezu) Vollkostendeckung arbeitet. Die Fälle umfassen beispielsweise kommunale Einrichtungen wie Abwasserbehandlung, Abfallwirtschaft, Straßenreinigung oder auch die Friedhofsverwaltung. Die Gesamtheit der entgeltfähigen Bereiche bezeichnet einen nennenswerten Teil der kommunalen Finanzwirtschaft, wie der Anteil der Entgelte an den Einnahmen zeigt (s. o. Tab. 4.1). Wenn eine solche öffentlich geführte Einrichtung gegründet oder erweitert wird, so stellt sich die Frage, warum die entsprechenden Finanzmittel über Steuern statt über Schuldaufnahme finanziert werden sollen.[129] Eine Schuldaufnahme der öffentlichen Hand sollte jedenfalls erlaubt sein, denn ein Haushaltsproblem entsteht hier, wenn die Fälle richtig eingegrenzt werden, in aller Regel nicht (vgl. auch Ebert 1996, S. 162 f.). Genau genommen dürfte eine **Verschuldung** der Gemeinde dann **sogar geboten** sein. Zum einen können durch anfängliche Schuldfinanzierung und spätere Gebührenzahlungen die sonst erforderlichen kurz- bis mittelfristig höheren Steuersätze vermieden werden. Zum anderen wird das **Äquivalenzprinzip** gestärkt, denn es kommt bei den so finanzierten Objekten zu einer stärkeren Verknüpfung von öffentlichen Ausgaben und ihnen gegenüberstehenden Entgelteinnahmen, als wenn die Steuerfinanzierung gewählt worden wäre.

Voraussetzung für eine Verschuldung aus dieser Sicht ist allerdings, dass diese Fälle sich selbst tragender öffentlicher Finanzierungsprojekte genau eingegrenzt werden. Es müssen kostendeckende und politisch gesicherte spezifische Einnahmen vorliegen, und sie müssen im Wege der Zweckbindung vorweg der Verzinsung und Rückzahlung der aufgenommenen Schuld vorbehalten sein und dürfen nicht zwecks Finanzierung des allgemeinen Haushalts weitergeleitet werden. Zur institutionellen Abwicklung solcher Finanzierungsobjekte eignen sich vor allem **private Rechtsformen** (z.B. ein öffentliches Unternehmen der Gemeinde in Form einer Aktiengesellschaft oder einer GmbH im Unterschied zur Organisation etwa in Gestalt eines Regiebetriebs). In sie müssten entgeltfähige Bereiche, die bisher noch als kostenrechnende Einrichtungen innerhalb der Verwaltung oder als Regiebetriebe fungieren, überführt werden. Wie oben erwähnt, sind diese vom Entscheidungs- und Finanzierungsprozess des Haushalts der jeweiligen Gebiets-

---

129 Dabei wird davon ausgegangen, dass die Möglichkeit, die Investitionskosten mittels Beiträgen auf die Nutznießer umzulegen (s. oben B I b), bereits ausgeschöpft wurden. Für diesen Fall wären allenfalls kurzfristige Überbrückungskredite bis zum Eingang der Beiträge notwendig.

körperschaft weitgehend abgekoppelt. Darüber hinaus erlaubt die mit diesen Rechtsformen verbundene Anwendung einer umfassenden Kosten- und Leistungsrechnung (anstelle der sonst noch weitgehend üblichen kameralistischen Buchhaltung) eine angemessene Kalkulation der aus dem Finanzierungsobjekt resultierenden zukünftigen Belastungen und erwarteten Einnahmen. Ansatzpunkte für eine solche institutionelle Regelung bieten auch Modelle zur **privaten Finanzierung kommunaler Investitionen (Leasing, Betreibermodelle** usf.).[130]

4. Politische Ökonomie der kommunalen Verschuldung: Verwaltung contra Politik

Der zuvor erörterte Ausnahmebereich der sich selbst finanzierenden Investitionen wird immer nur einen kleinen Ausschnitt der kommunalen Finanzen betreffen. Im Zentrum der kontroversen Diskussion der öffentlichen Finanzen steht aber die kontinuierliche Verschuldung für den nächsten Haushaltsplan. Dazu wird im Folgenden die Sicht der Neuen Politischen Ökonomie bzw. Public-Choice-Theorie eingenommen.

„Wir von der Verwaltung würden einen ausgeglichenen Haushalt vorlegen". So äußerte sich der für die Kämmerei verantwortliche Beamte einer mittelgroßen deutschen Stadt vor den Studenten in einem Seminar zu Kommunalfinanzen, und er fügte hinzu, dass es nach seiner Auffassung die generelle Präferenz „der Verwaltung" sei, ausgeglichene Haushalte vorzulegen[131]. Was bedeutet diese Aussage, falls sie sich in einer Rundfrage als allgemeines Statement bestätigen würde? „Die Verwaltung" kennt die Spielräume bei den diesjährigen Ausgaben (vgl. Schilder 2006), sie kann die Unabdingbarkeit oder Aufschiebbarkeit neuer Ausgaben gelassener einschätzen als der Politiker, und nicht zuletzt kann sie die Einnahmespielräume in der nahen Zukunft realistisch abschätzen. Wenn diese Annahmen zutreffen, dann ist aus dieser Sicht einer von der Politik eher abgehobenen Verwaltung ein ausgeglichener Haushalt üblicherweise in der typischen deutschen Gemeinde möglich.

Dieser Sicht könnte entgegengehalten werden, dass diese Normalsituation heute für eine große Zahl, vielleicht die Mehrzahl der deutschen Gemeinden, nicht

130 Sie erfordern oft eine organisatorische Verselbständigung und bedingen eine Zuordnung der Schuldaufnahme zum einzelnen zu finanzierenden Objekt (Heppe 1999, Teil 2.1.2). Deshalb müsste in Deutschland auch das Gesamtdeckungsprinzip aufgegeben werden, das eine Zuordnung zu einzelnen zu finanzierenden Objekten ausschließt.

131 Aussage des Amtsleiters der Marburger Stadtkämmerei, Gerhard Frank, im Seminar „Kommunalfinanzen" in Marburg am 3.12.1998. Diese Auffassung wurde einige Jahre später von dem entsprechenden Vertreter einer Gemeinde mit etwa 4000 Einwohnern ausdrücklich bestätigt (Lorenz Herb in Rettenberg im Gespräch mit dem Verfasser).

zutrifft. Dann ist allerdings zu klären, was die Ausnahmesituation von der Normalsituation unterscheidet. Wenn es zutrifft, dass die über die längere Frist unbefriedigende Einnahmesituation nicht auf einer konjunkturellen Abwärtsbewegung beruht, sondern auf einem strukturellen Defizit der deutschen Wirtschaft, dann ist es unabdingbar, sich mit den heutigen durchschnittlich sehr knappen Finanzen dauerhaft abzufinden. Auch hier kann im Zweifelsfall „die Verwaltung" ruhiger abschätzen, wo – ohne Rücksicht auf kurzfristige Wahlüberlegungen – alte Ausgaben gekürzt und neue nicht veranschlagt werden sollten.

Aus diesem Blickwinkel ist „Politik" der Gegenspieler der Verwaltung und zugleich die alleinige Ursache für die große Zahl der Haushaltsdefizite in deutschen Gemeinden. Gerade in fiskalisch normalen Zeiten hätte die Politik keinen Grund gehabt, Schulden aufzunehmen, nur um Ausgaben zu tätigen, die aus politischer Sicht und zumeist mit Blick auf den nächsten Wahltermin als opportun erschienen.

Die Gemeindepolitiker erscheinen in dieser Sicht als Getriebene. Die treibenden Kräfte sind gemeindeintern in der Parteienkonkurrenz und gemeindeextern in der Bürgermeisterkonkurrenz zu sehen, wobei Letztere auf Erstere zurückgeführt werden kann, wenn mit Hinweis auf Pressemitteilungen über die Verfügbarkeit einer neuen öffentlichen Leistung in einer Nachbargemeinde die Parteien der eigenen Gemeinde unter Druck gesetzt werden, diese Leistung auch anzubieten. Es liegt also immer eine Verführbarkeit vor, die auf zusätzliche Ausgaben zielt. Nun könnten diese zusätzlichen Ausgaben auch durch Kürzungen bei anderen Ausgaben oder durch das Ausschöpfen der üblichen Einnahmen, also durch höhere Steuern und Gebühren, finanziert werden. Die besondere Problematik der Haushaltsdisziplin ergibt sich aber durch die Verfügbarkeit des Instruments der Verschuldung. Es beinhaltet eine besondere Qualität der Verführbarkeit, die oben mit dem Begriff der **Schuldenillusion** umschrieben wurde.

Im Ergebnis wird die überhöhte Schuldaufnahme hier politökonomisch erklärt. Sie entsteht dadurch, dass die immer vorhandene Verführbarkeit in Richtung erhöhter Ausgaben dadurch zu einem Problem wird, dass die Verfügbarkeit eines Instruments hinzutritt, dessen langfristige Folgen übersehen oder verdrängt werden. Diese politökonomische Erklärung passt im Übrigen zu den Versuchen, generell die beobachteten Phänomene der öffentlichen Finanzwirtschaft ökonomisch zu erklären. Die weiter oben aufgeführten eher neoklassischen Argumente zugunsten einer Schuldaufnahme können die empirisch beobachtete hohe Verschuldung aller Ebenen nicht erklären. Das hat in dem bekannten Aufsatz „Zwanzig Jahre ‚Neue Finanzwissenschaft'" von Richter und Wiegard zu dem eigenartigen Ergebnis geführt, dass hier nur für die Schuldaufnahme politökonomisch argumentiert wurde, während die übrigen Ausschnitte der öffentlichen Finanzwirtschaft überwiegend neoklassisch interpretiert wurden (Richter/Wiegard 1993).

Eine Möglichkeit, die Verführbarkeit des Politikers einzudämmen, scheint in **Referenden** zu liegen. Voraussetzung ist, dass das Referendum mit einer bindenden und ausreichenden Finanzierungsbedingung formuliert wird, sei es eine Steuererhöhung oder eine zusätzliche Schuldaufnahme. Dann sprechen schweizerische Erfahrungen dafür, dass auf diese Weise Budgetdefizite reduziert werden (Feld/Kirchgässner 2001).

5. Folgerungen für die kommunale Schuldenpolitik

Wenn man die bis zu diesem Punkt geführte Diskussion zur Rechtfertigung der öffentlichen Verschuldung aller Ebenen mit Blick auf die Gemeindeebene zusammenfasst, so erweist sich, dass die auf die *temporäre Schuldaufnahme* zielenden Argumente **auch auf der Gemeindeebene nicht stichhaltig** sind. Aperiodischer Ausgabenbedarf kann durch frühzeitige Finanzplanung, Streckung der Vorhaben usf. in aller Regel aufgefangen werden, und eine konjunkturpolitische Schuldaufnahme ist auf der Gemeindeebene ohnehin, wie im zweiten Kapitel ausgeführt, nicht zu erwarten.

Unter den Rechtfertigungen einer *kontinuierlichen Staatsverschuldung* ist das Argument der **zeitlichen Lastenverschiebung** zwar prinzipiell attraktiv, aber mit Blick auf die gesamtwirtschaftliche Verschuldungstätigkeit der öffentlichen Hand und die aus anderen Systemen in die Zukunft übertragenen Lasten **verbietet** es **sich auf längere Zeit**, unter diesem Argument Schulden aufzunehmen – auch seitens der Gemeinden. Es verbleibt mithin das Argument der **betriebswirtschaftlich rentablen Objekte**. Es ist für die Gemeindeebene besonders wichtig. Außerdem ist in solchen Fällen eine Schuldaufnahme nicht nur als zulässig, sondern sogar als geboten anzusehen.

Die **Konsequenzen für die Gemeindeebene**, falls sich solche Vorstellungen durchsetzen, wären **erheblich**. Für die zulässigen Fälle, also die betriebswirtschaftlich rentablen Objekte, müsste eine rechtlich abgesicherte Konstruktion gefunden werden, die die Schuldaufnahme ausschließlich auf diese Objekte konzentriert und eine **allgemeine Haushaltsfinanzierung ausschließt**. Für den Haushalt generell ist die Gemeinde dann ausschließlich auf die übrigen Einnahmearten angewiesen.

Angesichts der über viele Jahre äußerst knappen Finanzmittel der Gemeinden könnte es fast zynisch wirken zu fragen, ob man denn auf eine Einnahmeart, die über die vielen Jahre zwischen 1,5 und 4 % der Ausgaben finanziert hat,[132] nicht überhaupt verzichten könne. Wie problematisch wäre nun wirklich ein solcher Verzicht auf das Instrument der Schuldaufnahme? Hier kann ein Gedankenexperiment helfen. Es sei für alle Gemeinden verboten, außer für die wenigen betriebswirtschaftlich eng umschriebenen Anlässe Schulden aufzunehmen. Die einzelne Gemeinde steht dann nicht länger in Konkurrenz mit anderen Gemeinden, in denen schuldfinanziert mehr verausgabt werden kann als in der eigenen, die vielleicht immer schon solider zu wirtschaften versuchte. Für zusätzliche Ausgaben müssten also zusätzliche Einnahmen erhoben werden. Damit zeigt sich, dass ein solcher **Verzicht** auf das Schuldeninstrument **nur sinnvoll** ist, wenn, wie zuvor ausgeführt, in ausreichendem Maße **bewegliche Steuern**, also Steuern mit gemeindlicher Entscheidung über die Höhe der Steuersätze zur Verfügung stehen.

Nun könnte man den Einwand erheben, dass dann einige Gemeinden mit Sicherheit ihre **unabweisbaren Ausgaben nicht mehr decken** könnten. Das ist kurzfristig zweifellos zutreffend. Jedoch sind dies gerade solche Gemeinden, deren Steuerbasis besonders schwach ist. Schuldaufnahme in dieser Situation kann dann aber nur bedeuten, die Finanzlage für die Zukunft noch weiter zu verschlimmern. Wenn speziell hier Abhilfe geschaffen werden soll, müssen andere Instrumente ansetzen (von Pflichtaufgaben entlasten, den kommunalen Finanzausgleich stärken usf.). Die **Schuldaufnahme** ist bei diesen Gemeinden mit Sicherheit **das schlechteste Rezept**. Wenn man diese Überlegung generalisiert, spricht auch aus Gründen der interregionalen Verteilung manches für ein weitgehendes **Verschuldungsverbot**. „Arme" Städte dürften ihre Zukunft nicht durch Schuldaufnahme noch weiter verschlechtern, denn ihre Finanzierungslücke liegt weniger bei zukunftsträchtigen Investitionen als bei Sozialleistungen. „Reiche" Städte hingegen könnten nicht auch noch durch schuldfinanzierte Zusatzinvestitionen ihren Abstand zu den anderen Städten vergrößern.

Diese Überlegungen sind keineswegs als abschließend zu betrachten (s. auch III). Doch ist nochmals darauf hinzuweisen, dass die Verschuldung durch die **Schuldenillusion** eine verführerische, mit langfristig negativen Wirkungen versehene und damit immer kontroverse Einnahmeart war und ist. Daher ist bei dieser Einnahmeart immer wieder zu fragen, wieweit man auf sie nicht verzichten kann und soll. Derzeit ist die tatsächliche Finanzpolitik der Gemeinden in Deutschland

132 Nettokreditaufnahme in % der bereinigten Ausgaben in den alten Bundesländern, berechnet nach: Gemeindefinanzbericht 1997, S. 196.

durch eine kontinuierliche Verschuldung gekennzeichnet, die über eine Finanzierung der unbestrittenen betriebswirtschaftlich rentablen Objekte weit hinausgeht.

III. Aus dynamischer Sicht: Eine modifizierte Fragestellung

1. Finanzkrisen und Wachstum

Mit Blick auf neuere Ergebnisse zum Zusammenhang von Finanzkrisen und langfristigem Wachstum kann man die Frage stellen, ob die bis hierhin geführte Diskussion nicht in einem gewissen Sinne zu statisch ist. Der Unterschied zwischen statischer und dynamischer Allokationsdiskussion wird u. a. darin gesehen, ob Wachstumsaspekte berücksichtigt werden oder nicht. In der obigen Diskussion war eigentlich nur mit Blick auf sich selbst finanzierende Objekte ein Wachstumselement angesprochen, denn die zukünftige Finanzierbarkeit des Schuldendienstes aus spezifischen Einnahmen des finanzierten Objekts gelingt in der Regel bei nennenswerten Wachstumsraten der Volkswirtschaft am besten. Im Übrigen waren die bisherigen Ausführungen aber stark von der Sorge geprägt, dass wegen der Schuldenilllusion die Haushalte aller Ebenen sich zu stark verschulden und später Schwierigkeiten haben, den Schuldendienst zu leisten.

Gerade dieser möglicherweise nicht zu leistende Schuldendienst und eine daraus resultierende Finanzkrise sind nun aber neuerdings Gegenstand Aufsehen erregender Forschungsergebnisse geworden. Diese beziehen sich zunächst überwiegend auf den privaten Bereich und dort auf die Finanzierung privater Transaktionen durch in- und ausländische private Banken. Schon Schumpeter hatte dem Bankkredit eine wichtige Rolle beim **Prozess der „schöpferischen Zerstörung“** und damit dem Wachstum zugewiesen. Die neue These lautet nun, dass **Volkswirtschaften mit gelegentlichen Finanzkrisen im Durchschnitt höhere Wachstumsraten** als solche mit beständigen Finanzsituationen aufweisen (Rancière/Tornell/Westermann 2008). In liberalisierten Finanzsystemen wie in Deutschland wird die systemische Risikobereitschaft ermutigt und verstärkt die Investition.

Die damit verbundenen Krisen kann man zwar vermeiden, indem man die Finanzmärkte scharf reguliert, aber „eine scharfe Regulierung (ist) mit Opportunitätskosten verbunden“, und man muss darauf achten, dass dann nicht „eine Unterinvestition durch Kreditfinanzierungen besteht“ (Westermann 2008). So hatte sich schon ohne Berücksichtigung der heilsamen Wirkungen von Krisen herausgestellt, dass die **Basel-II-Vorschriften** zur verschärften Risiko-Berücksichtigung durch die Banken **als wachstumsschädlich** einzustufen sind (Zimmermann/Drüen 2006).

2. Folgerungen für die kommunale Verschuldung?

Nun hatten sich die erwähnten Finanzkrisen, wie erwähnt, ganz überwiegend im privaten Sektor entwickelt. Die beiden einzigen weltweiten Finanzkrisen von 1929 und 2008/2009 hatten ihren Ursprung in den USA, als dort eher unauffällige Staatshaushalte gefahren wurden. Die Frage ist nun, ob bzw. inwieweit diese Überlegungen auch die öffentliche Schuldaufnahme und hier noch einmal besonders die kommunale Verschuldung berühren.

Es kann zweifellos **nicht** darum gehen, **der öffentlichen Verschuldung** auf diese Weise **einen Freibrief** auszustellen, denn dafür ist der **ständige Missbrauch** zu offensichtlich. Die zuvor als kontinuierlich dargestellte Verschuldung dient eben in aller Regel nicht der Finanzierung wachstumsrelevanter Vorhaben, sondern sie finanziert ganz überwiegend schlicht einen Teil des jährlichen Haushalts, und der dient in einem Wohlfahrtsstaat vor allem konsumtiven Zwecken.

Auch wird man auf den ersten Blick vermuten, dass kommunale Verschuldung erst recht vor leichtfertiger Inanspruchnahme geschützt werden müsse. Eine prekäre Finanzsituation durch zuviel Schuldaufnahme ist in einer einzelnen Kommune eher als bei den übergeordneten Gebietskörperschaften zu vermuten, weil, wie oben ausgeführt, die Kommune die geringsten Möglichkeiten hat, sich zusätzliche Einnahmen zu beschaffen.

Jedoch tätigt die **Gemeindeebene** in Deutschland immer noch an die **zwei Drittel der öffentlichen Investitionen**. Zwar sind die kommunalen Investitionen über die Zeit weniger wachstumsorientiert als konsumorientiert geworden, wenn man an die Einrichtungen im Sozialwesen, Jugendwesen usw. denkt. Aber die **kommunale Infrastruktur** ist immer noch **eine Basis für die örtlichen Wachstumsprozesse**. Dazu kommt, dass auf dieser Ebene die sich selbst finanzierenden Einrichtungen, wie erwähnt, besonders häufig vorkommen, und solche Finanzierung über (nahezu) kostendeckende Preise oder Gebühren ist am ehesten möglich in Einrichtungen, die nicht primär sozialen, sondern eher wachstumsrelevanten Zwecken dienen. Das ist offensichtlich bei mautfinanzierter Verkehrsinfrastruktur, gilt aber auch etwa für Ver- und Entsorgung.

Hieraus folgt zunächst unter der neuen Perspektive eine Unterstützung der obigen Empfehlung, solche sich selbst finanzierenden Investitionen kommunal durch Schuldaufnahme zu finanzieren. Aber man kann vielleicht einen Schritt weiter gehen, mit Blick darauf, dass erhebliche Teile der wachstumsrelevanten kommunalen Infrastruktur typischerweise nicht entgeltfinanziert werden: Straßen, Schulen usw. In anderen Ländern, beispielsweise den USA, unterliegen die Kommunen einem genauen **Rating durch Rating-Agenturen**. Wenn sich Kommunen dann am Kapitalmarkt verschulden, wird eine **schlechte Haushaltsführung** durch einen **höheren Zinssatz** bestraft, und das schlechtere Rating wird bekannt und belastet die kommunalen Politiker in der Öffentlichkeit und bei Neuwahlen. Wenn es in Deutschland zu einem effektiven Rating käme – was derzeit wegen der De-facto-Garantie des Bundeslandes für seine Gemeinden kaum der Fall ist (s. unten) –, so würde sich die Schuldaufnahme erleichtern, allerdings im Prinzip für investive ebenso wie für konsumtive Zwecke. Wenn aber die erwähnte Institution des sich selbst finanzierenden Typs, wie oben ausgeführt, vom laufenden Haushalt juristisch strikt getrennt würde, so würde sich das Rating zweifellos verbessern, und das wiederum wäre der Einrichtung solcher Institutionen förderlich. – Jedenfalls würde durch die Kombination von generellem Verschuldungsrecht mit effektivem Rating einerseits die Gefahr der örtlichen Finanzkrise verringert und andererseits die wachstumsorientierte Ausrichtung der kommunalen Haushalte gefördert.

IV. Die Situation der kommunalen Verschuldung in Deutschland[133]

1. Zur Rechtslage

Während das Besteuerungsrecht der Gemeinden grundgesetzlich gesichert ist, unterliegt die Gemeinde in der Verschuldungspolitik dem **Landesrecht**. Die gemeindliche Schuldaufnahme ist aus der Sicht des für die Gemeinde geltenden Haushaltsrechts nur subsidiär zulässig. Als Beispiel mag § 93 Abs. 3 der Hessischen Gemeindeordnung (HGO) gelten: Die Gemeinde darf Kredite nur aufnehmen, wenn eine andere Finanzierung nicht möglich ist oder wirtschaftlich unzweckmäßig wäre. Die vorgesehenen Zwecke einer Schuldaufnahme sind Investitionen, die Investitionsförderung oder die Umschuldung (§ 103 Abs. 1 HGO), ohne dass aber die einzelne Kreditaufnahme durch ein einzelnes Vorhaben gerechtfertigt würde. Es gilt vielmehr das Gesamtdeckungsprinzip (s. oben D II b rentierliche Projekte).

Die Gemeinden müssen ihre **Schuldaufnahme genehmigen lassen**. Dies erklärt sich aus dem Tatbestand, dass eine deutsche Gemeinde nicht in Konkurs gehen

133 Zur Situation in anderen europäischen Ländern siehe Dafflon 2002.

kann, weil das Land letztlich die Zahlungsfähigkeit der Gemeinde garantiert und diese daher auch gesichert sehen möchte. Dazu ist es nicht erforderlich, jede einzelne Schuldaufnahme, evtl. sogar unter Angabe des Finanzierungszwecks, genehmigungspflichtig zu machen. Daher gilt dies auch nur für den Gesamtbetrag der Schuldaufnahme im Haushaltsjahr (§ 103 Abs. 2 HGO). Diese **Genehmigung** ist **zu versagen**, wenn die Kreditverpflichtung, genauer der spätere Schuldendienst, die **dauernde Leistungsfähigkeit der Gemeinde übersteigt**.

Besondere Bedeutung hat aus der Verpflichtung zur Genehmigung des Gesamtbetrages dann die **„dauernde finanzielle Leistungsfähigkeit"** einer Gemeinde. Die **Kommunalaufsicht**, die die entsprechende Entscheidung zu fällen hat, braucht konkrete Anhaltspunkte, um diese Entscheidung treffen zu können. So ist nach der Verwaltungsvorschrift zu § 103 HGO gemäß 5.2 die Genehmigung zu versagen, wenn der Verwaltungshaushalt nicht ausgeglichen ist, nachdem eine Mindestzuführung zum Vermögenshaushalt berücksichtigt wurde (§ 22 Abs. 1 Satz 2 GemHVO), die für die ordentliche Tilgung und die Kreditbeschaffungskosten erforderlich ist. Zu entsprechenden Indikatoren vgl. fünftes Kapitel.

2. Das zahlenmäßige Bild

Die jährliche *Neuverschuldung* hatte bis zur Rezession 1975/76 für die Gemeinden in der Regel eine größere Bedeutung als für Bund und Land und machte annähernd 1/3 der Verschuldung des öffentlichen Gesamthaushalts aus. Erst die konjunkturorientierte Zusatzverschuldung des Bundes und der Länder zusammen mit der schlechteren, weil vom sinkenden Steueraufkommen abhängigen Verschuldungsmöglichkeit der Gemeinden änderte das Bild, ab 1974 nachhaltig (s. Abb. 4.4). Die zweite ähnlich verlaufende Strukturverschiebung ergab sich mit der Herstellung der deutschen Einheit ab 1990. Sie führte dazu, dass der Trend der kommunalen Neuverschuldung ab etwa 1992/93 negativ wurde.

Diese Entwicklungen der Neuverschuldung zeigen sich mit entsprechenden Verzögerungen im *Schuldenstand* (Tab. 4.6). Der kommunale Anteil am Schuldenstand betrug 2005 nur noch 8 %, die Länder hatten mit 32 % einen für sie normalen Anteil, und im Bundesanteil von 60 % drücken sich u. a. die auf den Bund entfallenden Schulden der Sondervermögen aus, die ihrerseits vor allem eine Folge der Herstellung der deutschen Einheit sind.

Dies derzeit geringe Gewicht der Gemeindeebene am Schuldenstand, aber auch an der Neuverschuldung ist auch mit Blick auf die erwähnten **Maastricht-Kriterien** wichtig. Sie beziehen sich auf den öffentlichen Gesamthaushalt, und für ihre Einhaltung ist der Bund zuständig. Bei den erforderlichen Anstrengungen um Einhaltung insbesondere der 3 %-Grenze (bezogen auf das Sozialprodukt) wäre das geringe Gewicht der Gemeinden an und für sich ein Grund anzunehmen, dass auf ihr Verschuldungsverhalten eher der geringere Druck auszuüben sein sollte. Vom

Tab. 4.6: Entwicklung des Schuldenstandes der Gebietskörperschaften und des Gesamtstaates, Bundesrepublik Deutschland, 1950-2005, Mrd. DM, ab 2000: €

	Öffentlicher Gesamthaushalt[1, 2]		Bund	Länder[3]	Gemeinden[3]	
Jahr	Mrd DM/€	I in % des BSP	Anteil an I in %	Anteil an I in %	Mrd DM/€	Anteil an I in %
	I	II	III	IV	V	VI
1950	20,6	20,0	35%	62%	0,5	2%
1955	41,0	21,5	51%	38%	4,7	11%
1961[4]	57,1	17,2	53%	24%	12,8	22%
1965	83,7	18,2	48%	21%	25,8	31%
1970	125,9	18,6	45%	22%	40,3	32%
1975	256,4	25,0	44%	26%	74,4	29%
1980	468,6	31,8	50%	29%	95,2	20%
1985	760,2	41,7	52%	33%	113,7	15%
1990	1053,5	43,4	51%	31%	125,6	12%
1995	1996,0	57,7	38%	26%	196,6	10%
2000	1152,4	55,9	62%	29%	98,5	9%
2005	1473,7	65,6	60%	32%	116,0	8%

1 Ohne Sozialversicherungen.
2 Einschl. (je nach Jahr): Lastenausgleichsfonds, Bundeseisenbahnvermögen, Fonds „Deutsche Einheit“, ERP-Sondervermögen, Kreditabwicklungs-/Erblastentilgungsfonds, Ausgleichsfonds, Steinkohleneinsatz/Entschädigungsfonds.
3 Ab 1991 einschl. Neue Bundesländer.
4 1960 war Rumpfjahr.

Quelle: Deutsche Bundesbank (1998, CD-ROM; 2000-2005: Datenbank online).

Schuldenstand 2005 für den öffentlichen Gesamthaushalt (zweite Spalte in Tab. 4.6), der etwas über dem zulässigen 60 %-Wert liegt, macht ihr Anteil schließlich nur 8 % aus.[134] Aber dadurch sind die Gemeinden und Landkreise zugleich politisch unter Druck, ihre Schuldaufnahme zu erhöhen, falls sie sich über zu hohe Ausgabenlasten beschweren. Daher ist es sinnvoll, die kommunale Ebene in eine Regelung zur Schuldenbegrenzung, wie sie die Föderalismuskommission II diskutiert, einzubeziehen[135].

134 Zur Bedeutung der Maastricht-Kriterien für die kommunale Verschuldung vgl. Henneke 1998.

135 Vgl. hierzu die in diese Richtung zielende Stellungnahme des Deutschen Landkreistages (2008).

Die *Struktur der kommunalen Verschuldung* ist, anders als bei Bund und Land (Zimmermann/Henke 2005, S. 174), sehr einseitig (Tab. 4.7): Über 90 % der Schuldaufnahme geschehen durch Direktausleihungen bei Kreditinstituten, mit steigender Tendenz. Hier handelt es sich im Wesentlichen um Schuldscheindarlehen, und Gläubiger sind insbesondere die im kommunalen Eigentum befindlichen Sparkassen und ihre übergeordneten Institute. Naturgemäß in Tab. 4.7 **nicht enthalten** sind die **Kassenkredite**. Sie sind von 1999 bis 2007 von 6 Mrd. € auf

Tab. 4.7: Struktur der kommunalen Verschuldung, Mio. DM, ab 2001: €

Schuldenstand [1]		**Schuldarten** in Mio. DM				
	Mio. DM/€	Anleihen	Direktausleihungen der Kreditinstitute[2]	Sozialversicherungen	Andere Nichtbanken	Altschulden[3]
1950	500	-	400	-	100	-
1955	4 670	70	3 210	460	790	140
1961[4]	12 805	334	9448	773	2 175	75
1965	25 844	578	19 957	1 232	4 017	60
1970	40 295	702	32 324	984	6 260	26
1975	74 411	475	67 183	4 294	2 458	1
1980	95 208	232	88 726	4 445	1 805	-
1985	113 738	180	107 404	4 516	1 638	-
1990	125 602	150	119 261	3 634	2 557	-
1995	154 050	500	147 750	300	5 500	-
2001	81 935	680	79 184	26	1 892	-
2006	100 234	335	96 534	10	3 355	-

1) Ab 1991 nur alte Bundesländer. – Einschließlich Verschuldung der kommunalen Zweckverbände (ab 1973) und der kommunalen Krankenhäuser (bis 1990).

2) Im wesentlichen Schuldscheindarlehen. Einschl. der bei ausländischen Stellen aufgenommenen Darlehen.

3) Hauptsächlich auf fremde Währung lautende Altschulden gemäß Londoner Schuldenabkommen; ohne im eigenen Bestand befindliche Stücke.

4) 1960 war Rumpfjahr.

Quelle: Deutsche Bundesbank 1998 CD-ROM; 2001–2006: von Deutscher Bundesbank direkt bereitgestellt.

28 Mrd. € gestiegen. Dabei sind die Unterschiede zwischen den Bundesländern sehr groß, von 11 € je Einwohner in Baden-Württemberg bis 1 115 € im Saarland (Bundesministerium der Finanzen 2008). Wenn man bedenkt, welche Rolle Kassenkredite eigentlich nur spielen sollen (s. oben), so ist diese Entwicklung höchst bedenklich.

* * *

Die Schuldaufnahme schloss die Reihe derjenigen kommunalen Einnahmearten ab, die der Gemeinde aus dem Privatsektor zufließen (vgl. oben Tab. 4.1 „aus eigenen Quellen"). Ihnen stehen die Zuweisungen als vom öffentlichen Sektor stammende Einnahmen gegenüber (auch wenn diese zuvor naturgemäß ebenfalls dem Privatsektor entnommen wurden). Sie sind Gegenstand des folgenden Kapitels. Daher kann an dieser Stelle auch noch keine abschließende Bemerkung zu den Einnahmen der kommunalen Ebene erfolgen.

Fünftes Kapitel

Die kommunalen Einnahmen II: Zuweisungen als ergänzende Einnahmeart

Unter den kommunalen Einnahmen haben Zuweisungen in Deutschland (s. oben Tab. 4.1), aber auch in anderen Staaten ein erhebliches Gewicht (Committee of the Regions 1996). Sie werden in einem gesonderten Kapitel behandelt, weil sie keine Einnahmen „aus eigenen Quellen" darstellen und nicht einmal – so wie die Schuldaufnahme – kommunal entscheidbar sind. **Zuweisungen** sind vielmehr das **Ergebnis von Entscheidungen übergeordneter Ebenen**. In Deutschland obliegt die Entscheidung vornehmlich dem jeweiligen Bundesland, vor allem, wenn es seinen **„kommunalen Finanzausgleich"** gestaltet.

Dementsprechend lässt sich der Aufbau eines entsprechenden Kapitels auf zweierlei Weise gestalten. Der eine Weg bestünde darin, die Institution des formalisierten „kommunalen Finanzausgleichs" der deutschen Bundesländer als Ausgangspunkt zu wählen und in seinen Zielen und Instrumenten darzustellen. Hier wird hingegen der andere, schon in den vorangegangenen Kapiteln eingeschlagene Weg verfolgt, erst im Grundsätzlichen zu argumentieren und dann im Lichte der Ergebnisse die deutsche Situation darzustellen und zu beurteilen.

Dementsprechend wird, in Anlehnung an das im Angelsächsischen typische Vorgehen, zunächst in abstrakter Weise vom **Zuweisungssystem (grants system)** als der Summe der denkbaren Zuweisungsformen mit ihren dahinterstehenden Zielen (A), ableitbaren Wirkungen (B) und institutionellen Ausgestaltungsmöglichkeiten (C) gesprochen. Während die deutsche Situation bis zu diesem Punkt nur in Form von Beispielen herangezogen wird, bildet sie im Teil D den eigentlichen Gegenstand. Der dort erörterte „kommunale Finanzausgleich" der deutschen Bundesländer kann allerdings nur in überblicksartiger Form wiedergegeben werden, nicht zuletzt wegen der bestehenden Unterschiede zwischen den Bundesländern.

A. Zuweisungen – wozu?

I. Zuweisungen als Elemente des Finanzausgleichs

Um die besondere Rolle der Zuweisungen im gesamten System der Kommunalfinanzen zu verstehen, ist es erforderlich, die bisher behandelten Elemente des kommunalen Finanzsystems in einer übergreifenden Perspektive zusammenzuführen. Dies geschieht in Kasten 5.1, wo zugleich einige Begriffe aufgeführt sind, die sich in der Literatur zum Finanzausgleich häufig finden.

Kasten 5.1: Die Stellung der Gemeinden im Finanzausgleich

Finanzausgleich in Bezug auf Gemeinden

Passiver Finanzausgleich
= vertikale Aufgabenverteilung, hier Zuordnung von Aufgaben (und Ausgaben) zur Gemeindeebene (hat auch horizontale Auswirkungen)

Aktiver Finanzausgleich
= Einnahmenverteilung, hier Zuordnung von Einnahmen zur Gemeindeebene

Originärer (primärer) aktiver Finanzausgleich
= langfristige Zuordnung von Einnahmequellen auf Ebenen von Gebietskörperschaften, hier die Gemeindeebene:
- Trennsysteme
- Zuschlagssysteme
- Verbundsysteme
- Zuweisungssysteme

Ergänzender (sekundärer) aktiver Finanzausgleich
= laufende Umverteilung bereits im öffentlichen Sektor befindlicher Einnahmen

Einnahmenumverteilung außerhalb des formalisierten horizontalen Finanzausgleichs

Formalisierter horizontaler Finanzausgleich („kommunaler Finanzausgleich“). Führt meist zu ungebundenen Zuweisungen

Diverse vertikale Zahlungen an Gemeinden unter Bundes- und Landeszielen, insbes. Zweckzuweisungen

Vertikale Zahlungen (Umlagen) von unten nach oben, insbesondere von Gemeinden an Landkreise

Induzieren horizontaler Zahlungen (z.B. in Zweckverbänden)

Die Aufgabenverteilung und die entsprechende Zuordnung der Ausgaben auf die verschiedenen Ebenen von Gebietskörperschaften (von der Gemeinde bis zur EU), also die *vertikale Aufgabenverteilung*, ist im zweiten Kapitel als Basisentscheidung für den Aufbau eines föderativen Systems herausgestellt worden, aus der sich dann alle folgenden Entscheidungsnotwendigkeiten ergeben. Sie wird auch als **passiver Finanzausgleich** bezeichnet. Ihr stellt man die *Einnahmenverteilung* gegenüber, auch als **Einnahmenausgleich** oder **aktiver Finanzausgleich** bezeichnet, die logisch den Ausgabe-Notwendigkeiten folgt.

Für den Vorgang der **Einnahmenverteilung** müssen **zwei Stufen** auseinandergehalten werden (s. Kasten 5.1). Zunächst sind den Gemeinden dauerhaft bestimmte *Einnahmequellen* zugesprochen worden: die Entgelte, bestimmte Steuerarten, vielleicht das Recht der Schuldaufnahme (s. vorangegangenes Kapitel). Dadurch wird festgelegt, welche Einnahmen aus dem privaten in den öffentlichen Sektor transferiert werden.

Bis zu diesem Punkt der Argumentation wurde über Finanzströme zwischen privatem und öffentlichem Sektor entschieden. Hierzu gehört eine Fülle spezifischer Theorieansätze, die den Ausgabe- und Einnahmewirkungen im privaten Sektor gewidmet sind, mit der Theorie der Steuerwirkungen als größtem Einzelgebiet. Die folgenden Ausführungen beziehen sich hingegen allein auf Transaktionen innerhalb des öffentlichen Sektors. Dazu gehören völlig andere theoretische Herangehensweisen, die einer der Gründe für die Behandlung in diesem gesonderten Kapitel bilden.

Auf einer zweiten Stufe der Einnahmenverteilung werden nämlich Teile dieser bereits *im öffentlichen Sektor* befindlichen *Einnahmen* dort *nochmals umverteilt.* Diese interne Umverteilung innerhalb des öffentlichen Sektors kann ebenfalls auf zweierlei Weise erfolgen. Zum einen gibt es in den meisten Staaten ein größeres, meist **formalisiertes System des horizontalen Finanzausgleichs**, in Deutschland als **„kommunaler Finanzausgleich“** bezeichnet. Daneben gibt es sowohl verschiedene Formen von Zahlungen oberer Ebenen an Gemeinden als auch Zahlungen zwischen Gemeinden (Kasten 5.1, Teil unten links).

Nun ist der Literatur über den Finanzföderalismus, wie erwähnt (2. Kap.), zu entnehmen, dass einer Gemeinde, um autonom handeln zu können, eigene Einnahmen zugewiesen werden müssen, damit sie ihre Aufgaben und die daraus resultierenden Ausgaben finanzieren kann. So gesehen scheint eigentlich kein Platz für Zuweisungen von anderen Gebietskörperschaftsebenen zu sein, denn dies sind **keine Einnahmen „aus eigenen Quellen“** (s. 4. Kap.). Zuweisungen als Einnahmeart der Gemeinden bedürfen daher einer gesonderten Begründung.

Allgemein stellen **Zuweisungen Transfers innerhalb des öffentlichen Sektors** dar. Es handelt sich daher zum einen, wie erwähnt, um Mittel, die dem öffentlichen Sektor bereits aus dem Privatsektor zugeflossen sind und die nun lediglich innerhalb des öffentlichen Sektors nochmals umverteilt werden (Kasten 5.1, mittlerer Teil). Zum anderen erfolgen Zuweisungen **ohne Gegenleistung**, so wie auch die Transferzahlungen des öffentlichen Sektors an den privaten Sektor (Subventionen, Sozialtransfers). Wenn hingegen eine Leistung innerhalb des öffentlichen Sektors vergütet wird, spricht man beispielsweise von **Erstattungen** und nicht von Zuweisungen. Wie bei den Transfers an Private interessiert auch bei Zuweisungen, welche Wirkungen beim Empfänger ausgelöst werden und inwieweit sie den Zielen des Gebers oder auch des Empfängers entsprechen.

II. Ziele eines Zuweisungssystems

1. Ausgleich von Finanzkraft und Finanzbedarf zwischen Gemeinden (distributives Ziel)

Als häufigste Begründung für die Gewährung von Zuweisungen wird angeführt, dass beobachtbare erhebliche Unterschiede zwischen Finanzkraft und Finanzbedarf einer Gemeinde ausgeglichen werden müssten. Um sich diese – überwiegend **distributive – Begründung** vor Augen zu führen, stelle man sich vor, dass der Gemeindeebene als solcher ausreichend eigene Einnahmequellen vertikal zugeordnet worden sind, um ein durchschnittliches Niveau an Leistungen in ihren Aufgabenbereichen finanzieren zu können. Diese Zuordnung sei nun in der bestmöglichen Weise und unter Verfügbarkeit aller denkmöglichen Informationen geschehen. Da man aber auch unter diesen Bedingungen eine vertikale Zuordnung der Einnahmequellen nur mit Blick auf den Durchschnitt aller Gemeinden wird vornehmen können, werden einige Gemeinden nicht genügend Einnahmequellen zur Verfügung haben, um ihre Aufgaben angemessen erfüllen zu können, während andere Gemeinden zu viele Einnahmen haben (Abb. 5.1).

Zu einer solchen Differenz kann es zum einen dadurch kommen, dass sich das *Aufkommen der Steuern*, die den einzelnen Gemeinden im Rahmen des vertikalen Einnahmenausgleichs zugewiesen wurden, im Zeitablauf unterschiedlich entwickelt. (Das Folgende nach Zimmermann/Henke 2005, S. 216.) So ist beispielsweise der Stadt Wolfsburg durch die Expansion des dort ansässigen Volkswagenwerkes im Zeitablauf ein überproportionales Aufkommen der Gewerbesteuer zugeflossen, das im Vergleich zu anderen Gemeinden zu großen Unterschieden im Pro-Kopf-Aufkommen an Gewerbesteuer führte. – Ein solches höheres Steueraufkommen, das sich im Vergleich zu anderen Gemeinden ergibt, führt für sich genommen noch nicht zur Notwendigkeit eines Finanzausgleichs. So kann ein hohes

Pro-Kopf-Aufkommen an Gewerbesteuer in einer Stadt durch einen hohen Ausgabenbedarf überkompensiert werden, wie er sich zum einen in Anforderungen an die Infrastruktur (Schulwesen, Krankenhauswesen, Straßenbau usw.), zum anderen durch soziale Brennpunkte in einer Stadt kumuliert ergeben kann.

Abb. 5.1: Arme und reiche Gemeinden

	Arme Gemeinde	Reiche Gemeinde
Einnahmemöglichkeit (Finanzkraft)	niedrig	hoch
Ausgabenotwendigkeit (Finanzbedarf)	hoch	niedrig
Verfügbare Finanzmittel (ggf. Grund für Ausgleich)	zu wenig	zu viel

Zum anderen können unterschiedliche Finanzsituationen auch von der Aufgabenseite her und damit durch die *Entwicklung der Ausgaben* bestimmt werden. Wenn beispielsweise im Rahmen der Umweltpolitik bundeseinheitliche Qualitätsstandards vorgegeben werden, sind zu ihrer Realisierung in den Gemeinden u.U. zusätzliche Ausgaben erforderlich, deren Pro-Kopf-Werte stark differieren. So können die Investitionen für ein gleiches Ausmaß an Abwasserreinigung unterschiedlich groß sein, wenn beispielsweise im ländlichen Bereich die Kosten der Zuleitung zum und Ableitung vom Klärwerk besonders hoch sind. Die Erfüllung ein und derselben Aufgaben kann somit je nach Situation zu einer erheblich **unterschiedlichen Ausgabenbelastung** in den einzelnen Gemeinden führen.

Der Zusammenhang ist insgesamt in Abbildung 5.1 wiedergegeben. Das scheinbar einfache Schema soll zusammengefasst den wichtigen Tatbestand verdeutlichen, dass man von **„arm" oder „reich"** bezogen auf eine Gemeinde **nicht** mit Blick auf **nur einen Indikator** sprechen kann, so wie dies für den Indikator der Finanzkraft fälschlicherweise oft geschieht. **„Arm"** ist eine Gemeinde, wenn ihre **Finanzkraft in Gegenüberstellung zum Finanzbedarf gering** ist, und für die „reiche" Gemeinde gilt das Umgekehrte. Sind hingegen beide Indikatorwerte niedrig oder sind beide hoch, so ist der Problemdruck gering.

Wenn mit Blick auf nachgewiesene erhebliche Unterschiede dieser Art eine Angleichung gefordert wird, so scheint das hinter einem solchen Ausgleich stehende **Versorgungsziel** ausschließlich **verteilungspolitischer Art** zu sein: Die dezentralen Gebietskörperschaften sollen alle in der Lage sein, „ziemlich vergleichbare öffentliche Leistungen bei ziemlich vergleichbaren Steuersätzen" bereitzustellen.[136] Doch sei hier nochmals auf den im vierten Kapitel (Teil C III a) erörterten Aspekt des **„net fiscal benefit"** hingewiesen. Er ist zweifellos allokativer Art und kann ebenfalls als ein Argument für einen horizontalen Finanzausgleich zwischen armen und reichen Gemeinden angesehen werden, der insoweit **allokativ begründet** ist.

Um die in Abbildung 5.1 wiedergegebene Situation, in der manche Gemeinden über „zuviel" und andere über „zuwenig" Finanzmittel verfügen, abzumildern, sind mehrere Wege möglich. Zum einen ist zu prüfen, ob den Gemeinden insgesamt vielleicht allzu **ungünstig streuende Aufgaben oder Einnahmequellen** zugeordnet wurden, die dann durch besser geeignete zu ersetzen wären. Darüber wurde im vierten Kapitel gesprochen. Zum anderen kann eine **Gebietsreform** helfen, falls zu ungünstig geschnittene Gemeindegrenzen die Ursache für die beschriebenen Differenzen sind (s. oben 2. Kap.). Schließlich können **Zuweisungen** gegeben werden, die den „armen" Gemeinden zufließen und von den „reichen" Gemeinden als Finanzbeiträge („negative" Zuweisungen) oder von der übergeordneten Ebene aus deren Mitteln aufgebracht werden. Dieser – **horizontale** – **Ausgleich zwischen Finanzkraft und Finanzbedarf („fiscal equalization")** bildet international gesehen den häufigsten Grund für die Vergabe von Zuweisungen durch übergeordnete Ebenen. Die Erstellung eines solchen horizontalen Ausgleichssystems ist eine schwierige Aufgabe, und ihr sind daher zwei gesonderte Teile dieses Kapitels gewidmet (C und D).

Neben diesem horizontalen Ausgleichsziel finden sich weitere Ziele für eine Vergabe von Zuweisungen, die aber eindeutig weniger gewichtig sind. Auf diese soll nachfolgend in eher knapper Form eingegangen werden.

2. Berücksichtigung räumlicher externer Effekte (allokatives Ziel)

Es gibt, wie im dritten Kapitel ausführlich erörtert, Aufgabenbereiche, deren Nutzenkreis über eine Gemeindegrenze hinwegreicht, weil die gemeindlichen Leistungen und Vorteile sich über mehrere Gemeinden verteilen (**räumliche externe Effekte**). Wenn solche Leistungen vom Bürger gewünscht werden und das Land

---

136 So die kanadische Verfassung in Section 36 (2). – Zum Verhältnis von Ausgleichsziel und Effizienzziel s. Boadway 2006.

nicht die Aufgabe selbst übernehmen oder die entsprechende umfangreichere Aufgabenerfüllung durch Vorschriften sichern soll, so sind Zuweisungen seitens der höheren Ebene geeignet, das entsprechende höhere Angebot auf der nachgeordneten Ebene zu bewirken. In diesen Fällen handelt es sich also um Aufgaben, die die Gemeinden schon aus ihrer Sicht erfüllen möchten, bei denen aber für den Fall einer ausschließlich gemeindeeigenen Finanzierung nur ein suboptimales Ergebnis zustande käme.

Dieses Argument, dass aus der Existenz von räumlichen externen Effekten ein **zu niedriges öffentliches Angebot** resultieren kann, ist im Kern dem **Allokationsziel** zuzuordnen. Auf diesem Argument aufbauende Zahlungen können dann einzelnen Gemeinden wegen ihrer besonderen Aufgabenerfüllung stärker als anderen zugute kommen.[137] So können auch große und finanzstarke Gemeinden wegen ihrer zentralörtlichen Funktionen zu Recht höhere Zuweisungen pro Kopf erhalten. Das widerspricht auch nicht dem Ziel des Ausgleichs von Finanzkraft und Finanzbedarf, sondern es wird lediglich in den Finanzbedarf das Ziel eingebaut, in einer Region eine tragfähige Raumstruktur im Sinne eines **zentralörtlichen Systems** zu schaffen (**Raumordnungspolitik**)[138].

3. Auffüllung der Einnahmen der Gemeindeebene (fiskalisches Ziel)?

Zuweisungen werden häufig auch mit dem Ziel vergeben, die Einnahmen der Gemeindeebene generell (und nicht nur die der „armen" Gemeinden) zu stärken. Es handelt sich dabei allerdings um kein gutes Argument für die Begründung von Zuweisungen. Wenn auf der Gemeindeebene als solcher eigene Einnahmen fehlen, ist dies vielmehr ein Zeichen eines „**vertikalen fiskalischen Ungleichgewichts**, ... d.h. eine fehlende Übereinstimmung von Einnahmemöglichkeiten und Ausgabenbedarf[139]" liegt in diesem Falle auf der **Gemeindeebene insgesamt** vor (**fiscal gap**).

Dieser ernsthafte Mangel sollte nicht durch Zuweisungen überdeckt werden. Stattdessen sollte er durch zusätzliche eigene Steuern behoben werden, wenn denn die Aufgabe einer finanzpolitischen Dezentralisierung ernst genommen wird.

---

137 Daher kann man nicht, wie es oft geschieht, alle horizontalen Ausgleichseffekte allein aus dem Verteilungsziel begründen, sondern insbesondere, wenn räumliche externe Effekte beeinflusst werden sollen, sind die Maßnahmen dem Allokationsziel zuzuordnen (Boadway 1992, S. 48 ff.).

138 Zur Zukunft des Zentrale-Orte-Systems s. Zimmermann 2009a.

139 Shah 1991, S. 82; Übers. und Hervorhebung durch d. Verf. – Siehe auch Keen 1998 zu „**vertical fiscal externalities**" und Breton 2006 zum **vertikalen Wettbewerb**.

Zuweisungen haben in der Realität nicht nur **ausgleichende** und **ergänzende**, sondern auch **lenkende Funktionen** (Peffekoven 1996, S. 37). Eine Reihe von Zielen für die Gewährung solcher lenkenden Zuweisungen entspringen allein der **Sichtweise des Gebers**, in Deutschland also überwiegend der Bundesländer. Dies ist dann oft die instrumentelle Ausprägung der **„Meritorisierung“ von Gemeindeaufgaben**, die im dritten Kapitel erörtert wurde. Der Geber will nicht einen Teil „seines“ Geldes aufgeben, ohne dafür zu sorgen, dass die Verwendung dieser Mittel seinen Zwecken dient. Hier liegt die letztliche Begründung für eine Vielzahl zweckgebundener Zuweisungen (s. folgenden Abschnitt). Die Meritorisierung findet sich besonders stark in **unitarischen Staaten** wie Japan und England, aber in nennenswertem Ausmaß auch in Deutschland. Die höhere Ebene hat eben oft ein Interesse an der Erweiterung eines gemeindlichen Leistungsangebots auch dann, wenn die Gemeinde aus sich heraus (etwa ausgedrückt in den Stimmen der Gemeindebürger) diese Aufgabe nicht oder nicht in einer bestimmten Form erfüllen möchte. Wenn beispielsweise die höhere Ebene ein anderes Schulsystem wünscht als die Mehrheit der Bürger in einem Ort oder wenn sie Trimm-dich-Pfade oder Schwimmbäder als besonders wichtig ansieht, wird sie mittels Zuweisungen eine Aufgabenerfüllung zu sichern suchen, die ihren eigenen Präferenzen, also denen der „gebenden“ Ebene entspricht. Der Entscheidungsträger auf der höheren Ebene sieht dann die Präferenzskalen der Gemeindebürger für „verzerrt“ an und mischt sich insoweit in die Konsumentensouveränität ein. Während manche dieser Festlegungen auf oberer Ebene allgemein unterstützt werden, wie das Beispiel der Schulpflicht zeigte (3. Kap.), gilt dies für die zuvor genannten Beispiele wohl kaum.

Abschließend sei an dieser Stelle darauf verwiesen, dass auch aus gesamtwirtschaftlichen Zielen heraus Eingriffe „von oben“ gerechtfertigt sein können. Als Beispiel sei die Konjunkturpolitik herangezogen (s. 2. Kapitel, Teil B, und 4. Kapitel, Teil D). Wenn es eine aus fehlender Gesamtnachfrage herrührende Rezession oder gar Depression gibt und von Gemeinden eine eigenständige **Konjunkturpolitik** nicht erwartet werden kann, so kann die obere Ebene das Zuweisungsvolumen erhöhen, vielleicht **pauschalierte Investitionszuweisungen** zur Stützung der Investitionsgüternachfrage vorziehen usf. Hier handelt es sich dann aber nicht um meritorische Eingriffe der oberen Ebenen, weil die Präferenzen für das Gut „Konjunkturstabilisierung“ durchaus bei den Bürgern auch der betroffenen Gemeinden vorhanden sind.

* * *

Vor dem Hintergrund der aufgezeigten Ziele werden im Folgenden die verschiedenen Zuweisungsformen auf ihre Einsetzbarkeit hin geprüft.

B. Zuweisungsformen und ihre Wirkungen

In der Realität der Zuweisungssysteme haben sich verschiedene Zuweisungsformen herausgebildet. Sie lassen sich als Instrumente schwerpunktmäßig den zuvor erörterten Zielen zuordnen[140]. In Abbildung 5.2 sind Merkmale von Zuweisungen aufgeführt, die zur Erreichung der verschiedenen Ziele eines Zuweisungssystems eingesetzt werden können. Die Erörterung beginnt – aus gutem Grund – mit den ungebundenen Zuweisungen.

Abb. 5.2: Arten von Zuweisungen

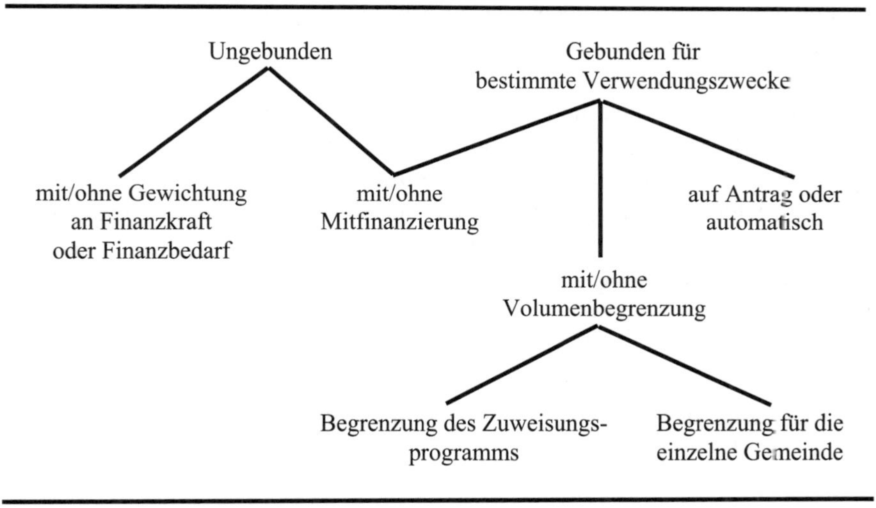

I. Ungebundene oder gebundene Zuweisungen?

Wenn die Prinzipien des Finanzföderalismus und der politische Wunsch nach fiskalischer Dezentralisierung ernstgenommen werden, sollte eine Form der Zuweisungen wo immer möglich bevorzugt werden, und dies sind die **ungebundenen Zuweisungen (general grants, non-selective grants, grants with no strings attached, lump-sum grants)**. Sie werden in Deutschland auch als **Schlüsselzuwei-**

140 Zu Formen und Wirkungen von Zuweisungen s. insbesondere Boadway/Shah 2007 und Martinez-Vazquez/Searle 2007.

sungen oder **allgemeine Finanzzuweisungen** bezeichnet.[141] Ihr Kennzeichen ist, dass sie keine der weitergehenden Auflagen mit sich bringen, wie man sie aus der finanzwissenschaftlichen Subventionslehre kennt (Zimmermann/Henke 2005, S. 452 ff.) und wie sie in ähnlicher Form für Zuweisungen grundsätzlich möglich sind (King 1984, S. 87).

Ungebundene Zuweisungen sind eigene Einnahmen nur in dem Sinne, dass sie, wie Einnahmen aus eigenen Steuern, frei verwendet werden können, so dass die **Finanzautonomie auf der Ausgabenseite** voll gesichert ist. Abbildung 5.3 gibt dies wieder. Auf den beiden Achsen sind jeweils lokal angebotene öffentliche Güter abgetragen, und zwar auf der Abszisse ein einzelnes Gut und auf der Ordinate in Vereinfachung des Sachverhalts der Rest dieser Güter. In der Ausgangslage kann von beiden A0 bzw. B0 bereitgestellt werden. Durch die ungebundene Zuweisung verschiebt sich diese „**Budgetgerade**" nach CD. Das Verhältnis der beiden Güter und damit aller Güter zueinander bleibt unverändert, und insoweit sind die Präferenzen der Gemeindebürger nicht beeinflusst worden, nur kann die Gemeinde von beiden Gütern jetzt mehr bereitstellen.

Allerdings bestehen weiterhin Unterschiede zu eigenen Steuern, aber auch zu Gebühren und Beiträgen: Zum einen fehlt der Sachverhalt, dass die Einnahmen „aus eigenen Quellen" stammen. Die **örtliche Radizierbarkeit** ist also **nicht gegeben**, und damit fehlt der Anreiz, für die Bemessungsgrundlage zu sorgen. Zum anderen und vor allem aber handelt es sich um „billiges Geld". Während Steuern und Gebühren die Gemeindebürger und –unternehmen belasten und vor diesen mit den Ausgabenvorteilen gerechtfertigt werden müssen (fiskalische Äquivalenz), fällt Zuweisungsgeld, insbesondere in dieser Form der ungebundenen Zuweisung, gewissermaßen vom Himmel. Die einzigen Kosten, die dafür aufzuwenden sind, sind die Kosten des Lobbyismus bei der Instanz, die den Transfer gewährt, also beim Land oder Bund.

Ungebundene Zuweisungen werden vor allem in Systemen des horizontalen Finanzausgleichs verwendet. Da solche Systeme hauptsächlich dazu dienen, die Einnahmen derjenigen Kommunen zu ergänzen, deren Einnahmebasis im Vergleich zum Ausgabenbedarf niedrig ist, wäre es ungerecht, ihnen diese Zuweisung unter Auflagen zu gewähren, während die Gemeinden mit einer starken Steuerbasis ihre Steuereinnahmen ohne solche Auflagen verwenden können.

---

141 An dieser Stelle wird hauptsächlich mit den in der ökonomischen Literatur verwendeten Begriffen gearbeitet, und die in der deutschen Finanzausgleichspraxis herausgebildeten Begriffe werden ergänzend erwähnt.

Abb. 5.3: Ungebundene Zuweisung

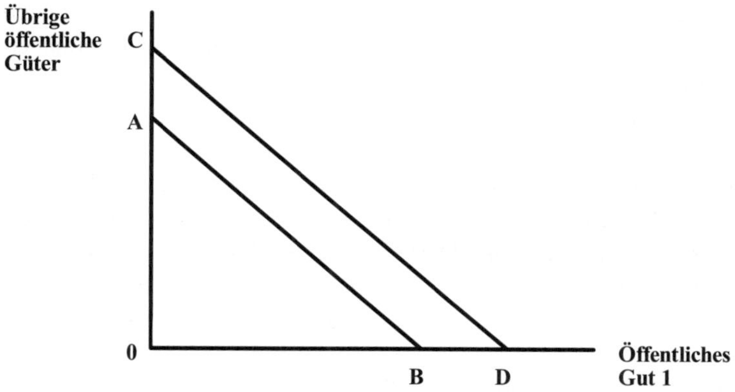

Quelle: Angepasst übernommen aus Shah 1991, S. 24.

Selbstverständlich würden die Empfänger von Zuweisungen immer ungebundene Zuweisungen bevorzugen, weil diese ihnen die Autonomie in der Verwendung der Mittel belassen. Geber hingegen, also die übergeordneten Gebietskörperschaften, bevorzugen gebundene Zuweisungen, weil sie mit den entsprechenden Auflagen ihre speziellen Ziele (s. unten) erreichen können. In Deutschland spricht man hier von **Zweckzuweisungen** oder **speziellen Finanzzuweisungen**. Die hierbei verwendbaren Auflagen (Bedingungen, conditions, strings attached) sind vielfältig, wie Abbildung 5.2 zeigte. Zunächst einmal kann vorgesehen sein, dass eine Zuweisung, wenn sie gebunden ist, nur für bestimmte Zwecke verwendet werden darf (**Zweckbindung**). Zusätzlich kann verlangt sein, dass die empfangende Gemeinde aus eigenen Mitteln eine **Mitfinanzierung** bereitstellt (**matching**). Fernerhin kann das Zuweisungsprogramm ohne oder mit **Volumenbegrenzung** arbeiten, und zwar in zweierlei Form: Entweder ist das Volumen des gesamten Zuweisungsprogramms begrenzt, oder jede Gemeinde kann nur Zuweisungen bis zu einem bestimmten Betrag erhalten. Schließlich kann eine solche Zuweisung auf Antrag oder automatisch gewährt werden.

Von diesen Auflagen ist die Kategorie **„gebunden“ (categorical; selective)** die weiteste und daher zuerst zu betrachten. Die **Zweckbindung** betrifft meistens einen Aufgabenbereich: Die Zuweisung ist beispielsweise nur für Schwimmbäder oder nur für Straßen bestimmt. Dabei kann sie breit angelegt sein und „für Straßenbau“ lauten oder auf noch größere Aufgabenbereiche bezogen sein (**block grants**), oder sie kann auf ein einzelnes Projekt begrenzt sein.

Mit Blick auf die weiter oben in allgemeiner Form genannten Gründe für Zuweisungen benutzen übergeordnete Gebietskörperschaften die Zweckbindung, um die Ausgaben in solchen Aufgabenbereichen zu vermehren, die sie als sonst „unterversorgt“ ansehen, sei es, weil sie die Gemeindepräferenzen als verzerrt erachten, sei es weil die räumlichen externen Effekte in einem Aufgabenbereich als besonders groß angesehen werden. Generell sollte die Zweckbindung auf Fälle offensichtlicher Unterversorgung beschränkt bleiben, um – soweit überhaupt Zuweisungen gewährt werden – den Anteil an ungebundenen Zuweisungen so hoch wie möglich zu halten. Dies gilt nicht allein für das aus ökonomischer Sicht eher bedenkliche Motiv der **Meritorisierung**. Dies gilt auch für das Argument der **regionalen externen Effekte**, die überall und nur zu leicht als Entschuldigung benutzt werden können, um sich auf gebundene Zuweisungen zu konzentrieren.

Eine häufige Form der Zweckbindung stellt die Vorschrift dar, die Zuweisung nur für eine Investition zu verwenden (**Investitionszuweisungen** als Spezialfall der Zweckzuweisungen). Dies reduziert die Kosten der Investition als Teil der Aufgabenerfüllung, lässt aber zugleich die **Folgekosten** außer Acht. Dadurch werden die Gemeinden „zum Beton gelockt“, und sie geben gemessen an den – oft unterschätzten – späteren Unterhaltungskosten, zuviel für diesen Aufgabenbereich aus. Hierfür sind viele gemeindliche Schwimmbäder ein Beispiel. Während in diesem Beispiel nur ein Mehr oder Weniger an Aufgabenerfüllung entscheidbar war, weil ein Schwimmbad in der Hauptsache eine Investitionsmaßnahme darstellt, gibt es einen zweiten Typ von ineffizienten Lösungen dann, wenn eine Aufgabenerfüllung mit mehr oder weniger Investitionsanteil möglich ist. Wenn beispielsweise im Aufgabenbereich „Kindergärten“ die Zuweisung lediglich die Gebäude für Kindergärten verbilligt, nicht aber die Personalkosten, so werden die Gemeinden Lösungen mit aufwendigen „Dienstgebäuden“ und mit weniger Personal und damit weniger persönlicher Zuwendung als günstiger einstufen, obwohl die Leistung für die Kinder im umgekehrten Fall vermutlich besser wäre. Aus diesen Gründen, aber auch wegen des nachgewiesenen starken Lenkungseffekts bei Investitionszuweisungen (vgl. den Überblick bei Mäding 1994, S. 115 ff.) sollte die Einschränkung auf Investitionen möglichst unterbleiben.

Eine Ausnahme können starke **Rezessionen** oder, wie 2008/2009, eine **Depression** bilden. Da **Investitionen** (oder allgemeiner: Sachausgaben) unter den Ausgabearten den **höchsten Multiplikatoreffekt** auf die Nachfrage ausüben (Zimmermann/Henke 2005, S. 357: Tab. 7.6) und die Gemeinden den größten Teil der öffentlichen Investitionen tätigen, kann es sinnvoll sein, allgemein definierte Investitionszuweisungen zu gewähren. Um den Nachfrageeffekt zu sichern, ist es dann angezeigt, die Zuweisung nur für zusätzliche Investitionen, etwa für die über den Durchschnitt der letzten Jahre hinausgehenden, zu gewähren. Andernfalls droht der **Mitnahmeeffekt**, d. h. die Gemeinde weist solche Investitionen zwecks Erhalt der Zuweisung aus, die sie ohnehin getätigt hätte.

Ökonomisch gesprochen senken alle gebundenen Zuweisungen den Preis für eine ganz bestimmte Ausgabe und **ändern** dadurch **die relativen Preise** für die geförderte gemeindliche Aufgabe auf Kosten der nicht subventionierten Aufgabenbereiche. Abbildung 5.4 bringt dies dadurch zum Ausdruck, dass eine Zuweisung für das geförderte Gut in Höhe von OE (=AC) erfolgt. Die Gewährung dieser Zuweisung führt zu keiner Parallelverschiebung der Budgetgeraden. Nimmt man an, dass die Gemeinde das Gut nicht mitfinanzieren muss, so kann sie für dieses verbilligte Gut nunmehr maximal statt OB den Betrag OD ausgeben, für das andere Gut aber weiterhin nur maximal OA verwenden. Der Betrag OE des subventionierten Gutes stellt aus der Sicht der Gemeinde ein freies Gut dar und wird daher auch zumindest in diesem Ausmaß in Anspruch genommen (Shah 1991, S. 22).

Abb. 5.4: Gebundene Zuweisung ohne Mitfinanzierung

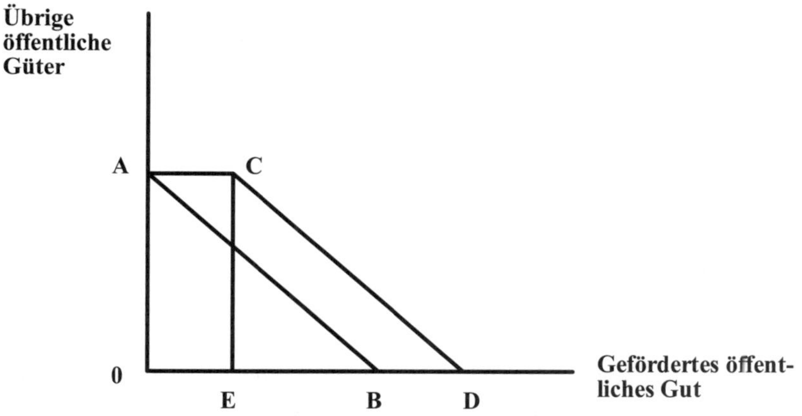

Quelle: Angepasst übernommen aus Shah 1991, S. 24.

Die Tatsache, dass durch eine gebundene Zuweisung ein Gut (und bei einer ungebundenen Zuweisung jedes gemeindlich angebotene Gut) verbilligt wird, müsste nun bei rational handelnden Bürgern (und von ihnen kontrollierten Politikern) eigentlich dazu führen, dass eine relative **Verringerung der kommunalen Steuern** erfolgt. Nach der ökonomischen Logik müsste eine Zuweisung an die Kommune zu genau dem gleichen Ergebnis wie eine Erhöhung der privaten Einkommen in einer Gemeinde um den gleichen Betrag führen: zu einer identischen Aufteilung von Mitteln für öffentliche und private Zwecke. Demnach wäre davon auszugehen, dass nur ein Teil der Zuweisungsmittel zur Erhöhung des öffentlichen Angebotes verwendet wird, während der andere Teil zur Reduktion der kommunalen Steuern der privaten Wirtschaftssubjekte verwendet wird und anschließend von diesen für private Zwecke verausgabt werden kann. In der Wirklichkeit lassen sich aber **oft Ausgabenerhöhungen als Folge** von gebundenen Zuweisungen ausmachen. Der Zuweisungsbetrag wird nicht in entsprechendem Ausmaß an die Bürger als Steuersenkung weitergegeben. Vielmehr bleibt er im gemeindlichen öffentlichen Bereich „kleben" und führt dort zu zusätzlichen öffentlichen Ausgaben. Daher spricht man auch vom **Fliegenfänger-Effekt (flypaper effect)**: „Money sticks where it hits" (Courant/Gramlich/Rubinfeld 1979). Für diesen **ausgabenstimulierenden Effekt** sind verschiedene Erklärungen angeboten worden.[142] So nehmen die Wähler den Zufluss an Zuweisungen wahrscheinlich später als die gemeindlichen Entscheidungsträger wahr (oder vielleicht gar nicht), so dass letztere ihren Handlungsspielraum ausnutzen und vermehrt – politisch beliebte – Ausgaben tätigen können. Auch umgibt die die Zuweisung gewährende Ebene die Zahlung oft mit zahlreichen speziellen Vorschriften, die sichern sollen, dass zusätzliche Ausgaben getätigt werden und nicht die Chance zur kommunalen Steuersenkung ergriffen wird. Aus Sicht des Zuweisungsgebers sollen die Mittel im Allgemeinen für den öffentlichen Sektor verwendet werden und nicht zur Erhöhung der disponiblen privaten Einkommen.

II. Zuweisungen mit oder ohne Mitfinanzierung?

Mitfinanzierung oder **Eigenbeteiligung** bedeutet, dass die empfangende Gemeinde eigene Einnahmen zusätzlich bereitstellen muss, wenn sie die Zuweisung in Anspruch nehmen will. Diese Mitfinanzierung **lenkt die Gemeinde stärker** als gebundene Zuweisungen ohne Mitfinanzierungsauflage **von ihren Präferenzen ab**. Eine gebundene Zuweisung mit Mitfinanzierungspflicht senkt nicht nur den Preis der unterstützten Aufgabe, sondern zieht auch lokale öffentliche Mittel von den anderen Verwendungen ab. Dieses Instrument wird die übergeordnete Ebene beispielsweise anwenden, wenn starke regionale externe Effekte bei nur einem öffentlichen Gut bestehen, beispielsweise beim gemeindlichen öffentlichen Personennahverkehr, soweit er über die Gemeindegrenze hinausreicht. Die Gemeinde soll wegen der überwiegenden Nutzung durch ihre eigenen Bürger selbst einen erheblichen Teil finanzieren, und nur die Kosten der externen Nutzung werden durch die Zuweisung aufgefangen.

142 Zum kurzen Überblick s. etwa Stiglitz/Schönfelder, S. 686 f.; s. auch Fisher 2007, S. 218 ff.

Abbildung 5.5 zeigt den Fall, dass eine solche gebundene Zuweisung unter der Auflage der Mitfinanzierung gewährt wird. Es verbilligt sich das auf der Abszisse abgetragene geförderte öffentliche Gut und wird dementsprechend in größerem Umfang angeboten (OC statt OB). Das Angebot der übrigen Güter (OA) bleibt gleich.[143]

Abb. 5.5: Gebundene Zuweisung mit Mitfinanzierung

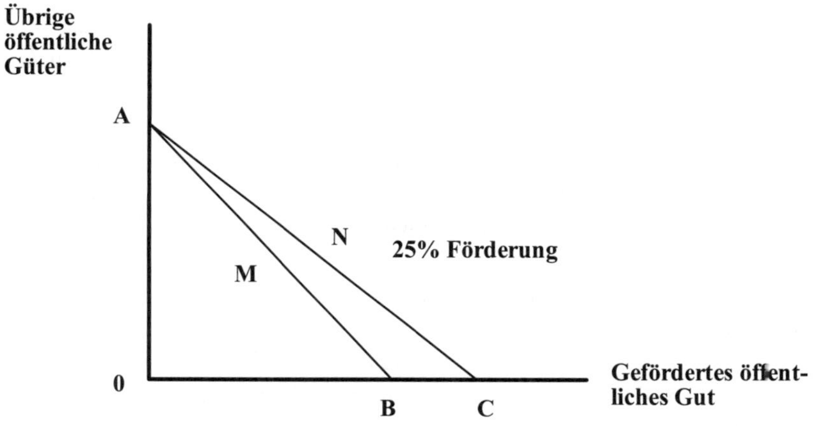

Quelle: Angepasst übernommen aus Shah 1991, S. 28.

Jede Mitfinanzierungsauflage hat im Übrigen den Nachteil, dass sie unter den Gemeinden die **finanzstärkeren Gemeinden herausfiltert**, weil diesen die Mitfinanzierung leichter fällt. Daher steht dies Auflage in spürbarem Gegensatz zum obigen distributiven Ziel des horizontalen Finanzausgleichs.

* * *

Die in den letzten Abschnitten beschriebenen gebundenen Zuweisungen sind zugleich oft das Eingangstor für zahllose **Regulierungen und Interventionen** der übergeordneten Gebietskörperschaften. Gemeinden in allen Staaten könnten von solchen Einflüssen berichten. Ein deutscher Bericht hierzu trug die Überschrift „Mit dem Pappkarton unterm Arm zum Oberbürgermeister" (Schmitz 1978) und

143 Der zuvor beschriebene „Fliegenfänger-Effekt" scheint bei diesem Vorgehen größer zu sein als bei ungebundenen Zuweisungen, so dass die Lenkungsabsicht der oberen Ebene insoweit greift (Stiglitz/Schönfelder 1989, S. 686).

enthielt u. a. den Bericht über einen Landesbediensteten, der dem Oberbürgermeister eine bestimmte Farbe für das Innere eines Gebäudes vorschreiben wollte. Mit Blick auf diese zahlreichen Ablenkungseffekte und direkten Eingriffe, die mit gebundenen Zuweisungen einhergehen, sind Bemühungen, den Anteil der gebundenen Zuweisungen zugunsten der ungebundenen zu reduzieren, zu unterstützen.

III. Begrenzung des Zuweisungsvolumens?

Verglichen mit einer Mitfinanzierungsvorschrift ist die Möglichkeit, das *Zuweisungsprogramm* in der einen oder anderen Form *dem Volumen nach* zu *begrenzen*, von geringerer Bedeutung. Die Begrenzung geschieht oft, um den Umfang des Programms zu kontrollieren. Generell haben nämlich Programme, die auf Antrag zu Zahlungen führen und keine Volumenbegrenzung kennen (in den USA „**entitlement programs**" genannt), die Tendenz, sich über die Zeit stark auszudehnen, wofür insbesondere viele **Sozialtransfers** als Beispiel gelten können.

Für Gemeinden mag eine solche Begrenzung vor allem in Zeiten fiskalischer Knappheit als nachteilig erscheinen. Langfristig können diese Regelungen aber der Einstieg in eine Politik sein, die den Anteil der Zweckzuweisungen generell senkt. Dann sollten die Gemeinden die Situation zugleich nutzen, um vorrangig für einen größeren Steueranteil zu kämpfen.

Abb. 5.6: Gebundene Zuweisung mit Mitfinanzierung und Begrenzung

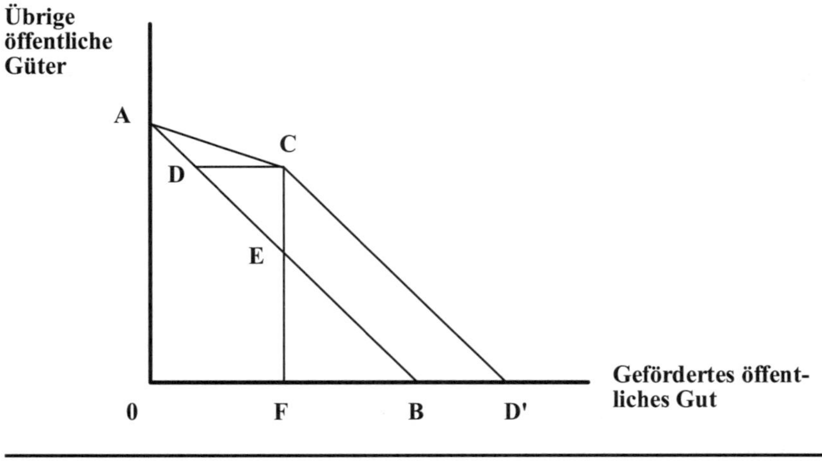

Quelle: Angepasst übernommen aus Shah 1991, S. 28.

Abgesehen von dieser Möglichkeit, das Volumen des Programms im Ganzen zu begrenzen (s. oben Abb. 5.2) kann das Programm vorsehen, dass *jede empfangende Gemeinde nur bis zu einem bestimmten Volumen* Zuweisungen erhalten kann. Auch dies begrenzt die verfügbaren Mittel für diese Gemeinde, aber aus übergeordneter Sicht wird dadurch auch der die Präferenzen in der Gemeinde **verzerrende Effekt** dieser Zuweisung **vermindert**. Abbildung 5.6 zeigt die Wirkung einer Verbindung von Mitfinanzierungsauflage und Begrenzung der für den Empfänger zur Verfügung stehenden Summe. AB ist wiederum die Budgetgerade, wenn keine Zuweisungen verfügbar sind. Wenn nun beispielsweise im kommunalen Schulbau die Zuweisung 2/3 beträgt und folglich eine Mitfinanzierung von 1/3 gefordert ist, der Schulbau aber nur bis zu einer bestimmten Höhe bezuschusst wird, so liegt die neue Budgetlinie bei ACD'; gäbe es keine Volumensbegrenzung, würde die Gerade AC über C hinaus weiterführen. Zu Beginn werden, von O ausgehend, die Kosten im Verhältnis 1/3 zu 2/3 zwischen Empfänger und Geber aufgeteilt, aber nur bis zum Niveau von OF, wo die Begrenzung erreicht wird. Ausgaben jenseits von OF werden nicht durch eine Zuweisung ergänzt, so dass die Neigung der Budgetlinie im nicht geförderten Segment CD' 1:1 beträgt und nicht 1:3 wie in dem geförderten Segment AC[144].

IV. Weitere Typen von Auflagen

In Abbildung 5.2 sind zwei weitere Typen von Auflagen aufgeführt. Die erste knüpft an den Hauptgrund für die Gewährung von Zuweisungen an: die Differenz von Finanzkraft und Finanzbedarf in einzelnen Gemeinden. Auch nach Durchführung eines systematischen horizontalen Finanzausgleichs (s. Teile C und D) können die verbleibenden Unterschiede noch als so groß angesehen werden, dass die Höhe der Zuweisung nochmals davon abhängig gemacht wird, *wie „arm" oder „reich" eine Gemeinde fiskalisch ist*. In Staaten mit geringem oder fehlendem horizontalem Finanzausgleich mag das sinnvoll sein, in Deutschland aber kaum.

Schließlich ist auf den Unterschied zwischen einer *automatischen Gewährung einer Zuweisung* (auf Basis vorliegender Indikatoren) und einer *Zuteilung auf Antrag* zu verweisen. Die Gewährung auf Antrag ist oft der Einstieg in diskriminierende Feinregelungen und sollte daher so weit möglich vermieden werden.

* * *

144 Shah 1991, S. 27. – Zu den Wirkungen der verschiedenen Formen von Auflagen siehe Huber/Runkel 2006.

Fasst man die Überlegungen dieses Teils B zusammen, so sollten **gebundene Zuweisungen** auf seltene Ausnahmefälle **beschränkt** bleiben. Die Gemeinden selbst haben keinen Einfluss auf ihren Umfang und ihre Form, so dass die übergeordneten Gebietskörperschaftsebenen sie sehr oft benutzen können, um ihre politischen und – aus Sicht der Public-Choice-Theorie – egoistischen Interessen durchzusetzen. Ihre Benutzung sollte daher besonderer Prüfung unterliegen.

Wenn der Zweck lediglich darin besteht, der Gemeindeebene insgesamt genügend Mittel zur Verfügung zu stellen, d. h. eine **fiskalische Lücke (fiscal gap)** zu vermeiden, so sollte dies an sich überhaupt nicht durch Zuweisungen, sondern durch vermehrte Einnahmen „aus eigenen Quellen" geschehen. Darüber hinaus sollte dann diejenige Einnahmeart verstärkt werden, bei der die Gemeinden immerhin unbegrenzte Autonomie bei der Verausgabung haben. Dies sind die **ungebundenen Zuweisungen**, wie sie unter den Zielen des horizontalen Finanzausgleichs ganz überwiegend vergeben werden.

V. Umlagen als Sonderform

Zuweisungen fließen „von oben nach unten". Außerdem stellen sie Transferzahlungen innerhalb des öffentlichen Sektors dar, also Zahlungen ohne Gegenleistung (s. oben A I). **Transferzahlungen** im öffentlichen Sektor können aber auch **„von unten nach oben"** fließen. Man nennt sie dann **Umlagen**. Der Begriff der „Zuweisung von unten nach oben" wäre hingegen irreführend, denn er suggeriert, dass der Geber unten bestimmt, was der Empfänger oben erhält, d. h. was ihm „zugewiesen" wird..

Umlagen hingegen werden „oben" festgesetzt und „unten" geleistet. Weiter unten werden zwei deutsche Beispiele erörtert, die Kreisumlage und die Gewerbesteuerumlage. Im Vergleich mit Zuweisungen sind sie sehr viel seltener. Auch sie üben erhebliche Effekte auf die zahlenden Gemeinden aus.[145]

Der nächste Abschnitt hingegen beschäftigt sich weiterhin mit Zuweisungen. Im Vordergrund stehen die zum Zwecke des Ausgleichs zwischen „reichen" und „armen" Gemeinden gewährten Zuweisungen. Ihr Zustandekommen geschieht in den meisten Ländern im Wege eines formalisierten horizontalen Finanzausgleichs.

145 Siehe dazu und zu einer Typologie der Umlagen Littmann 1997.

C. Struktur eines formalisierten horizontalen Finanzausgleichs

I. Vier notwendige Schritte

Abbildung 5.7 gibt eine allgemeine Beschreibung, wie die Notwendigkeit für einen horizontalen Finanzausgleich entsteht (siehe auch oben A II). Den logischen Ausgangspunkt bilden eigene Aufgaben und eigene Einnahmen, insbesondere Steuern. Wenn die Gemeinden auf dieser Basis Finanzpolitik betreiben, wird sich herausstellen, dass einige von ihnen arm und andere reich sind. Wie „reich" bzw. „arm" richtig zu interpretieren ist, war unter den Zielen eines Zuweisungssystems ausführlich erörtert worden (A II a und Abb. 5.1).

Diese Unterschiede zwischen reichen und armen Gemeinden werden in vielen Staaten als zu groß angesehen. Das ärmste Dorf und die reichste Stadt würden, wenn man sie sich selbst überließe, ihren Bürgern ein so **unterschiedliches Niveau an Leistungen** bieten, dass man in den meisten Staaten zumindest ein gewisses Maß an horizontalem Finanzausgleich als notwendig ansieht. Das ist aber nicht naturgegeben, sondern das Ergebnis einer politischen Entscheidung, die in einigen Staaten auch negativ ausfällt, d.h. dass ein solcher Ausgleich nicht oder nur in Ansätzen stattfindet.

Wenn die politische Entscheidung für einen solchen Ausgleich getroffen worden ist, gibt es notwendigerweise **vier Elemente eines solchen horizontalen Ausgleichssystems**, über die jeweils getrennte Entscheidungen zu treffen sind (Abb. 5.7, unterer Teil):

(1) das zu verteilende *Volumen*,
(2) die Berechnung des *Finanzbedarfs*,
(3) die Berechnung der *Finanzkraft* und
(4) das *Maß des Ausgleichs*.

Zu jedem dieser Elemente führt die entsprechende Entscheidung auf spezifische Schwierigkeiten. Diese stellen für die Entscheidung zum jeweiligen Element, auf die im Folgenden eingegangen wird, Rahmenbedingungen bzw. Restriktionen dar.

Abb. 5.7: Ausgaben- und Einnahmenzuordnung, Zuweisungen und Schuldaufnahme

Vertikale Zuordnung (zwischen Gebietskörperschaftsebenen):

Ausgabenverantwortung | **Besteuerungsrechte**

Als Ergebnis wird es auf der Gemeindeebene mit Sicherheit geben:

reiche Gemeinden (tendieren zum Überschuss) ⟷ arme Gemeinden (tendieren zum Defizit)

Folglich muss eine Entscheidung getroffen werden über:

Horizontalen Finanzausgleich (Kommunaler Finanzausgleich i. e. S.).
Er besteht logisch aus 4 Elementen:

1) Ermittlung des zu verteilenden Volumens (kann auch Ergebnis des Prozesses sein)

2) Berechnung des Finanzbedarfs (nicht der tatsächlichen Ausgaben)

3) Berechnung der Finanzkraft (nicht der tatsächlichen (Steuer-)Einnahmen)

4) Entscheidung über das Maß des Ausgleichs zwischen reichen und armen Gemeinden

Dann kann die Finanzpolitik in einer Gemeinde immer noch führen zu:

einem Überschuss | einem Defizit: Entscheidung über Verschuldungsgrenzen

II. Entscheidung über das zu verteilende Volumen

Das **Gesamtvolumen** an Zuweisungen, das durch ein Ausgleichssystem verteilt werden soll,[146] kann **auf zweierlei Weise** bestimmt werden:

1) Ein absoluter Betrag wird vorgegeben oder ein Anteil an einem größeren Aggregat, beispielsweise der Summe der Steuereinnahmen eines Landes, wird *vorweg politisch festgelegt* und dann mit Hilfe einer Formel verteilt.
2) Es ist aber auch möglich, die nachfolgenden drei Elemente zuerst festzulegen und dann abzuwarten, welcher Betrag als *Folge des Zusammenwirkens der drei Elemente* zu verteilen ist.

Um mit dem zweiten Verfahren zu beginnen: Es wird gelegentlich für den horizontalen Finanzausgleich zwischen Ländern verwendet, beispielsweise in der Bundesrepublik Deutschland. Bei diesem Verfahren ist der **Ausgleichsvorgang ein Nullsummenspiel**: Was die armen Regionen erhalten, wird von den reichen Regionen aufgebracht. Ein solcher **„brüderschaftlicher Ansatz" (Robin-Hood approach)** muß auf starker Solidarität gegründet sein, denn eine reiche Gemeinde kann jetzt mit dem präzisen Geldbetrag argumentieren, den es an die Gesamtheit der empfangenden Gemeinden zahlt.

Daher wird der erste Ansatz weltweit häufiger verwendet, beispielsweise auch von den deutschen Bundesländern für ihre Gemeinden. Es handelt sich dabei um einen **„vertikalen Finanzausgleich mit horizontalem Effekt"**: Die übergeordnete Gebietskörperschaft bestimmt einen Betrag (oder Anteil) ihrer eigenen Einnahmen und verteilt die Summe im Wege von Zuweisungen an die untergeordneten Gebietskörperschaften, wobei ein geordnetes Indikatorensystem benutzt werden muß, das auch in Formeln gekleidet sein kann. Dieses System lässt im Dunkeln, wo – in regionalen Kategorien – die Mittel herstammen, die die empfangenden Gebietskörperschaften erhalten. Hierbei kann es auch zu zusätzlichen horizontalen Finanzausgleichseffekten kommen, wenn beispielsweise steuerstarke Kommunen vorweg zu einer „Umlage" zur Auffüllung der Finanzausgleichsmasse herangezogen werden. Man spricht dann auch von **negativen Zuweisungen**. – Wahrscheinlich könnten nur wenige Länder mit einem offenen horizontalen System der zweiten Art leben. Sogar in Deutschland, einem Land, das durch einen starken **Hang zur Einheitlichkeit** gekennzeichnet ist, hätte nach der Wiedervereinigung 1990 der – in diesem Sinne horizontale – **Länderfinanzausgleich** in seiner reinen Form politisch wahrscheinlich nicht überleben können, denn sofort wären alle alten

146 In Deutschland wird hier auch von der Finanzausgleichsmasse gesprochen (z.B. Henneke 2008a, S. 306 f.). Der Begriff bezieht sich de facto nur auf den engen Bereich des formalisierten horizontalen Finanzausgleichs (s. Kasten 5.1).

Empfängerstaaten plötzlich Geberstaaten gewesen und lediglich die fünf neuen Bundesländer hätten aus dem System Mittel empfangen. Dazu hätte die Solidarität sehr wahrscheinlich nicht ausgereicht[147].

III. Abschätzung des Finanzbedarfs – der schwierige Teil

1. Einige Grundsätze

Die Ermittlung des Finanzbedarfs (Ausgabenbedarf) einer dezentralen Gebietskörperschaft, sei es ein Land oder eine Gemeinde, ist eindeutig der schwierigste Teil in jedem rational konstruierten System des horizontalen Finanzausgleichs. Zumindest **zwei Anforderungen** sind an einen entsprechenden Indikator zu stellen:

1) Der Indikator sollte den Tatbestand in *eindeutigen Kategorien* umschreiben.
2) Gleichzeitig sollte der Indikator *anreizkompatibel* sein. Das bedeutet hier vor allem, dass er den Entscheidungsträger nicht dazu verführen sollte, die Bemessungsgrundlage zu ändern, um mehr Zuweisungen zu erhalten.

Hingegen kann man **nicht** allgemein fordern, dass der Indikator den **Ausgabenbedarf** möglichst differenziert und damit **so genau wie möglich umschreiben** soll. Tut man dies, so kann darin ein Anreiz liegen, diese Bemessungsgrundlage zu vergrößern, beispielsweise mehr Arme in der Bevölkerung zu akzeptieren, wenn Armut Teil eines **Bedarfsindex** ist. Daher ist es besser, eine übergreifende Größe (**umbrella variable**; Wallich 1992, S. 86) zu wählen, die das Potential für eine größere Zahl von Einzelbedarfen umfasst.

Im Prinzip kann die Ermittlung des **Ausgabenbedarfs** insgesamt nämlich **auf zweierlei Weise** geschehen. Zum einen kann man versuchen, den *tatsächlichen Bedarf* nach den einzelnen Ausgabenbereichen zu berechnen. Dann treten leicht die genannten Fehlanreize auf. Eine modellhafte Berechnung für ein deutsches Bundesland, Nordrhein-Westfalen, zeigte erhebliche Unterschiede.[148] Zum anderen kann man eine *übergreifende Größe* wählen. Die hieraus abgeleitete Zuweisung wirkt dann als **Pauschaltransfer**, der, ähnlich der **Pauschalsteuer (lump-sum tax)** auf der Einnahmenseite, keine **Substitutionseffekte**, beispielsweise die genannten **Fehlanreize**, auslöst und folglich keine **Zusatzlast** aufweist.

---

147 Vgl. zum Finanzausgleich mit Bezug zu den neuen Bundesländen Zimmermann/Henke 2005, S. 220 ff.

148 Zu unterschiedlichen Ansätzen siehe schon OECD 1981.

Der **allgemeinste Indikator** für zahlreiche mögliche Ausgabenbedarfe ist die **Bevölkerung**. Der öffentliche Sektor existiert zum Nutzen der Bevölkerung, und im Prinzip sollte jeder Bürger – ungefähr, aber nicht exakt (s. unten) – denselben Zugang zu öffentlichen Leistungen haben. Zu den Leistungen, die allen Bürgern zugutekommen, gehören beispielsweise die Wahrung der öffentlichen Sicherheit und Ordnung, das örtliche Straßennetz oder die Schulen und Kindergärten. Doch schon sie führen nicht zu gleichen **Kosten je Leistungseinheit** in allen Gemeinden. So variieren etwa die Grundstückskosten für öffentliche Anlagen, aber auch die Lohnsätze und andere Kosten zwischen Dörfern und Großstädten sehr stark.

Auch kann die Zusammensetzung der Bevölkerung unterschiedlich viele **Leistungen pro Kopf** erforderlich machen, wie die höhere Zahl von Alleinerziehenden mit Kindern und von Sozialhilfefällen in Großstadtregionen im Vergleich mit ländlichen Gebieten zeigt.

Schließlich tritt ein besonders schwieriger Tatbestand hinzu: Einige Gemeinden, insbesondere größere Städte, bieten zahlreiche Leistungen an, die zum erheblichen Teil von Bewohnern anderer, insbesondere angrenzender Gemeinden genutzt werden. Diese **regionalen externen Effekte** (s. oben A II b) müssen irgendwie berücksichtigt werden. Eine unter mehreren Möglichkeiten, dies zu tun, besteht im Einbau von Indikatoren für die zentralörtliche Funktion einer Gemeinde in das Zuweisungssystem. Damit wird zwar nicht das gewünschte höhere (**„effiziente“**) **Angebot** in genau diesen Aufgabenbereichen gesichert (Kuhn 1995, S. 172). Doch wird die solchermaßen höher dotierte Gemeinde in die Lage versetzt, alle ihre Aufgaben stärker zu erfüllen, so dass zusammen mit dem Druck auch der externen Nachfrager und ihrer Gemeinden vielleicht eine einigermaßen zufriedenstellende Lösung entsteht.

Zentralörtliche Funktionen sind wohl die gewichtigste Ursache für das im dritten Kapitel erörterte Phänomen, dass weltweit die großen Städte höhere Pro-Kopf-Ausgaben aufweisen als kleinere Städte und Gemeinden. Daher liegt es nahe, den **Zentralitätsindikatoren** besonderes Gewicht zu verleihen. Sie können aber oft – so auch in Deutschland – nur Planungsunterlagen entnommen werden und spiegeln dann eher politische Absichten als faktisch erfüllte Aufgaben wider. Sie empirisch laufend in methodisch sauberer Form zu erheben, ist wiederum sehr aufwendig. Daher wird oft in Abwägung der Vor- und Nachteile die zweifelsfrei zu ermittelnde Bevölkerungszahl als Basis genommen und dann mit höherer

Ortsgröße stärker gewichtet.[149] In Deutschland wird dazu seit den zwanziger Jahren überwiegend die **Gemeindegrößenklasse** als Gewichtung benutzt; einige Bundesländer verwenden aber stattdessen oder daneben einen **Indikator für Zentralörtlichkeit** (s. unten Tab. 5.4).

Um die Bevölkerung, gewichtet nach Ortsgrößenklassen, als übergreifenden Indikator zu beurteilen, ist zunächst nach der **strategischen Anfälligkeit** dieses Indikators zu fragen. So können langfristig größere Gemeinden versuchen, kleinere Gemeinden **„einzugemeinden"** oder sich mit anderen Gemeinden zusammenzuschließen. Aber dies sind mühsame Prozesse mit erheblichen juristischen Hürden, jedenfalls in Deutschland, aber auch beispielsweise in den nördlichen States der USA. In geringfügigem Maße können Gemeinden versuchen, mehr Bürger zu bewegen, ihren **ersten Wohnsitz** in der Gemeinde zu nehmen. Deutsche Universitätsstädte beispielsweise bieten Studenten, wenn sie sich als Einwohner anmelden, gewisse Vorteile. Darüber hinaus besteht aber kein Anreiz, den Bedarfsindikator „Bevölkerung" zu beeinflussen, um mehr Zuweisungen zu erhalten.

Der zweite und wichtigere Qualitätstest dieses Indikators der Gemeindegrößenklasse richtet sich auf die Frage, inwieweit er den **tatsächlichen Bedarf** umschreibt. Zunächst einmal zeigen, wie erwähnt, Finanzstatistiken verschiedener Staaten typischerweise, dass größere Städte de facto höhere Pro-Kopf-Ausgaben aufweisen. Auch wenn tatsächliche Ausgaben nicht ohne weiteres einen entsprechenden Bedarf an dieser Aufgabenerfüllung widerspiegeln, so ist dieser Sachverhalt doch so eindeutig, dass er wohl zumindest als erstes Indiz für eine Bedarfsverteilung gewertet werden kann. Vor allem aber korrelieren **zentralörtliche Funktionen** in erheblichem Maße mit der Ortsgröße. Sondereinflüsse, beispielsweise ein hoher Anteil gemeindeexterner Schüler, kann mit Ergänzungsansätzen berücksichtigt werden.[150] Hinzu tritt die Notwendigkeit, das **regionale Wachstum** zu finanzieren. Dieses letztere Argument ist etwas genauer zu betrachten und erfordert einen Blick auf Einnahmen und auf Bedarfsabschätzung gleichzeitig.

3. Eine besondere Perspektive: Die Region als Produktionseinheit

Die Tatsache, dass man den Bürger einer großen Stadt höher gewichtet als den Bürger einer kleinen Gemeinde, scheint der Vorstellung zu widersprechen, dass

149 Zur Abwägung dieses Ortsgrößenansatzes mit dem Zentrale-Orte-Ansatz ausführlich Steinherr u.a. 1997.

150 Siehe etwa die Begründung und Vorgehensweise bei Steinherr u. a. 1997, S. 118 ff.

man alle Bürger gleich behandeln solle. Auch scheint hierdurch die **Agglomeration subventioniert** zu werden, und wenn man Agglomerationen als einen Tatbestand ansieht, der viele Nachteile wie Verkehrsstaus, Luftverschmutzung und Kriminalität mit sich bringt, würden nicht höhere, sondern niedrigere Pro-Kopf-Werte für den Ausgabenbedarf (und folglich niedrigere Zuweisungen) für Agglomerationen angemessen erscheinen.

Aber dies wäre ein unvollständiges Bild. Aus einer nationalen Perspektive ist eine Region eine Produktionseinheit (Zimmermann 2005a). Eine Region kann ein hohes oder ein niedriges Produktionspotential für privates Einkommen und öffentliche Einnahmen aufweisen. Damit eine solche regionale Einheit ihre vorhandene Produktionskapazität mehren oder zumindest erhalten kann, muss sie genügend – private und öffentliche – finanzielle Mittel und rechtliche Handlungsmöglichkeiten erhalten (oder behalten können), um ihre jeweils **spezifische Mischung produktiver Inputs** bereitzustellen.

Nun führen vertikale Finanzströme, insbesondere Bundes- und Landessteuern,[151] zu überdurchschnittlichen Abflüssen pro Kopf aus den **Regionen mit ökonomischem Wachstum**. Dies sind üblicherweise die **weit definierten Ballungsgebiete.**[152] Die Zuflüsse dorthin, beispielsweise durch Aufträge oder Sozialausgaben der übergeordneten Gebietskörperschaften, sind pro Kopf oft unterdurchschnittlich. Daher hat die übergeordnete Gebietskörperschaft eine große Verantwortung dafür, dass diese enormen **fiskalischen Nettoabflüsse** aus dem privaten Sektor im Zuweisungssystem berücksichtigt werden, wenn sie denn diese Regionen ökonomisch stark genug erhalten will, um ein hohes nationales Sozialprodukt zu erwirtschaften. Mit den relativ höheren Rückflüssen in die öffentlichen Budgets dieser Region können dann die regionalen Produktionsvoraussetzungen entsprechend gestärkt werden, um ein weiterhin hohes Wachstum im gesamtstaatlichen Interesse zu erzielen. Zu diesen Produktionsvoraussetzungen zählt im Zeichen des internationalen Wettbewerbs im Übrigen auch die Attraktivität einer Stadt für die knappen und daher gesuchten Fach- und Führungskräfte.[153]

Die so umschriebene Verantwortung ist heute, weil die übergeordneten Budgets als Anteil des Sozialprodukts so groß sind, sehr viel höher als vor vielleicht 50 Jahren, als dieser Anteil sehr viel niedriger lag. Und diese Verantwortung ist sehr

---

151 Eine gesonderte Rolle spielt hierbei die regionale Progressionswirkung vieler dieser Steuern. Sie kommt durch Progressionselemente im Steuertarif, aber auch durch höhere Einkommen als Folge höherer Lebenshaltungskosten (die in höheren Lohnforderungen vorgewälzt werden) zustande.

152 Siehe zu dieser These aber Krugmans Arbeiten (zusammenfassend Krugman 1998). Je offener die Volkswirtschaft ist, desto weniger gilt dies langfristig möglicherweise (vgl. Ades/Glaeser 1995, S. 224).

153 Zur Bedeutung der städtischen Attraktivität für diese Gruppen s. Fromhold-Eisebith 2005.

viel niedriger in anderen heutigen Staaten mit geringem Staatsanteil, beispielsweise in vielen neuerlich industrialisierten Ländern (Schwellenländern), weil dort die Agglomerationen wegen des geringen fiskalischen Nettoabflusses einen sehr viel größeren Teil ihrer gesamten Ressourcen zur regionsinternen Verwendung zurückbehalten können. Folglich ist es auch unter diesem Aspekt sinnvoll, so wie dies im kommunalen Finanzausgleich in Deutschland geschieht, größeren Städten einen höheren Pro-Kopf-Wert an Ausgabenbedarf zuzuordnen[154], wenn man der Auffassung ist, dass das Wachstum seinen Ursprung insbesondere in den Ballungsgebieten hat (s. hierzu auch Frey 2008, Teil II, 4).

Richtigerweise müssten dann allerdings nicht die einzelnen Städte in einem Ballungsgebiet nach ihrer Größenkategorie gestaffelt berücksichtigt werden, sondern es müssten Werte für den **Ballungsraum als Ganzen** ermittelt werden. Andernfalls erhält eine kleine Stadt im Ballungsgebiet einen zu niedrigen Betrag, und eine vergleichsweise größere Stadt außerhalb des Ballungsgebietes einen vielleicht vergleichsweise hohen Betrag. Leider ist für diese Finanzprobleme und **Finanzausgleichsaufgaben innerhalb eines Ballungsgebietes** nach wie vor keine überzeugende Lösung gefunden worden (s. unten C VI).

IV. Die Ermittlung der Finanzkraft

Die Kalkulation der **Finanzkraft** einer Gemeinde ist sehr viel **einfacher als** die des **Finanzbedarfs**. Im Vordergrund stehen hier die Steuern, weshalb oft auch vereinfachend von **Steuerkraft** gesprochen wird. Entgelte sind demgegenüber kein Ausdruck einer allgemeinen Finanzkraft, sondern entsprechen annähernd einem privatwirtschaftlichen Vorgang von Leistung und unmittelbarer Gegenleistung. Auch die Schuldaufnahme eignet sich nicht als Element eines Finanzkraftindikators, weil sie nur eine vorläufige Einnahmeform darstellt und später entsprechende Belastungen mit sich bringt.

Die Zahl der Steuern ist gering, was den Vorgang im Vergleich zur Ausgabenseite schon von daher vereinfacht. Es ist offensichtlich, dass die tatsächlichen Steuereinnahmen nur dann zugleich auch als Ausdruck des Steuerpotentials dienen können, wenn es keine örtliche Festlegung des Steuersatzes gibt. Dies trifft in Deutschland für den gemeindlichen Anteil an der Einkommensteuer zu,[155] der daher unverändert in den Ausgleichsvorgang einbezogen werden kann. Wenn hingegen die Steuersätze regional variiert werden können, wie im Falle der Grundsteuer

---

154 Vgl. hierzu Büttner/Holm-Hadulla 2008.

155 Der Beteiligung der deutschen Gemeinden am Umsatzsteueraufkommen ist, wie im 4. Kapitel erläutert, von anderer Art. Der Betrag geht ähnlich einer Schlüsselzuweisung in die Finanzkraft ein.

und der Gewerbesteuer, so müssen die **Steuersätze normiert** werden (sog. **Nivellierungshebesätze**), beispielsweise indem ein **Durchschnittssteuersatz** verwendet wird. Andernfalls würde strategisches Verhalten angeregt. Eine Gemeinde, die „sich selbst" höher besteuert, als dies im Durchschnitt geschieht, würde als reicher erscheinen, und eine Gemeinde, die ihr Steuerpotential durch sehr niedrige Steuersätze nicht ausnutzt, würde als arm erscheinen und – bei hohem Ausgleichsgrad – das meiste der nicht erzielten Einnahmen im Ausgleichsprozess zurückerhalten. Wenn hingegen ein Durchschnittssteuersatz angewendet wird, so geht letztlich nur die Bemessungsgrundlage in den Ausgleichsprozess ein und bestimmt – und zwar zu Recht – welche Gemeinde im interkommunalen Vergleich unter Einnahmenaspekten reich oder arm ist. Eine Gemeinde sollte also frei darin sein, welchen Hebesatz sie wählt, und dies sollte den Ausgleichsvorgang nicht beeinflussen. Wenn eine Gemeinde einen niedrigeren Steuersatz als üblich anwendet, macht dies eine Gemeinde mit Blick auf ihre gesamten – öffentlichen plus privaten – Ressourcen nicht ärmer. Es bedeutet nur, dass diese Gemeinde beschlossen hat, mehr Mittel im privaten Sektor zu belassen, und diese Entscheidung sollte respektiert werden.

Wenngleich üblicherweise der – meist gewichtete – **Durchschnittssteuersatz** eines Landes zur Normierung verwendet wird, so kann man doch auch diese Größe nochmals **relativieren**. Empirisch zeigt sich, dass insbesondere größere Städte mit besonders hoher Steuerkraft sich zugleich besonders hohe Hebesätze „erlauben" können. Zwar mögen diese zum Teil das berechtigte Äquivalent für gute Infrastruktur darstellen. Zum Teil können sie aber auch das Ergebnis besonders guter **interregionaler Überwälzungschancen** sein (Reiter/Weichenrieder 1997, S. 402). Dann könnte man daran denken, die Nivellierungshebesätze in gewissem Maße mit der Ortsgröße steigen zu lassen, was die großen reichen Städte benachteiligen würde (s. aber Scherf 2000).

In anderen Staaten kann ein zusätzliches Problem auftreten, wenn sehr **viele verschiedene Gemeindesteuern** existieren, die vielleicht von den Gemeinden frei entwickelt werden können, und wenn dann vielleicht sogar noch die Bewertung (etwa von Grund und Boden) oder das Eintreiben von Steuerrückständen unterschiedlich intensiv betrieben werden. In solchen Situationen kann es notwendig sein, das Einnahmenpotential in einer ganz anderen und methodisch schwierigeren Weise zu ermitteln. Dazu verwendet man Indikatoren, die auf der Basis genau untersuchter Einzelfälle ermittelt werden und die man anschließend auf die einzelnen Gemeinden übertragen kann. Man spricht dann auch von **„repräsentativen Steuersystemen"** (**representative tax systems**, Shah 1991, S. 91). In Deutschland sind solche Ansätze aber wegen der einheitlichen Typen von Gemeindesteuern bisher nicht erforderlich.

Übergreifend über die beiden letzten Abschnitte kann man abschließend feststellen, dass sowohl auf der Ausgaben- wie auf der Einnahmenseite nicht die tatsächlichen Werte, etwa die des Vorjahres, verwendet wurden, weil dies strategisches Verhalten induzieren würde. Bei Ausgaben würde die Gemeinde hohe Werte aufzuweisen versuchen und bei den Einnahmen niedrige Werte. In beiden Fällen werden daher statt der **Ist-Werte Norm-Werte** verwendet. Auf der Ausgabenseite dient hierzu das **„Bedarfs"-Prinzip** und auf der Einnahmenseite das **„Kraft"-Prinzip**.

V. Festlegung des Ausgleichsgrades als politische Entscheidung

Wenn die bisher besprochenen Schritte getan worden sind, wurden dadurch die Gemeinden auf einer Skala zwischen reich und arm aufgereiht. Auf den ersten Blick könnte man glauben, dass die beobachteten **Unterschiede** nun **voll ausgeglichen** werden müssten. Unter ausschließlichen Verteilungsgesichtspunkten wäre dies vielleicht angebracht, würde aber unter anderen Zielen **gewichtige Nachteile** aufweisen. Wenn es einer armen Gemeinde gelingt, sich wirtschaftlich zu entwickeln, würde sie den zusätzlichen Betrag an Gemeindesteuern völlig verlieren, denn die Zuweisung würde sich um exakt diesen Betrag verringern und folglich alle **fiskalischen Anreize** für örtliche Wirtschaftsentwicklung aus dem System **verdrängen**. Daher sollte der Ausgleichsprozess weit vor den 100 % enden. Als Anhaltspunkt kann gelten, dass bei der Versorgung mit privaten Gütern auch nicht gefordert wird, dass der einzelne Bürger annähernd 100 % des durchschnittlichen Konsumniveaus erreichen müsse. Dementsprechend sollte auch das Angebot öffentlicher Güter nicht so weit nivelliert werden, zumal diese dem Bürger nicht so wichtig erscheinen dürften wie sein privater Konsum (Homburg 1994, S. 314).

Daher muss nach der Ermittlung von Finanzbedarf und Finanzkraft die zusätzliche **politische Entscheidung** getroffen werden, bis zu welchem Grade zwischen armen und reichen Gemeinden ausgeglichen werden soll. Damit wird entschieden, wieviel vom zusätzlichen Aufkommen der Einnahmen eine dezentrale Einheit behalten darf und bis zu welchem Grad zusätzlicher Ausgabenbedarf zu zusätzlichen Zuweisungen führt. Dies ist, jedenfalls in Deutschland, ein kontroverser Gegenstand, denn der Ausgleich erfolgt oft bis 100 % und manchmal darüber (**Übernivellierung**, s. unten D IV)[156].

* * *

156 Zu den Anreizeffekten der umverteilenden Systeme siehe auch Büttner 2006.

Wenn die besprochenen vier Schritte erfolgt sind, sollten die auf diese Weise errechneten **Zuweisungen in ungebundener Form** gewährt werden. Sie sollten also nicht für bestimmte Verwendungszwecke gebunden sein, und es sollte auch keine Mitfinanzierung gefordert werden; dies wären Typen von Zuweisungen, die nur für bestimmte Aufgabenbereiche gedacht sind und nicht dem allgemeinen Ausgleich von Finanzbedarf und Finanzkraft dienen. Für diesen letzten Zweck sollten Zuweisungen wie die Einnahmen „aus eigenen Quellen" nach freier gemeindlicher Entscheidung verwendet werden können. Schließlich sind sie nur die Ergänzung dieser Einnahmen für steuerschwache Gemeinden. Es ist Geld, mit dessen Hilfe ähnliche Leistungen wie in der durchschnittlichen Gemeinde bereitgestellt werden können, und die durchschnittliche Gemeinde nutzt, wie erwähnt, ihre eigenen Einnahmen auch ohne Auflagen.

In diesem Sinne könnte man ungebundene Zuweisungen aus dem horizontalen Finanzausgleich auch unter den „eigenen" Einnahmen der einzelnen Gemeinde aufführen. Allerdings sind sie von etwas anderer Art als die Einnahmen „aus eigenen Quellen". **Zuweisungen** sind Einnahmen, die anderen Quellen als denen im Gemeindegebiet entstammen. Sie stellen also, wie erwähnt, **„billiges" Geld** dar, und das verwendet man leichter als Steuereinnahmen, die die gemeindlichen Wähler aufzubringen haben. Daher sollten Ausgleichssysteme nur eingeschaltet werden, wenn der Ausgabenbedarf der überdurchschnittlichen Gemeinden voll durch Einnahmen „aus eigenen Quellen" gedeckt werden kann und nur Unterschiede in der fiskalischen Situation ausgeglichen oder regionale externe Effekte berücksichtigt werden sollen. Andernfalls sind zuerst die gemeindlichen Steuern zu verstärken.

Wenn man die genannten vier Elemente zusammengefasst betrachtet, so muß bei der erstmaligen Gestaltung oder grundsätzlichen Reform eines kommunalen Finanzausgleichs sehr viel an Details erarbeitet werden. Diese Aufgabe stellt sich oft in Entwicklungs- oder Transformationsländern, wenn dort die politische Vorstellung entwickelt wurde, dass mehr Dezentralisierung im finanzpolitischen Bereich vorteilhaft sei. Dann ist die Erarbeitung eines Systems des horizontalen Finanzausgleichs zwischen Gemeinden eine erhebliche Aufgabe eigener Art. Wie sie in Deutschland gelöst wurde, zeigt Teil D. Zuvor aber soll kurz auf eine besondere Schwierigkeit hingewiesen werden, die sich aus dem regionalen Gefüge der Gemeinden ergibt.

VI. Zu den Schwierigkeiten eines Finanzausgleichs im Ballungsgebiet

An verschiedenen Stellen war zuvor davon gesprochen worden, dass **im Ballungsgebiet** die **Organisation der gesamten Kommunalfinanzen besonders schwierig** ist. Anders gewendet kann man sagen, dass die Aufgabe vergleichsweise einfach ist, wenn sich **Gemeinden in isolierter Lage** befinden, also jede ihr eigenes Umland hat und lediglich über ein **hierarchisches System zentraler Orte** (zum Überblick s. Blotevogel 2005) mit den anderen Gemeinden verbunden ist.

Die Schwierigkeiten zeigen sich schon bei einer möglichen **Gebietsreform**, wo die Trennung in Gemeinden innerhalb des Ballungsraums oft künstlich ist. Wollte man hingegen auf diese Untereinteilung innerhalb des Ballungsgebietes verzichten, so müsste man eine Großballung wie das gesamte Ruhrgebiet als eine „Stadt" definieren, was schon aus Gründen der Bürgernähe und einer „gelebten" fiskalischen Äquivalenz nicht sinnvoll sein kann. Daher behilft man sich mit **Regionalverbänden, Umlandverbänden, „metropolitan governments"**, usw., doch kann man wohl sagen, dass die weltweit entwickelten Muster der Organisation des öffentlichen Sektors im Ballungsgebiet nicht zu der einen anerkannten Lösung geführt haben.[157]

Die Schwierigkeiten zeigen sich in besonderem Maße in der Organisation eines **horizontalen Finanzausgleichs** in solchen Räumen. Er ist, wie im dritten Kapitel ausgeführt, nur eines unter mehreren möglichen institutionellen Arrangements, mittels deren man auf die **sehr starken regionalen externen Effekte** reagieren kann, die diese Räume aus ökonomischer Sicht kennzeichnen. Die Schwierigkeiten zeigen sich, wenn man an die Erfassung von Finanzbedarf und Finanzkraft denkt. Eine mittelgroße Stadt am Rande einer Großstadt beispielsweise hat nicht die gleichen starken **zentralörtlichen Funktionen** wie eine gleich große, aber isoliert liegende Stadt im ländlichen Raum zu erfüllen und muss u. U. weniger Leistungen pro Kopf als die Großstadt erbringen, weil diese z. T. die Bürger außerhalb mitversorgt. Hingegen hat sie ähnlich hohe **Erstellungskosten** wie die Großstadt. Auch lebt sie stark von einwohnerbezogenen Steuern, während die isoliert liegende Stadt meist auch einen erheblichen Teil ihres Steueraufkommens aus der Gewerbesteuer bezieht, usw.

Man könnte wegen dieser Schwierigkeiten daran denken, die Zuweisungen aus dem formalisierten kommunalen Finanzausgleich statt an die einzelnen Gemeinden an einen Umlandverband o. ä. zu geben, damit sie für den gesamten Ballungs-

---

157 Zu Typen von Regionalverbänden s. ARL 1998. Zur Rolle der Kreise: Schoch 1994, S. 56 ff.

raum zur Verfügung stehen. Doch würde dies der Gemeindeautonomie und dem Wirken der fiskalischen Äquivalenz strikt zuwiderlaufen.

Stattdessen beobachtet man in der Wirklichkeit ein eher stückweises Vorgehen, bei dem eventuell die eine oder andere Funktion, z.B. das kommunale Verkehrswesen oder die Abfallentsorgung, vom übergeordneten Verband wahrgenommen wird, für andere Aufgaben Kooperation praktiziert oder von oben dekretiert wird, zu wieder anderen speziellen Aufgaben das Land zufinanziert usf.

Aufs Ganze gesehen ist der Finanzausgleich – wie generell die Organisation des öffentlichen Sektors – im Ballungsgebiet jedenfalls ein Gebiet, auf dem großer Forschungsbedarf besteht.[158]

D. Der kommunale Finanzausgleich der deutschen Bundesländer

I. Der Anlass: Unterschiede zwischen deutschen Gemeinden

Mit Blick auf die Bundesrepublik Deutschland könnte man zunächst die Vorstellung haben, dass ein nennenswerter horizontaler Ausgleich zwischen den Gemeinden nicht notwendig sei, weil immer wieder eine Reform der Gemeindesteuern stattgefunden hat und folglich die Unterschiede, jedenfalls von der Steuerfinanzierung her, nicht mehr allzu groß sein sollten, wenn zweckmäßige Gemeindesteuern gefunden wurden.

Jedoch sind sowohl die Steuereinnahmen pro Kopf, auch in den gleichen Ortsgrößenklassen, sehr unterschiedlich, und das Gleiche gilt etwa für die Sozialausgaben[159]. Daher wird unter dem Aspekt, dass ein ungefähr vergleichbares Angebot lokaler öffentlicher Güter möglich sein soll, ein kommunaler Finanzausgleich als wünschenswert angesehen.

Das System dieses kommunalen Finanzausgleichs ist in Deutschland äußerst komplex.[160] Zwar sind manche Grundzüge in allen Bundesländern ähnlich, aber sie werden durch zahlreiche landesspezifische Regelungen stark überlagert. Daher kann die folgende Darstellung nur einen ersten Einblick unter Verzicht auf Einzel-

---

158 So schon Seutemann 1909. Zum Finanzausgleich siehe Gemeindefinanzbericht 1996, S. 189 ff. und Schmitz 1999.

159 Zu entsprechenden Zahlenangaben siehe Tab. 5.1 in der ersten Auflage dieses Buches

160 Die Zuweisung aus Umsatzsteuermitteln (s. oben im 4. Kapitel Tab. 4.1) wird hier nicht gesondert behandelt, weil sie kein Element des zwischen Bundesland und Gemeinden organisierten kommunalen Finanzausgleichs darstellt. Sie bildet aus finanzwissenschaftlicher Sicht den in Deutschland sonst unüblichen Fall, dass Bund und Länderebene gemeinsam eine Zuweisung an die Gemeinden geben.

regelungen bieten.[161] Der Aufbau orientiert sich an den **vier notwendigen Schritten** eines formalisierten kommunalen Finanzausgleichs (C I) und beginnt daher mit der Entscheidung über das Ausgleichsvolumen, in Deutschland auch Finanzausgleichsmasse genannt.

II. Festlegung der Finanzausgleichsmasse

In der Bundesrepublik Deutschland hat sich die Gewohnheit herausgebildet, dass vorab festgelegt wird, welchen Umfang die den Gemeinden zufließenden Schlüsselzuweisungen haben soll (**Schlüsselmasse**; **Finanzausgleichsmasse**). Dazu ist nach Art. 106 Abs. 7 GG zunächst seitens des Landes festzulegen, ein wie hoher Prozentsatz der Gemeinschaftsteuern (Einkommensteuer, Körperschaftsteuer, Umsatzsteuer; vgl. Art. 106 Abs. 3 Satz 1 GG) den Gemeinden zufließen soll. Die einzelnen Bundesländer haben oft fakultativ noch weitere Landessteuern in den landesspezifischen **„Steuerverbund"** einbezogen.

Für diese Zuordnung eines Teils des Aufkommens an Landessteuern zum kommunalen Finanzausgleich hat sich der Begriff des Steuerverbunds eingebürgert. In der Finanzwissenschaft wird er aber im Allgemeinen für solche Systeme der vertikalen Steueraufteilung verwendet, bei denen sich mehrere Gebietskörperschaftsebenen das Aufkommen einer oder mehrerer Steuern teilen (s. 4. Kap.). Im Gegensatz hierzu handelt es sich im kommunalen Finanzausgleich um ein System vom Land festgelegter Zuweisungen, das eher zufällig aus solchen – im übrigen auch vom Land festzulegenden – Anteilen am Landesaufkommen der Steuern gespeist wird. Stattdessen könnte man sich ebenso eine Finanzierung aus dem allgemeinen Landesetat nach dem Nonaffektationsprinzip vorstellen.

Die einzelnen Bundesländer beteiligen ihre Gemeinden sehr unterschiedlich an dem Steueraufkommen des Landes. Dabei ist die sog. **Verbundquote**, mit der ein Bundesland seine Gemeinden beteiligt, allein wenig aussagefähig. Vielmehr ist wichtig, welche seiner Steuern es in welchem Ausmaß in die sog. **Verbundgrundlagen** hineinnimmt, auf die dann die Verbundquote angewendet wird (zu länderspezifischen Angaben für beides s. Henneke 2008c). Im Übrigen sieht für die neuen Bundesländer der gesamte kommunale Finanzausgleich wegen der hohen Zuflüsse aus dem Westen Deutschlands derzeit noch deutlich anders aus (vgl. Gemeindefinanzbericht 2008, S. 36 ff.).

---

161 Zur Einführung in die materiellen und rechtlichen Details eignet sich Henneke 2008c, wo sich auch zahlreiche Hinweise auf Rechtsquellen finden.

Die **unbereinigten Zahlen des Steuerverbundes** sind ohnehin **nur begrenzt brauchbar**. Zum einen können die Länder in mehr oder weniger starkem Maße Aufgaben ihren Gemeinden zuordnen, oder sie können sie selbst erfüllen, was eine Entlastung der Gemeindetätigkeit bedeutet. Zum anderen gibt es schlüsselmäßige Zuweisungen, die nicht im Wege des Steuerverbunds finanziert werden. Insbesondere die erstere Kategorie, also die **Aufgabenteilung zwischen dem Land und seinen Gemeinden**, ist nicht einfach zu ermitteln. Die Ergebnisse einer Studie für die Jahre 1970 bis 1977 hatten ergeben (Scheel 1979), dass, wenn man diese Korrekturen vornimmt, sich eine deutlich geänderte Zahl für die Gesamtsumme der Leistungen ergibt, wobei die steuerschwächeren Bundesländer damals zu mindestens ebenso hohen Beiträgen kamen. Die beiden steuerstärksten Bundesländer erbrachten dann sogar die geringsten Leistungen für ihre Gemeinden, wenn man die Leistungen als Anteil des Landessteueraufkommens ausdrückt, und der höchste Anteilswert findet sich beim zweitärmsten Bundesland.

Das Bundesland kann die so entstandene Schlüssel- oder Finanzausgleichsmasse vorweg auf die Teilbereiche seiner kommunalen Ebene aufteilen, also auf die jeweilige Gesamtheit der kreisfreien Städte, Landkreise und kreisangehörigen Gemeinden sowie ggf. andere regionale Einheiten (s. oben zweites Kapitel).

III. Ermittlung des Finanzbedarfs

In Deutschland wird, wie erwähnt, bei der Ermittlung des gemeindlichen Finanzbedarfs nicht originär, sondern **derivativ** vorgegangen. Es wird also mit **übergreifenden Hilfsgrößen** gearbeitet. Am häufigsten wird die **Bevölkerung** als Ausgangspunkt für die Errechnung des Finanzbedarfs der einzelnen Gemeinde herangezogen. Die **Bevölkerungszahl** wird dann in dem Sinne **„veredelt“**, dass mit größerer Bevölkerungszahl ein höherer Pro-Kopf-Bedarf unterstellt wird (s. oben C III 3). In Tabelle 5.1 sind die Zahlen für den sog. **Hauptansatz** in % der Einwohnerzahl wiedergegeben.

Die einzelnen Bundesländer, die sich dieses Verfahrens bedienen, gehen alle von einer solchen Progression aus, wenngleich in unterschiedlichem Maße. Die stärkste weist Baden-Württemberg mit einer Steigerung von 100 auf 186 auf, die geringste findet sich zumeist in Bundesländern, in denen es keine so großen Städte gibt.

Außer dem Hauptansatz führen die meisten Bundesländer noch andere Ansätze in den Finanzausgleichsgesetzen auf (**Nebenansätze**, **Ergänzungsansätze** usf.). In Tabelle 5.2 finden sich die entsprechenden Ansätze aufgeführt.

Tab. 5.1: Staffelung des Hauptansatzes in % der Einwohnerzahl in den Finanzausgleichsgesetzen der Bundesländer 2006

Bundesland	Hauptansatzstaffel			
	von Einwohnerzahl	Hundertsatz	bis Einwohnerzahl	Hundertsatz
Mecklenburg-Vorpommern		Keine		
Rheinland-Pfalz		Keine		
Schleswig-Holstein		Keine		
Hessen	< 5 000	107	< 50 000	130
Niedersachsen	< 10 000	100	< 500 000	180
Saarland	< 5 000	104	200 000	133
Sachsen	< 1 500	100	< 40 000-55 000	162,5
Sachsen-Anhalt	< 5 000	100	25 000-60 000	118-125
Baden-Württemberg	< 3 000	100	< 600 000	186
Brandenburg	< 2 500	100	< 155 000	128
Bayern	< 5 000	108	500 000	150
			je weitere 100 000	+ 1
Nordrhein-Westfalen	< 25 000	100	634 000	157
Thüringen	< 3 000	100	< 200 000	150

Hinweis: In einigen Bundesländern gibt es dazu Modifikationen, beispielsweise Zuschläge für kreisfreie Städte. Siehe dazu die angegebene Quelle.

Quelle: Henneke 2006, S. 420.

Eine besondere Rolle spielen hierbei die **Raumordnungsansätze** bzw. **Zentrale-Orte-Ansätze**. In Rheinland-Pfalz und Schleswig-Holstein beispielsweise sind sie an die Stelle des Hauptansatzes getreten. Soweit Ortsgröße und Zentralität zusammenfallen, ist dadurch keine Änderung eingetreten. Soweit aber Orte gleicher Größe unterschiedliche Zentralität aufweisen, finden sie sich in den beiden Verfahren unterschiedlich behandelt.

Die **Landkreise** erfahren eine gesonderte Behandlung, weil sie für Gemeinden unterschiedlicher Größe, Zentralität usf. übergreifend tätig sind. Außer der erwähnten **gesonderten Schlüsselmasse** für Landkreise, die in einigen Bundesländern gebildet wird, ist auch die Bestimmung des **Finanzbedarfs** für diese kommunalen Körperschaften zu leisten. Einige Länder praktizieren auch hier eine Einwohnergewichtung, die aber mit abnehmender Gemeindegröße steigt. Damit werden gewisse Grundkosten je Gemeinde berücksichtigt, zugleich aber auch flächenabhängige Kosten berücksichtigt, die überdies auch in einigen gesonderten

Tab. 5.2: Besondere Bedarfsansätze in den Finanzausgleichsgesetzen der Bundesländer 2006

Land	Ergänzungsansätze
Rheinland-Pfalz	1. Stationierungsstreitkräfte 2. Zentrale Orte 3. Schüler 4. Fläche 5. Kurorte
Hessen	1. Stationierungsstreitkräfte 2. Bevölkerungszuwachs > 10 v.H. in den letzten 10 Jahren 3. Schüler
Saarland	1. Nicht kasernierte Stationierungsstreitkräfte 2. Kinder bei überdurchschnittlicher Geburtenrate 3. Straßen 4. Grubengemeinden für Bergschäden 5. Kurorte 6. Zentrale Orte
Sachsen	Schüleransatz
Baden-Württemberg	1. Grundwehrdienstleistende und kasernierte Streitkräfte 2. Polizeibeamte in Gemeinschaftsunterkünften 3. Studierende
Bayern	1. Nicht kasernierte Stationierungsstreitkräfte 2. Strukturschwäche 3. Soziallasten kreisfreier Städte
Nordrhein-Westfalen	1. Schüler 2. Soziallasten nach Dauer der Arbeitslosigkeit 3. Zentralität nach Zahl der sozialversicherungspflichtig Beschäftigten

Hinweis: Die nicht aufgeführten Bundesländer weisen keine derartigen Ansätze auf, differenzieren ihre Zuweisungen aber beispielsweise von vornherein nach Zentralität der empfangenden Gemeinden.

Quelle: Henneke 2006, S. 420.

Bedarfsindikatoren ihren Ausdruck finden (Henneke 2008c, S. 503 ff.). Ohnehin wird seit längerem diskutiert, inwieweit die Kosten der öffentlichen Leistungserstellung auch in dünnbesiedelten Gebieten pro Kopf steigen (Seitz 2002), etwa weil Abwasserentsorgung und Straßennetz pro Kopf mehr Ausgaben erzeugen.

Aufs Ganze gesehen ist insbesondere die Finanzbedarfsermittlung im deutschen kommunalen Finanzausgleich so komplex, dass eine weitergehende Interpretation nur mit Blick auf die Besonderheiten des jeweiligen Bundeslandes sinnvoll ist. Dies kann und soll aber an dieser Stelle nicht geleistet werden.

IV. Ermittlung der Finanzkraft und Ausmaß des Ausgleichs

Wenn alle Gemeinden den gleichen Finanzbedarf pro Kopf hätten, so wäre die Fähigkeit, diesen Ausgabenbedarf auf der Einnahmenseite decken zu können, dennoch sehr ungleich verteilt. Daher ist neben der Erfassung des Finanzbedarfs die Einnahmenseite gesondert zu berücksichtigen.

In diese Berechnung können die kommunalen Einkommensteueranteile, wie erwähnt, unverändert eingehen, weil die Gemeinden hier (noch) kein Hebesatzrecht besitzen. Dagegen können Gewerbesteuer und Grundsteuer als Steuern mit kommunalem Hebesatzrecht nur im Maße des **Nivellierungshebesatzes** eingehen (zur Begründung und Vorgehensweise s. oben C IV). Wieweit diese und andere Steuern in die **Verbundgrundlagen** eingehen, ist, wie erwähnt, wiederum Sache des einzelnen Bundeslandes.

Gelegentlich finden sich mehr oder weniger versteckt weitere Elemente der Finanzkrafterfassung an ganz anderer Stelle. So erhebt das Land Rheinland-Pfalz eine **Finanzausgleichsumlage** von den steuerstarken Gemeinden, die der Ergänzung der Finanzausgleichsmasse dient. Dadurch werden sog. **abundante Gemeinden** zu etwas verpflichtet, was man, wie erwähnt, als **negative Schlüsselzuweisungen** bezeichnen kann: Sie müssen leisten, obwohl typischerweise Gemeinden aus dem System nur erhalten. Allerdings werden insoweit Gemeinden auch für eine besonders erfolgreiche Wirtschaftspolitik bestraft.

Da Finanzkraft und Finanzbedarf gesondert gemessen werden, ist eine zusätzliche Entscheidung darüber notwendig, in welchem Ausmaß die festgestellte Differenz zwischen den beiden Größen ausgeglichen werden soll. Dabei ist zwischen dem Ausgleichsgrad in diesem formalisierten kommunalen Finanzausgleich einerseits und dem kombinierten Ausgleichseffekt unter Einrechnung auch der spezifischen Vergabemodalitäten für Zweckzuweisungen zu unterscheiden. Der Gesamteffekt – und nur er zählt unter Anreizeffekten letztlich – ist in Deutschland sehr hoch. Klagen gegen **Übernivellierung** gab es beispielsweise zu Beginn der 1980er Jahre in Nordrhein-Westfalen (mit Erfolg; VGH-NW 1985) und 1997 in Rheinland-Pfalz (ohne Erfolg; vgl. Kreisfinanzen 1997, S. 126 f.).

Wenn ein solches System einer Übernivellierung überhaupt nur nahekommt, ist dieser **Ausgleichsgrad** zweifellos **zu hoch**. Eine Stadt hat keinen Anlass mehr, ihre Steuerquellen zu pflegen (und so auch zum regionalen und gesamtwirtschaft-

Tab. 5.3: Errechnung der Schlüsselzuweisungen in einem Bundesland, hypothetisches Beispiel, €

Berechnungsschritte	Gemeinde A	Gemeinde B
Berechnung des Finanzbedarfs		
(1) Fortgeschriebene Bevölkerung im Basisjahr	638 288	135 547
(2) + Soldaten, ausländische Bedienstete, etc.	3 162	0
(3) „ergänzte" Bevölkerungszahl	641 450	135 547
(4) x Hundertsatz gemäß Ortsgrößenklasse (Hauptansatz)	x 135 %	x 121.8 %
(5) ergänzte Bevölkerungszahl	865 958	165 096
(6) + Nebenansätze, z.B. Schülerzahl	187 964	37 035
(7) „veredelte" Bevölkerungszahl	1 053 822	202 131
(8) x hypothetischer „Grundbetrag" von 393,24 € führt zu „Ausgangsmeßzahl"	414 404 963 € (649 € pro Kopf)	79 485 994 € (586 € pro Kopf)
Berechnung der Finanzkraft		
(9) „Steuerkraftmeßzahl"	223 937 612 € (349 € pro Kopf)	74 359 863 € (549 € pro Kopf)
Berechnung der Zuweisung		
(10) Vorläufiger Betrag	95 233 676 €	2 563 066 €
(11) Zusätzliche Zuweisung, um Finanzkraft und vorläufigen Bedarf auf (z.B.) 90 % des Finanzbedarfs zu bringen	53 793 179 €	-
(12) Auszuzahlende Summe	149 026 855 €	2 563 066 €
(13) Zuweisung + Steuerkraft in % des Finanzbedarfs	90 %	96.8 %
(14) Zuweisung pro Kopf	233.50 €	18.90 €
(15) Zuweisung in % der Steuerkraft	66.5 %	3.4 %

lichen Wachstum beizutragen), wenn die zusätzlich erworbene Steuerbemessungsgrundlage im Finanzausgleich wieder voll (oder nahezu voll) „verloren geht". Wenn es als wünschenswert angesehen wird, den Gemeinden Anreize zur Verbesserung ihrer fiskalischen Situation zu geben, so müsste der Ausgleichsgrad massiv unter 100 % zu liegen kommen.

V. Berechnungsweise und Ergebnis des kommunalen Finanzausgleichs

Die Technik des Ausgleichs in einem typischen Bundesland ist der Tabelle 5.5 zu entnehmen. Anhand von zwei fiktiven Beispielen, deren Elemente nach Bundesländern variieren, wird hier gezeigt, wie zunächst die tatsächliche Bevölkerung (Zeile 1) im Wege des Hauptansatzes „veredelt" wird (Endergebnis Zeile 7). In Zeile 6 kommen die Nebenansätze hinzu. Als Ausdruck für den Finanzbedarf wird daraus die **Ausgangsmesszahl** berechnet. Gesondert hiervon wird als Ausdruck für die Finanzkraft die **Steuerkraftmesszahl** ermittelt (Zeile 9). In sie gehen der Gemeindeanteil an der Einkommensteuer unverändert und die Einnahmen aus Grund- und Gewerbesteuer in normierter Form ein.

Würde man die tatsächlich ermittelten Bedarfe und die Steuerkraftmesszahl miteinander vergleichen und die Differenz auszahlen, so wäre die gesamte Summe der auszuzahlenden Zuweisungen erst als Ergebnis dieses Rechenprozesses festgelegt. Da das Land aber, wie erwähnt, vorab seine **Schlüsselmasse** festlegt, wird die Ausgangsmesszahl dadurch ermittelt, dass die Summe der sich aus den Haupt- und Nebenansätzen ergebenden Punkte mit einem **„Grundbetrag"** multipliziert wird (Zeile 8), der seinerseits unter Berücksichtigung der zur Verfügung stehenden Gesamtmasse errechnet wird. Jetzt kann aus dem Vergleich der Ausgangsmesszahl und der Steuerkraftmesszahl die **Schlüsselzuweisung** errechnet werden (vorläufiger Betrag in Zeile 10).

Bei der einzelnen Gemeinde kann die so ermittelte Schlüsselzuweisung noch einen sehr niedrigen Anteil der Ausgangsmesszahl ausmachen. Daher wird die Schlüsselzuweisung mit der Steuerkraftmesszahl addiert und dieser Gesamtbetrag als Prozentsatz der Ausgangsmesszahl ausgedrückt. Liegt diese **„Ausschüttungsquote"** unter dem vom jeweiligen Land festgelegten Satz, so werden die Beträge „aufgestockt" (Zeile 11), im Beispiel auf 90 % (**Ausgleichsstock-Gemeinden**). Daraus ergibt sich dann die auszuzahlende Summe (Zeile 12).[162]

---

162 Zur Technik insgesamt vgl. Henneke 2008a, S. 303 ff.

Abb. 5.8: Herkunft und Verwendung der Finanzströme des kommunalen Finanzausgleichs in den alten Bundesländern[1)]

Mittelherkunft	Freiheitsgrad	Verwendung
Steuerverbund *obligatorisch* • Einkommensteuer • Körperschaftsteuer • Umsatzsteuer *fakultativ* • Länderfinanzausgleich • Gewerbesteuerumlage • Grunderwerbsteuer • Vermögensteuer • andere Landessteuern 70 %	Allgemeine Zuweisungen *disponibel* 57 %	Schlüsselzuweisungen 45 % (Bedarfszuweisungen 0,6 %) Investitionspauschale u. a. Zuweisungen 12 %
Sonstige Landes- und Bundesmittel 30 %	Spezielle Zuweisungen *zweckgebunden* Investive und lfd. Zweckzuweisungen/Erstattungen 43 %	Schulen, Kultur 6 % Soziales, Gesundheit, Sport 32 % Öff. Einrichtungen, Wirt. Unternehmen 2 % Bauwesen/Straßen 2 % Sonstige 1 %

[1)] Nach den Finanzausgleichsgesetzen und der kommunalen Rechnungsstatistik 2005.

Quelle: Gemeindefinanzbericht 2008, S. 37.

Zur Technik wäre noch anzumerken, dass das Ergebnis dieses Ermittlungsprozesses, wie oben erwähnt, auch bei der Vergabe von Zweckzuweisungen verwendet werden kann. So kann bei der Gewährung einer Zweckzuweisung ein **„Abundanzkriterium“** angelegt werden. Abundant ist eine Gemeinde, wenn ihre Finanzkraft ihren Finanzbedarf übersteigt und sie deshalb u. U. keine Schlüsselzuweisungen erhält. Wenn eine Zweckzuweisung damit gewichtet wird, so strahlt der Effekt des formalisierten kommunalen Finanzausgleichs auch auf die Vergabe der Zweckzuweisungen aus.

* * *

Das Ergebnis des kommunalen Finanzausgleichs in den alten Bundesländern ist Abbildung 5.8 zu entnehmen. Dem Steuerverbund entstammen 70 % der Mittel, der Rest den Bundes- und Landeshaushalten. Die Zuweisungen teilen sich in 57 % frei verfügbare Zuweisungen (überwiegend Schlüsselzuweisungen aus dem formalisierten Finanzausgleich) und 43 % zweckgebundene Zuweisungen, was einen sehr hohen Anteil bedeutet.

Die hohen **Zweckzuweisungen** sollten Anlass sein, ihr Ausmaß deutlich zu **reduzieren** (zur grundsätzlichen Kritik s. oben B). Im Übrigen ist die typische Grundkonstruktion des formalisierten kommunalen Finanzausgleichs eines deutschen Bundeslandes durchaus zielkonform. Dies gilt allerdings nur für den Gesamtaufbau und die ersten drei der notwendigen Schritte eines solchen Systems. Der vierte Schritt, das **Maß des Ausgleichs**, ist bei weitem **überzogen**. Er muss dringend überprüft werden, denn ein hoher Ausgleichsgrad in der Nähe der (Über)Nivellierung ist dem gewünschten Mechanismus der fiskalischen Äquivalenz diametral entgegengerichtet.

Sechstes Kapitel

Der kommunale Haushalt in seiner Gesamtheit

A. Die Zusammenführung von Einnahmen und Ausgaben im kommunalen Haushalt: Funktionen und Prinzipien

I. Eine Theorie des „rationalen Haushalts"?

In den Kapiteln zu den kommunalen Ausgaben und Einnahmen hatte es jeweils theoretisch-grundsätzliche Ansätze zur Gestaltung dieser Elemente der kommunalen Haushaltswirtschaft gegeben. Manchmal konnte auf streng theoretisch abgeleitete Aussagen, etwa aus der Theorie der optimalen Besteuerung, zurückgegriffen werden. In anderen Fällen handelte es sich um leicht einsehbare Grundregeln. Auch zur Notwendigkeit einer Gemeindeebene als Ganze gibt es zahlreiche theoretisch fundierte Aussagen aus der Literatur zum „fiscal federalism".

Mit Blick auf den kommunalen Haushalt (Budget) und seine Gestaltung scheint dies anders zu sein. Schon der frühe Artikel von H. Timm zur „Theorie der Gemeindefinanzen" (1965) enthielt Abschnitte zur finanzpolitischen Autonomie, zu den adäquaten Gemeindeaufgaben, den geeigneten Gemeindeeinnahmen und der kommunalen Schuldaufnahme. Hingegen wurde eine **theoretische Betrachtung des übergreifenden Systems „Haushalt"** entweder als nicht erforderlich oder als nicht möglich angesehen.[163] Auch die finanzwissenschaftlichen Lehrbücher zur allgemeinen öffentlichen Finanzwirtschaft (ohne speziellen Gemeindebezug) enthalten in den entsprechenden Kapiteln zum öffentlichen Haushalt eher **„institutionelle" Ausführungen**. Dies könnte die Vermutung nahelegen, dass der öffentliche Haushalt im wesentlichen nur die geordnete Durchführung dessen ist, was mit Blick auf Ausgaben und Einnahmen jeweils gesondert rational diskutiert wurde.[164]

---

163 Was in der Finanztheorie als „Theorie des optimalen Budgets" erörtert wird, hat nichts mit der Gegenüberstellung von Einnahmen und Ausgaben im Budget und mit den Funktionen des Budgets zu tun, sondern befasst sich mit dem Volumen des Budgets im Verhältnis zur privaten Wirtschaftstätigkeit und folglich mit dem Staatsanteil. Vgl. zum Einstieg Zimmermann/Henke 2005, S. 55 ff.

164 Eine frühe Reflexion über die Qualität des öffentlichen Haushalts als „betriebliche Erscheinungsform" und damit als Gegenstand einer – weit gefassten – Betriebswirtschaftslehre findet sich in Eichhorn 1971/1997, S. 19. – Zur Betrachtung der gesamten öffentlichen Verwaltung siehe König 2008 und Bogumil/Jann 2008..

Am ehesten ist ein gesonderter **Bezug zur fiskalischen Äquivalenz** zu sehen. Nach den im zweiten Kapitel angestellten Überlegungen aus der Theorie des Fiskalföderalismus ist es ein wichtiges Ziel bei der Einrichtung einer Gemeindeebene, dass über bestimmte Ausgabenvorteile im Lichte der dadurch erforderlichen Einnahmennachteile entschieden wird. Dieser Gedanke wird in der **(Neuen) Politischen Ökonomie** bzw. **Public Choice-Theorie** aufgenommen, die wirtschaftliche Vorgänge unter dem Aspekt der Interessen der handelnden Akteure betrachtet und zu entsprechenden empirischen Aussagen und darauf aufbauenden politischen Handlungsempfehlungen gelangt. Einen wichtigen Ausschnitt bildet die von A. Downs entwickelte **Theorie der Stimmenmaximierung** (Downs 1957/1968). Hiernach trachten Parteien und Politiker vornehmlich danach, Regierungsgeschäfte zu übernehmen, um Einkommen, Macht und Prestige der Amtsausübung zu erlangen. Dazu müssen sie ausreichend viele Wählerstimmen gewinnen.

Ein wichtiges Instrument bildet hierfür der Einsatz der öffentlichen Finanzen. Übertragen auf die Haushaltspolitik definierte Downs die Politik der Stimmenmaximierung wie folgt: „Die Ausgaben werden solange gesteigert, bis der durch die letzte ausgegebene Geldeinheit erreichte Stimmengewinn dem Stimmenverlust gleich ist, der durch die letzte, aus den staatlichen Finanzquellen entnommene Geldeinheit verursacht wird“ (Downs 1968, S. 50).[165]

In diesem Sinne wird in Abbildung 6.1 mit den zusätzlichen Stimmengewinnen bzw. Stimmenverlusten einer weiteren über Steuern zu finanzierenden Ausgabenaktivität argumentiert.[166] Beginnt man mit den Ausgaben, so kann man davon ausgehen, dass bei einer Ausweitung des Budgetvolumens (Rechtsbewegung auf der Abszisse) jede weitere Ausgabe zwar einen positiven Grenznutzen hat, also oberhalb der Null-Linie liegt. Für sich genommen würde dies also zu Stimmengewinnen führen. Aber die Grenznutzen und damit die Stimmengewinne sinken, weil die wichtigsten Aufgaben bereits ohnedies erfüllt werden. Infolgedessen ergibt sich eine von links oben nach rechts unten verlaufende, im positiven Bereich verbleibende Kurve aa der zusätzlichen Stimmengewinne. Analog dazu kann man sagen, dass Einnahmen immer als nachteilig empfunden werden und daher für sich genommen zu Stimmenverlusten führen würden. Folglich ist auch ein geringes Einnahmenniveau bereits im negativen Bereich wiederzugeben. Mit zunehmenden Einnahmen werden die zusätzlichen Einnahmennachteile als schwerer empfunden, so dass

165 Zu darauf aufbauenden Modellen siehe als Überblick etwa Bernholz/Breyer 1984, S. 229 ff.

166 Ursprünglich entstammt die Abbildung – in anderer Interpretation – der Diskussion um das optimale Budget (Musgrave 1959, S. 114. Siehe auch Zimmermann/Henke 2005, S. 61-63, sowie zur hier vorgenommenen Interpretation S. 73).

sich insgesamt ebenfalls eine von links oben nach rechts unten verlaufende Kurve ee der zusätzlichen Stimmenverluste ergibt, die aber voll im negativen Bereich verläuft. Politiker werden nun das Budget im Laufe der Zeit nach diesem Kalkül weiter ausdehnen, bis, von links nach rechts voranschreitend, die abnehmenden zusätzlichen Stimmengewinne (Abstand der Kurve aa von der Abszisse) gerade noch so groß sind wie die gleichzeitig zunehmenden Stimmenverluste (Abstand der Kurve ee zur Abszisse). Diese Gleichheit der Abstände der beiden Kurven von der Abszisse ist im Punkt M gegeben, der also nach diesem Kalkül das Budgetvolumen angibt, von dem abzuweichen der Gemeindepolitiker keinen Grund hat.

Abb. 6.1: Stimmengewinne und Stimmenverluste bei geändertem Umfang des Gemeindehaushalts

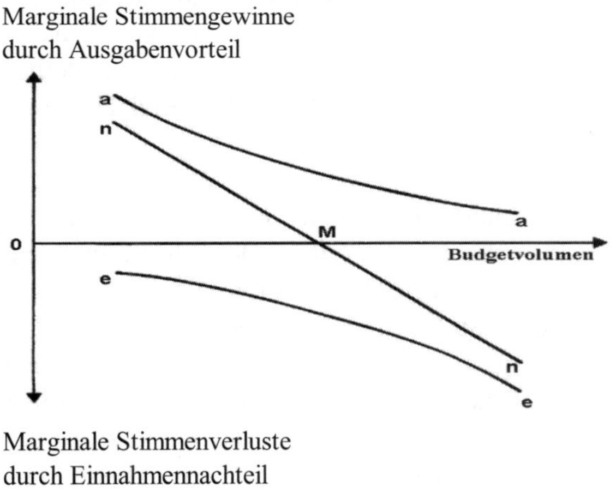

Auf der Gemeindeebene ist, soweit es dort bewegliche Steuern und eigenverantwortlich zu erfüllende Aufgaben gibt, dieses **Abwägen der Vorteile und Nachteile einer zusätzlichen Maßnahme** für den einzelnen Bürger besonders gut möglich, so dass dieses Kalkül, das die fiskalische Äquivalenz als Voraussetzung hat, hier einen besonders großen Realitätsbezug erhält.

Um die Wirksamkeit der fiskalischen Äquivalenz zu sichern, ist es erforderlich, ein Budget zu erstellen, bei dem zusätzliche Ausgaben den zusätzlichen Einnahmen im politischen Prozess gegenübergestellt werden können oder sogar müssen. Dies geschieht zwar in einem normal konstruierten modernen Haushalt fast automatisch, doch ist durch entsprechende **Haushaltsgrundsätze** immer wieder darauf hinzuwirken.

Die bisher aufgeführten, aus finanzwissenschaftlicher Sicht eher spärlichen grundsätzlichen Aussagen zum (kommunalen) **Haushalt** als Ganzem stehen in einem gewissen Widerspruch zu den immer wieder zu findenden Hinweisen auf dessen **zentrale Bedeutung**. So spricht Wildavsky davon, dass „im weitestgreifenden Sinne das Budget im Herzen des politischen Prozesses zu finden ist" (S. 5) und „vielleicht das ‚Studium des Budgets' nur ein anderer Ausdruck für das ‚Studium der Politik'" sei (Wildavsky 1984, S. 126; Übers. d. Verf.). Dementsprechend kann man auch sagen, dass der gesamte „politische Prozeß weitgehend mit den Vorgängen um den Haushaltsplan zusammenfällt" (Banner 1985, S. 424). Nicht zuletzt hatte Kurt Heinig schon 1953 betont, dass „das Budget zu Zahlen geronnenes Schicksal der Nation" sei (1953, S. 12). Dennoch scheint sich das Grundsätzliche in der finanzwissenschaftlichen Betrachtung zum Haushalt als Ganzem – sowohl national wie kommunal – nach wie vor darauf zu reduzieren, gewisse **Funktionen eines Haushaltsplans aufzuzeigen** und damit zusammenhängend **Haushaltsgrundsätze aufzustellen**.

Diesem Verfahren wird hier notgedrungen gefolgt (II). Es folgen dann in diesem Kapitel ein Teil über den kommunalen Haushalt in Deutschland und eine Betrachtung der Indikatoren, mit deren Hilfe die kommunale Finanzsituation beurteilt werden kann (Abschnitte B und C). Im anschließenden Abschnitt (D), der der kommunalen Finanzpolitik gewidmet ist, finden sich nochmals einige übergreifende Aussagen zum öffentlichen Haushalt unter dem Aspekt, wie seine Effizienz verbessert werden kann (D IV). Den Abschluss des Kapitels und damit dieses Buches bilden einige Überlegungen, wie die wünschenswerte Stärkung der kommunalen Finanzautonomie in Deutschland politisch bewirkt werden könnte (E).

II. Funktionen des kommunalen Haushalts und entsprechende Haushaltsgrundsätze

Die im folgenden erörterten Funktionen und Grundsätze des kommunalen Haushalts sind zwar in Deutschland in bestimmten Formen kodifiziert. Sie haben aber zugleich allgemeine Gültigkeit und betreffen Fragestellungen und Probleme, die notwendigerweise weltweit und auf allen föderativen Ebenen auftreten. Daher werden sie hier in grundsätzlicher Form angesprochen und dann am Beispiel der Gemeinden in Deutschland illustriert. Die übergreifende Kategorie bilden die Funktionen. Zu ihrer Erfüllung wurden die Haushaltsgrundsätze geschaffen, die nichts anderes als Prinzipien darstellen, die zur **Gestaltung des Instruments „Haushaltsplan"** formuliert wurden.[167] Sie werden hier in allgemeiner Form abgehandelt und finden sich, soweit die Gemeinden betroffen sind, an verschiedenen Stellen der **Gemeindeordnungen** bzw. **Gemeindehaushaltsverordnungen** der einzelnen Bundesländer.[168]

1. Die parlamentarische Funktion

Die Gemeinden sind in Deutschland wie in anderen demokratischen Staaten Teile eines Institutionengefüges, mit dessen Hilfe die Bürger solche Aufgaben öffentlich erfüllen (lassen), die nicht privat, also auf dem Weg über den Markt oder über private Haushalte und Nonprofit-Organisationen, geschaffen werden können. Eine Gemeinde ist also als ein Instrument oder als ein Beauftragter zu sehen, um für den Bürger bestimmte Aufgaben zu erfüllen. Der kommunale Haushalt hat dann die Aufgabe, diesen Bürgerwillen zum Ausdruck zu bringen und umzusetzen. Unmittelbar beauftragt ist in diesem Prozess die Gemeindevertretung als das „Parlament" der Kommune, also je nach der kommunalen Verfassung in Deutschland die Stadtverordnetenversammlung, der Stadtrat, der Gemeinderat usw. Sie bedient sich dann der „Exekutive", also der Stadtverwaltung, der Gemeindeverwaltung, des Magistrats usw., um den Wählerwillen zu erfüllen (vgl. 2. Kap., Kasten 2.6).[169]

Um zu gewährleisten, dass der Haushaltsplan einerseits der Gemeindevertretung in einer Weise vorgelegt wird, die eine Abschätzung der Absichten der Verwaltung erlaubt, und andererseits auch in der von der Gemeindevertretung beschlossenen Form durchgeführt wird, sind die Haushaltsgrundsätze entwickelt worden. Sie wurden vornehmlich auf der Ebene der Zentralregierung entwickelt und entstammen dort einer langen Parlamentstradition, in der immer wieder Versuche der Exekutive – früher der Herrscher, später der Regierung – zu bekämpfen waren, das **Recht des Parlaments auf detaillierte Bewilligung und Kontrolle des Haushaltsplans** zu unterlaufen.[170]

---

167 Im Folgenden werden zu den Haushaltsfunktionen und -grundsätzen häufig Strukturierungen und Formulierungen aus Zimmermann/Henke 2005, S. 86–93, verwendet, um sie dann auf die kommunale Situation zu übertragen.

168 Vgl. beispielsweise zu Hessen: HGO § 92 ff. und GemHVO § 2 ff.

169 Die Rechtsprechung als dritte „Gewalt" hat keine gemeindespezifische Ausprägung, sondern wird, soweit sei Gemeinden betrifft, durch die Gerichte auf Landes- und Bundesebene mit wahrgenommen.

170 Vgl. zu diesen historischen Bezügen Schmölders 1970a, S. 62 ff. Zur Geschichte des Budgets und seiner früheren systematischen Behandlung vgl. Heinig 1949–1951.

Einige Haushaltsgrundsätze sind speziell mit Blick auf diese parlamentarische Funktion des Haushaltsplans entwickelt worden.[171] Der vielleicht wichtigste unter ihnen ist der *Grundsatz der Öffentlichkeit* des Haushaltsplans. Er soll die Kontrolle des öffentlichen Finanzgebarens erleichtern. Dazu sollen sich alle Stadien des Haushaltskreislaufs (s. unten) im Lichte der Öffentlichkeit abspielen, nicht zuletzt um einer Verschleierung der finanzwirtschaftlichen Staatstätigkeit entgegenzuwirken. Darüber hinaus kommt dem *Haushaltsgrundsatz der Vorherigkeit* eine hervorgehobene Bedeutung zu. Ein Haushaltsplan soll vor Beginn der jeweiligen Haushaltsperiode vorgelegt und beschlossen sein. Dieses Postulat ergibt sich aus dem Plancharakter des Budgets. Gelingt das nicht, muss ein **Nothaushaltsrecht** vorgesehen werden, nach dem die Verwaltung vorgehen kann, wenn die Haushaltsfeststellung nicht rechtzeitig erfolgt. Eher selbstverständlich sind *Grundsätze* wie die *der Wahrheit und Klarheit* des Haushaltsplans oder auch *der Vollständigkeit.*

Von besonderem Gewicht ist der *Haushaltsgrundsatz der Einheit*, der vorschreibt, dass alle Einnahmen und Ausgaben in einem einzigen Haushalt veranschlagt werden sollen. Hiervon sind Ausnahmen nur mit guter Begründung zulässig, insbesondere wenn gemeindliche Unternehmen oder Betriebe etwa aus Effizienzgründen gesondert geführt werden. – Eine Besonderheit stellt in diesem Zusammenhang der *Haushaltsgrundsatz der Nonaffektation* (**Verbot der Zweckbindung**) dar, nach dem einzelne Einnahmen nicht für einzelne Ausgaben zweckgebunden sein sollen, außer wenn dies aus wichtigem Grund speziell zugelassen worden ist. Mit diesem Grundsatz soll vermieden werden, dass für den einen Ausgabentitel zu viel, für den anderen zu wenig Einnahmen vorliegen, je nach der Entwicklung der Einnahmebasis bzw. des Ausgabenbedarfs. – Ebenfalls in diesem Zusammenhang zu nennen ist der *Haushaltsgrundsatz der Vollständigkeit*, nach dem alle Ausgaben und Einnahmen und in unverkürzter Form in den Haushalt eingehen sollen. Im Gemeindebereich ist er von besonderer Bedeutung, weil nach ihm die Ausgaben und die eventuellen spezifischen Einnahmen eines Aufgabenbereichs nicht nach dem **Nettoprinzip** im Gemeindehaushalt erscheinen sollen, d.h. nur als abgeführte Überschüsse oder erforderliche Zuschüsse (Nettoposition). Vielmehr gilt das **Bruttoprinzip**, nach dem Ausgaben und spezifische Einnahmen getrennt ausgewiesen werden sollen.

Diese Haushaltsgrundsätze der Einheit, der Nonaffektation und Vollständigkeit sind für die Erfüllung der parlamentarischen Funktion des Gemeinde-

---

171 Vgl. beispielsweise zu Hessen HGO § 97–99.

haushalts deshalb so wichtig, weil ihre Durchbrechung es der Gemeindevertretung erschwert, ihre Entscheidung über die Gesamtheit der Ausgaben mit ihren dahinter stehenden Aufgaben zu treffen. Wegen der **prinzipiellen Gleichrangigkeit der gemeindlichen Aufgaben** vor dem „Souverän Wähler" muss die Gemeindevertretung quer über alle Aufgabenbereiche Prioritäten setzen können und nur zusehen, dass die Gesamtheit der Einnahmen die Gesamtsumme der Ausgaben abdeckt. Ist eine Ausgabe an eine Einnahme gebunden (**Zweckbindung**) oder gar in einem gesonderten Haushalt untergebracht, wird diese simultane Entscheidung erheblich erschwert. Allerdings steht diesem politisch wichtigen Anliegen die **stärkere allokative Effizienz einer Entgeltlösung** (mit oft gesondertem Haushalt, entsprechender Zweckbindung und Ausweis nach dem Nettoprinzip) und die bessere Überschaubarkeit von Teilhaushalten und ihren „Kosten" in Form zugeordneter Steueranteile gegenüber, so dass nach neueren Diskussionen (Hansjürgens 1999) hier eine gewisse Abwägung erforderlich erscheint.

2. Die Funktion des Haushaltsausgleichs

Die Funktion, den Haushalt in Ausgaben und Einnahmen auszugleichen, die oft auch als **finanzwirtschaftliche Funktion** bezeichnet wird (Zimmermann/Henke 2005, S. 87 f., und zu Gemeinden entsprechend Fuchs 1985, S. 400), scheint auf den ersten Blick nur eine sehr spezielle Aufgabe zu beinhalten. Es geht im wesentlichen um den *Haushaltsgrundsatz der Ausgeglichenheit.* Er soll vor allem die Bildung von **Defiziten verhindern**, die dann über Schuldaufnahme am Kapitalmarkt hätten gedeckt werden müssen.[172]

Es handelt sich hier aber zweifellos um eine Problematik, die den Haushalt als ganzen betrifft. Auf der Ausgabenseite bestehen **„Systemanreize zur Ausgabenvermehrung"** (Banner 1985, S. 424 ff.), die mit den Methoden der Neuen Politischen Ökonomie analysiert werden können:

(1) Zunächst können dies Tendenzen innerhalb der Gemeindevertretung sein, sich im *Wettstreit der Parteien* gegenseitig mit Ausgabenanforderungen zu überbieten.
(2) Nach der allgemeinen *Bürokratietheorie* hat auch die Verwaltung (Bürokratie) gesonderte Anreize, Ausgaben höher anzusetzen (und nach Möglichkeit durchzusetzen), als dies mit Blick auf die Präferenzen der Bür-

---

172 Dies führt auf die Besonderheit der Schuldaufnahme als Einnahmeart, die – auf allen föderativen Ebenen – kontrovers diskutiert wird (s. 4. Kap.).

ger und die unabdingbaren Kosten notwendig wäre (Zimmermann/Henke 2005, S. 79 ff.). Doch ist es im Gemeindebereich durchaus üblich, dass die – politisch eher neutrale – Verwaltung einen ausgeglichenen Haushalt vorlegen möchte, weil er für finanzpolitische Solidität steht, die ein Kennzeichen geordneter Haushaltsführung im nicht-politischen Sinne ist (s. 4. Kapitel, Teil D).[173]

(3) Einen zusätzlichen Einfluss übt die *Mitfinanzierung* seitens des Landes oder Bundes aus. Wenn die Einnahmen der Kommune ganz überwiegend „aus eigenen Quellen" stammten, würde die fiskalische Äquivalenz bei zusätzlichen Ausgabenanforderungen greifen und der Wähler/Steuerzahler könnte in jedem Fall Einfluss nehmen. Das System des Steuerverbunds und die zahlreichen Zuweisungen hemmen diesen Effekt jedoch auf kommunaler Ebene sehr stark.

Im Gegensatz etwa zum Bundeshaushalt ist es auf Gemeindeebene also ein Zusammenwirken mehrerer Faktoren, das zur ständigen Tendenz in Richtung auf Defizite im Haushalt führt. Zum einen ist es die allgemeine **Schuldenillusion**, zum zweiten die ebenfalls überall zu beobachtende Ausgabenkonkurrenz zwischen den Parteien (die aber wiederum mit der Schuldenillusion zusammenhängt), und auf Gemeindeebene zusätzlich der große Anteil der nicht aus eigenen Quellen stammenden Einnahmen.

Die Bedeutung der Budgetfunktion des Haushaltsausgleichs wird auf der Gemeindeebene mit ihrer großen Zahl von Budgets besonders deutlich, wenn man feststellt, dass es immer **zahlreiche Gemeinden mit Überschüssen** gab. Sicherlich steigen in Zeiten generell angespannter kommunaler Kassen zwar die Anzahl der Haushalte mit Defizit ebenso wie das Ausmaß der Defizite. Aber dennoch variieren auch dann die Defizite, auch zwischen Gemeinden mit sonst ähnlicher finanzieller Situation. Zum einen ist hier wahrscheinlich das **politische Verhalten** ein Schlüsselfaktor, und es gibt so etwas wie einen „örtlichen Stellenwert geordneter Finanzen" (Banner 1985, S. 427). Zum anderen scheint nach bisher gewonnenen Erfahrungen ein starker, **direkt gewählter Bürgermeister** besser in der Lage zu sein, ausgeglichene Haushalte durchzusetzen, als ein vom Parlament gewählter Bürgermeister. Dadurch ergaben sich jedenfalls in den 1980er Jahren deutliche Unterschiede nach Bundesländern, wobei etwa Bayern

173 Wie erwähnt (4. Kap., Teil D II 4) äußerte der Amtsleiter der Marburger Stadtkämmerei, Gerhard Frank, im Seminar „Kommunalfinanzen" in Marburg am 3.12.1998, dass es nach seiner Auffassung die generelle Präferenz „der Verwaltung" sei, ausgeglichene Haushalte vorzulegen.

und Baden-Württemberg 1983 und 1984 keine Stadt über 50.000 Einwohner aufwiesen, die einen Haushaltsfehlbedarf ausweisen musste.[174]

Wenn es aber keine unaufhaltsame Tendenz zur Defizitbildung im kommunalen Haushalt gibt und zugleich ausgeglichene Haushalte in der Regel als wünschenswert angesehen werden, sollte die kommunale Haushaltswirtschaft so aufgebaut sein, dass Defizite ex ante, also bei der Vorberatung des Haushalts, sowie im Vollzug und schließlich im nachhinein, also ex post, früh deutlich sichtbar werden.[175]

Haushaltsaufstellung (Budgetierung, „Budgeting") besteht also insbesondere darin, die politischen Anforderungen auf der Ausgabenseite so „zusammenzuzwingen", dass sie mit der Gesamtheit der vermutlich zur Verfügung stehenden Einnahmen abgedeckt werden können. Dabei ist von den genannten Kräften, die einen ausgeglichenen Haushalt für richtig halten, gegen die einzelnen Fachpolitiken in der Stadtverwaltung zu argumentieren, die aus Eigeninteresse mit Blick auf ihre spezielle Aufgabe und die dahinter stehenden „Klienten" immer zu große Ausgaben zu erhalten wünschen. Sie können sich dabei oft auf die gleiche Meinung und die Unterstützung der Fachkollegen der übergeordneten Gebietskörperschaften berufen, die, beispielsweise mit Blick auf die üblichen Normen im Straßenverkehr, im Schulbau usw., hohe Anforderungen für richtig halten (**„vertikale Versäulung"** nach Frido Wagener). – Neben der Reduzierung der Ausgabenansprüche besteht die zweite wichtige Aufgabe des Haushaltsausgleichs darin, realistische Einnahmenschätzungen durchzuführen. Am schwierigsten ist hierbei die **Steuerschätzung**. Die zweimal jährlich stattfindende gesamtwirtschaftliche Steuerschätzung durch den Arbeitskreis „Steuerschätzung" beim Bundesminister der Finanzen wird durch die Bundesländer auf deren gesamthafte Gemeindeebene heruntergebrochen (Zimmermann 2008). Dort muss sie gemeindespezifisch ergänzt werden, beispielsweise durch genauen Blick auf die Gewinnentwicklung der großen örtlichen Unternehmen, weil hiervon das Aufkommen der Gewerbesteuer abhängt. Wenn die Steuerschätzung zusammen mit der Abschätzung der zu erwartenden Zuweisungen reduzierte Einnahmen und damit eine fiskalische Krise signalisiert, so kann dies zugleich Druck in Richtung auf verminderte Ausgaben bewirken und die Einhaltung des Haushaltsausgleichs erleichtern (Stahl 1999).

---

174 Banner 1985, S. 428, basierend auf einer Statistik des Deutschen Städtetages.

175 Fuchs 1985, S. 400, spricht daher auch von einer gesonderten „Überwachungsfunktion" des öffentlichen Haushalts, die er neben die finanzwirtschaftliche Funktion stellt.

Aufs Ganze gesehen ist die Funktion des Haushaltsausgleichs auf der Gemeindeebene von eher zunehmendem Gewicht, nicht zuletzt unter den **Maastricht-Kriterien**, die auch eine Reduzierung der Möglichkeiten der kommunalen Schuldaufnahme mit sich bringen werden.[176] Doch auch die generelle Einstellung zur öffentlichen Verschuldung scheint sich – national wie international – zu ändern, und dies betrifft alle Ebenen eines föderativen Systems. Daher sollte man auf Dauer den Grundsatz der Ausgeglichenheit des Haushalts und damit die finanzwirtschaftliche Funktion noch ernster nehmen, als dies bisher schon geschehen ist.

3. Administrative Lenkungsfunktion

Die beiden bisher behandelten Funktionen des kommunalen Haushalts bezogen sich auf das Verhältnis von Bürger zur Gemeinde (parlamentarische Funktion) und auf die Gestaltung des Haushalts insgesamt (Funktion des Haushaltsausgleichs). Zugleich hat das Budget der Gemeinde aber auch eine Wirkung nach innen, denn es dient zur **Steuerung der Verwaltung durch die Gemeindevertretung**.

Die Relevanz dieser Funktion wird deutlich, wenn man den **Finanzplan eines Unternehmens** mit dem Haushaltsplan einer Gemeinde vergleicht. Im Unternehmen findet die Steuerung der unternehmerischen Aktivitäten im Wesentlichen durch die Marktsignale statt: Der Erfolg einer Maßnahme kann am Marktanteil, am Bilanzergebnis usf. abgelesen werden. Dieser Steuerungsmechanismus fehlt im kommunalen Haushalt, denn es werden auch dort überwiegend öffentliche Güter hergestellt, die nicht gegen Entgelt verkauft werden können.[177] Folglich kann man weder aus den „Absatzzahlen“, noch gar aus einem „Gewinnbeitrag“ ablesen, ob die Aktivität nach Art und Umfang richtig dimensioniert war. Auch neue Steuerungsmodelle (s. unten D IV b) können diesen Mangel nur in gewissem Maße beheben. Infolgedessen bedarf es einer gesonderten Lenkungsmöglichkeit, um die Aktivitäten der Verwaltung in die Richtung zu lenken, die die Mehrheit der Gemeindevertreter und folglich auch die Mehrheit der Wähler wünschen.

Diese Lenkung ist auch deshalb erforderlich, weil man sich die Verwaltung oder „Bürokratie“ einer Gemeinde nicht als uneigennütziges Ausführungsorgan der

---

176 Vgl. dazu die Vorschläge zur Aufteilung des Schuldenvolumens auf die föderativen Ebenen in: Wissenschaftlicher Beirat 1994.

177 Ausnahmen sind öffentliche Unternehmen oder kommunale Betriebe, die aber eine Nähe zum Privatsektor aufweisen und daher immer auch auf ihre Privatisierbarkeit geprüft werden sollten.

Gemeindevertretung vorstellen darf. Die **ökonomische Bürokratietheorie** (als Teil der Neuen Politischen Ökonomie bzw. der Public-Choice-Theorie) hat, wie erwähnt, herausgearbeitet, dass „Bürokraten“ Eigeninteressen vertreten. Manche streben nach einem möglichst hohen Budgetvolumen (**Budgetmaximierer**), weil dies viele Untergebene und hohes Prestige bedeutet. Andere werden eher **freie Budgetmittel** (ein „**Budgetresiduum**“ nach Abzug der für die vorgesehenen Aufgaben erforderlichen Kosten) anstreben, um damit ihnen selbst besonders wichtige Aufgaben bzw. Gruppen („Klienten“) zu bedienen. Der Wähler in der Gemeinde hat es dadurch mit einem doppelten **Prinzipal-Agent-Problem** zu tun. Er als Prinzipal beauftragt seinen Gemeindevertreter – als Agenten – mit der Erfüllung der öffentlichen Aufgabe, der sich dazu wiederum der Gemeindeverwaltung („Bürokratie“) – als Agenten – bedient. Beide Agenten möchten sich der Kontrolle des Wählers, also des Prinzipals, entziehen, um ihre Eigeninteressen zu verfolgen, und sie bedienen sich dazu der Informationsvorsprünge, die sie als Spezialisten auf ihrem Gebiet erworben haben.[178]

Wenn nun die Verwaltung möglichst genau das ausführen soll, was die Gemeindevertretung beschlossen hat, und wenn die meisten Maßnahmen mit zum Teil erheblichen Finanzmitteln durchgeführt werden, so liegt es nahe, den Haushaltsplan als innergemeindliches Lenkungsinstrument zu nutzen. Die einzelne Verwaltungseinheit soll dann mit Beschluss des Haushaltsplans genau wissen, für welche Zwecke wieviele Mittel in welchen Zeitabschnitten verwendet werden sollen. Durch eine solche Zuordnung der Ausgabenposten wird es möglich, die politische Verantwortlichkeit genau zu bezeichnen und den Verwaltungsprozess präziser zu steuern, als dies auf der Basis lediglich einer Grobeinteilung des Budgets möglich wäre. Dies wird zwar mit den neuen Steuerungsmodellen in Richtung auf eine globalere Verantwortlichkeit der Verwaltungseinheiten geändert (s. unten). In diesem Fall bedarf es aber innerhalb dieser Verwaltungseinheit wiederum eines genauen Steuerungsmechanismus um festzustellen, ob die Aufgaben kostengünstig und nach den Präferenzen der Bürger erfüllt worden sind.

Eine zentrale Rolle für die administrative Lenkungsfunktion des Budgets spielt der *Haushaltsgrundsatz der Spezialität*. Unter ihm werden zahlreiche Einzelvorschriften zum Umfang, zur Art sowie zur zeitlichen Dimension der Verausgabung zusammengefasst. Er umfasst dementsprechend drei Formen:

178 Zum Gesamtbereich der Beziehungen zwischen Wähler, Parlament und Bürokratie unter ökonomischen Aspekten vgl. einführend Zimmermann/Henke 2005, 3. Kapitel, Teil A; siehe weiterhin Blankart 2008, 7. Kapitel.

- *Quantitative Spezialität.* – Ausgaben dürfen **nur in dem** im Haushaltsplan **vorgegebenen Umfang** getätigt werden. Werden **Haushaltsüberschreitungen** erforderlich, d.h. werden im laufenden Haushalt zusätzliche Ausgaben bei einer vorhandenen Ausgabenposition (**„überplanmäßige Ausgaben“**) notwendig oder soll eine Ausgabenposition hinzugefügt werden (**„außerplanmäßige Ausgaben“**), so muß die Gemeindevertretung oder die Exekutive die Zustimmung geben (Hess. HGO Art. 100); in gewichtigen Fällen ist dann sogar ein **Nachtragshaushalt** im Wege einer **Nachtragssatzung** einzubringen (Hess. HGO § 98). Um der quantitativen Spezialität gerecht zu werden, bedarf es einer verfeinerten Ausgabengliederung, da andernfalls das Gebot nur auf die Gesamtsumme eines Einzelplans bezogen würde. Das aber verstieße gegen die
- *Qualitative Spezialität.* – Entsprechend dieser Forderung sollen Ausgaben **nur für den vorgesehenen Einzelzweck** (Personal, Bauvorhaben usw. einer einzelnen Dienststelle) verwendet werden. Ausnahmen müssen im Haushaltsplan ausdrücklich angegeben sein; solche Ausgaben, zwischen denen bei Bedarf ein Ausgleich erlaubt ist (**Deckungsklausel**), werden als „**einseitig oder gegenseitig deckungsfähig**“ erklärt (Hess. GemHVO § 18).
- *Temporäre Spezialität.* – Mit dem Haushalt wird gleichzeitig auch der zeitliche Ablauf der Verausgabung festgelegt. Ausgaben dürfen **nur im vorgesehenen Zeitraum** verwendet werden und binden die Ausführenden mithin an die Haushaltsperiode. Sollen unausgenutzte Mittel am Ende der Periode nicht verfallen, müssen sie ausdrücklich als in die folgende Haushaltsperiode „**übertragbar**“ gekennzeichnet werden (Hess. GemHVO § 19). Ebenso wie Ausgaben in zukünftige Perioden „übertragen“ werden können, ist als weitere Ausnahme vom Grundsatz der zeitlichen Spezialität ein „**Vorgriff**“ auf zukünftige Haushaltsmittel möglich. Unabhängig davon müssen besondere „**Verpflichtungsermächtigungen**“ vorliegen, wenn in der laufenden Haushaltsperiode Ausgabenbeträge zu Lasten zukünftiger Haushalte zugesagt werden (Hess. GemHVO § 9). Das gilt beispielsweise für Verträge über langfristige Bauvorhaben mit Aufträgen an private Baufirmen. Die Aufträge werden zwar zum jetzigen Zeitpunkt abgeschlossen. Die damit verbundenen Ausgaben belasten aber über die gegenwärtige Haushaltsperiode hinaus auch zukünftige Haushaltsperioden.

4. Wirtschafts- und sozialpolitische Funktion

Eher ergänzend kann man für das kommunale Budget eine Funktion anführen, die beispielsweise beim Budget der Zentralebene großes Gewicht hat, die wirtschafts- und sozialpolitische Funktion. Die Funktion wird erfüllt, wenn die öffentlichen Finanzen der Erreichung entsprechender Ziele dienen, also beispielsweise zur **Einkommensumverteilung**, zur **Konjunkturstabilisierung**, zur Sicherung des **Wirtschaftswachstums** und zur **Eindämmung von Umweltschäden** eingesetzt werden. Diese Fragen werden in den entsprechenden Teilen der Lehrbücher zur allgemeinen Finanzpolitik oder zur Wirtschafts- bzw. Sozialpolitik behandelt.

Mit Blick auf die Gemeinde wurde im zweiten Kapitel ausführlich über die Bedeutung dieser Ziele für die Konstruktion der Gemeindeebene und für die Durchführung der gemeindlichen Finanzwirtschaft gesprochen. Dabei stellte sich heraus, dass man von den Gemeinden keine eigenständigen Beiträge zur Konjunkturstabilisierung und nur begrenzt Beiträge zur Einkommensumverteilung erwarten kann. Auch die Eindämmung von Umweltschäden ist überwiegend auf darüberliegenden Ebenen zu bewirken. Bei der zuletzt genannten Zielsetzung ebenso wie bei der Förderung des Wirtschaftswachstums, zum Teil auch bei der Einkommensumverteilung, besteht jedoch ein nicht unerhebliches Eigeninteresse der Kommunen, zumindest einen merklichen Beitrag zur Erfüllung der genannten Ziele zu leisten. So kann das kommunale Budget durchaus in den Dienst der regionalen Wirtschaftsförderung gestellt werden, etwa wenn die entsprechende wirtschaftsnahe Infrastruktur bereitgestellt wird.

* * *

Die Gesamtheit dieser Haushaltsfunktionen und der entsprechenden Haushaltsgrundsätze ist die Basis für die Erstellung und den Vollzug jedes kommunalen Haushalts, in Deutschland wie anderswo. Wenn im folgenden Teil also der kommunale Haushalt in Deutschland untersucht wird, geschieht dies unter Rückgriff auf die Funktionen und Grundsätze.

B. Der kommunale Haushalt in Deutschland

Das kommunale Haushaltswesen in Deutschland erfährt seit einigen Jahren eine grundsätzliche Wandlung. Der Haushalt und das dahinter stehende Rechnungswesen entstammten der sog. Kameralistik bzw. dem kameralistischen Rechnungswesen, in dem im Wesentlichen nur die Ausgaben und Einnahmen des nächsten Jahres enthalten waren, nicht aber beispielsweise Änderungen im Vermögensbestand. Eine Gemeinde konnte also einen Überschuss der Einnahmen über die Ausgaben erzielen, auf diese Weise ein Defizit vermeiden, aber gleichzeitig ärmer werden, wenn sie ihren Infrastrukturbestand verkommen ließ oder ihre Pensionsverpflichtungen „vergaß“. In einem Unternehmen mit ordentlicher Buchführung (**Doppik**) kann das nicht geschehen, weil am Anfang und Ende einer Periode je eine Bilanz steht, die – möglichst genau – den alten und neuen Vermögensbestand abbildet. Man spricht daher auch vom **Vermögensvergleich** als Ziel des betrieblichen Rechnungswesen und der resultierenden Bilanz.

Diese Unzulänglichkeiten des kameralistischen Systems waren ein Grund für die Reform. Aber der tieferliegende Grund war die Unzufriedenheit der Fachwelt, aber auch der verantwortungsvollen Akteure in der Gemeinde, dass man nie wusste, wo eine Gemeinde finanziell insgesamt stand, wieviel eine Leistung, richtig gerechnet, kostete, wer also im Vergleich innerhalb der Gemeinde und zwischen Gemeinden besser wirtschaftete, nach welchen Kriterien mithin der Vorgesetzte seine Mitarbeiter oder das Parlament die Exekutive bewerten sollte usw. Kurzum, es war ein neues Denken und Handeln in den wirtschaftlichen Aspekten der Gemeinde gefordert.

Aus dem resultierenden und keineswegs abgelaufenen Reformwerk, das nicht nur Zustimmung, sondern auch Kritik erfahren hat, werden an dieser Stelle nur die Folgerungen für das Rechenwerk des Haushalts erörtert, und zwar in Gegenüberstellung des alten Systems (II) und des Systems nach Einführung der doppelten an Stelle der kameralistischen Buchführung (III). Zuvor aber sind erst das Zustandekommen und die Durchführung des Haushalts anzusprechen, die für beide Systeme ähnlich sind.

I. Haushaltskreislauf und Haushaltssatzung

Auf jeder Gebietskörperschaftsebene und in jedem demokratisch aufgebauten Staat bedarf es zur ordnungsgemäßen Haushaltsführung bestimmter, meist gesetzlich festgelegter Schritte: Das umfangreiche Zahlenwerk muss in einem Entwurf zusammengefasst werden, es muss dann die parlamentarischen Gremien passieren und rechtskräftig werden. Daran schließt sich die Durchführung des Haushalts und schließlich die demokratische Kontrolle und die Entlastung an. Grundzüge dieses Verfahrens finden sich zwar auch bei jedem ordentlich geführten privaten Verein, wo ebenfalls die Mitglieder den Vorstand beauftragen, ihn dazu im Wege eines Haushaltsverfahrens mit Mitteln ausstatten und ihn nach dem Beauftragungszeitraum entsprechend „entlasten“. Wie auch in anderen Bereichen sind also die „**Theorie der Clubs**“ und die „**Theorie der dezentralen öffentlichen Finanzwirtschaft**“ nahe verwandt. Der wesentliche Unterschied besteht aber darin, dass **Gemeindehaushalte** wie alle anderen öffentlichen Haushalte einige **hoheitliche Aufgaben erfüllen** und sich insbesondere aus **Zwangsabgaben** finanzieren.

Für einen typischen Gemeindehaushalt sieht der *Haushaltskreislauf* wie folgt aus:

(1) *Erstellung des Haushaltsplan-Entwurfs.* – In der ersten Jahreshälfte werden die einzelnen Dienststellen aufgefordert, als Unterlagen für die Erstellung des **Haushaltsplan-Entwurfs** Voranschläge abzugeben. Sie werden von der zuständigen Einheit der Verwaltung, etwa der Stadtkämmerei, geprüft und zu einem Entwurf zusammengestellt.

(2) *Parlamentarische Beratung und Verabschiedung.* – Dieser Entwurf geht der Gemeindevertretung als dem „Parlament" zu und wird öffentlich beraten. Am Ende steht der Beschluss über die **Haushaltssatzung**[179], zu der der **Haushaltsplan die Anlage** bildet. Die Haushaltssatzung selbst enthält nur wenige Elemente, insbesondere die Summe der Einnahmen und Ausgaben (getrennt nach Teilhaushalten), die gemeindlich zu entscheidenden Steuersätze, die Höhe der maximal aufzunehmenden Kredite und einzugehenden Verpflichtungsermächtigungen usw.

(3) *Genehmigung und Bekanntmachung.* – Anders als bei Bund oder Land bedarf der gemeindliche Haushalt der **Vorweg-Prüfung durch das Land**. Dabei sind aber nur für bestimmte – je nach Landesrecht unterschiedliche – Elemente Genehmigungen erforderlich, insbesondere für die **Schuldaufnahme** (s. oben 4. Kap., Teil D). Hingegen verfügt die Gemeinde über ein im Prinzip freies Entscheidungsrecht, für welche Aufgabe sie ihre Einnahmen verwendet (s. aber im 3. Kap. die Aufgaben nach der rechtlichen Pflichtigkeit). Nach Erteilung der Genehmigung muss die Satzung, wie andere Satzungen auch, öffentlich bekannt gemacht werden. Anschließend ist der Haushaltsplan mit seinen Anlagen einige Tage **öffentlich auszulegen**.

(4) *Durchführung, Kontrolle und Entlastung.* – Mit der Verabschiedung tritt der Haushalt in das Stadium der **Durchführung (Vollzug)** ein. Nach Ablauf des Haushaltsjahres wird eine **Jahresrechnung** aufgestellt und der Gemeinde-

179 Gemeinden können in Deutschland keine Gesetze erlassen, weil sie nach dem staatsrechtlichen Verständnis – im Gegensatz zur finanzwissenschaftlichen Sicht – keine vom Land unabhängige Ebene darstellen und nur Bund und Land als Staatsebenen gelten. Daher wird statt des Begriffs des Haushaltsgesetzes der der Haushaltssatzung verwendet.

vertretung vorgelegt. Diese lässt die Jahresrechnung mit Hilfe des örtlichen **Rechnungsprüfungsamtes** oder auf dem Wege der **überörtlichen Prüfung** prüfen. In der Realität sind darüber hinaus weitere Rechnungsprüfungsinstanzen tätig, weil die Kommune auch viele Bundes- und Landesaufgaben erfüllt. Ergeben sich durch die Rechnungsprüfung keine wesentlichen Beanstandungen, so erteilt das Parlament der Gemeindeverwaltung Entlastung. Die **Entlastung** ist mit dem Beschluss über die Jahresrechnung (nach neuem Recht des Jahresabschlusses) der Aufsichtsbehörde mitzuteilen und öffentlich bekanntzumachen. Damit ist die Haushaltswirtschaft des betreffenden Haushaltsjahres abgeschlossen.

Die Einzelheiten dieses Haushaltskreislaufs können zwischen den Bundesländern leicht differieren. In den grundsätzlichen Elementen sind sie aber überall gleich und ähneln sehr stark denen für Bund und Land. Auch im internationalen Vergleich wird man in einem demokratischen System immer Elemente dieses Haushaltskreislaufs wiederfinden, weil eine gründliche Erfüllung der parlamentarischen Funktion des Haushalts diese Schritte, nicht zuletzt einschließlich der Rechnungskontrolle zwecks Überprüfung der Verwaltung, als notwendig erscheinen lässt.

II. Der Aufbau des Haushaltsplans auf Basis der kameralistischen Buchführung

Etwa 13 000 Gemeinden und Kreise müssen in der Bundesrepublik Deutschland einen Haushalt aufstellen. Viele gehen inzwischen nach dem neuen Rechnungswesen und der entsprechenden Haushaltssystematik vor. Zumindest im Übergang gelten aber die alten Regelungen, auf die hier eingegangen wird. Die entsprechenden Verwaltungen können zwischen 100 und 10 000 **Haushaltsstellen** umfassen (Dill/Kanitz 1994, S. 19), so dass für diese, wenn die Gemeindehaushalte einigermaßen vergleichbar sein sollen, ein Ordnungssystem gefunden werden musste. Das Haushaltsrecht der einzelnen Bundesländer schreibt daher für deren jeweilige Gemeinden ein **einheitliches Ordnungssystem** vor, das auch zwischen den Ländern kaum differiert.

Im Vordergrund steht im System alter Art die Aufteilung des gesamten Haushaltsvolumens nach einem **Verwaltungshaushalt** und einem **Vermögenshaushalt**. Mit dieser Aufteilung unterscheiden sich die kommunalen Haushalte von der Grundstruktur des Bundeshaushalts, der eine solche Aufteilung nicht vornimmt, obwohl ihm ebenso wie den Ländern diese Möglichkeit prinzipiell offensteht (§ 9 HGrG, § 12 BHO).

Im Gegensatz zu dieser nach Gebietskörperschaftsebenen unterschiedlichen Grundstruktur des Haushalts haben alle drei Ebenen gemeinsam, dass jeder Haushalt, also der ungeteilte beim Bund ebenso wie die jeweils beiden Teilhaushalte bei Land und Kommune, zunächst nach **Aufgabenbereichen** und innerhalb jedes Aufgabenbereichs dann nach **Aufgabearten** untergliedert ist. Diese verschiedenen Gliederungsformen und die jeweiligen Unterpositionen werden nachfolgend näher erläutert.

1. Gliederung nach Aufgabenbereichen (Funktionen)

Unterhalb der Zweiteilung in Verwaltungs- und Vermögenshaushalt, auf die weiter unten noch einzugehen sein wird, erfolgt eine weitere Systematisierung, die insbesondere die Einteilung der Ausgaben betrifft. Die Problematik ist auf allen Gebietskörperschaftsebenen die gleiche, wird aber nicht überall gleich gelöst. So wird bei **Bund und Land** aus Gründen der politischen Verantwortlichkeit der Verwaltung vor dem Parlament eine Einteilung der öffentlichen Ausgaben verwendet, die die **Ausgaben nach den verantwortlichen Instanzen der Verwaltung** gliedert. Bei Bund und Land spricht man von Ressorts und dementsprechend auch vom **Ministerialprinzip** oder **Ressortprinzip**. Dementsprechend liegt eine solche Einteilung den öffentlichen Haushaltsplänen von Bund und Land als Gliederung zugrunde, und sie kann sich bei einem Regierungswechsel und einem neuen Zuschnitt der Ministerien spürbar ändern.

Wenn man sich für die **Gemeindehaushalte** auf eine solche, am jeweiligen Ressort- oder Ämterzuschnitt ausgerichtete Haushaltseinteilung einließe, ergäben sich zahllose verschieden strukturierte Gemeindehaushalte, die kaum eine Vergleichbarkeit oder eine Zusammenfassung zu aggregierten Zahlen erlaubten. Daher hatte man sich bisher für Gemeinden zum **Funktionalprinzip** entschlossen. Hiernach werden **typisierte Aufgaben** gebildet und dem **„Gliederungsplan“** des Gemeindehaushalts in Form von **„Einzelplänen“** zugrundegelegt. Dadurch wird der Zuschnitt der „Ressorts“, also der Ämter o. ä., nicht berührt, so dass dem Zuständigkeitsbereich nicht ein gleich zugeschnittener Haushaltsausschnitt entspricht, während beim Bund ein Einzelplan dem Geschäftsbereich eines Bundesministers entspricht. Nach dem neuen Haushaltsrecht ist aber neben dieser Gliederung (die lediglich statt nach Aufgabenbereichen nunmehr nach **Produktbereichen** erfolgt) eine Gliederung nach den **Verantwortungsbereichen** der jeweiligen Gemeinde möglich. Sofern ein Bundesland dies für seine Gemeinden zulässt, ist die frühere Vergleichbarkeit nicht mehr gewährleistet.

Die bisherige **Gliederung** des kommunalen Haushaltsplans nach Aufgabenbereichen war im Gliederungsplan der jeweiligen Landesvorschriften **vorgegeben**. Dort fanden sich auch die weiteren Untergliederungen in:

(1) die zehn **Einzelpläne**, wie sie im dritten Kapitel der Tabelle 3.3 zugrundeliegen,

(2) die maximal zehn **Abschnitte** je Einzelplan sowie

(3) die maximal zehn **Unterabschnitte** je Abschnitt.

Dabei musste nicht jede Kategorie in jeder Gemeinde ausgefüllt sein. Diese Gliederung galt sowohl im Verwaltungs- als auch im Vermögenshaushalt.

2. Gliederung der Ausgaben nach Arten

Innerhalb dieser Gliederung nach Aufgabenbereichen, die in gewissem Sinne den **„Output" der Gemeinde** darstellen, wird eine zweite Gliederungsart verwendet. Sie ordnet die öffentlichen Ausgaben und Einnahmen nach – eher volkswirtschaftlich relevanten – Arten, die **Inputkategorien** wiedergeben (s. 3. Kap., Abb. 3.2). Die Gliederung der Ausgaben ist, wenn auch zum Teil mit anderen Begriffen, im „**Gruppierungsplan**" der Landesvorschriften enthalten und wird zum einen als zusätzliche Feineinteilung innerhalb eines Aufgabenbereichs verwendet. Zum anderen findet sich als ergänzende Übersicht bei jedem Haushaltsplan eine „**Gruppierungsübersicht**", die diese Ausgabearten wiedergibt. Die einheitliche Definition dieser Ausgabearten quer über alle Gebietskörperschaftsebenen erlaubt es dann, diese Zahlen für den **öffentlichen Gesamthaushalt" in der Bundesrepublik Deutschland** zusammenfassend darzustellen und finanzwissenschaftlich zu interpretieren.[180]

3. Verwaltungshaushalt und Vermögenshaushalt

Nach diesen Ausgabearten und den entsprechenden Einnahmen sind die Tabellen 6.1 und 6.2 aufgebaut, die die typische Struktur eines Haushalts nach diesen Ausgabearten und Einnahmearten wiedergeben (die Einteilung der Ausgaben nach Aufgabenbereichen wurde bereits im 3. Kap. ausführlich erörtert). Das Beispiel bezieht sich auf eine Großstadt, gilt von der Struktur her aber für alle Gemeinden. Die erste Tabelle zeigt den Verwaltungshaushalt, die zweite den

180 Vgl. etwa die Wiedergabe im jeweiligen Finanzbericht des Bundesministeriums der Finanzen, beispielsweise BMF 2008 (= Finanzbericht 2009), S. 117 ff.

Vermögenshaushalt. Dabei wird insbesondere auf die Übergänge zwischen den beiden Haushalten zu achten sein, denn beide Haushalte zusammen machen „den“ Haushalt einer Gemeinde erst aus.

Den *Unterschied zwischen den beiden Teilhaushalten* kann man nicht mittels der Einzelpläne, also der Aufgabenbereiche, erläutern, denn sie kommen in beiden vor. Er wird nur mittels der „Arten“ von Ausgaben und Einnahmen deutlich und lässt sich am besten an den **Besonderheiten des Vermögenshaushalts** zeigen. In ihn gehören alle Vorgänge, die das Vermögen der Gemeinde verändern. Allerdings werden keine Vermögensbestände listenmäßig erfasst, und es entsteht **keine Vermögensrechnung**; diese stellt eine eigenständige Problemstellung dar, die hier nicht weiter verfolgt werden konnte (s. aber unten III). Es werden lediglich die **Ausgaben** für die Beschaffung von Vermögensgegenständen und die **Einnahmen**, aus denen diese Beschaffung finanziert wird, dargestellt, nebst einigen weiteren Positionen, wie den Einnahmen aus einer etwaigen Veräußerung von Vermögensgegenständen. – Alles was nicht hierzu gehört, wird als **„laufende“ Ausgabe oder Einnahme** angesehen und in den **Verwaltungshaushalt** eingestellt.

Der *Verwaltungshaushalt* (Tab. 6.1) enthält als größten *Einnahmeposten* die Steuereinnahmen und die Schlüsselzuweisungen (ungebundene Finanzzuweisungen).[181] Im zweiten Posten (Einnahmen aus Verwaltung und Betrieb) sind insbesondere Gebühren enthalten sowie einige weniger bedeutsame Posten wie die Erstattung von Ausgaben des Verwaltungshaushalts oder Zuweisungen und Zuschüsse für laufende Zwecke. Interessant ist auch die dritte Position (sonstige Finanzeinnahmen), in der die **Konzessionsabgaben** enthalten sind, die von den Stadtwerken als Entgelt für die Inanspruchnahme des Leitungsnetzes abzuführen sind (s. 4. Kap.). Der letzte Einnahmeposten des Verwaltungshaushalts stellt bereits eine der Übergangspositionen zwischen Verwaltungs- und Vermögenshaus-

181 Im Kreishaushalt ist dies die Kreisumlage. Siehe oben 4. Kap., Teil A.

Tab. 6.1: Verwaltungshaushalt[1)] der Stadt Köln, Einnahmen und Ausgaben nach Arten, € je Einwohner

Verwaltungshaushalt

Einnahmen		Ausgaben	
Steuern, allgemeine Zuweisungen	1 568,53 = 39,1%	Personalkosten	614,94 =15,3%
z.B. Realsteuern, sonstige kommunale Steuern, Schlüssel- und Bedarfszuweisungen		z.B. Besoldung, Löhne, Arbeitgeberanteile	
Einnahmen aus Verwaltung und Betrieb	613,63 =15,3%	Sächl. Verwaltungs- und Betriebsaufwand	881,73 = 22,0%
z.B. Gebühren, Erstattungen von Ausgaben des Verwaltungshaushalts, Zuweisungen u. Zuschüsse f. lfd. Zwecke		z.B. Unterhaltung, Mieten, Pachten, besondere Aufwendungen für Bedienstete, Erstattungen von Ausgaben des Verwaltungshaushalts	
Sonstige Finanzeinnahmen	480,90 =12,0%	Zuweisungen u. Zuschüsse (nicht f. Investitionen)	626,72 =15,6%
z.B. Zinsen, Konzessionsabgaben, Schuldendiensthilfen,		z.B. für lfd. Zwecke, Schuldendiensthilfen, Leistungen der Sozialhilfe	
		Sonstige Finanzausgaben	1 105,5 =27,5%
		z.B. Zinsen, Umlagen, Deckungsreserve; ohne Zuführung zum Vermögenshaushalt	
		Zuführung zum Vermögenshaushalt	63,42 =1,6%

1) Die Prozentsätze beziehen sich auf die Gesamtausgaben (3 940 800 000 €) bezogen auf die Bevölkerung Kölns Anfang 2005 (983 347 Einwohner).

Quelle: Haushaltsplan der Stadt Köln 2005, CD-ROM.

halt dar: Es gibt **Zuführungen vom Vermögenshaushalt an den Verwaltungshaushalt** (s. unten).

Auf der *Ausgabenseite* des Verwaltungshaushalts – der hier wie erwähnt nicht nach Aufgabenbereichen (s. oben 3. Kapitel), sondern nach Ausgabearten wiedergegeben ist – machen die **Personalkosten** eine der großen Positionen aus. Häufig werden gerade sie gesondert zwischen Gemeinden, beispielsweise als Pro-Kopf-Wert, analysiert. Daneben steht der tatsächliche Verwaltungs- und Betriebsaufwand, der von den Investitionen, die im Vermögenshaushalt ausgewiesen sind, getrennt zu sehen ist. Dazu gehören insbesondere die Kosten für die Unterhaltung von Gebäuden und anderer Infrastruktur, Mieten und Pachten. Die dritte Position beinhaltet Zuweisungen und Zuschüsse, sofern sie nicht für Investitionen gedacht sind. Hierunter fallen die in den letzten Jahren stark angestiegenen **Sozialausgaben**. In der vierten Position (sonstige Finanzausgaben) sind die **Zinsen für die aufgenommene Schuld** aufzuführen. Sie stellen keine Position des Vermögenshaushalts dar, obwohl dort die Kreditaufnahme dokumentiert ist. Die Zinsen sollen vielmehr aus dem laufenden Haushalt erwirtschaftet werden und sind deshalb hier aufzuführen.

Wichtig ist die Position der Zuführung zum Vermögenshaushalt, insbesondere die Netto-Zuführung zum Vermögenshaushalt, nachdem die zuvor erwähnte Zuführung vom Vermögenshaushalt abgezogen worden ist. Diese **Nettozuführung** stellt das zentrale **Bindeglied zwischen dem Verwaltungshaushalt und dem Vermögenshaushalt dar**. Die Aufgabe dieses Haushaltselements besteht darin anzuzeigen, wieviel aus den allgemeinen Finanzmitteln, also vor allem Steuern und nicht auf Investitionen zielenden Zuweisungen, und nach Deckung der laufenden Kosten, insbesondere der Personalkosten und der sächlichen Verwaltungskosten, für längerfristige Aufgaben zur Verfügung steht, also vor allem für Investitionen verwendet werden kann. Diese Nettozuführung zum Vermögenshaushalt ist daher auch einer der **Indikatoren** für die finanzielle Situation einer Gemeinde (s. unten C II). In der Beispielsstadt in Tabelle 6.1 ist dieser Betrag negativ. Das soll im Prinzip gar nicht vorkommen. Zunächst einmal sollen alle laufenden Ausgaben durch die laufenden Einnahmen gedeckt sein. Darüber hinaus sollte jede Gemeinde darauf sehen, bei ordentlicher Haushaltswirtschaft auch Investitionen aus den laufenden Mitteln finanzieren zu können, ohne dafür Kredit aufnehmen zu müssen. Wenn die Kreditaufnahme einmal verboten werden sollte (4. Kap.), so müssten eben, wenn Investitionen als wichtig angesehen werden und keine Rücklagen gebildet worden sind, entweder andere Ausgaben gesenkt oder die Steuern bzw. Entgelte erhöht werden oder mehr Zuweisungen vom Land fließen.

Tab. 6.2: Vermögenshaushalt[1] der Stadt Köln, Einnahmen und Ausgaben nach Arten, € je Einwohner

Vermögenshaushalt

Einnahmen		Ausgaben	
Zuführung vom Verwaltungshaushalt	63,42 = 1,6%	Gewährung von Darlehen	5,07 = 0,1%
Entnahme aus Rücklagen	1,02 = 0,0%	Vermögenserwerb z.B. Erwerb von Beteiligungen oder Grundstücken	72,16 = 1,8%
Zuweisungen für Investitionen z.B. Investitionshilfen für Schulen, Altenheime, Abwasserbehandlungsanlagen	142,16 = 3,5%	Baumaßnahmen	96,01 = 2,4 %
Einnahmen aus Schuldaufnahme und Umschuldung	457,41 = 9,8%	Tilgung von Krediten, Umschuldung	457,41 = 11,4%

1) Die Prozentsätze beziehen sich auf die Gesamtausgaben (3 940 800 000 €) bezogen auf die Bevölkerung Kölns Anfang 2005 (983 347 Einwohner).

Quelle: Haushaltsplan der Stadt Köln 2005, CD-ROM.

In Tabelle 6.2 ist der *Vermögenshaushalt* der Beispielsstadt wiedergegeben. Auf der *Einnahmenseite* enthält er zunächst die erwähnte Nettozuführung vom Verwaltungshaushalt, die in diesem Falle eine Nettoabführung darstellt. Des Weiteren können Entnahmen aus **Rücklagen** vorgenommen werden, wenn die mit der Rücklage beabsichtigte Investition nunmehr ansteht. Außerdem erhält die Gemeinde Zuweisungen und Zuschüsse für Investitionen, insbesondere vom Land. Die dann folgende Position ist besonders wichtig, denn sie enthält die **Schuldaufnahme** (und zusätzlich sog. **innere Darlehen**, die die Gemeinde sich selbst aus noch nicht in Anspruch zu nehmenden Rücklagen gewähren kann). Diese Schuldaufnahme ist der im vierten Kapitel erörterte umstrittene Teil der Gemeindefinanzierung. Daher ist auch die Pro-Kopf-Verschuldung einer der Indikatoren für die Finanzsituation (s. unten C II). Ein Posten „Sonstige Einnahmen" rundet wie üblich die Auflistung ab.

Auf der *Ausgabenseite* findet sich zunächst die Zuführung vom Verwaltungshaushalt, die in diesem Falle in ihrer ungewöhnlichen Höhe dazu führt, dass netto keine Zuführung zum Vermögenshaushalt erfolgt. Die Position „Zuführung an Rücklagen“ ist immer erforderlich (auch wenn keine freiwilligen Rücklagen gebildet werden), denn einige **Rücklagen** sind in manchen Bundesländern pflichtmäßig zu bilden. Auch kann die Gemeinde selbst Darlehen gewähren, was aber in der Regel keine sehr große Position ausmacht. Wenn die Gemeinde ein Grundstück erwirbt, beispielsweise um eine Straße zu bauen, so handelt es sich um **Vermögenserwerb**, der ebenfalls im Vermögenshaushalt auszuweisen ist. Eine hervorgehobene Position bilden **Baumaßnahmen**, in denen sich die Investitionstätigkeit einer Gemeinde niederschlägt. Sie sind vom sächlichen Verwaltungs- und Betriebsaufwand, der im Verwaltungshaushalt erscheint, getrennt auszuweisen, weil sie langfristigen Charakter haben und ein Indiz dafür sind, wieweit eine Gemeinde für die Zukunft vorsorgt. Die Position „Tilgung von Krediten“ (und der kleinere Posten der Rückzahlung innerer Darlehen) ist mit Blick auf die – primär der Einnahmenseite zugehörige – Problematik der gemeindlichen Schuldenpolitik von Interesse. Aus der Schuldaufnahme abzüglich Tilgung ergibt sich die **Nettokreditaufnahme** als Einnahmeart, die zugleich eine Aufstockung des gemeindlichen Schuldenstandes bedeutet. Auch diese Größe geht daher in Indikatoren zur Beurteilung des Gemeindehaushalts ein. Schließlich findet sich der wichtige Posten der Zuweisungen und Zuschüsse für Investitionen im Vermögenshaushalt (während die anderen Zuweisungen im Verwaltungshaushalt erscheinen). Das Land (und indirekt auch der Bund) beteiligen sich an Investitionsmaßnahmen der Gemeinden. Unter dem Aspekt der Wirkungen von Zuweisungen wurde diese Tätigkeit des Landes bereits im fünften Kapitel behandelt und eher kritisch eingeschätzt.

4. Der Haushaltsplan alter Art in seiner Gesamtheit

Die Darstellung einiger Elemente des Haushaltsplans war bis zu diesem Punkt von dem Ziel geleitet, an die Funktionen eines Gemeindehaushalts anzuknüpfen: der Haushaltskreislauf als Element der parlamentarischen Demokratie, der Aufbau nach Aufgabenbereichen, um die politische Diskussion und die Vergleichbarkeit zwischen Gemeinden zu gewährleisten, und die Gliederung nach Arten, um die Analyse unter wirtschaftspolitischen Zielen zu ermöglichen und um die ökonomischen Besonderheiten von Verwaltungs- und Vermögenshaushalt aufzuzeigen.

Die Gliederung des Haushalts nach Vermögens- und Verwaltungshaushalt, Einzelplänen sowie zahlreiche zusätzlich zu liefernde Übersichten waren bundesweit praktisch einheitlich vorgeschrieben. So war es möglich, sie zu den gesamten Positionen „des Gemeindehaushalts" zusammenfassen. Da auch die Bundes- und Landesfinanzen ähnlich aufbereitet werden, erlaubte dies gesamtwirtschaftlich wichtige Aussagen über das Ausmaß der Investitionstätigkeit, die Zunahme der Personalausgaben, getrennt nach den Gebietskörperschaftsebenen, oder die Entwicklung der Entgeltabgaben, um nur einige Beispiele zu nennen. Finanzwissenschaftliche Analysen konnten sich daher besonders gut dieser aggregierten Größen bedienen. Wieweit diese Einheitlichkeit auch unter dem neuen Regime möglich sein wird, bleibt abzuwarten.

Die *Haushalte der Landkreise* waren (und sind z. T. noch) ebenso aufgebaut wie die Gemeindehaushalte, nur ist das Gewicht der Einzelpositionen wegen anderer Zusammensetzung der Aufgabenbereiche und der Einnahmearten, wie in Kapiteln drei bis fünf erläutert, deutlich anders. Auch die Elemente des Gesamtplans, wie sie zuvor für die Kommune generell dargestellt worden waren, finden sich als Ergänzung des in Einzelpläne aufgeteilten Haushaltsplans, jeweils untergliedert in Verwaltungs- und Vermögenshaushalt.

III. Zum Aufbau des Haushalts neuer Art

1. Das neue Element der Vermögensrechnung

Wie eingangs dieses Teils zum kommunalen Haushalt in Deutschland ausgeführt, befindet sich das kommunale Haushaltswesen im Umbruch. Seinen sichtbarsten Ausdruck hat dieser im Aufbau des Haushaltsplans gefunden, aber dahinter stehen tiefergreifende Änderungen in der Zwecksetzung des kommunalen Haushalts. Die eingangs erwähnte Orientierung am betriebswirtschaftlichen Bilanzieren (**Doppik**) findet ihren deutlichsten Ausdruck in dem neu hinzugekommenen **Jahresabschluss**[182] (konsolidierter Jahresabschluss)[183]. Er steht zwar am Ende des Haushaltskreislaufs (s. oben), denn er „besteht aus der **Vermögensrechnung (Bilanz)**, der **Ergebnisrechnung** und der **Finanzrechnung**" (Hess. GO § 114s). Aber der Haushaltsplan für das nächste Jahr ist nicht zuletzt mit Blick auf seine Wirkung auf die – später vorzulegende – Bilanz als Element der Ex-post-

182 Hinzu tritt ein Gesamtabschluss, der auch die Betriebe, Unternehmen und Beteiligungen der Kommune umfasst.

183 Im Folgenden werden vor allem Begriffe aus der Hessischen Gemeindeordnung verwendet (als Elemente des Neuen Kommunalen Rechnungs- und Steuerungssystems, NKRS). In anderen Bundesländern können sie abweichen. Für verschiedene Ländersysteme siehe auch Schwarting 2006.

Rechnungslegung hin konzipiert worden. Es ist insbesondere diese Bilanz, die im Haushaltsprozess Elemente des betrieblichen Rechnungswesen eines Unternehmens widerspiegelt.

Tab. 6.3: Eröffnungsbilanz der Stadt Salzgitter zum 1.1.2005, in 1000 €

Aktiva		
Immaterielle Vermögensgegenstände		6 432
Sachvermögen		258 285
dar.:Grundstücke, bebaut/unbebaut	34 519	
Infrastrukturvermögen	209 325	
Finanzvermögen		319 461
dar.:Sondervermögen	112 728	
Ausleihungen	174 931	
Liquide Mittel		258
Aktive Rechnungsabgrenzung		931
Aktiva insgesamt		**585 367**
Passiva		
Nettoposition		- 4 368
Basisreinvermögen	- 4 368	
Sonderposten		123 026
dar.:Zuwendungen/Umlagen f. Vermögensgegenstände	70 214	
Schulden		338 839
dar.:Geldschulden		
dar.: Verbindlichkeiten aus		
Investitionskrediten	140 883	
Liquiditätskredite	156 936	
Rückstellungen		123 466
dar.: Pensionsrückstellungen	89 115	
Passive Rechnungsabgrenzung		36
Passiva insgesamt		**585 367**

Quelle: Zusammengestellt aus Schwarting 2006, S. 348 (dort auf Basis KGSt-Info 9/2005, S. 3–4).

Der Neuigkeitsgehalt für die Kommunen liegt, wie erwähnt, vor allem in dieser **Vermögensrechnung**. Das **kameralistische System** hatte allein den „**Geldverbrauch**" gemessen, d. h. was an Zahlungen an das Budget und aus dem Budget im Haushaltejahr zu leisten war. Das erlaubte es, zukünftig anfallende Belastungen, etwa aus Beamtenpensionen, aus unterlassenen Reparaturen und Erneuerungsinvestitionen usw. auszublenden. Das bedeutete zugleich ein **Verschieben von Lasten in die Zukunft**. Das neue System ist auf den **Ressourcenverbrauch** abgestellt. Dazu ist jährlich eine Abschlussbilanz aufzustellen, die die Vermögensveränderungen nachweist. Für den Einstieg ist dementsprechend eine **Eröffnungsbilanz** zu erstellen. Sie stellt einen großen Schritt dar, weil oft zum ersten Mal eine Bewertung der Gebäude und Infrastruktureinrichtungen vorgenommen werden muss. In Tab. 6.3 findet sich die Eröffnungsbilanz der Stadt Salzgitter für das Jahr 2005.

Hinter diesen Eröffnungsbilanzen und den späteren Jahresabschlüssen/Bilanzen stehen aufwendige Bewertungsvorgänge. Dafür werden von den Landesregierungen Muster entwickelt, nach denen beispielsweise die übliche Nutzungsdauer nach Gebäudearten, Großgeräten usw. bestimmt wird, Anschaffungs- und Herstellkosten zu ermitteln sind, Zu- und Abgänge während des Jahres festzuhalten sind usw. Zwar kann man die „Bewertung" einer Straße o. ä. künstlich finden, aber es geht weniger um die absolute Höhe als darum, anschließend den Wertverzehr, die durch Reparaturen und Erneuerungsinvestitionen gestiegenen Werte usw. zu verfolgen und entsprechende Schritte zu unternehmen.

2. Ergebnisplan und Finanzplan

Der eigentliche Haushaltsplan ist nicht wie bisher in Verwaltungs- und Vermögenshaushalt zu gliedern, sondern in **Ergebnisplan** und **Finanzplan** (s. Tab. 6.4), auch als **Ergebnishaushalt** bzw. **Finanzhaushalt** bezeichnet. Beide Pläne haben spürbare Ähnlichkeit, unterscheiden sich aber doch in Zielrichtung und Einzelelementen. „Der **Ergebnisplan** ist das Kernstück des Haushalts. Dort findet man die geplanten Aufwendungen und geplanten Erträge für das kommende Haushaltsjahr. Dazu gehören auf der Aufwandsseite beispielsweise die Personalaufwendungen und die Sachleistungen und Dienstleistungen. Auch der Werteverzehr des kommunalen Anlagevermögens, die Abschreibungen sowie die Darstellung der künftigen Verpflichtungen einer Gemeinde (beispielsweise die laufende Bildung und

Tab. 6.4: Ergebnisplan und Finanzplan

Ergebnisplan	**Finanzplan**
Ordentliche Erträge	**Laufende Einzahlungen**
Steuern und ähnliche Abgaben	Steuern und ähnliche Abgaben
Sonstige Transfererträge	Sonstige Transfereinzahlungen
Öffentlich-rechtliche Leistungsentgelte	Öffentlich-rechtliche Leistungsentgelte
Sonstige ordentliche Erträge	Sonstige Einzahlungen
Aktivierte Eigenleistungen	
Bestandsveränderungen	
Auflösung von Sonderposten	
Finanzerträge	Zinsen und sonstige Finanzeinzahlungen
Ordentliche Aufwendungen	**Laufende Auszahlungen**
Personalaufwendungen	Personalauszahlungen
Aufwendungn für Sach- und Dienstl.	Auszahlungen für Sach- und Dienstl.
Bilanzielle Abschreibungen	
Transferaufwendungen	Transferauszahlungen
Sonstige ordentliche Aufwendungen	Sonstige Auszahlungen
Zinsen und sonstige Finanzaufw.	Zinsen und sonstige Finanzauszahlungen
	Einzahlungen
	aus Zuwendungen für Investitionen
	zur Veräußerung von Sach- und Finanzanlagen
	aus Beiträgen u. ä. Entgelten
	Sonstige Investitionseinzahlungen
	Auszahlungen für
	Erwerb von Grundstücken und Gebäuden
	Baumaßnahmen
	Erwerb von bewegl. Anlagevermögen
	Erwerb von Finanzanlagen
	Ausz. von aktivierbaren Zuwendungen
	Sonstige Investitionsauszahlungen
Außerordentliche Erträge	
Außerordentliche Aufwendungen	
	Einzahlungen aus der Aufnahme von Krediten für Investitionen
	Auszahlungen für Tilgung von Krediten für Investitionen

Quelle: Schwarting 2006, S. 64-65 (nach § 2+3 GemHVO neu NW).

Auflösung von Rückstellungen für die Beamtenpensionen) werden im Ergebnisplan nachgewiesen. Auf der Ertragsseite findet man beispielsweise die Steuern und Gebühren. Die aus dem Saldo der Aufwendungen und Erträge nach Ablauf eines Jahres erstellte Ergebnisrechnung entspricht dann der kaufmännischen Gewinn- und Verlust-Rechnung“ (Stadt Köln, Finanzen von A bis Z, Homepage).

So wie man im betrieblichen Rechnungswesen zwischen Aufwand und Ertrag einerseits und Zahlungsvorgängen andererseits unterscheidet, wird auch im neuen Haushaltswesen die Gesamtheit der Einzahlungen und Auszahlungen gesondert ausgewiesen. Dies geschieht im **Finanzplan**. In ihm „werden alle voraussichtlichen Zahlungsvorgänge abgebildet, unabhängig davon, ob sie ergebniswirksam sind oder nicht. Dies betrifft in erster Linie investive Zahlungen. Der Finanzplan dient unter anderem auch zum Nachweis erforderlicher Kreditaufnahmen sowie der Tilgung von Darlehen“ (Stadt Köln, Finanzen von A bis Z, Homepage).

In beiden Plänen finden sich zahlreiche typischerweise gleiche Positionen, beispielsweise für Steuereinnahmen oder Transferzahlungen. Andere unterscheiden sich nur begrenzt, wie etwa Personalausgaben oder Zahlungen für Sach- und Dienstleistungen. Am wichtigsten ist aber, dass manche Positionen entfallen sind oder völlig neu auftauchen. So entfallen logischerweise die wechselseitigen Zuführungen zwischen Verwaltungs- und Vermögenshaushalt. Hinzu treten u. a. Positionen, die sich aus der Anlehnung an das betriebliche Rechnungswesen ergeben und im Unternehmen üblich sind. Wenn ein Betrieb ein Gebäude oder eine Maschine in Eigenleistung erstellt, muss sie genauso im Rechnungswesen erscheinen, wie wenn Fremderstellung bzw. Kauf vorlägen. Auch ergibt sich aus dem bilanziellen Denkzusammenhang, dass Abschreibungen vorgenommen werden müssen, um den Wertverzehr der Periode zu erfassen und sich nicht zu reich zu rechnen (wie es in der Kameralistik geschah).

Im Übrigen müssen, nicht zuletzt wegen des nachfolgenden Jahresabschlusses (Bilanz), mehr Anlagen zum Haushaltsplan als zuvor bereitgestellt werden (s. Kasten 6.1). Hieraus ergibt sich ein schon für eine kleinere Stadt umfangreiches Konvolut von mehreren hundert Seiten. – Darüber hinaus hat das neue Rechnungswesen auch Folgerungen für die Auswahl von Kennziffern zur kommunalen Finanzwirtschaft und für die mittelfristige Finanzplanung (s. unten).

Kasten 6.1: Jährliche Dokumente zum kommunalen Haushalt

Jede Kommune hat jährlich bereitzustellen:[1)]

die – kurze – **Haushaltssatzung** und den umfangreichen **Haushaltsplan** mit:

I. **Ergebnishaushalt**
II. **Finanzhaushalt**
III. **Teilhaushalte**
IV. **Stellenplan**
V. „**Anlagen**" zum Haushaltsplan
   a. **„Vorbericht"**
      Er gibt einen Überblick über den Stand und die Entwicklung der Finanzen der Gemeinden und soll einige spezielle Informationen enthalten.
   b. **Bilanz** des letzten Haushaltsjahres, für das ein **Gesamtabschluss** vorliegt (in der Regel das Vorvorjahr)
   c. **Gesamtabschluss** des letzten Haushaltsjahres, für das ein Gesamtabschluss vorliegt, ohne Gesamtanhang und Anlagen
   d. Übersicht über die **Verpflichtungsermächtigungen**
   e. Übersicht über den voraussichtlichen Stand der **Verbindlichkeiten** zum Ende des Haushaltsjahres
   f. Wirtschaftspläne der **Sondervermögen**, für die Sonderrechnungen geführt werden.
   g. Übersicht über die **Wirtschaftslage und die voraussichtliche Entwicklung**
      (1) der **Unternehmen und Einrichtungen mit eigener Rechtspersönlichkeit**, an denen die Gemeinde mit mehr als 50% beteiligt ist
      (2) der **Zweckverbände**, bei denen die Gemeinde Mitglied ist
      (3) der **rechtsfähigen Anstalten des öffentlichen Rechts**, für die die Gemeinde Gewährträger ist
   h. **Übersicht** über die **Teilhaushalte**
   i. **Übersicht** über die **produktbezogenen Finanzdaten**

1) Angepasst übernommen aus Schwarting 2008, S. 7.

C. Kennzahlen zur Beurteilung der kommunalen Finanzsituation

I. Aufgabe und Typen von Kennzahlen zur kommunalen Finanzsituation

1. Die Aufgabe

Das Zahlenwerk eines kommunalen Haushalts enthält schon bei einer kleineren Gemeinde mehrere Hundert und bei einer Großstadt viele Tausende von absoluten DM-Beträgen. Dies ist auch erforderlich, beispielsweise um unter der **administrativen Lenkungsfunktion** jeder Verwaltungsstelle den ihr zustehenden Betrag zuzuweisen. Daher werden von der Gemeinde selbst schon die als Teile des Gesamthaushalts erforderlichen Übersichten erstellt, und oft stellt sie aus eigenem Antrieb verdichtete Eckzahlen, Anteilswerte oder Pro-Kopf-Ausgaben zur Verfügung. Außer der Gemeinde selbst ist auch die Kommunalaufsicht des Bundeslandes auf verdichtete Informationen angewiesen. Nicht zuletzt sind auch für die finanzwissenschaftliche Analyse die Zahlen des Gemeindehaushalts in ihrer Rohform unbrauchbar.

„**Kennzahlen**“ sind dann eine Form, um die Information in den **Rohdaten** zu **verdichten**.[184] Viele dieser Kennzahlen werden von amtlichen Stellen bereitgestellt. Darüber hinaus erarbeiten die **kommunalen Spitzenverbände** entsprechende Statistiken.[185] Schließlich werden auch in der Literatur, insbesondere im finanzwissenschaftlichen Schrifttum, laufend Kennzahlen der kommunalen Finanzwirtschaft erarbeitet und mit Zahlen belegt.

Aus ökonomischer Sicht werden Kennzahlen vor allem in der betrieblichen Sphäre ermittelt. Dort dienen sie der Erstellung entsprechender betrieblicher, insbesondere finanzieller Pläne, der Steuerung und Kontrolle der Mittelbewirtschaftung und schließlich der rückwirkenden Rechnungslegung und Rechnungskontrolle. Eine gewisse Analogie der Anwendung der dort gültigen Regeln und Verfahren auf die öffentliche Finanzwirtschaft bietet sich daher an (Essig 1984, S. 799).

184 Zu einem Überblick über ihre Methodik und über die Besonderheit finanzstatistischer Kennzahlen aller Ebenen vgl. Essig 1984. Zu finanzwissenschaftlich aufbereiteten Kennzahlen der Gemeindefinanzen siehe Junkernheinrich 1991, S. 145 ff.; ferner vgl. Schwarting 2006, S. 222–241.

185 Vgl. jährlich „Gemeindefinanzbericht“ und „Kreisfinanzen“ sowie insbesondere das Statistische Jahrbuch deutscher Gemeinden.

2. Typen von Kennzahlen im Überblick

Die unendliche Zahl von Kennzahlen, die sich im Prinzip bilden lassen könnten, sind in verschiedene Richtung typisierbar. Zunächst ist es hilfreich, sich zu vergegenwärtigen, auf welche Aggregatgröße der öffentlichen Finanzwirtschaft sich eine Kennzahl bezieht. Hier lassen sich drei Aggregatgrößen unterscheiden (Essig 1984, S. 799):

- *Gesamtwirtschaftliche Kennzahlen.* – Sie werden häufig mit einer Sozialproduktsgröße in Verbindung gebracht und entstammen dann oft den Staatskonten der Volkswirtschaftlichen Gesamtrechnung. Zu ihnen gehört beispielsweise die **gesamtwirtschaftliche Staatsquote**, oft ausgedrückt als die Summe der Ausgaben in Prozent des Sozialprodukts. Im Prinzip lässt sich dies auch für die Gemeinde tun, weil die Bruttowertschöpfung nach Kreisen vorliegt (Arbeitskreis 2009) und die Gemeindeausgaben darauf bezogen werden. Diese Art von Kennzahlen hat mehrere Vorteile. Sie stellen zum einen die Verbindung zu einer wirtschaftlichen Basisgröße, dem **Sozialprodukt**, her und erlauben es daher, die dazu in Beziehung gesetzte Größe in ihrem anteiligen Gewicht zu interpretieren. Außerdem sind beide Größen dem gleichen Rechnungsjahr entnommen und in der gleichen Dimension, nämlich Euro, gemessen. Das erlaubt die Bildung von Anteilswerten und vermeidet beispielsweise die Probleme der Indexbildung.

- *Finanzstatistische Kennzahlen.* – Sie sind definiert als Kennzahlen, die ausschließlich auf dem **Datenmaterial der amtlichen Finanzstatistik** beruhen. Folglich sind sie auch durch die Erfassungs- und Aufbereitungsraster begrenzt, die durch die staatliche und kommunale Haushaltssystematik vorgegeben sind. Einige dieser Zahlen werden im Folgenden erörtert.

- *Haushaltswirtschaftliche Kennzahlen.* – Für die öffentlichen Haushalte können über die finanzstatistischen Kennzahlen hinaus weitere Kennzahlen gebildet werden, die auf **spezifische Informationen**, beispielsweise über Daten zu vertraglich oder gesetzlich gebundenen Ausgaben und der dann verbleibenden Haushaltsflexibilität, zurückgreifen.

Während diese Einteilungen sich noch an Besonderheiten der Gesamtwirtschaft bzw. der öffentlichen Finanzen orientiert, ist außerdem die methodische Besonderheit der jeweiligen Kennzahl zu berücksichtigen:

- *Absolute Zahl mit besonderem Aussagewert.* – Zumindest im Zeitablauf werden gelegentlich auch besonders charakteristische absolute Zahlen verwendet, beispielsweise die Nettokreditaufnahme oder die Summe der Personalausgaben. Im Übrigen ist dieses Vorgehen aber wegen seiner geringen Anschaulichkeit sehr begrenzt.

- *Verhältniszahlen.* – Hier werden zwei Werte zueinander in Beziehung gesetzt. Da sich unter diesem Begriff die meisten verwendeten Kennzahlen verbergen, wird er im Folgenden etwas genauer betrachtet.

- *Statistische Maße.* – Hier liegt das weite Feld der verschiedenen statistischen Aufbereitungen, das vom einfachen Säulendiagramm bis zu den anspruchsvollen Maßen aus statistischen und ökonometrischen Verfahren reicht.[186] Letztere bestimmen Teile der finanzwissenschaftlichen Literatur zu den Kommunalfinanzen.

3. Echte und unechte Quoten

Schon aus der Diskussion um den Staatsanteil ist bekannt, dass sich die Beziehung zwischen zwei Größen als Quote darstellen lassen und dass in diesem Zusammenhang ein weites Feld sog. unechter Quoten besteht (Littmann 1975, S. 56 ff.).

Bei der *echten Quote* ist die Zahl im Zähler des Bruches (der Prozentzahl) ein Teil der Nennergröße. Typischerweise lassen diese Größen sich dann als Anteile auch zu 100% ergänzen. Zugleich haben sie den Vorteil, sich graphisch gut darstellen zu lassen. Dies zeigt Abbildung 6.2, wo für einen früheren Zeitpunkt Ausgabenquoten für Bund, Länder und Gemeinden nebeneinander dargestellt sind.

Dabei zeigt sich beispielsweise, dass die Sachinvestitionen bei den Gemeinden einen sehr großen „Anteil" an den gesamten Ausgaben ausmachen, während bei den Ländern die Personalausgaben dominieren. Für volkswirtschaftliche Aussagen über die Notwendigkeit öffentlicher Investitionen oder über die aus den öffentlichen Personalausgaben zu erwartenden Pensionsverpflichtungen sind solche Datenaufbereitungen also bereits sehr hilfreich.

Bei der *unechten Quote* ist der Zählerwert nicht oder nur teilweise im Nennerwert enthalten. So ist die Kennzahl „Gesamtausgaben in % des Sozialprodukts" eine unechte Quote, weil die Transferzahlungen (s. 3. Kap., Abb. 3.2) kein Teil des Sozialprodukts sind. Dies ist mit Blick auf die Gemeindeebene bei Argumentationen mit dem kreisweise berechneten Sozialprodukt zu berücksichtigen. Die dort ausgewiesene Bruttowertschöpfung je Kreis gehört zur Entstehungsrechnung der Volkswirtschaftlichen Gesamtrechnung und umfasst die innerhalb

186 Vgl. zum methodischen Überblick Heiler/Michels 1994.

eines abgegrenzten Wirtschaftsgebiets für einen bestimmten Zeitraum erbrachte wirtschaftliche Leistung. Sie enthält vor allem die geschaffenen Einkommen, nicht aber Transferzahlungen. Dementsprechend ist eine auf einen Kreis bezogene Kennziffer „Sozialausgaben in % der Bruttowertschöpfung" eine unechte Quote, die Kennziffer mittels gemeindlicher Personalausgaben hingegen eine echte Quote.

4. Zur Bedeutung der Beziehungszahlen im Gemeindebereich

Die große Zahl der unechten Quoten gehört zum Typus „Beziehungszahlen", der eine Fülle verschiedener Kennzahlen umfasst. Für die Analyse der Kommunalfinanzen sind die *Pro-Kopf-Werte* von **hervorragender Bedeutung**. Große und kleine Gemeindehaushalte geben in ihrer absoluten Zahl keinen Hinweis darauf, wieviel auf den Einwohner entfällt. Weil aber Gemeindeaktivität für den Bürger „gemeint" ist, werden sehr oft Pro-Kopf-Werte verwendet, um diesen Größeneffekt auszuschalten. Auf diese Weise kann man den Schuldenstand pro Kopf zwischen Gemeinden vergleichen, ebenso wie die Steuerkraft oder auch die Ausgaben für bestimmte Aufgabenbereiche. Wenn die Ausgaben nur für bestimmte Personengruppen von Bedeutung sind, wird man sie auch auf diese Gruppen beziehen, beispielsweise die Sozialhilfeausgaben je Sozialhilfeempfänger, die Schulausgaben je Schüler usf.

Ein weiterer häufig verwendeter Typ von Beziehungszahlen wird dadurch gebildet, dass *zwei Finanzdaten aufeinander bezogen* werden. So kann man fragen, wie groß der Anteil der durch eigene Steuern oder generell durch eigene Einnahmen gedeckten Ausgaben der Gemeinden im Vergleich untereinander ist. Auch werden bei der Behandlung der Entgeltabgaben – wie an früherer Stelle gezeigt (4. Kap. Teil B) – unterschiedliche **Kostendeckungsgrade** bei öffentlichen Einrichtungen ermittelt, also ebenfalls Einnahmen auf Ausgaben bezogen. Insbesondere mit Blick auf die **Verschuldung** werden entsprechende Beziehungszahlen verwendet. So berechnet man die Zinsausgaben im Verhältnis zum Steueraufkommen als **Zins-Steuer-Quote** oder die **Kreditfinanzierungsquote** als Anteil der Nettokreditaufnahme an den Gesamtausgaben (Zimmermann/Henke 2005, S. 177 f.), bei Bund und Land ebenso wie bei Gemeinden.

Schließlich können sich die Beziehungszahlen und die echten Quoten auch auf materielle Sachverhalte beziehen, die nicht in Finanzen ausgedrückt sind (**sachbezogene Quoten** nach Essig 1984, S. 798). So lassen sich der Unterhaltungsaufwand je Straßenkilometer, die investive Ausgabe je Kindergartenplatz und die laufenden Kosten je Altenwohnheimplatz berechnen und geben insbesondere im Vergleich zwischen Gemeinden oder auch zwischen Institutionen Anhaltspunkte für spezifische Kosten und vielleicht auch für Effizienz.

Aus der Gesamtheit der möglichen Kennzahlen[187], die mit Bezug zur kommunalen Finanzsituation gebildet werden können, wird im folgenden eine Gruppe gesondert besprochen, weil sie zum einen etwas komplexer ist und zum anderen besonders häufig verwendet wird.

II. Kennzahlen zur Sicherung des Haushaltsausgleichs

Wichtige Kennzahlen werden mit Blick auf das Verschuldungsproblem gebildet. Zu ihnen zählen zunächst die zuvor erwähnten auch für Bund und Land gebildeten Quoten (z.B. Zins-Steuer-Quote, Kreditfinanzierungsquote). Hier hingegen werden Kennzahlen behandelt, die mit Blick auf bestimmte Elemente des kommunalen Haushalts zusammengestellt werden. Auch hier erfolgt die Erörterung wieder getrennt nach altem und neuem System.

1. Das alte System: die „freie Spitze“

Das alte System bildete Kennzahlen, um die Frage zu beantworten: „Was ist ohne Schuldaufnahme im Investitionsbereich finanzierbar?“ Eine erste Hilfe hierfür bietet dort, wie bei der Erörterung des Haushaltsaufbaus angesprochen, die Nettozuführung vom Verwaltungshaushalt an den Vermögenshaushalt (die auch negativ sein kann, d.h. in die umgekehrte Richtung fließt). Sie deutet an, was im Verwaltungshaushalt für die Vermögensbildung erwirtschaftet worden ist.

Eine häufig benutzte Kennzahl, die hierauf aufbaut, ist bis heute die **„freie Spitze“**. Dabei geht man von der **Nettozuführung zum Vermögenshaushalt** aus (s. oben Tab. 6.2). Davon wird zunächst die **pflichtmäßige Zuführung an Rücklagen abgezogen**, weil sie für die freie Investitionsentscheidung nicht zur Verfügung steht. Auch rechnet man die **Tilgung und** die **Kreditbeschaffungskosten heraus**, weil auch sie zwar notwendig sind, aber nicht die Verfügungsmasse erhöhen. Was verbleibt, wird oft als „freie Spitze“ oder auch „freie Investitionsspitze“ (Essig 1984, S. 798) bezeichnet. Sie wird als *allgemeiner Maßstab für die Finanzlage einer Kommune* genommen. Sie gibt Auskunft darüber, inwieweit die Gemeinde aus den laufenden Einnahmen des Verwaltungshaushalts Vermögen bilden kann und insbesondere, inwieweit sie in der Lage ist, mit eigenen Mitteln Investitionen zu tätigen. Sie kann also als Ausdruck für den **fi-**

187 Als Beispiel für die Erörterung zahlreicher Kennzahlen, auch im Zeitablauf, s. Bücker/Esch 1998.

nanzwirtschaftlichen Bewegungsspielraum einer Gemeinde angesehen werden. Wird die freie Spitze negativ, so muss aus dem Vermögensbereich, beispielsweise durch Schuldaufnahme, ein Ausschnitt des Verwaltungshaushalts, also der laufenden Aufwendungen, gedeckt werden, was auf Dauer keine Lösung sein kann.

Um die freie Spitze aber zugleich als einen gewissen Ausdruck für die dauerhafte finanzielle Leistungsfähigkeit einer Gemeinde interpretieren zu können, sind ergänzende Sachverhalte zu berücksichtigen (s. etwa Schwarting 2006, S. 171). So können einmalig hohe Steuerzahlungen vorliegen, der Unterhalt der Infrastruktur aufgeschoben, Folgekosten von Investitionen unterschätzt oder Kredite außerhalb des Haushalts aufgenommen oder durch Leasing umgangen worden sein (zu letzterem vgl. Heppe 1999).

Die freie Spitze und ähnliche Kennziffern werden vor allem auch benutzt, um den *Verschuldungsspielraum* der jeweiligen Gemeinde überschlägig zu erfassen. Da sie sich aber nur auf die (Netto-) Neuverschuldung des jeweiligen Jahres beziehen, können sie dementsprechend stark schwanken. Daher sind mit Blick auf die Verschuldungsproblematik auch Kennziffern zum Schuldenstand und dem hieraus abgeleiteten Schuldendienst (Zinszahlung und Tilgung) erforderlich. Der **Schuldenstand** hat sozusagen **„ein langes Gedächtnis"**, denn er ändert sich langsam im Maße, wie die jährliche Neuverschuldung dazukommt oder eine Nettotilgung sie verringert. Hier kann man den Schuldenstand pro Kopf zwischen Gemeinden vergleichen mit Blick darauf, wo mehr oder weniger Zahllast in die Zukunft verschoben wird. Auch gehören hierhin die zuvor erwähnten Zins-Ausgaben- oder die Zins-Steuer-Quote, die etwas über die Belastung des Haushalts und damit die verbleibende Flexibilität der kommunalen Haushaltspolitik aussagt.

2. Kennzahlen im neuen System?

„Im neuen Haushaltsrecht wird die ‚freie Spitze' durch den Überschuss des Ergebnishaushalts ersetzt" (Schwarting 2006, S. 171). Tendenziell ist dies eine ähnliche Aussagefähigkeit wie zuvor, auch wenn im Ergebnishaushalt z. T. andere Positionen enthalten sind als im früheren Verwaltungshaushalt: Wenn die laufenden Einnahmen die laufenden Ausgaben übersteigen, ist eine Kreditaufnahme nicht gefährlich. Das gilt nach dem neuen Muster sogar verstärkt, weil der Ergebnishaushalt ja, wie erwähnt, zusätzliche Posten enthält, die die finanzielle Nachhaltigkeit des Gemeindehaushalts besser wiedergeben.

Im Übrigen gilt auch für die neue Kennzahl, dass sie nicht alle Gegebenheiten widerspiegelt, die für die dauerhafte Leistungsfähigkeit einer Gemeinde relevant sind. Und weiterhin kann sie als „Ausgangswert" für ein knapp gehaltenes Kennzahlensystem zum kommunalen Haushalt gelten (Schwarting 2006, S. 241).

D. Elemente der kommunalen Finanzpolitik

I. Die Fragestellung

Im zweiten Kapitel waren die Ziele, z. T. auch die Instrumente, die im Rahmen der Erörterung der kommunalen Finanzen relevant sind, angesprochen worden. Meist handelte es sich um Ziele des Landes oder auch des Bundes (einige zum Teil im Grundgesetz niedergelegt). Auch Instrumente dieser übergeordneten Gebietskörperschaftsebenen, wie beispielsweise der kommunale Finanzausgleich der Bundesländer, wurden in den vorhergehenden Kapiteln besprochen.

Neben dieser **Finanzpolitik für Gemeinden** steht aber der Tatbestand, dass **Gemeinden selbst laufend Finanzpolitik** betreiben. Jedes Jahr muss ein neuer Haushalt aufgestellt werden, der die Grundzüge der Finanzpolitik des nächsten Jahres festlegt. Dazwischen sind Entscheidungen über die Durchführung des Haushalts, also beispielsweise die letztliche Priorität bei der Durchführung von Investitionsprojekten, die Änderung eines Gebührentarifs, die Vorüberlegung zur langfristigen Steuersatzpolitik usw. zu treffen. Nur gelegentlich kamen in den bisherigen Kapiteln Elemente dieser gemeindlichen Finanzpolitik zur Sprache. Dazu gehörte etwa die Entscheidung über den Kostendeckungsgrad bei Gebühren, über die Festlegung des Steuersatzes oder die mögliche Wahl einer neuen Steuer.

Da es sich um etwa 13 000 **„Träger der Finanzpolitik"** im kommunalen Bereich handelt, kann man im Gegensatz beispielsweise zur Analyse der Finanzpolitik des Bundes hier nur einige übergreifende Elemente einer solchen Politik ansprechen. Dazu gehören Besonderheiten des kommunalen Zielsystems (II), die Handlungsparameter einer kommunalen Finanzpolitik (III) und schließlich Strategien zur Effizienzerhöhung im kommunalen Sektor, die z. T. erst in den letzten Jahren verstärkt Aufmerksamkeit gefunden haben (IV).

II. Besonderheiten des kommunalen Zielsystems

In weiten Teilen der Finanzwissenschaft wird mit „dem" Entscheidungsträger oder „der" öffentlichen Hand argumentiert, worunter man sich am ehesten die Zentralgewalt vorstellen kann, und auch die spärliche Literatur zu Zielen der Finanzpolitik ist von einer solchen Sichtweise geprägt.[188] Erstaunlich ist dann jedoch, dass auch in der speziellen Literatur zu den Kommunalfinanzen gesonderte Betrachtungen und Systematisierungsversuche zu den Zielen der kommunalen Finanzpolitik weitgehend fehlen.[189]

Dieses Fehlen einer gesonderten Betrachtung der Ziele der kommunalen Finanzpolitik könnte seinen Grund darin haben, dass diese Ziele sich mit den Zielen „der“ Finanzpolitik allgemein decken. In vielen Fällen trifft dies sicherlich zu. Beispielsweise gibt es auf der Gemeindeebene das gesonderte fiskalische Ziel der Einnahmenerhebung sicherlich ebenso, wie es auf Bundes- und Landesebene existiert und intensiv verfolgt wird. Zugleich unterliegt die Gemeindeebene aber zahlreichen Begrenzungen, die etwa der Zentralgewalt fremd sind. So hat sie, in Deutschland wie in allen anderen Staaten, zahlreiche übergeordnete Gesetze zu befolgen. Außerdem macht die kleine Region Ausweich- und Attrahierungsreaktionen wahrscheinlich, und eine Gemeinde hat kaum Möglichkeiten der Auslandsfinanzierung.

So kann man vermuten, dass erhebliche **Unterschiede** zwischen den **Zielen der Finanzpolitik allgemein** und den **Zielen der kommunalen Finanzpolitik** bestehen. Als Ausgangspunkt hierzu wird die Summe der Ziele herangezogen, die im zweiten Kapitel betrachtet wurden.

Dort wurde festgestellt, dass *Verteilungspolitik* im Sinne einer Distributionspolitik zwischen arm und reich von der Gemeinde nur begrenzt erwartet werden kann. Es wurde dort jedoch auch erwähnt, dass gerade wegen der sozialen Nähe auch auf der dezentralen Ebene mit eigenständiger Verteilungspolitik zu rechnen ist. Beispielsweise hat in Deutschland die Gemeinde die Möglichkeit, die Sozialhilfesätze aufzustocken oder Sozialhilfebezieher zu gemeinnützigen Arbeiten heranzuziehen, und sie kann von daher mehr oder weniger in diesem distributiven Bereich tätig sein.

An *Konjunkturpolitik* ist die Gemeinde, wie im zweiten Kapitel ausgeführt, aus eigenem Antrieb nur sehr begrenzt interessiert. Es gibt ungleiche Interessiertheit in den Konjunkturphasen. In der Rezession ist die Gemeinde an der Bekämpfung der Arbeitslosigkeit schon deshalb interessiert, weil sie sonst auftretende budgetäre Belastungen zu vermindern hofft, wogegen im Boom ein dämpfender Effekt, beispielsweise durch Zurückhaltung der Investitionen, zwar der Gesamtwirtschaft im ganzen zugute kommt, ihr selbst aber nicht im Maße ihrer Zurückhaltung. Von daher ist davon auszugehen, dass das Konjunkturziel im gemeindlichen Zielkata-

188 Vgl. etwa Albers 1977, Zimmermann/Henke 2005, S. 2-8.

189 Zu Ausschnitten vgl. Postlep 1993, 4. Kapitel.

log höchstens am Rande vorkommt. Daher sehen die Konjunkturprogramme 2008/2009 auch Finanzhilfen an Gemeinden mit deren Selbstbeteiligung vor, um zum einen die kommunalen Investitionen zu stärken und zum anderen die Gemeinden an der Finanzierung zu beteiligen.

Das *Wachstumsziel* hingegen ist auch für die Gemeinde relevant. Allerdings nimmt sie zu diesem Ziel einen auf die Region bezogenen egoistischen Standpunkt ein, d.h. sie will Wachstum auf ihrem Gemeindegebiet induzieren. Daher versucht sie beispielsweise Industrie anzusiedeln und ihre Erweiterung zu begünstigen, weil sie sich auf diese Weise ein höheres Steueraufkommen und damit vermehrte Ausgabenfinanzierung, aber auch zusätzliche Arbeitsplätze für ihre Einwohner erhofft. Dass dieses Streben der Gemeinden nicht unbegrenzt wünschenswert ist, insbesondere dann nicht, wenn **„funktionslose Transfers“** in Form von offenen Subventionen gewährt werden, wurde bereits an früherer Stelle diskutiert (2. Kap.). Dessen ungeachtet ist hier aber ein wichtiger Ausschnitt der kommunalen Finanzpolitik zu sehen, denn gesamtwirtschaftliches Wachstum kann nur gelingen, wenn unternehmerische Aktivität in der jeweiligen Gemeinde ausreichende Förderung erfährt.

Der größte Teil der gemeindlichen Aktivität fällt unter den Begriff des *Allokationsziels*. Die Gemeinden versorgen ihre Bürger mit öffentlichen Leistungen, die von diesen über das Gemeindeparlament verlangt werden. Hier sind die meisten Entscheidungen und Abwägungen zu treffen: Welche Schule soll zuerst gebaut werden? Ist eine Drogenberatungsstelle wichtiger als ein Ausbau der Kindergärten? Wieweit soll die gemeindliche Sport- und Kulturförderung gehen? Alle diese Aufgaben haben auch distributive Komponenten, sind dem regionalen Wachstum häufig förderlich und haben möglicherweise konjunkturelle Effekte. Im Vordergrund steht aber die Frage, wieviel die Gemeindebürger für die ihnen zufließenden gemeindlichen Leistungen aufzubringen bereit sind (Festlegung des **regionalen „Staatsanteils“**), wie sich diese Leistungen zusammensetzen (Entscheidung über die **Struktur dieses „Staatsanteils“**), und wie sie finanziert werden sollen.

Damit aber verlagert sich die Diskussion um die Ziele der kommunalen Finanzpolitik in der Hauptsache auf das Gebiet der **ressortbezogenen Ziele**: Wieviele Kindergartenplätze sind vorzuhalten? Für wieviele Schüler muss ein neuer Schulraum gebaut werden? Wie breit soll eine Straße im Wohngebiet sein und wie soll sie mit Beleuchtung, Pflasterung usf. ausgestattet sein? Diesen einzelnen ressortbezogenen Fragen kann an dieser Stelle nicht nachgegangen werden. Dazu gibt es jeweils umfangreiche Fachliteratur aus dem Bereich des Bildungswesens, des

Verkehrswesens usf. und der darauf gerichteten spezifisch kommunalwirtschaftlichen Literatur.[190]

III. Welche Handlungsmöglichkeiten hat die kommunale Finanzpolitik?

Als unterste der föderativen Gebietskörperschaftsebenen unterliegt die Gemeinde den engsten Rahmenbedingungen für ihr Handeln. Sie hat also nicht so viele autonom zu handhabende Instrumente zur Verfügung wie insbesondere der Bund. Dazu ist ein Rückverweis auf einige der zuvor diskutierten Begrenzungen zweckmäßig:

- Auf der *Ausgabenseite* zeigen die nach der Pflichtigkeit skalierten Aufgaben deutlich, dass nur ein recht kleiner Ausschnitt der freien Entscheidung durch die Gemeinde unterliegt. Doch mit Ausnahme der Auftragsangelegenheiten bleiben überall **gewisse Handlungsspielräume**, zumindest über das Wie und Wann der Erfüllung einer solchen pflichtmäßig zu erfüllenden Aufgabe.
- Auf der *Einnahmenseite* sind die Steuern der wichtigste Einnahmenposten und zugleich derjenige, bei dem die **Gemeinde nur begrenzt tätig** werden kann. Das Steuererfindungsrecht ist sehr stark eingeschränkt, und bei allen übrigen Gemeindesteuern außer den sog. „kleinen" Gemeindesteuern liegt die Gesetzgebungshoheit beim Bund, so dass die Gemeinde nur noch die Sätze festlegen oder beispielsweise in Grenzen Stundung aussprechen kann. Hingegen ist sie bei den Entgelten weitgehend frei und soll diese ja sogar in erster Linie benutzen. Auch die Schuldaufnahme ist, solange die Gemeinde eine dauernde finanzielle Leistungsfähigkeit nachweisen kann, voll zulässig.
- Im Bereich der *Wahl der Rechtsformen* einschließlich einer möglichen *Privatisierung* hat die Gemeinde **deutliche Spielräume**, die nur lange Zeit zu wenig ausgenutzt worden sind. Hierhin gehört auch die Möglichkeit, durch neue interne Steuerungsformen die gemeindliche Aufgabenerfüllung effizienter als bisher zu betreiben (s.unten IV).

Betrachtet man diese Elemente zusammengefasst, so ist zwar auf der einen Seite festzustellen, dass die Gemeinde eine sehr stark von den Entscheidungen anderer Ebenen abhängige föderative Einheit darstellt. Außerdem sind die Gestaltungsmöglichkeiten in den vergangenen fünfzig Jahren zweifellos geringer geworden. Dennoch verbleibt innerhalb dieser engen Rahmenbedingungen ein erheblicher Handlungsspielraum für die kommunale Finanzpolitik.

---

190 Ein Überblick findet sich in den Bänden des Handbuchs der kommunalen Wissenschaft und Praxis, und zwar sowohl in der ersten wie in der zweiten Auflage (Püttner 1985). Auch leisten die Institutionen der kommunalen Spitzenverbände hier zahlreiche Beiträge, so etwa das Deutsche Institut für Urbanistik und die Kommunale Gemeinschaftsstelle für Verwaltungsmanagement.

Eine besondere Herausforderung stellen in Zeiten knapper Kassen die finanziellen Engpässe dar. Sie können zu einer vorschnellen Einschränkung der gemeindlichen Leistungen führen, womit niemandem gedient ist. Sie können aber auch dazu führen, verstärkt über Strategien zur Effizienzerhöhung nachzudenken. Diesem Aspekt ist der letzte Abschnitt gewidmet.

IV. Strategien zur Effizienzerhöhung

Üblicherweise werden unter Strategien zur Effizienzerhöhung sehr unterschiedliche Sachverhalte zusammengefasst. Hier sollen zwei Elemente hervorgehoben werden. Zum einen kann die zeitliche Vorausplanung durch eine ernstgenommene mittelfristige Finanzplanung verbessert werden (a). Zum anderen kann das gesamte Verfahren der kommunalen Entscheidungsfindung und Leistungsbereitstellung verbessert werden (b).

Eine dritte Kategorie könnten im Prinzip Entscheidungshilfen zur Planung einzelner Vorhaben sein, beispielsweise **Kosten-Nutzen-Analyse** oder **Kosten-Wirksamkeits-Analyse**. Während diese für Bund und Land häufig angewendet werden (zur Einführung s. Zimmermann/Henke 2005, S. 101 ff.), sind Gemeinden lediglich verpflichtet, bevor sie über Investitionen von erheblicher finanzieller Bedeutung beschließen, unter mehreren in Betracht kommenden Möglichkeiten durch Vergleich der Anschaffungs- und Herstellkosten und der Folgekosten die für die Gemeinde wirtschaftlichste Lösung zu ermitteln (Hess. GemHVO § 10 Abs. 2). Allerdings heißt es ergänzend dazu und unter Hinweis auf die entsprechenden Bundesgesetze für die Investitionen von Bund und Land, dass es sich darüber hinaus empfiehlt, „in geeigneten Fällen Nutzen-Kosten-Untersuchungen anzustellen" (Anmerkung 1 zum genannten § 10).

1. Verbesserung der Vorausschau: Mittelfristige Finanzplanung

Seit den 1970er Jahren ist für alle öffentlichen Haushalte der Bundesrepublik eine mittelfristige Finanzplanung vorgeschrieben. Sie soll u. a. auf Bundesebene zusammengeführt werden, um zu prüfen, ob die gesamte Entwicklung aller Ebenen zusammengefaßt den makroökonomischen Möglichkeiten entspricht. Beispielsweise ist dies unter den **Maastricht-Kriterien** erforderlich, um zu prüfen, ob die für den öffentlichen Gesamthaushalt vorgeschriebene Obergrenze (3 % für die jährliche Nettokreditaufnahme und 60 % für den akkumulierten Schuldenstand) nicht überschritten wird.

Tab. 6.5: Typischer Fall einer mittelfristigen Finanzplanung

Der Finanz-plan	im Haus-haltsplan für das Haushalts-jahr	erstellt im Jahre	enthält Angaben für die Jahre								
2008	2009	2008	2008	2009	2010	2011	2012				
2009	2010	2009		2009	2010	2011	2012	2013			
2010	2011	2010			2010	2011	2012	2013	2014		
2011	2012	2011				2011	2012	2013	2014	2015	
2012	2013	2012					2012	2013	2014	2015	2016

Gerade für die kommunalen **Investitionen** ist eine **Vorausschau wichtig**, um die Abfolge der Investitionsprojekte richtig planen zu können, damit alle Bereiche der kommunalen Bauten im Laufe der Zeit eine Ergänzung bzw. Erneuerung erfahren. Eine mittelfristige Finanzplanung sieht typischerweise wie in Tabelle 6.5 wiedergegeben aus.

Die mittelfristige Finanzplanung **ergänzt** das **Vollzugsbudget** (Zimmermann/ Henke 2005, S. 94 f.). Sie ist nicht wie das jährliche Budget vollzugsverbindlich, sondern stellt lediglich eine rechtlich unverbindliche Absichtserklärung dar. In ihr werden alle voraussichtlichen Ausgaben und die zur Deckung vorgesehenen Einnahmen einer Gemeinde gegenübergestellt. Zu diesem Zweck wird im Rahmen der Haushaltsplanung zugleich die Finanzplanung vorgenommen, und der fortgeschriebene mittelfristige „Finanzplan" ist von jeder Gemeinde als **Anlage** dem **Haushaltsplan** beizufügen.

Die Planungsperiode beträgt formell fünf Jahre. Da aber das erste Jahr mit dem laufenden Haushaltsjahr zusammenfällt (s. Tab. 6.5) und die Zahlen für das zweite Jahr den Entwurf des Haushaltsplans für dieses zweite Jahr bilden, kann nur für die verbleibenden drei Jahre von einer über das Bisherige hinausgehenden Finanzplanung gesprochen werden.

Ein mittelfristiger Finanzplan kann routinemäßig durchgeführt oder zwecks Verbesserung der Haushaltsplanung ernst genommen werden. Oft zeigt die finanzpolitische Praxis, dass die gesamte Finanzplanung einer Gemeinde alljährlich modifiziert wird. Solche Korrekturen bei der Fortschreibung eines längerfristigen Plans sind unerlässlich, sofern die wirtschaftliche Lage in der Gemeinde die Basis der früheren Planung verändert hat. Dagegen ist die Korrektur bedenklich, wenn sie dazu dient, den Finanzplan an die kurzfristigen Haushaltsüberlegungen anzupassen; dann wäre der Finanzplan am Haushalt orientiert und nicht, wie von der Sache her erforderlich, der **Haushalt am Finanzplan ausgerichtet**.

Das soll jedoch nicht heißen, dass der Finanzplan jemals allein die Fortschreibung der politischen Vorhaben so umfassend wiedergeben kann, dass aus ihm der Haushalt in direkter Weise abzuleiten ist. Aber er sollte, nicht zuletzt wegen der Investitionsplanung, den tatsächlichen politischen Willen widerspiegeln und seinerseits die Willensbildung im Interesse einer mittelfristigen, stetigen Finanzpolitik beeinflussen.

2. Zukunftsaufgaben des „Neuen Steuerungsmodells"

Im Vorgriff auf die folgende kurze Erörterung des „Neuen Steuerungsmodells" waren zuvor schon Details zu dessen Auswirkung auf Rechnungswesen und Haushaltsaufbau besprochen worden. Das „Neue Steuerungsmodell" geht aber, jedenfalls in seinen Intentionen, sehr viel weiter als diese Reformen. Schon seit geraumer Zeit war in den deutschen Kommunen der Entwicklung und Anwendung neuartiger Modelle und Konzepte zur Steuerung der Verwaltungstätigkeiten verstärkt Beachtung geschenkt worden. Der sich darin ausdrückende Reformdruck entstammt zwei Quellen. Zum einen zwang die seit Mitte der 1990er Jahre angespannte finanzielle Situation die Kommunen zur Sparsamkeit. Effizienzerhöhung lässt sich im gesamten öffentlichen Sektor am besten – und oft nur – unter dem **Zwang knapper Kassen** durchsetzen. Zum anderen sind schon länger die Effizienz- bzw. Qualitätsanforderungen an die öffentlichen Verwaltungen seitens der Bürger und Unternehmen gestiegen. Ansiedlungswillige Unternehmen erwarten in diesem Zusammenhang zunehmend ein leistungsfähiges Verwaltungsmanagement. Der Erfolgsgrad der Umsetzung entsprechender Reformvorhaben wird daher in Zukunft mitentscheidend dafür sein, wieweit sich der Standort Deutschland bei einer stetig steigenden Globalisierung der Märkte behaupten kann. Und die Bürger wissen, nicht zuletzt durch die Presse und das Bekanntwerden besserer Lösungen (Best-practice-Verbreitung), ob ihre eigene Verwaltung effizient arbeitet.

Die diskutierten und zum Teil bereits umgesetzten Reformvorschläge zielen im Wesentlichen in zwei Richtungen:

- Zum einen gilt es, die *Wünsche der Nachfrager* nach den kommunalen Leistungen genauer und zügiger zu befriedigen.
- Zum anderen sind die gewünschten *Leistungen zu geringeren Kosten* bereitzustellen, d.h. die Wirtschaftlichkeit ist zu erhöhen.

Dies entspricht nochmals der Umschreibung des Allokationsziels (2. Kap.) und ist ein erneuter Hinweis darauf, dass das Aufgabenspektrum der kommunalen Finanzpolitik weitgehend allokativer Art ist.

Wenn eine solche Reform Erfolg hat, so wird eine verbesserte Versorgungssituation mit kommunalen Leistungen bewirkt, werden günstigere Voraussetzungen für wirtschaftliches Wachstum geschaffen und entspannt sich die Haushaltssituation der Gemeinden insoweit nachhaltig. Die Reformüberlegungen zielen dabei darauf, mit Hilfe verschiedener **Konzepte der Betriebswirtschaftslehre** in den Bereichen Organisation, Unternehmensführung und nicht zuletzt Rechnungswesen zu einer effizienteren, längerfristigen (strategischen) Steuerung des Verwaltungsmanagements zu gelangen.

Eine solche Übertragung betriebswirtschaftlicher Konzepte auf die öffentliche Verwaltung ist aber nicht unmittelbar möglich. Ein privatwirtschaftliches Unternehmen ist auf Gewinnerzielung ausgerichtet, so dass das Handeln der Akteure mittels ihres – direkten oder indirekten – Beitrags zum Gewinn bewertet werden kann. Ganz anders sieht die Bereitstellung öffentlicher Güter durch staatliche Körperschaften (s. auch 2. Kap.) aus:

- Auf öffentliche Güter richtet sich *keine kaufkräftige Nachfrage*; diese Orientierungsgröße fällt demnach für den Anbieter öffentlicher Leistungen aus.
- Die Entscheidung zur Bereitstellung der Güter wird nicht unter dem Gewinnziel und nicht einmal lediglich unter Kosten-Ertrags-Gesichtspunkten gefällt, sondern vor allem mit Blick auf die *Wichtigkeit für Bürger und Unternahmen* und nicht zuletzt auch unter Aspekten des politischen Nutzens eines entsprechenden Güterangebots.
- Die *Ziele* im öffentlichen Sektor sind um ein vielfaches *komplexer als im erwerbswirtschaftlichen Bereich*, da neben wirtschaftlichen hier auch soziale, umweltpolitische und andere Belange in höherem Maße zu berücksichtigen sind.

Mit Blick auf diese für den öffentlichen Sektor immer gegebenen Einschränkungen ist es erfreulich, dass seit Beginn der 1990er Jahre die deutschen Gemeinden zunehmend daran arbeiten, mit Hilfe betriebswirtschaftlicher Konzepte im öffentlichen Bereich zu einem bürgerfreundlicheren (effektiveren) und zugleich kostengünstigeren (effizienteren) Verwaltungsmanagement zu gelangen. Maßgeblichen Anteil an diesem Reformprozess hat die **Kommunale Gemeinschaftsstelle für Verwaltungsmanagement** (KGSt; früher Kommunale Gemeinschaftsstelle für Verwaltungsvereinfachung). Sie hat die Gedanken eines **„New Public Management“** unter Berücksichtigung eines in der niederländischen **Stadt Tilburg** erfolgreich eingeführten Reformkonzeptes für öffentliche Verwaltungen zu einem **„Neuen Steuerungsmodell“** verarbeitet (KGSt 1993). Es konzentriert sich auf aufbau- sowie ablauforganisatorische Umgestaltungsmaßnahmen in den öffentlichen Verwaltungen mit dem Leitbild, die traditionellen Behörden zu politisch gesteuerten Dienstleistungsunternehmen umzugestalten.

Zentrales Anliegen dieses „Neuen Steuerungsmodells“ ist es, die Dezentralisierung der öffentlichen Verwaltungen voranzutreiben[191] und selbststeuernde, flexible Verwaltungsstrukturen zu schaffen. Dazu ist es erforderlich, in einer Gemeinde an mehreren Stellen anzusetzen:

- Die Ziele des Verwaltungshandelns sind aus den oft allgemein gehaltenen politischen Aussagen des Parlaments und der Parteien in quantitative Vorgaben zu überführen, die dann Gegenstand von Zielvereinbarungen innerhalb der Verwaltung werden. Zuvor waren im Budget im Wesentlichen nur die Verwaltungsstellen und die ihnen zustehenden Mittel aufgeführt, ohne dass ersichtlich war, was mit diesen Mitteln an Output zu generieren war.
- Dementsprechend sind das Budget und vor allem das dahinter stehende Rechnungswesen von diesen Inputgrößen auf Outputgrößen umzustellen.
- Ein wesentlicher Schritt in dieser Richtung besteht in der Einführung der doppelten Buchhaltung (Doppik) und der damit zusammenhängenden Bilanzierung, die, wie erwähnt, ihrerseits eine Vermögensbewertung und Vermögensrechnung mit sich bringt. Die Innenministerkonferenz beschloss 2003, innerhalb von 10 Jahren dieses System in allen Gemeinden einzuführen[192], wobei ein zweigleisiges Modell (Doppik und erweiterte Kameralistik) empfohlen wurde.

Dieses Teilsystem der Doppik und geänderten Haushaltssystematik ist für sich genommen schon ein großer Fortschritt. Wie zuvor ausgeführt, werden erstmals Vermögensänderungen systematisch erfasst und in den Haushaltsprozess integriert, während sie vorher allenfalls Gegenstand gesonderter Untersuchungen waren, die nicht laufend berücksichtigt werden mussten. Auch macht es die dahinter stehende **Kosten-Leistungs-Rechnung** möglich, die Kosten der einzelnen Verwaltungsleistungen zu quantifizieren, Rationalisierungspotentiale mittels des interkommunalen Vergleichs zu identifizieren usw.

---

191 Allerdings sind auch gewisse Rezentralisierungstendenzen, etwa im IT-Bereich, zu beobachten (Hinweis von Gunnar Schwarting).

192 Zu den Erfahrungen der 10 Jahre vor 2007 siehe Bogumil 2007.

Der **Anspruch** des „Neuen Steuerungsmodells" ging und **geht aber sehr viel weiter**. Es sollte ein neues Führungsmodell eingeführt werden, in dem das geänderte Rechnungswesen lediglich eine Hilfsfunktion ausübt. In der „**Vision eines Neuen Steuerungsmodells**" schreibt die KGSt (2008), dass eine Führung durch Leistungsabsprache statt durch Einzeleingriff geschehen solle, dass „Steuerung auf Abstand" erfolgen solle, indem die dezentralen Bereiche einer Kommunalverwaltung nicht nur die Fachverantwortung, sondern auch die Ressourcenverantwortung ausüben sollten. Dazu sollte es eine Gesamtverantwortung für einen Fachbereich – statt der Verantwortung für zahlreiche kleine Inputpositionen – geben. Insgesamt sollten die Instrumente zur Steuerung der Verwaltung von der Leistungsseite her konzipiert sein und nicht von der Inputseite.

Doch im gleichen Dokument (KGSt 2008) werden auch **Schwierigkeiten der Reform** zur Sprache gebracht. So wird festgestellt, dass die Reform oft nur zur Binnenreform der Verwaltung reichte und man aus den Augen verlor, dass der Einführung strategische Ziele zugrunde lagen, die nur im Zusammenspiel aller Bausteine erreicht werden konnten. Oft gelang es nicht, zwischen Verwaltungsmanagement und Politik gemeinsam Reformziele zu entwickeln. Ohnehin ist die **Festlegung quantitativer Ziele** im öffentlichen Sektor aus den oben erwähnten Gründen **schwierig**, und sie hat beispielsweise dazu beigetragen, die amerikanischen Ansätze zu einem Planning-Programming-Budgeting-System ersterben zu lassen (Zimmermann/Henke 2005, S. 99 f.). Ohne Zielfestlegungen kann aber auch ein System der dezentralen Verantwortung und globalen Mittelzuweisung nicht funktionieren.

Auch folgerte die Politik häufig, dass die Verwaltung den **Einfluss der Politik reduzieren** wollte, obwohl das Konzept das Gegenteil intendiert hatte. Dass auch die **Beschäftigten** in der Kommunalverwaltung oft **zögerten**, sich für die Reform einzusetzen, zumal wenn sie nicht absahen, dass sich ein zusätzlicher Einsatz für sie lohnen würde, ist vielleicht nur ein vorübergehendes Phänomen.

Aber aufs Ganze gilt: Mit Hilfe **stärkerer Leistungsanreize** und **vergrößerter Entscheidungsspielräume** für die einzelnen Mitarbeiter sowie durch ein verändertes Führungsverhalten der Vorgesetzten soll über Motivationseffekte eine deutliche Effizienzsteigerung der öffentlichen Leistungsbereitstellung erreicht werden. Ferner wird dieses Modell von dem Gedanken geleitet, die öffentliche **Leistungsbereitstellung** verstärkt **an outputorientierte Größen anknüpfen** zu können, also mittels einer Quantifizierung kommunaler Leistungen zu einer aussagekräftigen Effizienzmessung und -kontrolle der Verwaltungsarbeit zu gelangen. Ein entsprechendes „**öffentliches Controlling**" im Verwaltungsbereich, an dessen Ergebnisse die strategische Steuerung seitens der Kommune anknüpfen könnte, wird dabei als Voraussetzung für die Implementierung des

„Neuen Steuerungsmodells“ und darauf aufbauend für eine nachhaltige Effizienzverbesserung der kommunalen Verwaltung erachtet.[193] Die gegenwärtig geführte Diskussion um eine wirksame Beschleunigung und Vereinfachung von Verwaltungstätigkeiten kann als Ansatz für eine grundlegende Neugestaltung im Bereich der Kommunen genutzt werden[194]. Das Aufgreifen betriebswirtschaftlicher Konzepte und Techniken sowie ein grundsätzlicher Bewusstseinswandel bei den öffentlichen Angestellten und Beamten werden hierbei unerlässlich sein.

Die Wandlungsfähigkeit der deutschen Kommunalverwaltungen darf jedoch in diesem Zusammenhang auch nicht überschätzt werden. Ein bloßer Transfer betriebswirtschaftlicher Konzepte auf den öffentlichen Sektor, ohne die konstitutiven Unterschiede in der Bereitstellung privater und öffentlicher Güter zu berücksichtigen, dürfte kaum möglich und sinnvoll sein[195]. Dabei ist die kommunale Ebene hierfür immer noch besser geeignet als Bund oder Land, weil die kommunal angebotenen Leistungen eher messbar sind und daher leichter zum Gegenstand von Output-Steuerung und Zielvereinbarungen werden können als beispielsweise der „Output“ eines Justizministeriums.

Die neuen Steuerungsmodelle zeigen, dass die Gemeindeebene in Deutschland offenbar in einem Umbruch begriffen ist: Er reicht von einer neuen Grenzziehung zwischen „öffentlich“ und „privat“ und einem geänderten Verhältnis der Verwaltung zu „ihrem“ Bürger und seinen Präferenzen bis zur oft ernst gemeinten innerbetrieblichen Effizienzsteigerung. Zwar wird man abwarten, was von diesen oft unter Sparzwang begonnenen Ansätzen in fiskalisch besseren Zeiten bleibt. Aber es ist zu erwarten, dass manche neu eingeführten Systeme und geänderten Verhaltensweisen auch dann erhalten bleiben. Auf diese Weise hätte die Gemeindeebene selbst einen großen Schritt in Richtung auf eine leistungsfähigere Gebietskörperschaftsebene getan.

Es wäre dann dringend zu wünschen, dass ihr auch wieder größere Kompetenzen bei der Aufgabenerfüllung und Einnahmenerzielung als bisher zugeordnet werden. Mögliche Wege dahin werden im folgenden – abschließenden – Abschnitt erörtert.

---

193 Vgl. zum kommunalen Controlling etwa Hardt 1993, Bunde/Postlep 1994, Andree 1994, Meurer/Stephan 1999 und Pook/Tebbe 2002.

194 Ein für die Bürger einsehbarer Vorteil liegt insbesondere in der Einrichtung von One-stop-shops, also sog. Bürgerämter o. ä. Der Verfasser hat die Einrichtung und rasche Akzeptanz des entsprechenden „Stadtbüros“ in Marburg verfolgen können, das auch sehr positiv evaluiert wurde (Kißler 1999).

195 Zu grundsätzlicher Kritik, insbesondere an der Kosten-Leistungs-Rechnung, siehe Sarrazin 2008. Ähnlich argumentierte am Beispiel einer kleinen Stadt der Bürgermeister von Kirchhain/Hessen, Jochen Kirchner.

E. Zu den politischen Möglichkeiten einer Stärkung der kommunalen Finanzautonomie

Die Betrachtung des kommunalen Haushalts in seiner Gesamtheit erlaubte, zusammen mit den Ergebnissen der drei vorangegangenen Kapitel, in gewissem Sinne eine Gesamtschau der Kommunalfinanzen. Daher wird hier als Abschluss nochmals ein Gedanke aufgenommen, der am Ende des zweiten Kapitels vorgetragen wurde: Wenn die Handlungsmöglichkeiten der deutschen Kommunen auf dem Gebiet ihrer Finanzen aus ökonomischer Sicht als nicht ausreichend angesehen werden, weil die Zentralisierung zu stark und im Detail die Absicherung der kommunalen Ebene zu schwach waren, wo und wie kann hier Abhilfe geschaffen werden?

Dass in Deutschland eine **erhebliche Zentralisierung** der finanzpolitischen Kompetenzen in den vergangenen 50 Jahren stattgefunden hat und die **kommunale Ebene** entsprechend in ihrem Handlungsspielraum **eingeengt** wurde, wird nicht bestritten und konnte in den vorangegangenen Kapiteln vielfältig belegt werden. Vor diesem Hintergrund zeigt sich immer wieder, dass nicht nur Ökonomen, die den Verlust an dezentralem Gehalt beklagen, sondern dass viele Bürger, aber auch Politiker, die an das Ganze des föderativen Systems dieses Landes denken, besorgt sind, wo denn in der Verfassungskonstruktion, vor allem aber **in der Verfassungswirklichkeit der „politische Ort"** ist, wo dies vorgebracht und wo Abhilfe durchgesetzt werden kann.

Um einer Beantwortung dieser Frage näherzukommen, ist es zweckmäßig, die einzelnen möglichen Akteure aus der Sicht der **Public-Choice-Theorie** zu betrachten. Diese Theorie geht davon aus, dass die **Akteure** zunächst – jedenfalls in erheblichem Maße – **Eigeninteressen** verfolgen.

Wenn man in diesem Sinne im föderativen Gefüge von oben nach unten vorgeht, so könnte man zunächst an die *Europäische Union* denken. Sie wirkt aber eher einschränkend, weil sie, zum Teil am Bund vorbei, in Kompetenzen der Bundesländer und Gemeinden eingreift (Stöß 1999). Die zentralistisch-bürokratischen Interessen der Brüsseler Organe lassen kaum erwarten, dass sie sich für die größere Autonomie gerade der untersten Gebietskörperschaftsebenen einsetzen.

Innerhalb der *Bundesrepublik Deutschland* kann man sich die *Bundesregierung* als über allem stehend und nur dem Gesamtwohl verpflichtet vorstellen. Sie wäre dann zusammen mit dem Bundesrat gewissermaßen der kontinuierliche Verfassungsgeber, der das Grundgesetz von 1949 mit seinen zweifellos stark dezentralen Elementen fortzuschreiben hätte. Innerhalb des Bundesregierung ist das Bundesinnenministerium für Fragen des föderativen Aufbaus in Deutschland fachlich zuständig. Von dort ist aber kein nennenswerter Beitrag in Richtung stärkerer Dezentralisierung gekommen. Auch das Bundesministerium der Finanzen hat in dieser Sache fachliche Kompetenz, ist aber ebenfalls nicht neutral in dieser Frage, auch wenn es explizit als „der Bund“ argumentiert (Quantz 1995). Unter Public-Choice-Sicht ist aber auch verständlich, dass man von der Bundesregierung keine harte Parteinahme zugunsten des dezentralen Gehalts erwarten kann, weil sie in dieser Sache selbst Partei ist. Die Bundesmaßnahmen wirken nur von oben nach unten und damit gegen eine dezentrale Entscheidungsfähigkeit. Eine solche Vorgehensweise prägt und wird in ihrer „Richtigkeit“ von den Akteuren im Laufe der Zeit verinnerlicht.

Außerhalb der Bundesregierung sind auf Bundesebene zwei weitere wichtige Entscheidungsträger in Betracht zu ziehen. Bundespräsident Herzog hat 1995 von der „Vorfahrt der kleinen Einheiten“ gesprochen (Herzog 1995, S. 418). Ein *Bundespräsident* könnte immerhin eine weitergehende öffentliche Diskussion anstoßen. Wichtiger ist aber vielleicht die Rolle des *Bundesverfassungsgerichts*. Es soll dem Wohl des – föderativen – Ganzen dienen und kann Fehlentwicklungen bei Gelegenheit der Prüfung fragwürdiger Gesetze unüberhörbar anmahnen. Aber es hat sich nicht als Bollwerk gegen Zentralisierungstendenzen erwiesen. Es erhob 1969 keine erheblichen Bedenken, als drei Landesaufgaben zu Gemeinschaftsaufgaben wurden. Auch wenn das Bundesverfassungsgericht selbst nicht Politik machen soll, kann es doch korrigieren und mahnen und wird dies hoffentlich in Zukunft tun.

Die *Bundesländer* haben im föderativen Gefüge eine janusköpfige Position. Gegenüber dem Bund verhalten sie sich streitbar und haben nicht zuletzt durch den geänderten Art. 23 GG zur Europäischen Union sowie laufend durch ihre Einwirkung im **Bundesrat** die Fähigkeit, ihre Position weitgehend zu erhalten. Überdies schaffen sie sich durch ihre **Ministerkonferenzen** (zu Verkehr, Umwelt usf.) eine Art Bundesersatz, was im Übrigen in der Frage der Verschiebung der föderativen Gewichte zu wenig beachtet wird. Allerdings sind sie selbst auch Opfer, wie die Klagen über die **Entleerung der Parlamentsagenda** zeigen. Straffere Bundesgesetze, die Handhabung der Gemeinschaftsaufgaben am Landesparlament vorbei usw. haben hierzu beigetragen. – Gegenüber den Gemeinden verhalten sie sich jedoch oft sehr zentralistisch. Sie werden hier wie der Bund von Eigeninteressen geleitet. Das Festhalten an Zweckzuweisungen, die direkten Einfluss auf die einzelne Gemeinde erlauben, das Gewährenlassen des Bundes, wenn er die Gemeinden in ihrer Bedeutung reduziert, und nicht zuletzt der direkte Einfluss der Fachressorts des Landes über Gesetze und Verordnungen sind Wege, über die die gemeindliche Position geschwächt wird. – Von den Ländern ist daher keine grundsätzliche Änderung zu erwarten. Allerdings können sie im einzelnen Abhilfe schaffen, wie beispielsweise die erweiterten **Konnexitätsklauseln** zeigen.

Die *Gemeindeebene selbst* ist hier die schwierigste Problematik. Welches Interesse verfolgt de facto der einzelne Entscheidungsträger in der Gemeinde, wenn es um die Rolle der höheren Gebietskörperschaftsebenen geht? Generell möchte er möglichst weitgehend frei entscheiden, so wie jeder, der Entscheidungsverantwortung trägt. Daher kann man davon ausgehen, dass mehr Autonomie bei der Art der Aufgabenerfüllung ernsthaft gewünscht wird. Allerdings ist der einzelne Fachvertreter innerhalb der Gemeinde oft eher einer Meinung mit seinem Fachvertreter beim Land und weicht von der Vorstellung seines eigenen Gemeindeparlaments ab. Frido Wagener sprach hier, wie erwähnt, von der **„vertikalen Fachbruderschaft“**. Eine Zweckzuweisung beispielsweise ist für einen Fachvertreter in der Gemeindeverwaltung ein gutes Instrument, um die Bedeutung des eigenen Ressorts hervorzuheben, weil Mittel eingeworben werden, die zur Finanzierung durch Steuern und Schlüsselzuweisungen hinzutreten. – Auch kann man fragen, ob die **Gemeinde** insgesamt ernsthaft eine **kommunale Einnahmenautonomie anstrebt**. Der Entscheidungsträger in der Gemeinde – gleich ob in der Gemeindevertretung oder Gemeindeverwaltung – ist letztlich mit einem nennenswerten Anteil an Schlüsselzuweisungen und mit dem Einkommensteueranteil als größtem Steuerposten (Kap. 4 und 5) recht zufrieden, weil er die hierdurch finanzierten zusätzlichen Ausgaben nicht gegenüber dem eigenen Gemeindebürger verantworten muss. – Aus diesen Einstellungen ist kein Vorwurf an die kommunalen Entscheidungsträger zu formulieren. Aus gemeindeindividueller Sicht ist eine solche Einstellung verständlich und vielleicht sogar vertretbar. Nur ist sie unter ökonomischen Aspekten gesamtgesellschaftlich nicht vertretbar. Dazu muss nochmals auf die **fiskalische Äquivalenz** verwiesen werden, also auf den Zwang, vor den Bürgern zusätzliche Ausgaben für die Bürger mit zusätzlichen Einnahmen eben dieser Bürger begründen zu müssen. Mit jeder zusätzlichen Ausgabe vor die eigenen Bürger treten und um zusätzliche Einnahmen werben zu müssen, ist sehr viel mühsamer, als diese Ausgaben über Zuweisungen und für den Bürger nicht merkliche Gemeindesteuern zu finanzieren. Ökonomisch gesprochen geht es im Sinne der **Institutionenökonomik** bzw. der **konstitutionellen Ökonomik** darum, Regeln zu entwickeln, die die richtigen Anreize für die Akteure setzen, sich so zu verhalten, dass sie aus dem Eigeninteresse heraus handeln können und die Ergebnisse doch dem entsprechen, was man sich für ein geordnetes föderatives System wünscht.

Wenn also dem einzelnen Gemeindevertreter kein Vorwurf daraus zu machen ist, dass er nicht mit äußerstem Nachdruck für Finanzautonomie kämpft, dann ist im föderativen System der Bundesrepublik Deutschland immer aufs neue die **„Auferlegung eines Verantwortungszwangs“** notwendig. Darüber kann nur „weit oben“ entschieden werden. Dazu muss auf irgendeine Weise eine Grundsatzdiskussion entfacht werden, die zwar auch die Bundesländer einschließen muss, weil bei ihnen überhaupt keine Steuervariation möglich ist, die sich aber in erster Linie auf die Gemeinden richten muss, denn sie bilden die unterste Ebene mit der größten Bürgernähe, wo am ehesten der Staatsverdrossenheit entgegengewirkt und die Demokratie gestärkt werden kann.

Dieser Verantwortungszwang lässt sich direkt aus dem Prinzip der fiskalischen Äquivalenz ableiten. Starke, autonom handelnde Gemeinden wird es nur geben, wenn sie

- über die Erfüllung wichtiger Aufgaben selbst entscheiden können und
- über fühlbare und bewegliche Steuern mit ihren privaten Haushalten und Unternehmen verbunden sind.

Siebentes Kapitel

Kommunalfinanzen in Transformationsländern

A. Besonderheiten der Kommunalfinanzen in Transformationsländern

I. Transformationsländer im Unterschied zu anderen Ländern

Wenn im folgenden von Transformationsländern die Rede ist, so richtet sich der Blick weniger auf diejenigen Nachfolgestaaten der Sowjetunion, die inzwischen Mitglieder der Europäischen Union (EU) sind, und hierzu zählt auch die ehemalige DDR als heutiger Teil der Bundesrepublik Deutschland. In diesen Ländern ist die Reform der kommunalen Finanzen weit vorangeschritten, so dass weniger Handlungsbedarf besteht. Auch ist abzusehen, dass die noch verbleibenden erforderlichen Strukturänderungen unter dem Druck der EU-Kommission und des Wettbewerbs in der EU weitaus zügiger erfolgen werden als in Ländern, in denen dieser Druck nicht besteht.

Damit richtet sich die Aufmerksamkeit auf die übrigen **Nachfolgestaaten der Sowjetunion** sowie, als wichtigstem Fall der fernöstlichen ursprünglich zentralverwaltungswirtschaftlichen Staaten, auf **China**. In dieser Ländergruppe herrscht oft noch große Unsicherheit über die Rolle der kommunalen Ebene sowohl für die Versorgung der Bevölkerung als auch für die regionale wirtschaftliche Entwicklung im Unternehmenssektor. Für Beides sind die kommunalen Finanzen einschließlich ihrer Absicherung auf den höheren Ebenen ein gewichtiger Einflussfaktor. Wenn also im Folgenden von **Transformationsländern** gesprochen wird, so ist diese Ländergruppe gemeint[196].

II. Vorteile und Nachteile aus dem Vorläufersystem

Transformationsländer kann man in gewisser Hinsicht mit den Entwicklungsländern und den Schwellenländern (aufstrebende Länder; emerging countries) vergleichen, in anderer Hinsicht aber nicht. Transformationsländer haben, ähnlich wie die anderen Ländergruppen, einen vergleichsweise niedrigen Lebensstandard, etwa gemessen am Sozialprodukt pro Kopf, und sie bemühen sich intensiv um wirtschaftliche Entwicklung. Man braucht aber nur in Gedanken die Länder südlich der Sahara mit Russland, China oder auch der Ukraine zu vergleichen, um zu sehen, dass hier doch gravierende Unterschiede bestehen. Vor allem ist die struk-

196 Zum Überblick über die lokalen Finanzsysteme dieser Länder in Europa s. Sevic 2008 und speziell zu Ukraine Slukhai 2008.

turelle Unterschiedlichkeit innerhalb der Gruppe der **Entwicklungs- und Schwellenländer** sehr groß, so dass man mit Blick auf Geschichte, kulturellen Hintergrund, Erziehungswesen, Infrastruktur usf. eigentlich jedes Land zunächst für sich betrachten muss.

Dies ist bei den **Transformationsländern** ganz anderes. Ihnen ist die in gewissem Sinne gleiche, von kommunistischer Ideologie geprägte Geschichte und, damit verbunden, ein einheitliches Vorläufersystem gemeinsam. Dessen bis auf den heutigen Tag einflussreiche Rolle wird von Außenstehenden oft unterschätzt. Dieses Vorläufersystem war durch **hochgradige Zentralität** der politischen Strukturen und Entscheidungen geprägt. Die Macht kam vom ideologischen Anspruch, aber auch von den tatsächlichen Gegebenheiten her, immer von oben. Dies beförderte eine Haltung, bei der man das Wohl und Wehe der eigenen Region sehr stark als von zentralstaatlichen Entscheidungen abhängig ansah. Das verleitete einerseits bei vielen strategischen Entscheidungen zu Passivität. Andererseits führten die eigenen – oft verheimlichten – Entscheidungsmöglichkeiten häufig zu ineffizienten Entscheidungen, weil viel Energie dafür aufgewendet werden musste, den Einfluss der oberen Ebene zu vermeiden oder umzubiegen.

Diese alles dominierende Zentralisierung hat zu einer erheblichen Pfadabhängigkeit geführt, die vorwiegend Nachteile, aber auch einige Vorteile mit sich gebracht hat. In diesem Zusammenhang sprach Christine Wallich von der Weltbank auf der Weltbankmission 1992 nach Rußland häufig von einer **Ballasttheorie**. Wenn beispielsweise der Haushalt des Zentralstaates oder auch einer Gemeinde eine sehr spezielle Struktur aufwies, von der die Handelnden nur ungern abließen, so ließ sich das schnell auf Gewohnheiten aus der alten Zeit zurückführen, die damals vielleicht innerhalb des Systems rational waren, heute aber oft dysfunktional wirken. Es ist wie mit dem Segelschiff, das an einem langen Seil unter Wasser und daher unsichtbar Ballast hinter sich herzog, um den Kurs besser halten zu können. Die Richtung, die das Schiff unter diesen Umständen nahm, ließ sich nur erklären, wenn man das Vorhandensein des Ballasts kannte und in die Berechnung einbezog.

Diese alten Strukturen sind aber nicht nur Ballast, sondern sie können in einzelnen Bereichen auch Vorteile in die neue Zeit transportieren. Was sich im Haushaltswesen oft negativ als Ballast dokumentiert, beruht bis heute gleichzeitig auf einer Verwaltungsstruktur, die in allen Transformationsländern flächendeckend aufgebaut worden war und es erlaubte, die Versorgung der Bevölkerung, aber auch eine von oben eventuell gewünschte regionale Wirtschaftsentwicklung als Aufgaben zu erfüllen. Das ist unter dem Aspekt der kommunalen Finanzen besonders wichtig, weil es dort früher in der Regel keine mittleren Staatsebenen wie in einem föderativen Staat gab, die erhebliche Handlungsspielräume haben, sondern hier fand auf der kommunalen Ebene, nicht zuletzt unter dem ständigen Anforderungsdruck der Bevölkerung und der örtlichen Unternehmen, oft recht effiziente Politik statt. Der Verfasser hatte 1992 vor der Weltbankmission nach Russland in Marburg die Gelegenheit, mit einer Gruppe russischer Studenten ausführlich über diese Fragen zu sprechen. Auf die Frage, wo der Bürger und auch das Unternehmen den Staat erlebt und wohin er sich im Bedarfsfalle wendet, erfolgte die einhellige Antwort: an den Rayon, was zum einen dem Landkreis und zum anderen einem verfassten Stadtbezirk entspricht.

Ein weiterer Vorteil, der aus der alten Struktur überkommen ist, liegt im Erziehungswesen. Bis heute kann bei der Rekrutierung von Personal auf einen Ausbildungsstand in den Schulen und zum Teil auch in den Universitäten zurückgegriffen werden, von dem viele Entwicklungsländer nur träumen können. Davon profitiert auch die öffentliche Verwaltung, deren Personal unter den Anforderungen einer modernisierten Verwaltung zum Teil neu rekrutiert, zum Teil fortgebildet werden muss. Hier kann daher – jedenfalls bisher – auf eine recht gute Basis, was die Bildung angeht, zurückgegriffen werden. Auch die Verkehrsinfrastruktur, also Straßen und Eisenbahnen, wurden oft bis in entlegene Regionen ausgebaut und sind immer noch funktionsfähig, wenngleich zumeist reparaturbedürftig. – Sicherlich gelten diese Aussagen heute nicht mehr für große Teile Chinas, aber für große Teile Russlands und der Ukraine beispielsweise kann man diese These durchaus vertreten.

III. Territorialreform als Voraussetzung für Finanzreform?

1. Flächendeckende Territorialreform

Eher auf die speziellen Aspekte der kommunalen Finanzen eingegangen wird, ist eine Frage zu klären, die in den Transformationsländern sehr oft gestellt wird. Kann man mit dem Zuschnitt der einzelnen Gebietskörperschaft auf der kommunalen Ebene und ggf. auch auf der mittleren Ebene, so wie sie aus dem System übernommen worden sind, heute weiterarbeiten? Und kann man ohne eine grundlegende Verwaltungsreform, bei der sowohl das Verhältnis zwischen Zentrale, Mittelebene und kommunaler Ebene als auch beispielsweise das Verhältnis einzelner Ministerien zu den Budgets der jeweiligen Ebene geklärt worden ist, überhaupt eine Reform der kommunalen Finanzen durchführen? Die Antwort hierauf fällt differenziert aus.

Was man sicher sagen kann, ist, dass eine grundlegende **Territorialreform (Gebietsreform)** nach übergeordneten Kriterien und einheitlich über das ganze Land glücklicherweise nicht erforderlich ist, um die kommunalen Finanzen strukturell zu verbessern. Im anderen Falle wäre eine nach allen europäischen Erfahrungen über viele Jahre sich hinziehende Territorialreform erforderlich (Schimanke 2008), ehe man überhaupt über Struktur und Umfang der kommunalen Budgets nachdenken könnte. Leider haben sich aber, nicht zuletzt wohl unter dem Einfluss ausländischer Berater, Vorstellungen über ein ideales Territorialsystem verbreitet, denen insbesondere wissenschaftliche Institute anhängen, die an den entsprechenden Konzepten mit umfangreichen öffentlichen Aufträgen arbeiten. Die Tendenz geht dabei immer zu einer weitreichenden Vergrößerung der Einheiten, weil man sich davon Größenvorteile innerhalb der Verwaltung und bei der Infrastruktur erhofft. Zwar wird dann immer die bevölkerungsnahe Versorgung als zusätzliches Ziel genannt, aber in der Abwägung dominiert oft die Vergrößerung der Einheiten, nicht zuletzt deshalb, weil man befürchtet, dass sonst so viele eigenständige Verwaltungen entstehen würden, die dann das ihnen zugewiesene Steueraufkommen vor allem zur Absicherung der eigenen Gehälter verwenden. Diese Gefahr besteht in Ländern, in denen die Rechtskultur noch nicht sehr weit entwickelt ist, zweifellos auch.

Dem sind aber die in Kapitel 1 dargestellten Vorteile einer Dezentralisierung gerade auf der bürgernahen kommunalen Ebene entgegenzuhalten. Es ist die überschaubare regionale Einheit, also die zwar nicht allzu kleine, aber auf keinen Fall allzu große Gemeinde, in der Bürger lernen, mit eigenem öffentlichen Geld umzugehen. Gerade für Transformationsländer mit ihrer Tradition, alles Gute nur von oben zu erwarten, kann dieses Argument nicht hoch genug eingeschätzt werden. Hier ist noch sehr viel Überzeugungsarbeit zu leisten, weil die Vorstellung, dass die größere Rationalität auf der oberen Ebene liege und auf der untersten Ebene eigentlich von oben immer Ordnung geschaffen werden müsse, historisch bedingt sehr weit verbreitet ist.

Generell ist aber in diesem Zusammenhang anzumerken, dass alle Transformationsländer aus einer unitarischen Vergangenheit kommen und – oft aus gutem Grund wegen der Gefahr der ethnischen Abspaltung[197] – nach der Wende nicht bereit waren und sind, auf ein wirklich föderatives System überzugehen. Dem ist aber, am Rande vermerkt, entgegenzuhalten, dass ihnen eine starke Dezentralisierung auch hin zu einer eigenständigen Mittelebene insbesondere dann große Vorteile bringt, wenn im Land große regionale Unterschiede bestehen. Dies gilt zweifellos für Rußland (Zimmermann 2005b (2)) und China, etwas weniger, aber immer noch stark für die Ukraine, aber sicherlich nicht für die baltischen Staaten.

197 Zum Zusammenhang von Föderalismus und nationaler Einheit s. Bird/Ebel 2006.

2. Kleinräumige territoriale Korrekturen

Wenn hier auf der einen Seite gegen eine zu früh geforderte grundlegende Territorialreform argumentiert worden ist (die man später in Ruhe vorbereiten und durchführen kann), so ist doch festzuhalten, dass auf der anderen Seite in vielen Fällen spezielle Einzeltatbestände festzustellen sind, die einer sinnvollen Neuordnung der kommunalen Finanzen entgegenstehen. Hierfür seien zwei Beispiele aus der Ukraine angeführt.

Etwa 90 % der Fläche des Landes sind nicht der jeweiligen nahe gelegenen Gemeinde zugeordnet, sondern „gehören" dem Landkreis, der Zwischenebene des Oblast oder gar der Zentralregierung. Wenn dann auf diesem Territorium lukrative Unternehmen tätig sind, so fließen die entsprechenden Steuern nicht der Gemeinde zu, die aber ihrerseits oft für die Versorgungsleistungen an die Mitarbeiter des Unternehmens verantwortlich ist, die in der Gemeinde selbst wohnen. Infolgedessen gehört vor eine grundlegende Neuordnung der kommunalen Finanzen eine flächendeckende Zuordnung der vorhandenen undefinierten Flächen zu den nahe gelegenen Gemeinden. – Ein zweites Hindernis für eine frühe Form der kommunalen Finanzen bilden regionale Exklaven und Enklaven. Sie sind in der Ukraine häufig, d. h. auf dem Gebiet eines Landkreises (Rayon) befinden sich territoriale Ausschnitte, die unter die Hoheit eines außen gelegenen Landkreises fallen. Auch diese Ungereimtheiten können ohne großflächige Territorialreform beseitigt werden und sollten zumindest parallel zu einer ersten kommunalen Finanzreform erfolgen. – Beide Korrekturen bedeuten mithin keine Territorialreform etwa im deutschen Sinne, sondern lediglich eine kleinräumige Begradigung. Sie stößt daher allenfalls auf Rivalitäten zwischen benachbarten Gemeinden oder Landkreisen und rührt nicht an nationale Streitthemen und Parteidifferenzen.

B. Transformation des Aufgabenbestandes und der Ausgabenstruktur

Mit den territorialen Korrekturen der genannten Art sind nur geringfügige Korrekturen im Verwaltungsaufbau verbunden, denn es werden lediglich in die bestehende fachliche Verwaltung zusätzliche territoriale Einheiten einbezogen. Wichtiger ist jedoch die Frage, wieweit eine Verwaltungsreform auch bei den öffentlichen Aufgaben nötig ist, ehe man über kommunale Finanzen im Sinne von Zuweisung von Ausgabenverpflichtungen und Einnahmerechten sprechen kann.

Am Anfang jeder Organisation eines kommunalen Finanzsystems steht logischerweise die Zuordnung von Aufgaben auf die kommunale Ebene (s. oben Kapitel 3).

Von daher kann man durchaus sagen, dass zumindest parallel zur Neuordnung der kommunalen Ausgaben und Einnahmen auch eine Aufgabenbereinigung erfolgen sollte, vertikal zwischen den Ebenen und horizontal auf der jeweiligen Ebene.

Das ist aber gerade in Transformationsländern leichter gesagt als getan. Dies sei wiederum an einer Situation in Russland und der Ukraine gezeigt, gilt aber auch für China. Die zentralen Ministerien hatten in der Zeit der Zentralverwaltungswirtschaft eine alles überragende Rolle. Sie umfasste nicht nur dasjenige Ministerium, das den nationalen Plan aufstellte, sondern sie betraf auch die übrigen Ministerien, weil diese ja in der Region den Willen der Zentrale auf der jeweiligen fachlichen Ebene durchzusetzen hatten. – Jedes für sich hatten diese Ministerien zahllose regionale Einheiten, mindestens auf der Mittelebene (Oblast), meist aber auch bis hinunter auf die Landkreisebene (Rayons). Dieses System grundsätzlich zu reformieren in dem Sinne, dass die zentrale Ebene sich auf ihre zentralen strategischen Aufgaben zurückzieht und das operative Geschäft der Mittelebene und dem Landkreis überlässt, lässt sich wahrscheinlich nicht in sehr kurzer Zeit in starkem Maße durchführen. Nicht zuletzt ist auch ein Land wie Frankreich immer noch dadurch geprägt, dass die regionalen Einheiten der zentralstaatlichen Ministerien eine große Rolle spielen.

Wenn man darüber nachdenkt, wie eine effektive und effiziente Zuordnung von Aufgaben und entsprechenden Ausgaben auf die Ebenen von Gebietskörperschaften erfolgen könnte, so kann auf die Ausführungen im dritten Kapitel verwiesen werden. Dort waren Kriterien für die Zuordnung von Aufgaben dargestellt worden und wurde eine Skala der öffentlichen Aufgabenbereiche nach deren Nähe zur Möglichkeit der kommunalen Aufgabenerfüllung aufgestellt (s. dort Abbildung 3.1). Diese Ergebnisse müssen um die Voraussetzungen des einzelnen Transformationslandes modifiziert werden. In kleinen Ländern wie den baltischen Staaten wird man auf eine umfangreich ausgestattete Mittelebene verzichten, während dies in sehr großen Staaten wie Russland und China jedenfalls auf Dauer unverzichtbar ist, gleich ob diese nun starke eigene Entscheidungsbefugnisse hat oder nicht.

Immerhin kann man hier auf die eine oder andere Besonderheit verweisen, die im Sinne der genannten Ballasttheorie bei einer Neugestaltung der Aufgabenverteilung zu korrigieren wäre. So war es im früheren System üblich, in den gesetzlichen Vorgaben, beginnend mit der Verfassung, sehr lange Aufgabenlisten für die einzelnen Ebenen aufzuführen. Das entspricht der dortigen allgemeinen gesetzgeberischen Tendenz, nicht, wie in Deutschland, im Gesetz den allgemeinen Rahmen zu schaffen und dann über die Zeit durch Verordnungen flexibel die Details zu bestimmen, sondern es gilt zumeist die Regel: „Was nicht im Gesetz aufgeführt ist, gehört nicht zu den Kompetenzen“. – Überdies sind oft viele dieser Aufgaben als „gemeinsame Aufgaben“ der zentralen Ebene und der dezentralen Ebenen gekennzeichnet. Das kommt dem früheren Denken entgegen, wonach die Ministerien laufend in die Politik der unteren Ebenen eingreifen konnten. Über die Definition gemeinsamer Aufgaben ist das dann auch jetzt noch weitgehend möglich, wie die Erfahrungen in Russland und der Ukraine zeigen.

Einen kleinen Vorteil hat die genaue **Festlegung der Aufgaben in Aufgabenkatalogen** immerhin, jedenfalls bis sich das System der zugeordneten Aufgaben gefestigt hat (Zimmermann 2005b (3)). Wenn in dieser Weise Aufgaben im Gesetz und vielleicht sogar in der Verfassung einer Ebene zugeordnet sind, können sie nicht im täglichen politischen Geschäft re-zentralisiert werden, wozu auch im neuen System nach wie vor eine Tendenz besteht. Soweit es sich allerdings um die erwähnten „gemeinsamen Aufgaben“ handelt, ist damit zugleich der beschriebene Einwirkungsgrad der zentralen Ministerien festgeschrieben, was zusätzlich gegen deren Konstruktion spricht.

Nicht zuletzt ist, was die Aufgabendefinition angibt, auf die oft noch starke Wirkung sog. sozialer Normen (Normativyi) zu verweisen. In der gesamten Sowjetunion hatte es für jeden Aufgabenbereich und jede kleine Unterfunktion detaillierte gesetzlich festgelegte soziale Normen gegeben, beispielsweise über den einzusetzenden Preis für einen anzulegenden Verband im Krankenhaus. Dann wurde über das Aufaddieren der als zulässig erklärten Einzel-Volumina das Budget für beispielsweise ein Krankenhaus zusammengestellt. Die Übung in westlichen Ländern, relativ pauschale Summen für „ein Krankenhaus“ einzusetzen, setzt sich nur langsam durch.

Mit Blick über die Gesamtheit der einzelnen Aufgabenbereiche stellt sich ein hoher Anteil an Ausgaben im sozialen Bereich in heraus. Das ist dem früheren Denken in Gleichverteilung geschuldet, das sich damals in stark subventionierten Preisen für die Güter des täglichen Bedarfs, für öffentlichen Personennahverkehr usw. ausgedrückt hatte und das jetzt in einem hohen Anteil der Sozialtransfers am Budget zum Ausdruck kommt, wie man ihn im Westen eigentlich nur von weit entwickelten Wohlfahrtsstaaten kennt. Diese sind inzwischen längst reformbedürftig, so dass man die Transformationsländer nur warnen kann, aus wahltaktischen Gründen auf diesem Wege fortzufahren, weil sonst die Probleme des überdimensionierten Wohlfahrtsstaates schon auf einer Entwicklungsstufe auftreten, auf der eigentlich alle Kräfte für die weitere Entwicklung gebündelt werden müssten.

Mit Blick gerade auf den sozialen Bereich sind, wie in westlichen Ländern auch, **Verpflichtungen** oberer Ebenen für untere Ebenen (**mandates**) von besonderer Bedeutung. Sie können direkt die Erfüllung einer Aufgabe erzwingen, oder sie wirken indirekt über die Auflagen, die einer Mitfinanzierung mitgegeben werden

(Huber/Lichtblau 2005). Besonders im sozialen Bereich erlaubt dies den oberen Ebenen, sich mit der sozialen Wohltat zu schmücken, was wählerwirksam ist, und die Bezahlung bürdet man unteren Ebenen und deren Budgets auf. Dadurch werden auch „zuviele“ Ausgaben dieser Art getätigt, weil für die obere Ebene die Erreichung ihrer Ziele „zu billig“ möglich ist, denn sie greift ja auf Einnahmen zurück, die sie nicht vor ihrer eigenen Wählerschaft zu verantworten hat (s. auch Kapitel 5 zu den Wirkungen von Zuweisungen). Da in Transformationsländern das Verteilungsziel, wie erwähnt, besonders hoch gewichtet wird, ist es hier in besonderem Maße hilfreich, wenn die Ebene, die über die Aufgabenerfüllung entscheidet, nach dem Prinzip der fiskalischen Äquivalenz und unter dem Gebot der Konnexität auch die Mittel bereitstellen muss. Das würde in diesem Fall bedeuten, dass die Durchführung der sozialen Aufgabe weiterhin dezentral erfolgen kann, dass aber die entsprechenden Mittel von oben bereitgestellt werden.

C. Transformation des Einnahmesystems

I. Unterentwickelte Entgelte

In der Sowjetunion gab es bereits etliche Entgelte in Form von Gebühren, Beiträgen usf. Folglich ist in den Nachfolgestaaten im Prinzip diese Praxis üblich und kann fortentwickelt werden. Dies ist um so wichtiger, als unter ökonomischen Aspekten, wie in Kapitel 4 ausgeführt, Entgelte den Vorrang vor Steuern oder gar Schuldaufnahme haben sollten, wenn es um die Finanzierung öffentlicher Aufgaben geht.

Allerdings ist bei den Entgelten in den Transformationsländern eine gespaltene Entwicklung zu beobachten. Auf der einen Seite werden die Gebühren für Versorgungsleistungen eher niedrig gehalten, wenn sie denn überhaupt auf den entsprechenden Gebieten schon eingerichtet sind. Das ist unter dem sozialen Aspekt verständlich, denn es trifft oft Bevölkerungsschichten, die ohnehin durch den Transformationsvorgang in eine schlechtere Lage geraten sind. Die richtige Lösung besteht aber darin, zwar die Entgelte zu erheben, und gleich in der Nähe der Kostendeckung, dann aber die bedürftigen sozialen Schichten entweder davon zu befreien oder – besser noch – Subjektförderung durch allgemeine Einkommenstransfers ohne Zweckbindung zu gewähren.

Eine gegenteilige Entwicklung in dem Sinne, dass ein Entgelt ungebührlich intensiv benutzt wird, liegt bei den Erwerbseinkünften vor. Hier haben insbesondere Kommunen in der Anfangsphase des Transformationsprozesses oft die Gelegenheit genutzt, sich an lukrativen Wirtschaftsunternehmen zu beteiligen oder gar entsprechende Aktivitäten, wie beispielsweise den Aufbau eines Shopping Centers, selbst in die Hand zu nehmen. Das hat im übrigen seine traurige Entsprechung auch in der deutschen Realität, wo die Kommunen nur ungern von diesen wirtschaftlichen Aktivitäten lassen, wenn sie denn nur Einnahmen versprechen. Aber so wie in Deutschland die Landesgesetze hier gegenzusteuern versuchen, ist auch in den Transformationsländern, wo ohnehin die ordnungspolitische Sicht noch wenig entwickelt ist, eine entsprechende harte Gesetzgebung dringend nötig, um den ohnehin entwicklungsbedürftigen Privatsektor nicht auch noch durch kommunale Wirtschaftstätigkeit einzuschränken.

II. Steuern als hauptsächliche Einnahmeart der Zukunft

Echte Steuern im westlichen Sinne hatte es in der Sowjetunion systembedingt nur sehr begrenzt gegeben. Während in den meisten Entwicklungs- und Schwellenländern in diesem Punkt die Möglichkeit besteht, auf bestehende Traditionen aufzubauen[198], war dies in den Nachfolgestaaten der Sowjetunion nur sehr begrenzt möglich. Sofern eine auf das Land bezogene Steuer bestand, auch wenn sie nicht dezentral entschieden werden konnte, so kann man daran insofern anknüpfen, als Bevölkerung und Unternehmen an die Existenz einer solchen Steuer gewöhnt sind und – was mindestens ebenso wichtig ist – auch die Verwaltung damit umzugehen weiß. Da **auf Grundstücke bezogene Steuern**, wie in Kapitel 4 ausgeführt, sozusagen geborene Gemeindesteuern sind, ist diese Basis unbedingt auszubauen. Unter diesem Aspekt ist es beispielsweise als Rückschritt zu werten, dass in China im Jahre 2006 gerade diese Steuer durch zentrale Verordnung abgeschafft beziehungsweise ausgesetzt wurde, weil die Lage der zweifellos sehr armen Landbevölkerung verbessert werden sollte. Es wäre besser gewesen, diese Steuer beizubehalten und auszubauen und gleichzeitig auf anderem Wege, beispielsweise durch Sozialtransfers, die sozialpolitischen Ziele zu verfolgen.

Im Transformationsprozess hatte sich eingebürgert, dass die anfangs entwickelten Steuern der Zentralebene im Wege späterer Reformen zu einem Teil den unteren Ebenen zugesprochen wurden, dass also ein Steuerverbund geschaffen wurde. Nun lautet eine Grundregel, dass die Kommunen ihre Steuern nach dem örtlichen Aufkommen erhalten sollten und dass Anreize bestehen sollen, diese Steuerbasis auszunutzen. Dem wurde aber beispielsweise in Russland sehr lange dadurch entgegengewirkt, dass Steuern, die zunächst dezentral erhoben wurden, je nach der finanziellen Lage der einzelnen Gebietskörperschaft in geringerem oder größerem Maße verblieben. Dieses System der regional differenzierten Einbehaltungssätze

198 Als Beispiel kann die Grundstücksbesteuerung in Nepal dienen. Vgl. dazu Zimmermann 1998.

führte zu einem verdeckten ersten horizontalen Finanzausgleich, ohne dass dieser in das Gesamtsystem des ohnehin vorhandenen Finanzausgleichs horizontaler Art integriert worden wäre. Überdies führte die starke Rolle des Steuerverbundes dazu, dass wenig Hebesatzrechte für die unteren Ebenen eingerichtet werden konnten. Von daher war und ist es eine wichtige Aufgabe für die Transformationsländer, den unteren Ebenen eigene Steuern zuzuordnen, auch wenn diese am Anfang vielleicht noch kein sehr großes Volumen aufweisen. Nur dann ist es nämlich

möglich, ihnen auch ein **Hebesatzrecht** zu **geben**, was für die Entwicklung eines effizienten dezentralen Finanzsystems, wie in Kapitel 4 ausgeführt, unverzichtbar ist. Ob diese eigenen Steuern dann nur einer Ebene zufließen oder eine der Ebenen einen Steuerzuschlag erhebt (piggy backing oder Huckepack-Verfahren), ist dann eher zweitrangig[199].

III. Schuldaufnahme als kontroverse Einnahmeart

Man wird später einmal sagen, dass die frühe Bekanntschaft der kommunalen Ebene in Transformationsländern mit den Möglichkeiten einer Verschuldung am Kapitalmarkt vielleicht überstürzt geschah. Nicht zuletzt unter dem Einfluss ausländischer Consultants mit Bankhintergrund wurden die Kommunen beispielsweise in Russland früh mit den Verfahren bekannt gemacht. Dies geschah in einer Zeit, als eine geordnete Haushaltsführung mit entsprechender wirksamer Rechnungsprüfung noch lange nicht Gang und Gäbe war. Wenn man die deutsche Diskussion um Schuldbegrenzung, wie sie 2007 bis 2009 geführt wurde, dagegenhält, so ist zu folgern, dass die Argumente in den westlichen Ländern gegen eine kontinuierliche Schuldaufnahme für die Transformationsländer und hier für die Gemeindeebene umso stärker gelten müssen.

Erst wenn Gemeindefinanzen und Bankensystem ein gewisses Maß an Solidität gewonnen haben, kann man an ein Lockerung denken. Dann sind insbesondere gute **Rating-Verfahren** ein Instrument, um die Gemeinden in dosierter Weise an den Kapitalmarkt heranzuführen. Die Verfahren müssen speziell auf die kommunale Situation abgestellt sein und von unabhängigen Institutionen durchgeführt werden (als Beispiel s. etwa Dubko 2008).

---

199 Die Möglichkeit, dass bei einem Steuerverbund auch ein Hebesatzrecht eingeführt wird, wie dies für die deutschen Gemeinden diskutiert wurde, erscheint für ein Transformationsland als nicht unmittelbar realistisch.

D. Transfers und kommunaler Finanzausgleich

Die sowjetische Vergangenheit hatte für den horizontalen Finanzausgleich zwischen den Einheiten der Mittelebene (Oblaste) so ausgesehen, dass ein einflussreicher Mann im Bundesfinanzministerium in Moskau in regelmäßigen Intervallen Abgesandte der jeweiligen Oblaste empfing und mit ihnen die Höhe der von ihm zu entscheidenden Transfers „besprach". Das war ein System ohne vorweg genau definierte Kriterien und Indikatoren, das dementsprechend auch zu eigenartigen Ergebnissen führte. Unter dem Einfluss westlicher Consultants wurden dann sehr umfangreiche Indikatorensysteme entwickelt, mit denen Transfers an die Mittelebene und die untere Ebene gewährt wurden. Dies gilt für Russland ebenso wie für die Ukraine[200].

Durch solche ausdifferenzierten Indikatorensysteme entsteht der Eindruck scheinbarer Gerechtigkeit, weil sehr viele je für sich einleuchtende Tatbestände mit je einem Indikator berücksichtigt werden. Ein solches System führt aber zu großen Problemen. Sie bestehen zum einen darin, dass der bei einem überschlägigen Blick angemessene Ausgleich mit Blick auf die einzelnen Gebietskörperschaften gar nicht immer erreicht wird, weil die **Vielzahl der Indikatoren** in unterschiedliche Richtungen weisen und leicht zu gar nicht beabsichtigten Ergebnissen führt. Des weiteren besteht ein Problem darin, dass der Empfänger des Transfers gar nicht abschätzen kann, warum er so viel erhält und die Nachbareinheit mehr oder weniger als er selbst. Hier kann mit dem deutschen System des kommunalen Finanzausgleichs geworben werden, wo mit in der Regel einem Hauptindikator (veredelte Einwohnerzahl) und wenigen Zusatzindikatoren umfangreiche Transfervolumina in einer von allen Beteiligten akzeptierten Weise verteilt werden.

Ein weiteres Problem dieser komplexen Ausgleichssysteme in Transformationsländern besteht darin, dass sie in der Regel auf einen sehr **hohen Ausgleichsgrad** zielen. Das ist Ausfluss der erwähnten egalitären Philosophie. Weil in einem solchen System der Ausgleichsgrad rechnerisch genau gezeigt werden kann, soll er denn auch entsprechend durchgesetzt werden. Es ist in aller Regel nur das unzureichende Finanzvolumen, was diesen Ausgleichsgrad verhindert, der, wenn durchgesetzt, bekanntlich die in Deutschland intensiv diskutierten negativen Anreize mit sich bringt.

Wie schon zuvor am Beispiel des hohen Anteils an Sozialausgaben ausgeführt, ist diese egalitäre Philosophie an vielen Stellen des kommunalen Finanzsystems spür-

---

200 Für Rußland vgl. Tretner 2005. Für die Ukraine finden sich die detaillierten Indikatoren in der Verordnung des Ministerkabinetts Nr. 1195 vom 5. September 2001 mit späteren Änderungen.

bar. Zwar hat Simon Kuznets schon 1955 in seiner Presidential Address vor der American Economic Association prognostiziert, dass im Zuge des wirtschaftlichen Fortschreitens von Entwicklungsländern zu Hocheinkommensländern die Einkommensverteilung zunächst ungleicher und dann gleicher wird, dass also eine Tendenz zur verstärkten Umverteilung auf einem späteren Entwicklungsstand zu erwarten ist, und seine Zahlen zeigen dies auch. Aber er hatte zweifellos nicht die Situation der Transformationsländer 1990 antizipieren können, die damals auf einem noch sehr niedrigen Entwicklungsstand angefangen hatten und sich dennoch einen Ausgleichsgrad leisteten (oder ihn zumindest anstrebten), den man am ehesten in einem hoch entwickelten Wohlfahrtsstaat vermuten würde[201]. Interessant ist, dass dieser Anspruch auf einen hohen Ausgleichsgrad zwar auch von der kommunalen Seite erhoben wird, dass er aber auch auf der zentralen Ebene spürbar ist und mit Argumenten begründet wird, wie sie eben aus dem Wohlfahrtsstaat bekannt sind, in Wirklichkeit aber aus der sowjetischen Tradition abgeleitet sind.

Ein Sonderproblem sei abschließend zu diesem Gebiet des Finanzausgleichs angesprochen: die Betonung der **sich selbst finanzierenden Gebietskörperschaft** (Zimmermann 2005b (2)). Bei den Vorüberlegungen zur Territorialreform, die weiter oben angesprochen wurden, wird immer wieder als ein Indikator angeführt, dass die neu zu schaffenden territorialen Einheiten in der Lage sein sollten, die Ausgaben, die für die ihnen zugeordneten Aufgaben erforderlich sind, aus den ihnen zugewiesenen Steuern zu finanzieren. Das ist eine in westlichen Ländern als Grundregel nie erhobene Forderung und kann allenfalls als ergänzender Indikator eine Rolle spielen. In Deutschland ist beispielsweise unbestritten, dass es wenig entwickelte periphere Landstriche gibt, in denen schon seit langer Zeit, so auch heute und so auch in absehbarer Zukunft die finanzielle Leistungsfähigkeit nicht ausreicht, um die eigenen Ausgaben zu decken, so dass ein dauerhafter Nettotransfer im kommunalen Finanzausgleich gewährt werden muss. Zwar ist bei knappen Finanzmitteln verständlich, dass man auf solche Fälle von Selbstfinanzierung hofft. Mit Blick auf den richtigen Zuschnitt der Gebietskörperschaft und auch bei den Regeln zu den Transfers kann eine solche Sicht aber zu Fehlentscheidungen führen. So ist beispielsweise nicht einzusehen, warum bestimmte Gebietskörperschaften, wenn sie über längere Zeit mehr als 50 % ihres Ausgabevolumens durch Transfers finanzieren müssen, gesondert behandelt werden sollen.

201 Vgl. für die Bundesrepublik Deutschland bis in die 1980er Jahre die Berechnungen durch Zabel, der diesen im Laufe der Entwicklung zunehmenden Ausgleichsgrad für den Länderfinanzausgleich aufzeigte (Zabel 1985).

E. Einige Folgerungen für den weiteren Transformationsvorgang bei den Kommunalfinanzen

I. Folgerungen für die einzelnen Ausschnitte der Kommunalfinanzen

Als Obersatz kann man über solche Empfehlungen schreiben, dass diese sich neu strukturierenden Länder diejenigen Fehler vermeiden sollten, die in den entwickelten Ländern gemacht und später schmerzhaft kuriert wurden. Einige dieser Fehler wurden zuvor schon angesprochen.

Im Bereich der öffentlichen Aufgaben sollten den Kommunen viele Aufgaben übertragen werden, die sie eigenständig lösen können. Dann sollten nicht gleich wieder Direktiven von oben hineinregieren, so wie dies in Deutschland beispielsweise mit den Standards von Bund und Land für die Aufgabenerfüllung auf der Gemeindeebene geschieht, wo die Klagen auch dementsprechend laut sind. Und die Verpflichtungen zur kommunalen Erfüllung von oben für wichtig erachteten Aufgaben (mandates) sind, als die schärfere Form der Beeinflussung, unbedingt gering zu halten, wenn man die Bereitschaft zur Übernahme kommunaler Verantwortung stärken will.

Bei den Steuern sollte man früh auf eigenverantwortlich zu entscheidende Einnahmequellen, also neben den Entgelten vor allem die Steuern, setzen. Dazu sind eigene Steuern erforderlich, die ein beachtliches Aufkommen erbringen und mit einem Hebesatzrecht versehen sind. Deutschland bemüht sich derzeit recht mühsam darum, dies auf der Ebene der Bundesländer überhaupt erst einzuführen, aber immerhin ist auf der kommunalen Ebene nicht zuletzt durch die frühe Absicherung im Grundgesetz hier eine steuerliche Eigenständigkeit auch mit Hebesatzrecht garantiert. – Im Bereich der Einnahmen sollte man mit der Erlaubnis zur Schuldaufnahme sehr vorsichtig sein. Vielleicht ist es hilfreich, sie auf gesonderte institutionelle Einheiten zu beschränken, die solche Investitionen tätigen, die durch spätere spezielle Einnahmen mit Sicherheit finanziert werden können (s. oben Kapitel 4).

Im Bereich des kommunalen Finanzausgleichs schließlich ist deutliche Vereinfachung angezeigt, und der Nivellierungsgrad sollte spürbar herabgesetzt werden.

II. Vor erneuter Zentralisierung schützen

Zum Abschluss dieses Kapitels werden die Kommunalfinanzen nochmals, wie schon im Kapitel 2, in einen größeren Zusammenhang gestellt, der aber hier speziell auf die Transformationsländer zielt. Am Anfang steht eine Gefahr, die sich aus der zentralistischen Vergangenheit ergibt, die viele Menschen und Institutionen bis heute mental prägt.

Rußland und die Ukraine, um diese beiden Länder als Beispiel zu nehmen, haben nach 1990 Schritte unternommen, um die unteren Ebenen mit angemessenen Aufgaben und dazu passenden Einnahmen zu versehen. Dann aber ist es wichtig, von Anfang an diese unteren Ebenen, also die der Oblaste und der Gemeinden, vor erneuter Zentralisierung zu schützen.

Eine solche Re-Zentralisierung muss keineswegs nur durch einseitiges Vorgehen der Zentralebene erfolgen. In Deutschland haben die Länder als die mittlere Ebene allen Zentralisierungsvorgängen, durch die sie Kompetenzen verloren hat, ausdrücklich im Bundesrat zugestimmt. Meist erhofften sie sich eine kurzfristige finanzielle Entlastung. Dabei hätten sie ahnen müssen, dass auf mittlere Frist die Einnahmen den Ausgabenverpflichtungen folgen und dass im Endergebnis die Länderebene dauerhaft geschwächt wurde.

Ähnliches galt für die Gemeinden in Deutschland. Zwar sind die Gemeinden nicht in einer eigenen Kammer vertreten (so wie dies für die Länder und ihren Bundesrat gilt). Aber der öffentliche Protest war auch nicht allzu groß, als den Städten durch ihr Bundesland die Polizei und in Nordrhein-Westfalen die Lehrerbesoldung weggenommen wurden. Was im Kapitel 4 als die **„Auferlegung eines Verantwortungszwangs“** bezeichnet wurde, ist also bei der Ausgestaltung der Gemeindeebene (einschließlich der Landkreise) tunlichst festzuschreiben: Mittelebene und Gemeindeebene dürfen sich der Aufgaben, die ihnen zugeordnet sind, nicht entledigen[202]. Das ist in Ländern, wo der Zentralismus die Menschen und Institutionen über Jahrzehnte geprägt hat und wo man das Heil immer von oben und nicht durch individuelle Anstrengung erwartet hat, besonders bedeutsam. Und ohnehin dürfen den unteren Ebenen Aufgaben nicht von oben entzogen werden. Dafür ist ein Regierungssystem, bei dem ein einmal als richtig erkanntes Reformkonzept im Gesetzgebungswege auch weitgehend unverändert durchgesetzt werden kann, besonders gut geeignet, und es bietet für solche rigorosen Regelungen eine besonders große Chance. Im Vergleich dazu ist das deutsche Regierungssystem in vielerlei Hinsicht sehr viel

---

202 In der Ukraine lassen zahlreiche kleinere Gemeinden etliche ihrer Aufgaben durch die staatliche (!) Rayon-Verwaltung erfüllen, also die Landkreis-Ebene.

stärker auf Kompromisse angelegt, was weitgehende Reformansätze schnell verwässert und den viel beklagten Reformstau hervorruft (der sich hier nicht nur auf das föderative System, sondern beispielsweise auch auf den Arbeitsmarkt bezieht).

Ein wichtiges Element für eine fiskalische Dezentralisierung liegt in der **Kontrolle der Rechtmäßigkeit** des Handelns, sowohl der Mittelebene als auch der Gemeinden. Zweifellos gibt es in Transformationsländern ein stärkeres Erfordernis, durch die Zentralregierung gegen Fehlverhalten, Korruption usw. auf den unteren Ebenen vorzugehen. In anderen Staaten, beispielsweise Deutschland, reicht die „Herrschaft des Gesetzes“ (rule of the law) bis in die fernste Region des Landes und bis in die letzte Gemeinde. Folglich kann man dort viele Kontrollaufgaben den Gerichten und dem Gesetzessystem überlassen. Was „rule of the law“ angeht, sind manche Transformationsländer in den letzten Jahren weit vorangekommen. Aber im Maße wie die Zentralregierung dies als noch nicht ausreichend ansieht und davon ausgeht, dass die Gerichte noch nicht die volle Verantwortung tragen können, muss die Zentralregierung selbst – noch und bis zu einem gewissen Grade – diese Kontrolle übernehmen.

Damit sind aber zugleich auch Gefahren verbunden. Jetzt kommt es ausschließlich darauf an, den unteren Ebenen zu helfen, die ihnen zugewiesenen Aufgaben besser als bisher zu erfüllen. Die Beamten der Zentralregierung, die diese Kontrollaufgaben erfüllen sollen, haben möglicherweise noch nicht die Einsicht, die in den Reformvorschlägen zur Gemeindeebene zum Ausdruck kommt, denn sie entstammen überwiegend der Zeit und dem System, in dem Anordnungen von oben die Regel waren. Nicht zuletzt haben die meisten von ihnen ja immer in Institutionen der Zentralregierung gearbeitet und hatten gar keine Möglichkeit zu lernen, was erforderlich ist, um auf den unteren Ebenen selbstverantwortliches Handeln möglich zu machen. Die Zentralregierung hat hier also die große Verantwortung, dafür Sorge zu tragen, dass die – unverzichtbare – **Kontrolle nicht für eine schleichende Re-Zentralisierung** der Kompetenzen **missbraucht** wird. Das würde dem mit den Reformvorhaben angestoßenen Prozess der Etablierung eines modernen dezentralisierten fiskalischen Systems strikt zuwiderlaufen. – Nicht zuletzt würde damit eine wesentliche Voraussetzung für das nationale Wachstum untergraben.

III. Fiskalische Dezentralisierung als Voraussetzung für nationales Wachstum

Abschließend ist hier noch einmal hervorzuheben, warum für ein Transformationsland ein funktionierendes System der fiskalischen Dezentralisierung so wichtig ist. Manchmal stelle ich mir als Autor eine Situation vor, in der mich jemand, der für die Geschicke eines großen und vielgestaltigen Landes wie Rußland, China oder die Ukraine verantwortlich ist, in einer entspannten Atmosphäre und mit Blick auf die Welt, die er seinen Kindern und Enkeln hinterlassen will, fragt, was die wichtigen Schritte sind, damit aus diesem Land wieder ein Land der früheren wirtschaftlichen und dadurch auch politischen Bedeutung wird.

Natürlich würde ich auch auf den Ausbau des "rule of the law" hinweisen, aber sobald die Rede auf Wachstum und die dafür erforderliche Innovation kommt[203], würde ich sofort anführen, dass ich sicher bin, dass ein Land, wenn es von erheblicher geographischer Ausdehnung und von wirtschaftlicher Vielfalt ist, was für die drei genannten Länder zutrifft, nur dann zu einem modernen Staat mit wirtschaftlichem und damit politischem Gewicht werden kann, wenn es ein funktionierendes System der fiskalischen Dezentralisierung entwickelt. Warum?

Die Antwort kommt aus den ökonomischen Überlegungen, wie Wachstum heute in Hocheinkommensstaaten entsteht. Dabei sind nicht Arbeitskraft und Kapital die ausschlaggebenden Faktoren, denn sie sind überall schnell verfügbar. Vielmehr ist es die Innovation, die darüber entscheidet, ob ein Land in der oberen Klasse verbleibt oder dorthin gelangt. Und Innovation geschieht in Regionen, insbesondere auch Ballungsregionen, denn es braucht ein bestimmtes „kreatives Milieu", um zu entstehen. Hierauf hat eine Zentralregierung keinen Einfluss. Ihr Einfluss war groß, als es um die Entwicklung von Großindustrie in der Phase der Industrialisierung ging, und das galt für Rußland, China und die Ukraine ebenso wie für Japan, Frankreich oder Deutschland. Wenn aber das Wachstum stark von Dienstleistungen (und dem „Einbau" von Wissen in Produkte) abhängt, kann die Zentralregierung zwar noch gute allgemeine Rahmenbedingungen schaffen, wie das genannte „rule of the law" oder eine wachstumsfreundliche Steuerpolitik, aber dann muss Innovation „geschehen". Und dafür muss die jeweilige Region die Freiheit haben, die in ihr schlummernden Kräfte freizusetzen.

Wenn man mir als Deutschem dann noch nicht glauben würde, weil dies nur ein kleineres Land ist, das zudem unter dem genannten Reformstau leidet, dann würde ich auf das Beispiel der USA verweisen. Die USA sind derzeit das stärkste Land, sowohl ökonomisch als auch militärisch. Ein Gouverneur regiert sein eigenes Bundesland (state) und unterliegt dabei nur den allgemeinen Gesetzen einschließlich der Verfassung. Das gleiche gilt für einen Bürgermeister und seine städtische Region. Die zentrale Frage, die ich meinem fiktiven Gesprächspartner dann stellen würde, lautet: „Wenn jede Region tut, was sie will, wie ist es denkbar, dass die

203 Siehe dazu oben im Kapitel 2 den Teil über „Kommunale Aspekte des gesamtwirtschaftlichen Wachstums" und die dort angegebene Literatur, sowie Zimmermann 1996, dritter Teil.

amerikanische Zentralregierung dennoch so stark ist?“ Die einfache Antwort lautet: Die Zentralregierung erzielt ihr umfangreiches Budget aus der Gesamtheit der Volkswirtschaft. Das nationale Wachstum besteht logisch aus der Summe der Wachstumsprozesse der Regionen. Deshalb existiert ja rechnerisch das nationale Sozialprodukt nicht als solches, sondern es ist lediglich die Addition der regionalen Sozialprodukte.

In Wachstumsbegriffen ausgedrückt, sind die USA ein einziges gewaltiges Reservoir an regionalen ökonomischen Experimenten. Eines der größten Experimente war die Wanderung von Unternehmen und Arbeitskräften vom Rust Belt zum Sun Belt. In den 1960er Jahren waren beispielsweise Detroit, Cleveland, Philadelphia oder Pittsburgh durch alte Industrien geprägt, und Pittsburgh war der Inbegriff der rusty steel town. Die Unternehmen dachten zu wenig an Wechsel und Innovation, und für die Gewerkschaften, die dort sehr stark waren, galt dies noch viel mehr. Daraufhin verlagerte sich die wirtschaftliche Aktivität in den Westen und Süden der USA. Unternehmen zogen dorthin, und junge und auf Erfolg orientierte Arbeitskräfte folgten ihnen. Die Regierungen dieser Bundesstaaten hatten das Recht, eigene Gesetze zu erlassen, und diese begünstigten Unternehmen und hinzuziehende Arbeitnehmer. – Daraufhin besannen sich auch die Bundesstaaten und Städte des Rust Belt und modernisierten sich. Sie hatten dies ohne nennenswerte Hilfe vom Bund zu tun. Heute sind die meisten von ihnen moderne Städte, und Pittsburgh beispielsweise galt später als Musterstadt in der Region des früheren Rust Belt.

Im Vergleich zu Rußland oder China sind die USA nach Ausdehnung, Klimazonen und wirtschaftlichen Unterschieden vergleichsweise homogen. Das bedeutet im Umkehrschluss: Wenn die großen Transformationsländer wieder zur alten Größe, aber in modernem Gewand, finden wollen, sind sie um so mehr darauf angewiesen, das Potential ihrer Regionen voll auszuschöpfen. Das kann nicht, wie früher, von der Hauptstadt aus geschehen, sondern die Zentralregierung kann nur die richtigen Rahmenbedingungen schaffen, damit Regionen „ihren Beruf finden können“ (Giersch 1964, S. 399). Mit manchen Reformvorhaben sind die richtigen Weichen für ein funktionierendes System der fiskalischen Dezentralisierung gestellt. Der eingeschlagene Weg muss jetzt lediglich konsequent weiter verfolgt werden.

Kurzfassung

Die spezifischen Probleme der Kommunalfinanzen (Haushalte von Gemeinden und Kreisen) werden aus dem Blickwinkel der Finanzwissenschaft (wirtschaftswissenschaftliche Lehre von der öffentlichen Finanzwirtschaft) analysiert. Die ökonomische Sichtweise prägt auch den Aufbau des Buches. Am Anfang steht die Analyse der Ziele, denen die Gestaltung der kommunalen Finanzen folgen soll; unter ihnen dominiert das Allokationsziel. Darauf aufbauend wird – jeweils erst allgemein und dann auf Deutschland bezogen – gefragt, welche Aufgaben unter diesen Zielen die kommunale Ebene erfüllen soll, welche Einnahmen (insbesondere Steuern) für sie geeignet sind und wie ein Finanzausgleich unter den Kommunen zu gestalten ist. Schließlich ist auch der kommunale Haushalt in seiner Gesamtheit nochmals unter diesen Zielbezügen zu prüfen. Den Abschluss bildet eine kurze Betrachtung der Möglichkeiten und Grenzen kommunaler Finanzpolitik.

Summary

The specific problems of the local public finances (community and county budgets) are analyzed from a public finance economics viewpoint. This economic perspective also determines the setup of the book. At the beginning the objectives are analyzed, which should govern the shaping of local finances; they are dominated by the allocational objectives. Building on this basis, the question is asked – always first in general terms and then for Germany – which functions the local level is to fulfil under these objectives, which revenue sources (especially tax sources) are best for it, and in which way fiscal equalization might occur between local governments. Following this, the local budget as a whole is examined under the objectives. The book ends with a brief review of the possibilities and limits of local budget policy.

Literaturverzeichnis

Das Literaturverzeichnis enthält neben einführender ökonomischer Literatur zum Gebiet der Kommunalfinanzen zwei weitere Schwerpunkte, die für die eigene weiterführende Beschäftigung mit diesem Gebiet gedacht sind. Der erste besteht in einer Auswahl an grundsätzlicher und theoretischer Literatur und enthält zahlreiche englischsprachige Beiträge. Der zweite Schwerpunkt bezieht sich auf die institutionellen Gegebenheiten in der Bundesrepublik Deutschland und umfasst auch ausgewählte juristische Arbeiten.

Aaron, H.J., 1975, Who pays the property tax?, Washington, D.C.

Ades, A.F., und *Glaeser, E.L.*, 1995, Trade and circuses: Explaining urban giants, in: Quarterly Journal of Economics, Bd. 110, S. 195–227.

Ahmad, E., und *Brosio, G.*, Hrsg., 2006, Handbook of fiscal federalism, Cheltenham-Northampton.

Albers, W., 1977, Ziele und Bestimmungsgründe der Finanzpolitik, in: Handbuch der Finanzwissenschaft, 3. Aufl., Bd. I, Tübingen, S. 124–163.

Andreae, C.-A., 1980, Grundsteuern, in: Handbuch der Finanzwissenschaft, 3. Aufl., Bd. II, Tübingen, S. 576–606.

Andree, U.F.H., 1994, Möglichkeiten und Grenzen des Controlling in Kommunalverwaltungen, Göttingen.

Andreoni, J., 1990, Impure altruism and donations to public goods. A theory of warm-glow giving, in: Economic Journal, Bd. 100, S. 464–477.

Apolte, T., 1995, Die Theorie der Clubgüter, in: Wirtschaftswissenschaftliches Studium, 24. Jg., S. 610–616.

Arbeitskreis Volkswirtschaftliche Gesamtrechnungen der Länder, 2009, Bruttoinlandsprodukt, Bruttowertschöpfung in den kreisfreien Städten und Landkreisen Deutschlands, Reihe 2, Bd. 1, online.

ARL (Akademie für Raumforschung und Landesplanung), 1998, Regionale Verwaltungs- und Planungsstrukturen in Großstadtregionen, Forschungs- und Sitzungsberichte, Bd. 204, Hannnover.

Bahl, R.W., 1969, Metropolitan city expenditures. A comparative analysis, Lexington.

Bahl, R.W., und *Vogt, W.*, 1975, Fiscal centralization and tax burdens: State and regional financing of city services, Cambridge, Mass.

Banner, G., 1985, Haushaltspolitik und Haushaltskonsolidierung, in: Püttner, G., Hrsg., Handbuch der kommunalen Wissenschaft und Praxis, 2. Aufl., Bd. 6, Berlin u.a., S. 423–440.

Barro, R.J., 1979, On the determination of public debt, in: Journal of Political Economy, Bd. 87, S. 940–971.

Bayerisches Finanzministerium, 2004, Reform der Grundsteuer, Bericht des Bayerischen Staatsministers der Finanzen und des Ministers der Finanzen des Landes Rheinland-Pfalz an die Finanzminister der Länder, München und Mainz Januar 2004.

Beland, U., 1998, Eine eigene Einkommensteuer für die Gemeinden und das Problem des Wanderungswettbewerbs, in: Archiv für Kommunalwissenschaften, 37. Jg., S. 104–123.

Bélanger, G., 1987, Federalism and local government, in: Breton, A., Galeotti, G., Salmon, P., und Wintrobe, R., Hrsg., Villa Colombella Papers on Federalism, European Journal of Political Economy, Special Issue, Bd. 3, No. 1, Regensburg, S. 131–149.

Berg, R., 2008, Staatliche Bildungsinvestitionen als Rechtfertigung für öffentliche Schuldaufnahme?, Marburg.

Bernholz, P., und *Breyer, F.*, 1984, Grundlagen der Politischen Ökonomie, 2. Aufl., Tübingen.

Bertelsmann Stiftung, Heinz Nixdorf Stiftung, Ludwig-Erhard-Stiftung, 1998, Reformkommission Soziale Marktwirtschaft: Reform der Finanzverfassung, Gütersloh.

Bertelsmann Stiftung, 2008, Bürger und Föderalismus, Gütersloh 2008.

Bickel, W., 1956, Der Finanzausgleich, in: Handbuch der Finanzwissenschaft, 2. Aufl., Bd. II, Tübingen, S. 730–788.

Bird, R.M., und *Wallich, C.*, 1992, Local government finance in Hungary, The World Bank, Country Economics Department, Pre Working Paper Series, Washington, D.C.

Bird, R. M., und *Ebel, R. D.*, 2006, Fiscal federalism and national unity, in: Ahmad, E., und Brosio, G., Hrsg., Handbook of fiscal federalism, Cheltenham-Northampton, S. 499–520.

Bizer, K., 1999, A land use tax: Greening the property tax system, in: Sprenger, R.-U., u.a., Hrsg., Greening the budget, in print.

Blankart, C.B., 2008, Öffentliche Finanzen in der Demokratie, 7. Aufl., München.

Bleicher, H., 1927, Kommunale Finanzwirtschaftslehre, in: Handbuch der Finanzwissenschaft, Bd. II, S. 376–478.

Blotevogel, H.H., 2005, Zentrale Orte, in: Akademie für Raumforschung und Landesplanung, Handwörterbuch der Raumordnung, Hannover, S. 1307–1315.

(BMF) Bundesministerium der Finanzen, Finanzbericht, jährlich, Berlin..

(BMF) Bundesministerium der Finanzen, 1998, Symmetrische Finanzpolitik 2010, Bonn.

(BMF)Bundesministerium der Finanzen, 2002, Unsere Steuern von A–Z, Ausgabe 2002, Bonn.

(BMF)Bundesministerium der Finanzen, 2008a, Bundespolitik und Kommunalfinanzen, in: Monatsbericht des Bundesministeriums der Finanzen, April 2008, S. 33–44.

(BMF)Bundesministerium der Finanzen, 2008b, Beteiligung der Gemeinden am Aufkommen der Umsatzsteuer, Berlin, Manuskript.

Blotevogel, H. H., 2006, Zentrale Orte, in: Akademie für Raumforschung und Landesplanung, Handwörterbuch der Raumordnung, Hannover, S. 1307–1315.

Boadway, R., 1992, The constitutional division of powers. An economic perspective. A study prepared for the Economic Council of Canada, Toronto.

Boadway, R., 1994, Fiscal federalism dimensions of tax reform in developing countries, The World Bank, Policy Research Working Paper, Nr. 1385, Washington, D.C.

Boadway, R., 2006, Intergovernmental redistributive transfers: Efficiency and equity, in: Ahmad, E., und Brosio, G., Hrsg., Handbook of fiscal federalism, Cheltenham-Northampton, S. 355–380.

Boadway, R., und *Shah, A.*, Hrsg., 2007, Intergovernmental fiscal transfers. Principles and practice, Washington, D. C.

Bogumil, J., u. a., 2007, Zehn Jahre Neues Steuerungsmodell – eine Evaluation kommunaler Verwaltungsmodernisierung. Berlin.

Bogumil, J., und *Jann, W.*, 2008, Verwaltung und Verwaltungswissenschaft in Deutschland. Einführung in die Verwaltungswissenschaft, 2. Aufl., Wiesbaden.

Bös, D., 1993, Gedanken zur Theorie öffentlicher Unternehmen. Replik auf einen Aufsatz von Hans Hirsch, in: Zeitschrift für öffentliche und gemeinwirtschaftliche Unternehmen, Bd. 16, S. 133–150.

Brecht, A., 1932, Internationaler Vergleich der öffentlichen Ausgaben, Leipzig, Berlin.

Breton, A., 2006, Modelling vertical competition, in: Ahmad, E., und Brosio, G., Hrsg., Handbook of fiscal federalism, Cheltenham-Northampton, S. 86–105.

Brinkmeier, H.J., 1990, Kommunale Finanzwirtschaft (vormals Gemeindehaushaltsrecht), 5. Aufl., Köln u.a.

Brockfeld, H., 1998, Regionen im Wettbewerb unter dem Gesichtspunkt ihrer Standortqualität, München.

Brühl, K., 1985, Neuere wichtige Rechtsprechung, in: Püttner, G., Hrsg., Handbuch der kommunalen Wissenschaft und Praxis, 2. Aufl., Bd. 6, Berlin u.a., S. 700–714.

Buchanan, J.M., 1950, Federalism and fiscal equity, in: American Economic Review, Bd. 40, S. 583–599.

Buchanan, J.M., 1965, An economic theory of clubs, in: Economica, Bd. 32, S. 1–14.

Buchanan, J.M., 1977, Wer sollte was in einem föderativen System verteilen?, in: Kirsch, G., Hrsg., Föderalismus, Stuttgart, New-York, S. 51–65.

Bücker, H.H., und *Esch, P.*, 1998, Kommunalfinanzen in der Chartanalyse, in: Der Gemeindehaushalt, 99. Jg., S. 246–250.

Büttner, T., 2003, Tiebout visits Germany: Land tax capitalization in a sample of German municipalities, CESifo Conference Working Papers, München.

Büttner, T., 2005, Kommunale Finanzen, in: Akademie für Raumforschung und Landesplanung, Handwörterbuch der Raumordnung, Hannover, S. 505–509.

Büttner, T., 2006, The incentive effect of fiscal equalization transfers on tax policy, in: Journal of Public Economics, Bd. 90, S. 477–497.

Büttner, T., und *Holm-Hadulla, F.*, 2008, Cities in fiscal equalization, Ifo-Institut für Wirtschaftsforschung, Manuskript, September 2008.

Bunde, J., und *Postlep, R.-D.*, Hrsg., 1994, Controlling in Kommunalverwaltungen, Marburg.

Cansier, D., 1996, Umweltökonomie, 2. Aufl., Stuttgart.

Colm, G., 1927, Volkswirtschaftliche Theorie der Staatsausgaben, Tübingen.

Committee of the Regions, 1996, Regional and local government in Europe, als Manuskript vervielf., Brüssel.

Courant, P.N., *Gramlich, E.M.*, und *Rubinfeld, D.L.*, 1979, The stimulative effects of intergovernmental grants: Or why money sticks where it hits, in: Mieszkowski, P.M., und Oakland, W.H., Hrsg., Fiscal federalism and grants-in-aid, Washington, D.C., S. 5–21.

Dafflon, B., Hrsg., 2002, Local public finance in Europe, Cheltenham/Northampton.

Dafflon, B., 2006, The assignment of functions to decentralized government: From theory to practice, in: Ahmad, E., und Brosio, G., Hrsg., Handbook of fiscal federalism, Cheltenham-Northampton, S. 271–305.

Deutsche Bundesbank, 1997, Die fiskalische Belastung zukünftiger Generationen – eine Analyse mit Hilfe des Generational Accounting, in: Monatsberichte, 49. Jg., Nr. 11, S. 17–30.

Deutsche Bundesbank, 1998, Gegenwärtige und zukünftige Belastungen der Gebietskörperschaften durch den Personalaufwand, in: Monatsberichte, 50. Jg., Nr. 8, S. 61–81.

Deutscher Landkreistag, 2008, Föderalismusreform II: Kommunen in Verschuldungsbegrenzung einbeziehen, in: Der Landkreis, 78. Jg., S. 294.

Dill, G., und *Kanitz, H.*, Hrsg., 1994, Grundlagen praktischer Kommunalpolitik, Bd. 1, Haushalt & Finanzen, Konrad-Adenauer-Stiftung, Melle.

Döring, T., 1998, Zur Interdependenz von Marktwirtschaft und Föderalismus, in: Engelhardt, P. und Geue, H., Hrsg., Theorien der Ordnung – Lehren für das 21. Jahrhundert, Tübingen.

Döring, T., 2004, Konnexitätsprinzip, in: Wirtschaftswissenschaftliches Studium, 33. Jg., S. 609–613.

Döring, T., und *Feld, L. P.*, 2005, Reform der Gewerbesteuer: Wie es Euch gefällt? – Eine Nachlese, in: Perspektiven der Wirtschaftspolitik, S. 207–232.

Döring, T., und *Wohltmann, M.*, 1999, Ausweitung kommunaler Wirtschaftstätigkeit aus finanzwissenschaftlicher Sicht, in: Archiv für Kommunalwissenschaften, 38. Jg., S. 45–64.

Dowding, K.J., *John, P.*, und *Biggs, S.*, 1994, Tiebout: A survey of the empirical literature, in: Urban Studies, Bd. 31, S. 767–797.

Downs, A., 1957/1968, An economic theory of democracy, New York 1957 (deutsch als: Ökonomische Theorie der Demokratie, Tübingen 1968).

Dubko, S., 2008, Credit Rating. Rating analysis components, Mauskript, Kiew.

Ebert, W., 1996, Kommunale Haushaltswirtschaft aus evolutorischer Perspektive, in: Lang, E., Brunton, W., und Ebert, W., Kommunen vor neuen Herausforderungen, Berlin, S. 123–175.

Eheberg, K.T. von, 1927, Gemeindefinanzen, in: Handwörterbuch der Staatswissenschaften, 4. Bd., Jena, S. 783–845.

Ehrlicher, W., 1981, Finanzwirtschaft, öffentliche II: Die Finanzwirtschaft der Bundesrepublik Deutschland, in: Handwörterbuch der Wirtschaftswissenschaft, 3. Bd., Stuttgart u.a., S. 164–195.

Eichhorn, P., 1971/1997, Öffentliche Haushalte und Betriebswirtschaftslehre (1971), in: ders., Öffentliche Betriebswirtschaftslehre, Berlin (1997), S. 13–24.

Elsner, H., 1979, Das Gemeindefinanzsystem, Köln.

Enkler, C., 1998, Wirtschaftliche Betätigung der Kommunen in neuen Geschäftsfeldern, in: Zeitschrift für Gesetzgebung, 13. Jg., S. 328–351.

Essig, H., 1984, Zur Abgrenzung und Aussagefähigkeit finanzstatistischer Kennzahlen, in: Wirtschaft und Statistik, S. 798–809.

Färber, G., 1997, Zur Entwicklung der Personal- und Versorgungsausgaben im öffentlichen Dienst, in: WSI-Mitteilungen, 50. Jg., S. 426–438.

Färber, G., 2000, Theorie und Praxis kommunaler Gebührenkalkulation, Speyerer Forschungsberichte 214, Speyer.

Feld, L. P., und Kirchgässner, G., 2001, Does direct democracy reduce public debt? Evidence from Swiss municipalities, in: Public Choice, Bd. 109, S. 347–370.

Feld, L. P., Zimmermann, H., und *Döring, T.*, 2007, Fiscal federalism, decentralization and economic growth, in: Baake, P., und Bork, R., Hrsg., Public Economics and public choice. Contributions in honor of Charles B. Blankart, Berlin-Heidelberg, S. 103–133.

Feneberg, T., 1994, Stichwort „Anreizmechanismen in der Besteuerung", in: Lexikon der Volkswirtschaft, 6. Aufl., Landsberg am Lech, S. 49–51.

Fischel, W., 2001, The homevoter hypothesis, Cambridge, Mass.

Fisher, R.C., 2007, State & local public finance, 3. Aufl., Mason, Ohio u. a.

Foster, C.D., *Jackman, R.A.*, und *Perlman, M.*, 1980, Local government finance in a unitary state, London u.a.

Fredland, J.E., 1974, Determinants of state and local expenditures: An annotated bibliography, The Urban Institute, Working Paper, Washington, D.C.

Frey, B.S., 1997, Ein neuer Föderalismus für Europa: Die Idee der FOCJ, Tübingen.

Frey, B.S., und *Eichenberger, R.*, 1995, Competition among jurisdictions: The idea of FOCJ, in: Gerken, L., Hrsg., Competition among institutions, Basingstoke u.a., S. 209–229.

Frey, R.L., Starke Zentren – Starke Alpen, Zürich 2008.

Friedrich-Naumann-Stiftung, 1998, Für eine Neuordnung der Finanzverantwortung von Bund und Ländern, Königswinter.

Fromhold-Eisebith, M., 1995, Das „kreative Milieu" als Motor regionalwirtschaftlicher Entwicklung, in: Geographische Zeitschrift, Bd. 83, S. 30–47.

Fuchs, C.J., Hrsg., 1908, Gemeindebetriebe. Neuere Versuche und Erfahrungen über die Ausdehnung der kommunalen Tätigkeit in Deutschland und im Ausland, Schriften des Vereins für Sozialpolitik, 128. Bd., Gemeindebetriebe, 1. Bd., Leipzig.

Fuchs, M., 1985, Der Haushalt nach dem Gemeindehaushaltsrecht, in: Püttner, G., Hrsg., Handbuch der kommunalen Wissenschaft und Praxis, 2. Aufl., Bd. 6, Berlin u.a., S. 399–415.

Funke, S., 1995, Die Verschuldungsordnung, Berlin.

Furubotn, E.G., 1998, Economic efficiency in a world of frictions, Max Planck Institute for Research into Economic Systems, Diskussionsbeitrag 09-98, Jena.

Gandenberger, O., 1995, Staatsverschuldung und Gerechtigkeit zwischen Generationen, in: Rauscher, A., Hrsg., Steuergerechtigkeit, Köln, S. 63–88.

Gawel, E.G., 1999, Betriebswirtschaftliche Probleme der Gebührenkalkulation, Berlin.

Gemeindefinanzbericht, jährlich als Heft der Zeitschrift „Der Städtetag", hrsg. vom Deutschen Städtetag, Köln.

Giersch, H., 1964, Das ökonomische Grundproblem der Regionalpolitik, in: Jürgensen, H., Hrsg., Gestaltungsprobleme der Weltwirtschaft, Göttingen, S. 386–400.

Glazer, A., und *Konrad, K. A.*, 1996, A signalling explanation for charity, in: American Economic Review, Bd. 86, S. 1019–1028.

Greene, K.V., *Neenan, W.B.*, und *Scott, C.D.*, 1974, Fiscal interactions in a metropolitan area, Lexington, Toronto und London.

Greiling, D., 1996, Öffentliche Trägerschaft oder öffentliche Bindung von Unternehmen?, Baden-Baden.

Grossman, G. M., und *Helpman, E.*, 1994, Endogenous innovation in the theory of growth, in: Journal of Economic Perspectives, Bd. 8, S. 23–44.

GTZ (Deutsche Gesellschaft für Technische Zusammenarbeit), 2005, Intergovernmental fiscal relations. International experience and the Russian reform, Fiscal Studies, No. 2, Eschborn.

Haller, H., 1981, Die Steuern, 3. Aufl., Tübingen.

Halstenberg, F., und *von der Heide, H.-J.*, 1995, Funktionale Verwaltungsreform, in: Akademie für Raumforschung und Landesplanung, Hrsg., Handwörterbuch der Raumordnung, Hannover, S. 349–352.

Hansjürgens, B., 1999, Äquivalenzprinzip und Staatsfinanzierung. Begründung und Möglichkeiten einer stärker äquivalenzorientierten Finanzierung und Organisation der Staatstätigkeit, Finanzwissenschaftliche Forschungsarbeiten, Berlin, im Druck.

Hansmeyer, K.-H., und *Kops, M.*, 1985, Die Popitz'sche Hauptansatzstaffel, in: Räumliche Aspekte des kommunalen Finanzausgleichs, Forschungs- und Sitzungsberichte der Akademie für Raumforschung und Landesplanung, Bd. 159, Hannover, S. 15–54.

Hansmeyer, K.-H., und *Zimmermann, H.*, 1993, Möglichkeiten der Einführung eines Hebesatzrechts beim gemeindlichen Einkommensteueranteil, in: Archiv für Kommunalwissenschaften, 32. Jg., S. 221–244.

Hardt, U., 1993, Hrsg., Controlling im kommunalen Bereich, NIW-Vortragsreihe, Bd. 9, Hannover.

Hauschild, M., 2008, Wo stehen die Landkreise auf ihrem Weg in die doppische Haushaltswirtschaft?, in: Der Landkreis, 78. Jg., S. 303–308.

Hayek, F.A. von, 1968/1994, Der Wettbewerb als Entdeckungsverfahren, in: Schneider, E., Hrsg., Kieler Vorträge, NF Bd. 56, Kiel 1968; wiederabgedruckt in: Hayek, F.A. von, Freiburger Studien. Gesammelte Aufsätze, 2. Aufl., Tübingen 1994, S. 249–265.

Heide, D., 1987, Auswirkungen der Übernahme kommunaler Aufgaben durch übergeordnete Gebietskörperschaften auf die Finanzlage von Großstädten, Frankfurt/M. u. a.

Heijman, W., 2007, Regional externalities, Berlin-Heidelberg.

Heiler, S., und *Michels, P.*, 1994, Deskriptive und Explorative Datenanalyse, München, Wien.

Heinig, K., 1949-1951, Das Budget, 3 Bde., Tübingen.

Heinig, K., 1953, Haushaltsfibel, Schriftenreihe des Bundes der Steuerzahler, Heft 1, Bad Wörishofen.

Heinrichs, F.W., 1997, Kommunale Beteiligung an der Gesetzgebung, in: Wolff, C., und Schwarting, G., Hrsg., 50 Jahre Städtetag Rheinland-Pfalz, Wiesbaden, S. 121–148.

Henneke, H.-G., 1998, Die Verschuldungspotentiale der Kreise und Gemeinden bei der innerstaatlichen Umsetzung des Stabilitäts- und Wachstumsaspektes, in: Der Landkreis, 68. Jg., S. 188–193.

Henneke, H.-G., 2006, Der kommunale Finanzausgleich 2006 unter besonderer Berücksichtigung der Landkreise, in: Der Landkreis, 76. Jg., April/Mai 2006, S. 411–421.

Henneke, H.-G., 2008a, Die Kommunen in der Finanzverfassung des Bundes und der Länder, 4. Aufl., Wiesbaden.

Henneke, H.-G., 2008b, Landesverfassungsrechtliche Konnexität. Rechtspolitische Entwicklung und verfassungsgerichtliche Ausformung, in: Der Landkreis, 78. Jg., S. 390–433.

Henneke, H.-G., 2008c, Der kommunale Finanz- und Belastungsausgleich 2008 unter besonderer Berücksichtigung der Landkreise, in: Der Landkreis, 78. Jg., S. 494–508.

Heppe, K., 1999, Private Finanzierung kommunaler Investitionen, im Druck.

Herzog, R., 1995, Die Stadt – Hort der Liberalität und Demokratie, in: Bulletin des Presse- und Informationsamtes der Bundesregierung, Jg. 1995, Nr. 47, Bonn 8. Juni 1995, S. 417–420.

Hesse, K., 1962, Der unitarische Bundesstaat, Karlsruhe.

Hessen, R., 1987, Free lunch, in: The New Palgrave. A dictionary of economics, Bd. 2, New York und Londen, S. 420–421.

Hill, H., 1997, Das nächste Jahrhundert – Ein Jahrhundert der Kommunen, in: Lüder, K., Hrsg., Staat und Verwaltung. Fünfzig Jahre Hochschule für Verwaltungswissenschaften Speyer, Berlin, S. 345–361.

Hirsch, H., 1992, Hans Ritschls Theorie der öffentlichen Unternehmungen als Element einer Theorie der Staatswirtschaft im Vergleich mit den von Dieter Bös und Charles Blankart vorgelegten Theorien, in: Friedrich, R., Hrsg., Beiträge zur Theorie öffentlicher Unternehmen, Beiheft 14 zu: Zeitschrift für öffentliche und gemeinwirtschaftliche Unternehmen, Baden-Baden, S. 20–44.

Hirsch, H., 1993, Stellungnahme zum Beitrag von Dieter Bös über Gedanken zur Theorie öffentlicher Unternehmen, in: Zeitschrift für öffentliche und gemeinwirtschaftliche Unternehmen, Bd. 16, S. 151–156.

Hirschman, A.O., 1970/1974, Exit, Voice, and Loyalty, Cambridge, Mass. 1970 (deutsch als: Abwanderung und Widerspruch, Tübingen 1974).

Hoesch, U., 2000, Die kommunale Wirtschaftstätigkeit, Tübingen.

Homburg, S., 1994, Anreizwirkungen des deutschen Finanzausgleichs, in: Finanzarchiv, N.F. Bd. 51, S. 312–330.

Homburg, S., 1996, Eine kommunale Unternehmensteuer für Deutschland, in: Wirtschaftsdienst, 76. Jg., S. 491–496.

Homburg, S., 2000, Reform der Gewerbesteuer, in: Archiv für Kommunalwissenschaften, S. 42–55.

Homburg, S., 2007, Allgemeine Steuerlehre, 5. Aufl., München.

Huber, B., und *Lichtblau, K.*, 2005, Federal mandates. Theory and policy implications, in: Intergovernmental fiscal relations. International experience and the Russian reform, GTZ (Deutsche Gesellschaft für Technische Zusammenarbeit), Fiscal Studies, No. 2, Eschborn.

Huber, B., und *Runkel, M.*, 2006, Optimal design of intergovernmental grants under asymmetric information, in: International Tax and Public Finance, Bd. 13, S. 25–41.

Junkernheinrich, M., 1991, Gemeindefinanzen, Berlin.

Keen, M., 1998, Vertical tax externalities in the theory of fiscal federalism, IMF-Staff Papers, Vol. 45.

KGSt (Kommunale Gemeinschaftsstelle für Verwaltungsvereinfachung), 1993, Das Neue Steuerungsmodell – Gründe, Konturen, Umsetzung, Köln.

KGSt (Kommunale Gemeinschaftsstelle für Verwaltungsmanagement), 2008, Verwaltungsreform, Text online.

King, D.N., 1984, Fiscal tiers: The economics of multi-level government, London.

King, D.N., 1996, A model of optimum local authority size, in: Pola, G., and France, G., Hrsg., Developments in local government finance, Cheltenham und Brookfield, S. 55–76.

Kirchhof, F., 1997, Wer bestellt, bezahlt – das Konnexitätsprinzip zwischen Bund, Ländern und Kommunen, in: Seiler, G., Hrsg., Gelebte Demokratie. Festschrift für Manfred Rommel, Köln, S. 45–66.

Kißler, L., Hrsg., Modernisierung der Stadtverwaltung Marburg, Schriftenreihe des Fördervereins Wissenschaft und Politische Praxis, Heft 4, Marburg.

Kitterer, W., 1998, Langfristige Wirkungen öffentlicher Investitionen. – Theoretische und empirische Aspekte, in: Zeitschrift für Wirtschaftspolitik, Jg. 47, S. 289-316.

Kitterer, W., und *Schlag, C.-H.*, 1995, Sind öffentliche Investitionen produktiv? Eine empirische Analyse für die Bundesrepublik Deutschland, in: Finanzarchiv, N.F. Bd. 52, S. 460-477.

König, K., 2008, Moderne öffentliche Verwaltung. Studium der Verwaltungswissenschaft, Berlin.

Kreisfinanzen, jährlich in einem Heft der Zeitschrift „Der Landkreis“, hrsg. vom Deutschen Landkreistag, Berlin.

Krugman, P., 1998, Space: The final frontier, in: Journal of Economic Perspectives, Bd. 12, S. 161–174.

Kuhn, T., 1995, Theorie des kommunalen Finanzausgleichs, Heidelberg.

Kuznets, S., 1955, Economic growth and income inequality, in: American Economic Review, Bd. 45, S. 1–28 (Presidential Address).

Lambsdorff, O. Graf, et al., 1998, Für einen wettbewerblichen Föderalismus in Deutschland, in: Frankfurter Allgemeine Zeitung, 5. Februar 1998, S. 19.

Lenk, T., Fuge, H., und *Schneider, F.*, 1998, Zurück zu mehr Föderalismus, Working Paper 9805, Department of Economics, Johannes-Kepler-Universität Linz.

Littmann, K., 1975, Definition und Entwicklung der Staatsquote, Göttingen.

Littmann, K., 1997, Über das Elend kommunaler Umlagen, in: Lüder, K., Hrsg., Staat und Verwaltung. Fünfzig Jahre Hochschule für Verwaltungswissenschaften Speyer, Berlin S. 363–377.

Lotz, J., 1998, Local government reforms in the Nordic countries. Theory and practice, in: Rattsoe, J., Hrsg., Fiscal federalism and state-local finance. The Scandinavian perspective, Cheltenham und Northampton, S. 19–28.

Lusche, U., 1998, Die Selbstverwaltungsaufgaben der Landkreise, Stuttgart u.a.

Mäding, E., Tigges, H., und Hack, H., 1980, Entwicklung der öffentlichen Ausgaben, als Manuskript vervielf., hrsg. vom Institut für Kommunalwissenschaften der Konrad-Adenauer-Stiftung, St. Augustin.

Mäding, H., 1994, Kommunalfinanzen: Schwierigkeiten der Konsolidierung, in: Gabriel, O.W., und Voigt, R., Hrsg., Kommunalwissenschaftliche Analysen, Bochum, S. 107–138.

Mäding, H., 1997, Kommunalfinanzen in Deutschland im säkularen Vergleich 1881/1981 unter besonderer Berücksichtigung der Investitionen, in: Kaufhold, K.H., Hrsg., Investitionen der Städte im 19. und 20. Jahrhundert, Köln, Weimar und Berlin, S. 3–19.

Männer, L., 1996, Können Faustregeln für eine kommunale Steuer-, Abgaben- und Schuldenpolitik aufgestellt werden?, in: Lang, E., Brunton, W., und Ebert, W., Hrsg., Kommunen vor neuen Herausforderungen. Festschrift für Werner Noll zum 65. Geburtstag, Berlin, S. 193–215.

Martinez-Vazquez, J., und *Searle, B., Hrsg.*, 2007, Fiscal equalization: Challenges in the design of intergovernmental transfers, New York.

Maunz, Th., Dürig, G., Herzog, R., u.a., 1993, Grundgesetz (Kommentar), Bd. II (Art. 12a–37), München.

McLure, C.E., 1967, The interstate exporting of state and local taxes: Estimates for 1962, in: National Tax Journal, Bd. 20, S. 49-77.

Meurer, E., und *Stephan, G.*, 1999 ff., Rechnungswesen und Controlling in der öffentlichen Verwaltung, Loseblatt-Werk, Freiburg.

Mieszkowski, P., und *Zodrow, G.R.*, 1989, Taxation and the Tiebout model: The differential effect of head taxes, taxes on land rents and property taxes, in: Journal of Economic Literature, Bd. XXVII, S. 1098–1146.

Mohl, H., 1992, Die Einführung und Erhebung neuer Steuern aufgrund des kommunalen Steuererfindungsrechts, Stuttgart u.a.

Mueller, D., 1989, Public Choice II, New York u.a.

Munnell, A.H., Hrsg., 1990, Is there a shortfall in public capital investment?, Conference Series, Nr. 34, Federal Reserve Bank of Boston, Boston.

Musgrave, R.A., 1959/1966, The theory of public finance, New York 1966 (deutsch als: Finanztheorie, Tübingen 1966; 2. Aufl. 1969).

Musgrave, R.A., 1983, Who should tax, where, and what?, in: McLure, Charles E., Hrsg., Tax assignment in federal countries, Canberra, S. 2–19.

*Musgrave, R.*A., 1988, Public debt and intergenerational equity, in: Arrow, K., und Boskin, M., Hrsg., The economics of public debt, London, S. 133–148.

Musgrave, R.A., *Musgrave, P.B.*, und *Kullmer, L.*, 1987-1993, Die öffentlichen Finanzen in Theorie und Praxis, 1. Bd., 5. Aufl., Tübingen 1990; 2. Bd., 5. Aufl., Tübingen 1993; 3. Bd., 3. Aufl., Tübingen 1987.

Mutius, A. von, und *Dreher, O.*, 1990, Reform der Kreisfinanzen, Baden-Baden.

Napp, H.-G., 1994, Kommunale Finanzautonomie und ihre Bedeutung für eine effiziente lokale Finanzwirtschaft, Frankfurt/M. u.a.

Neumann, M., 1996, Theoretische Volkswirtschaftslehre I, München.

Oates, W.E., 1972, Fiscal federalism, New York u.a.

Oates, W.E., 2005, Toward a second-generation theory of fiscal federalism, in: Internatioal Tax and Public Finance, Bd. 12, S. 349–373.

Oates, W.E., und *Schwab, R.M.*, 1988, Economic competition among jurisdictions: Efficiency enhancing or distortion inducing?, in: Journal of Public Economics, Bd. 35, S. 333–354.

Oberhauser, A., 1964, Die Eignung der Wertschöpfungsteuer als Gemeindesteuer, in: Timm, H., und Jecht, H., Hrsg., Kommunale Finanzen und Finanzausgleich, Schriften des Vereins für Socialpolitik, NF Bd. 32, Berlin, S. 241–252.

OECD (Organisation for Economic Co-operation and Development), 1981, Measuring local government expenditure need, Paris.

OECD (Organisation for Economic Co-operation and Development), 2006, Competitive cities in the global economy, Paris.

Olson, M., 1969/1974, The principle of „fiscal equivalence“: The division of responsibilities among different levels of government, in: American Economic Review, Bd. 59, Papers and Proceedings, 1969, S. 479–487 (deutsch in: Kirsch, G., Hrsg., 1974, Föderalismus, Stuttgart, New York, S. 66–79).

Pagenkopf, H., 1978, Das Gemeindefinanzsystem und seine Problematik, Siegburg.

Pauly, M.V., 1973, Income redistribution as a local public good, in: Journal of Public Economics, Bd. 2, S. 35–58.

Peffekoven, R., 1975, Zur Theorie des Steuerexports, Tübingen.

Peffekoven, R., 1980, Finanzausgleich I: Wirtschaftstheoretische Grundlagen, in: Handwörterbuch der Wirtschaftswissenschaft, Bd. 2, Stuttgart u.a., S. 608–636.

Peffekoven, R., 1996, Gemeindesteuersystem und kommunale Selbstverwaltung, in: Junkernheinrich, M., und Klemmer, P., Hrsg., Neuordnung des Gemeindefinanzsystems, Berlin, S. 27–44.

Pennock, J.R., 1959, Federal and unitary government: Disharmony and frustration, in: Behavioral Sciences, Bd. IV, S. 147–157.

Peterson, P.E., 1995, The price of federalism, The Brookings Institution, Washington, D.C.

Pfähler, W., *Hofmann, U.*, und *Bönte, W.*, 1996, Does extra public infrastructure capital matter?, in: Finanzarchiv, N.F. Bd. 53, S. 68–112.

Pigou, A.C., 1912/1960, Wealth and welfare, London 1912, letzte Aufl. 1960.

Pigou, A.C., 1951/1962, A study in public finance, 3. Aufl., London 1951, Neudruck 1962.

Plessner, H., 1982, Die verspätete Nation, in: Plessner, H., Hrsg., Gesammelte Schriften, Bd. 6, Frankfurt, S. 7–223.

Pook, M., und *Tebbe, G.*, 2002, Berichtswesen und Controlling, München.

Popitz, J., 1932, Der zukünftige Finanzausgleich zwischen Reich, Ländern und Gemeinden, Berlin.

Postlep, R.-D., 1987, Die Einbindung der gemeindlichen Finanzwirtschaft in den föderativen Staatsaufbau, in: Zimmermann, H., Hardt, U., und Postlep, R.-D., Bestimmungsgründe der kommunalen Finanzsituation, Gesellschaft für Regionale Strukturentwicklung, Schriftenreihe Bd. 15, Bonn, S. 24–69.

Postlep, R.-D., 1993, Gesamtwirtschaftliche Analyse kommunaler Finanzpolitik, Baden-Baden.

Püttner, G., 1983, Vorbemerkungen (zu: „Das System der kommunalen Aufgaben"), in: Püttner, G., Hrsg., Handbuch der kommunalen Wissenschaft und Praxis, 2. Aufl., Bd. 3, Berlin u.a., S. 3–8.

Püttner, G., Hrsg., 1985, Handbuch der kommunalen Wissenschaft und Praxis, 2. Aufl., Bd. 6: Kommunale Finanzen, Berlin u.a.

Quantz, J., 1995, Reform der Finanzverfassung, in: Staatswissenschaften und Staatspraxis, 6. Jg., S. 695–699.

Rancière, R., *Tornell, A.*, und *Westermann, F.*, 2008, Systemic crises and growth, in: Quarterly Journal of Economics, Bd. 123, S. 359–406.

Rattsoe, J., 1998, Introduction, in: Rattsoe, J., Hrsg., Fiscal federalism and state-local finance. The Scandinavian perspective, Cheltenham und Northampton, S. XI–XIV.

Rau, G., und Rieger, G., 1981, Möglichkeiten einer Gemeindebeteiligung an der Umsatzbesteuerung, Institut für Kommunalwissenschaften, Hrsg., St. Augustin.

Reidenbach, M., 1996, Kommunale Standards in der Diskussion, DIFU-Beiträge zur Stadtforschung, Bd. 22, Berlin.

Reidenbach, M., Hrsg., 1999, Bodenpolitik und Grundsteuer, Deutsches Institut für Urbanistik, Materialien, Berlin.

Reidenbach, M., u .a., 2008, Investitionsrückstand und Investitionsbedarf der Kommunen. Ausmaß, Ursachen, Folgen, Strategien, Edition DIFU – Stadt Forschung Praxis, Bd. 4, Berlin.

Reiter, M., und Weichenrieder, A., 1997, Are public goods public? A critical survey of the demand estimates for local public services, in: Finanzarchiv, N. F. Bd. 54, S. 374–408.

Revelli, F., 2006, Spatial interactions among governments, in: Ahmad, E., und Brosio, G., Hrsg., Handbook of fiscal federalism, Cheltenham-Northampton, S. 106–130.

Richter, W.F., 1992, Kommunale Unternehmensbesteuerung. Grundsätzliche Anmerkungen zur Verwirklichung eines effizienten Systems, in: Zeitschrift für Wirtschafts- und Sozialwissenschaften, Bd. 112, S. 567–586.

Richter, W.F., Seitz, H., und *Wiegard, W.*, 1996, Steuern und unternehmensbezogene Staatsausgaben als Standortfaktoren, in: Siebert, H., Hrsg., Steuerpolitik und Standortqualität, Tübingen, S. 13–47.

Richter, W.F., und Wiegard, W., 1993, Zwanzig Jahre „Neue Finanzwissenschaft", in: Zeitschrift für Wirtschafts- und Sozialwissenschaften, Bd. 113, S. 169–224 und 337–400.

Rosen, H.S., Case, A.C., und *Hines, J.R.*, 1997, Budget spillovers and fiscal policy interdependence: Evidence from the states, in: Rosen, H.S., Hrsg., The fiscal behavior of states and local governments, Cheltenham und Lyme, S. 3–25.

Rotteck, C. von, 1837, Finanz, in: Rotteck, C. von, und Welcker, C., Hrsg., Staatslexikon oder Encyklopädie der Staatswissenschaften, 5. Bd., Altona, S. 553–562.

Rubinfeld, D.L., 1987, The economics of the local public sector, in: Auerbach, A.A., und Feldstein, M., Hrsg., Handbook of Public Economics, Bd. II, Amsterdam, S. 571–645.

Sachverständigenrat zur Begutachtung der Gesamtwirtschaftlichen Entwicklung, 1983, Jahresgutachten 1983/84, Stuttgart und Mainz.

Sachverständigenrat zur Begutachtung der gesamtwirtschaftlichen Entwicklung, 1997, Jahresgutachten 1997/98, Bundestagsdrucksache 13/9090, Bonn.

Salmon, P., 2006, Horizontal competition among governments, in: Ahmad, E., und Brosio, G., Hrsg., Handbook of fiscal federalism, Cheltenham-Northampton, S. 61–85.

Sarrazin, T., 1998, Reform der Finanzverfassung, Managerkreis der Friedrich-Ebert-Stiftung, Bonn.

Sarrazin, T., 2008, Die Rechnung geht nicht auf. Neues öffentliches Rechnungswesen hält nicht, was es verspricht, in: Öffentliche Finanzen, Sonderbeilage, 20. Juni 2008, S. 1 und 3.

Schäfer, R., 2008, Privat vor Staat hat ausgedient, in: Öffentliche Finanzen, Sonderbeilage, 20. Juni 2008, S. 3.

Scharpf, F.W., 1976, Politikverflechtung, Kronberg/Ts.

Scheel, W., 1979, Untersuchungen der Leistungen der Bundesländer an die Gemeinden (GV) in den Jahren 1970 bis 1977, Finanzministerium Nordrhein-Westfalen, Hrsg., Düsseldorf.

Scherf, W., 2000, Die Bedeutung der Nivellierungshebesätze im kommunalen Finanzausgleich, in: Lüdeke, R., Scherf, W., und Steden, W., Hrsg., Wirtschaftswissenschaft im Dienste der Verteilung, Geld- und Finanzpolitik. Festschrift für Alois Oberhauser zum 70. Geburtstag, Berlin, S. 499–524.

Schilder, P., In die toten Winkel der Verwaltung leuchten, in: Frankfurter Allgemeine Zeitung, 22. 2. 2006, S. 3.

Schimanke, D., 2008, Das System der Kommunalverwaltung und seine Reformen. Europäische Erfahrungen aus ausgewählten Ländern, in: Städte- und Gemeindebund der Ukraine und GTZ, Städte und Gemeinden in der administrativ-territorialen Reform in der Ukraine, Eschborn, S. 80–106.

Schmid, H., 1997, A – Z des Gemeindehaushalts, hrsg. vom Bund der Steuerzahler Hessen, Wiesbaden.

Schmidt-Eichstaedt, G., 1983, Die Rechtsqualität der Kommunalaufgaben, in: Püttner, G., Hrsg., Handbuch der kommunalen Wissenschaft und Praxis, 2. Aufl., Bd. 3, Berlin u.a., S. 9–30.

Schmidt-Jortzig, E., und Makswit, J., 1991, Handbuch des kommunalen Finanz- und Haushaltsrechts, Münster.

Schmitz, G., 1999, Neue kommunale Organisationsmodelle für Stadtregionen, in: Die Region ist die Stadt, Forschungs- und Sitzungsberichte der Akademie für Raumforschung und Landesplanung, Bd. 206, Hannover, S. 60–72.

Schmitz, H.-G., 1978, Mit dem Pappkarton unterm Arm zum Oberbürgermeister, in: Frankfurter Allgemeine Zeitung, 12. September 1978.

Schmölders, G., 1970a, Finanzpolitik, 3. Aufl., Berlin, Heidelberg und New York.

Schmölders, G., 1970b, Finanz- und Steuerpsychologie, Reinbek.

Schoch, F., 1994, Die Kreise zwischen örtlicher Verwaltung und Regionalisierungstendenzen, in: Henneke, H.-G., Maurer, H., und Schoch, F., Die Kreise im Bundesstaat, Baden-Baden, S. 9–60.

Schoch, F., und Wieland, J., 1995, Finanzierungsverantwortung für gesetzgeberisch veranlaßte kommunale Aufgaben, Baden-Baden.

Schwarting, G., 2006, Der kommunale Haushalt, 3. Aufl., Berlin.

Schwarting, G., 2007a, Kommunale Steuern, 2. Aufl., Berlin.

Schwarting, G., 2007b, Kommunales Kreditwesen, 3. Aufl., Berlin.

Schwarting, G., 2008, Haushaltswirtschaft, in: Kommunalbrevier Rheinland-Pfalz, online, Manuskript.

Seiler, G., 1981, Gemeinden III: Finanzen, in: Handwörterbuch der Wirtschaftswissenschaft, 3. Bd., Stuttgart u.a., S. 507-525.

Seitz, H., 1995, Infrastruktur und industrielle Entwicklung in Städten, in: Gahlen, B., Hesse, H., und Ramser, H.G., Hrsg., Standort und Region. Neue Ansätze zur Regionalökonomik, Tübingen, S. 125–147.

Seitz, H., 2002, Der Einfluss der Bevölkerungsdichte auf die Kosten der öffentlichen Leistungserstellung, Berlin.

Seutemann, K., 1909, Die Grundsätze des interkommunalen Steuerrechts im Zusammenhang mit den Unterschieden der Steuerkraft der Gemeinden, in: Finanzarchiv, 26. Jg., S. 1–60.

Sevic, Z., Hrsg., 2008, Local public finance in Central and Eastern Europe, Cheltenham-Northampton.

Shah, A., 1991, Perspectives on the design of intergovernmental fiscal relations, The World Bank, Country Economics Department, Working Paper Series 726, Washington, D.C.

Slukhai, S., 2008, Funding local government in Ukraine, in: Sevic, Z., Local public finance in Central and Eastern Europe, Cheltenham-Northampton, S. 434-454.

Smith, P., 1991, Lessons from the British poll tax disaster, in: National Tax Journal, Bd. XLIV, S. 421–436.

Söderström, L., 1998, Fiscal federalism: The Nordic way, in: Rattsoe, J., Hrsg., Fiscal federalism and state-local finance. The Scandinavian perspective, Cheltenham und Northampton, S. 3–18.

Soltwedel, R., 1987, Wettbewerb zwischen Regionen statt zentral koordinierter Regionalpolitik, in: Weltwirtschaft, Heft 1, S. 129–145.

Stahl, D., 1999, Zur Krise der öffentlichen Finanzen – ein Problemaufriß, in: Fiskalische Krise: Räumliche Ausprägungen, Wirkungen und Reaktionen, Forschungs- und Sitzungsberichte der Akademie für Raumforschung und Landesplanung, Hannover, im Druck.

Statistisches Bundesamt/Jahrbuch, jährlich, Statistisches Jahrbuch für die Bundesrepublik Deutschland, Wiesbaden.

Statistisches Bundesamt/Kommunale Haushalte, jährlich, Fachserie 14: Finanzen und Steuern, Reihe 3.3: Rechnungsergebnisse der kommunalen Haushalte, z. B. 2003, Wiesbaden 2005.

Statistisches Bundesamt, 1992, Lange Reihen zur Wirtschaftsentwicklung 1992, Wiesbaden.

Statistisches Jahrbuch Deutscher Gemeinden, jährlich, hrsg. vom Deutschen Städtetag, Köln.

Statistisches Reichsamt, 1929, Statistisches Jahrbuch für das Deutsche Reich, 48. Jg., Berlin.

Statistisches Reichsamt, 1931, Kommunale Finanzwirtschaft, Sonderveröffentlichungen, Bd. 387, Berlin.

Steinherr, M., u. a., 1997, Das Schlüsselzuweisungssystem im kommunalen Finanzausgleich des Freistaates Sachsen, Ifo-Studien zur Finanzpolitik, Bd. 63, München.

Stern, K., 1981, Gemeinden I: Rechtsstellung in der Bundesrepublik Deutschland, in: Handwörterbuch der Wirtschaftswissenschaft, Bd. 3, Stuttgart u.a., S. 486–495.

Stiftung Marktwirtschaft, 2002, Gute Gemeindesteuern, Berlin.

Stiglitz, J.F., und Schönfelder, B., 1989, Finanzwissenschaft, 2. Aufl. (1. deutsche Aufl.), München, Wien.

Stöß, A., 1999, Europäische Union und kommunale Selbstverwaltung – Die Handlungsspielräume deutscher Kommunen unter Einwirkung der Europäischen Union aus ökonomischer Perspektive, Diss., Marburg.

Streit, M. E., 2005, Theorie der Wirtschaftspolitik, 6. Aufl., Stuttgart.

Suntum, U. van, 1981, Öffentliches Finanzsystem und regionale Effizienz, in: Kyklos, Bd. 34, S. 216–229.

Tiebout, C.M., 1956, A pure theory of local expenditures, in: Journal of Political Economy, Bd. 64, S. 416–424.

Tietzel, M., und Müller, C., 1998, Noch mehr zur Meritorik, in: Zeitschrift für Wirtschafts- und Sozialwissenschaften, 118. Jg., S. 87–127.

Timm, H., 1965, Gemeindefinanzen: (I) Theorie, in: Handwörterbuch der Sozialwissenschaften, 4. Bd., Stuttgart u.a., S. 299–308.

Tretner, C.-H., 2005, Fiscal equalisation among local governments in Russia, in: GTZ 2005, S. 73–97.

Troeger-Kommission (Kommission für die Finanzreform), 1966, Gutachten über die Finanzreform in der Bundesrepublik Deutschland, Stuttgart u.a.

Unruh, G.-C. von, 1964, Der Kreis, Ursprung und Ordnung einer kommunalen Körperschaft, Düsseldorf.

VGH-NW (Verfassungsgerichtshof für das Land Nordrhein-Westfalen), Urteil zu § 10 Satz 1, 2. Halbsatz, und Satz 2 des Gemeindefinanzierungsgesetzes 1983, vom 19.7.1985 (mit Besprechung in: Neue Juristische Wochenschrift, 38. Jg., 1985, S. 2321–2323).

Wagener, F., 1974, Neubau der Verwaltung, Schriftenreihe der Hochschule Speyer, 2. Aufl., Berlin.

Wagenführer, A., 1992, Ortsgröße und Gemeindeausgaben, Gesellschaft für Regionale Strukturentwicklung, Schriftenreihe Bd. 18, Bonn.

Wallich, C., 1992, Fiscal decentralization. – Intergovernmental relations in Russia, The World Bank, Studies of Economies in Transition, Bd. 6, Washington, D.C.

Wätzel, S., 1997, Effiziente Gestaltung der Phasen gemeindlicher Aufgabenerfüllung durch Mitwirkung Privater, Frankfurt/M. u.a.

Weimann, J., 1994, Stichwort „Externalitäten", in: Lexikon der Volkswirtschaft, 6. Aufl., Landsberg am Lech, S. 267–268.

Weisbrod, B.A., 1965, Geographic spillover-effects and the allocation of resources to education, in: Margolis, J., Hrsg., The public economy of urban communities, Washington, D.C., S. 192–206.

Werner, J., 2008, Das deutsche Gemeindefinanzsystem, Frankfurt/M. u. a.

Westermann, F., 2008, Alle haben gewusst, was passiert. Interview, in: Frankfurter Allgemeine Zeitung, 23.10.2008, S. 12.

Wildasin, D.E., 1986, Urban public finance, Chur u.a.

Wildasin, D.E., 1998, Factor mobility and redistributive policy, in: Sorensen, P.B., Hrsg., Public finance in a changing world, Basingstoke, S. 151–192.

Wildavsky, A., 1984, The politics of the budgetary process, 4. Aufl., Boston, Toronto.

Wissenschaftlicher Beirat beim Bundesministerium der Finanzen, 1968, Gutachten zum Gemeindesteuersystem und zur Gemeindesteuerreform in der Bundesrepublik Deutschland vom 16. März 1968, in: Bundesministerium der Finanzen, Hrsg., Der Wissenschaftliche Beirat beim Bundesministerium der Finanzen. Entschließungen, Stellungnahmen und Gutachten 1949-1973, Tübingen 1974, S. 400–435.

Wissenschaftlicher Beirat beim Bundesministerium der Finanzen, 1982, Gutachten zur Reform der Gemeindesteuern in der Bundesrepublik Deutschland, Schriftenreihe des Bundesministeriums der Finanzen, Heft 31, Bonn.

Wissenschaftlicher Beirat beim Bundesministerium der Finanzen, 1989, Die Einheitsbewertung in der Bundesrepublik Deutschland, Schriftenreihe des Bundesministeriums der Finanzen, Heft 41, Bonn.

Wissenschaftlicher Beirat beim Bundesministerium der Finanzen, 1992, Gutachten zum Länderfinanzausgleich in der Bundesrepublik Deutschland, Schriftenreihe des Bundesministeriums der Finanzen, Heft 47, Bonn.

Wissenschaftlicher Beirat beim Bundesministerium der Finanzen, 1994, Zur Bedeutung der Maastricht-Kriterien für die Verschuldungsgrenzen von Bund und Ländern, Schriftenreihe des Bundesministeriums der Finanzen, Heft 54, Bonn.

Wissenschaftlicher Beirat beim Bundesministerium der Finanzen, 2008, Besteht in Deutschland weiterer fiskalpolitischer Handlungsbedarf zur Stabilisierung der Konjunktur?, Brief, Berlin Dezember 2008.

Wohltmann, M., 2008, Entwicklung der Kreisfinanzen 2007/2008, in: Der Landkreis, 78. Jg., S. 309–389.

Wolff, H. J., 1990, Bedarfsgerechte Struktur der Kreiseinnahmen, Köln u.a.

Wrede, M., 1997, Fiskalische Ausgabenexternalitäten und die Struktur öffentlicher Ausgaben im föderalen Staat, in: Zeitschrift für Wirtschafts- und Sozialwissenschaften, Bd. 117, S. 585–601.

Zabel, G., 1985, Die Entwicklung des Länderfinanzausgleichs in der Bundesrepublik Deutschland, in: Räumliche Aspekte des kommunalen Finanzausgleichs, Akademie für Raumforschung und Landesplanung, Forschungs- und Sitzungsberichte, Bd. 159, Hannover, S. 353–403.

Zimmermann, H., 1983, Allgemeine Probleme und Methoden des Finanzausgleichs, in: Handbuch der Finanzwissenschaft, 3. Aufl., Bd. IV, Tübingen, S. 3–52.

Zimmermann, H., 1990, Fiscal federalism and regional growth, in: Bennett, R.J., Hrsg., Decentralization, local governments, and markets, Oxford, S. 245–264.

Zimmermann, H., 1996, Wohlfahrtsstaat zwischen Wachstum und Verteilung, München.

Zimmermann, H., 1998, Strengthening local government finance. Principles of fiscal decentralization and Nepal case study, GTZ (Deutsche Gesellschaft für Technische Zusammenarbeit), Eschborn.

Zimmermann, H., 1999, Ökonomische Rechtfertigung einer kontinuierlichen Staatsverschuldung?, in: Henke, K.-D., Hrsg., Die Zukunft der Staatsfinanzierung, Baden-Baden, im Druck.

Zimmermann, H., 2005a, Ausgabenbedarf und regionaler Selbstbehalt. Eine Wachstumsperspektive, in: Junkernheinrich, M., Hrsg., Sonderbedarfe im bundesstaatlichen Finanzausgleich. Theorie – Methodik – Instrumente, Analytica, Forum Öffentliche Finanzen, Berlin, S. 91–99.

Zimmermann, H., 2005b, Beiträge, in: GTZ 2005: (1) Shared taxes or "One tax one budget"?, S. 10–23; (2) Local governments as elements of fiscal federalism, S. 35–42; (3) The cornerstone: Appropriate functions for the local level, S. 43–53.

Zimmermann, H., 2007, Finanzielle Ausbeutung des Wachstumszentrums durch „die Fläche"?, in: Adam, H., u. a., Hrsg., Öffentliche Finanzen und Gesundheitsökonomie. Festschrift zum 65. Geburtstag von Professor Dr. Klaus-Dirk Henke, Baden-Baden, S. 79–93.

Zimmermann, H., 2008, Die Steuerschätzung in Deutschland als Mehr-Ebenen-Aufgabe, in: Wirtschaftsdienst, 88. Jg., S. 242–247.

Zimmermann, H., 2009a, Das Zentrale-Orte-Konzept und seine Zukunftsfähigkeit, in: von Hauff, M., und Tarkan, B., Hrsg., Nachhaltige kommunale Finanzpolitik für eine intergenerelle Gerechtigkeit, Baden-Baden, S. 52–65.

Zimmermann, H., 2009b, Berlin as the German capital, in: Forum of Federations (Ottawa, Kanada), Hrsg., Finance and governance of capital cities in federal systems, im Druck.

Zimmermann, H., und *Drüen, J.*, 2006, Die Bedeutung von Basel II für das Wirtschaftswachstum, in: Emmerich, N., und Roßbach, P., Hrsg., Der Bankensektor im Wandel. Festschrift zum 65. Geburtstag von Professor Dr. Erich Priewasser, Frankfurt am Main, S. 185–199.

Zimmermann, H., und *Henke, K..-D.*, 2005, Finanzwissenschaft. Eine Einführung in die Lehre von der öffentlichen Finanzwirtschaft, 9. Aufl., München.

Zodrow, G.R., Hrsg., 1983, Local provision of public services: The Tiebout model after twenty-five years, New York.

Namenverzeichnis*

* Da das Lehrbuch „Finanzwissenschaft" von H. Zimmermann/K.-D. Henke häufig herangezogen wird, sind die beiden Autoren hier nicht zusätzlich aufgeführt.

Sachverzeichnis